독일의 음식문화사

BEYOND BRATWURST
A History of Food in Germany by Ursula Heinzelmann

First published by Reaktion Books in the Foods and Nations series, London, UK, 2014
Copyright © Ursula Heinzelmann 2014
Korean translation copyright © 2021 by Nikebooks
This Korean edition published by arrangement with REAKTION BOOKS LTD through YuRiJang Literary Agency.

이 책의 한국어판 저작권은 유리장 에이전시를 통해 저작권자와 독점 계약한 니케북스에 있습니다. 저작권법에 의하여 한국 내에서 보호를 받는 저작물이므로 무단전재 및 복제를 금합니다.

독일의 음식문화사

무엇이 독일을
독일답게 만드는가

우어줄라 하인첼만 지음 | 김후 옮김

니케북스

차례

서문 독일 음식: 복잡성의 진화 —— 7

1장 죽에서 사워도우 빵까지: 신석기·청동기·철기시대 —— 13
2장 생고기와 농축우유: 로마시대 기원전 1~5세기 —— 33
3장 기독교, 사회적 계층화, 의술: 중세 초기 5~11세기 —— 51
4장 호화로운 연회와 끔찍한 기근: 중세 중기 11~14세기 —— 81
5장 버터빵과 사프란: 중세 말기 14~15세기 —— 129
6장 독일 음식에 대한 저술: 근대의 시작 1500~1648년 —— 195
7장 커피, 설탕, 감자: 1648~1815년 —— 233
8장 소금 없는 감자와 무료급식소: 빈곤의 시대 1815~1871년 —— 293
9장 고형 육수와 베이킹파우더: 식품의 산업화 1871~1914년 —— 333
10장 희망과 굶주림, 통밀빵과 스웨덴순무: 1914~1949년 —— 421
11장 캐서롤과 하와이토스트: 동독과 서독, 전후의 탐식 1949~1990년 —— 517
12장 스파게티와 룰라드: 세계화 속의 지역성, 통일 독일 1990년 이후 —— 587

주 —— 620
참고문헌 —— 648
도판출처 —— 658

일러두기

1. 원서의 주는 미주로 처리했으며, 옮긴이의 주는 각주로 처리했다. 인용문의 [ ] 속 설명은 저자가 인용하면서 넣은 것이다.
2. 본문에 병기된 독일어는 고유명사가 아닌 일반명사로 독일어 표기의 현지 원칙대로 첫 글자를 대문자로 표기했다.
3. 외국 인명·지명·독음 등은 국립국어원의 외래어표기법을 따르되, 관용적인 표기와 동떨어진 경우 절충하여 실용적 표기를 따랐다.

서문

독일 음식: 복잡성의 진화

독일인들의 식문화와 관련해서 독일적이란 어떤 의미이며, 그들은 무엇을 먹고 왜 먹는가? 이 책은 최근 다시 제기되고 있는 독일인을 독일인답게 만드는 것이 무엇인가에 관한 논의를 따라가며 그 질문에 답을 찾기 위해 독일의 음식을 살펴보고, 그 음식들이 역사 속에서 진화해온 과정을 추적한다. 사실 이러한 종류의 질문은 한 가지 단정적인 답으로 해결할 수 있을 만큼 간단하지 않다. 그렇지만 독일 음식 전문 칼럼니스트이자 음식역사학자이며 열정적인 요리사이기도 한 나는 완벽하지 않은 답이라도 시사하는 바가 크다고 확신한다. 인생의 다른 측면들과 마찬가지로 우리가 사용하는 주전자, 냄비, 접시, 유리컵 안에 있는 것들에 대해서도 과거는 현재를 이해하는 데 도움이 되는 동시에, 이론적으로는 미래를 향한 안내서가 되기도 한다.

역사 초기부터 독일의 음식과 요리법은 북부와 남부 지방이 지리와 기후의 차이로 인해 서로 상당히 이질적이었으며, 사방에서 지속적인 문화적 영향을 받아왔다. 나는 그러한 영향에 대해 보여준 개방성과 수용성이 바로 오늘날 독일인들의 특성을 규정한다고 생각한다. 예를 들어 프랑스의 최고급 정찬인 오트 퀴진haute cuisine

처럼 어떤 희생을 치러서라도 보존해야 할 고착된 어떤 것에 결사적으로 매달리기보다는 요리에 전방위적으로 새로운 층이 지속적으로 더해졌다. 그 결과 빈번하게 생기와 활력을 회복했고 놀라울 정도로 유연한 식문화가 생겨났다. 나아가 지방분권적 사회구조가 자주 독일의 약점으로 지적되곤 하지만, 실제로는 오히려 수용성이나 다양성을 증대시켰다.

독일 음식은 획일적이기보다는 항상 지극히 복잡했다. 오늘날 드러나는 음식의 지역적 격차는 지리적 요인뿐만 아니라 정치적·문화적·사회경제적 역사에 기인한 것이기도 하다. 그렇지만 식품이나 음식을 받아들이는 과정이 늘 편안하고 순탄했던 것만은 아니다. 사회의 각계계층은 변화에 저마다 다른 방식으로 대응하곤 했다. 이에 대한 두 가지 사례를 들어 비교해보자. 커피는 모든 사회계층이 급속도로 열광적으로 받아들였지만 얼마 못 가 극히 값비싸고 사치스러운 것으로 인식되어 선택받은 소수에게만 허락된 반면, 감자는 처음에는 기껏해야 동물용 사료 정도로 취급되었지만 나중에는 많은 사람들의 목숨을 구한 영양가 있는 음식임이 입증되었다. 이 두 식품은 모두 독일 음식문화의 필수적 요소로 널리 받아들여지고 있다.

음식과 독일의 조합이라고 하면 대다수는 맥주나 소시지, 프레첼이나 림버거 치즈 정도를 생각한다. 그러나 현재 독일의 8,200만 인구 모두가 옥토버페스트에만 목을 매고 있는 것은 아니다. 만약 그렇다면, 더 이상 음식역사학자가 할 일은 없을 것이다. 대부분의 현대 문화가 그렇듯이 실제 상황은 그와는 상반된다. 세계화가 만들어낸 광범위한 효과로 인해 독일의 음식을 형성해온 많은 전통들의 뿌리를 추적하기가 더욱 어려워졌다.

지리·역사학적 시각에서 볼 때 독일은 슬라브족과 라틴족 사이, 한대기후와 아열대기후 사이, 바다와 산맥 사이에 있는 중부 유럽에 자리 잡은 나라다. 역사의 과정에서 독일은 사방에서 많은 영향을 받아왔다. 그렇게 수없이 만나고 뒤섞인 배경에서 과거를 이해하는 것이 지금 독일에 살고 있는 사람들이 현재의 음식을 먹게 된 이유를 이해하는 길이다. 예를 들어 바로 이웃 나라인 프랑스와 비교해보아도 독일에는 범국가적이고 지배적인 '고급' 요리가 단 하나도 존재하지 않으며, 브라질의 페이조아다Feijoada* 같은 국민 요리조차 없다. 독일은 특별히 큰 나라가 아니지만(면적이 프랑스의 절반을 조금 넘고 인구는 3분의 1 정도 더 많은) 그 문화는 대단히 복잡한 셈이다.

지리와 기후 요인들을 배제하더라도 독일 음식문화의 복잡성에는 네 가지 요소가 작용했다. 첫 번째, 지금과 다름없이 과거에도 인간은 정적인 존재가 아니었는데, 이주할 때도 음식에 대한 선호도는 그대로 간직했다. 대규모 독일 이민자들이 대서양을 넘어 미국으로 건너갔을 때도 마찬가지였다. 두 번째, 9세기 카를 대제Karl Magnus(샤를마뉴Charlemagne) 사후 프랑크왕국이 몰락한 이후 독일은

* 검은콩에 돼지고기를 넣고 끓이는 스튜.

수많은 소규모 정치적 단위로 분열되었다(이전에도 결속이 탄탄했던 것은 아니긴 하지만, 이 분열의 과정은 1800년대 초반 나폴레옹 Napoléon I 이 상황을 반전시키며 유럽의 지도를 다시 그릴 때까지 계속되었다). 이런 소규모 정치적 단위들이 다양한 지역 식단을 만들어냈으며, 각개의 단위 자체도 복잡한 사회경제적·문화적 층위로 이루어진 복잡한 체계였다. 세 번째, 마르틴 루터 Martin Luther 와 그에 동조한 다수의 개혁가들이 이끈 종교개혁운동은 인간은 서로 다를 수 있다는 가능성을 열어주었으며 실제로 서로 다르게 행동하도록 부추겼다. 마지막으로, 시기적으로는 가장 늦지만 가장 광범위하고 강력했던 산업화가 있다. 조각보처럼 나뉘어 있던 농업국가들을 철저히 도시화된 산업국가로 변모시킨 산업화는 잃어버린 낙원, 다시 말해 자연스러움이 지배했던 완벽한 과거에 대한 갈망뿐 아니라 비이성적 공포까지 불러일으켰다. 어떤 면에서 현대 독일의 유기농 식품점의 기원은 여기까지 거슬러 올라간다고 볼 수 있다.

독일 음식문화의 흔적은 시대적으로 어디까지 거슬러 올라갈 수 있을까? 최초의 기록 중 하나는 1세기경 로마의 역사가 타키투스 Publius Cornelius Tacitus 가 남긴 것이다. 그는 저서 《게르마니아 Germania》에서 '야만인' 게르만 부족의 식습관을 설명해놓았다. 그에 따르면, 이들은 야생 과일을 먹고 사냥한 짐승의 고기를 일정 기간 말려서 먹지 않고 날고기로 먹었으며(로마인의 시각에서 이는 문명화되지 않았다는 심각한 지표였다) 라크 콘크레툼 lac concretum(농축우유 또는 크바르크 Quark 와 같은 형태)을 먹고 살았다. 타키투스는 와인과 비슷하게 보리나 다른 곡물을 발효시켜 만든 음료에 대해서도 언급했다. 나약해지고 타락한 로마인을 향해 아직 야성이 훼손되지 않은 강한 사람들의 모습을 보여주려는 의도가 있긴 했지만(타키투스의 묘사에는 양념이 살짝 들어간 것이 분명하다) 게르만족이 현대 옥토버페스트의 가장 중요한 요소인 맥주, 고기, 치즈를 무려 2,000년 전에도 똑같이 즐겼다는 사실은 놀랍다.

독일의 음식 역사가 1세기 훨씬 이전부터 시작되었다는 사실에는 반론의 여지가 없다. 나는 이 책에서 '독일'이라는 어휘를 복잡하게 얽힌 정치·지리학적 개념으로부터 벗어나 사용하고자 한다. 게르마니아, 로마제국, 신성로마제국, 독일 공국들의 신성로마제국, 독일제국… 이 지역의 명칭이 바뀔 때마다 국경선은 수도 없이 바뀌었다. 시간을 거슬러 올라가면 올라갈수록 오늘날의 독일 지역을 일반적인 중부 유럽과 구분해내기가 더욱 어려워진다. 예를 들면, 오스트리아와 스위스가 독일 음식 지도에서 분명하게 떨어져나간 시기는 그리 오래되지 않았다. 그렇지만 나는 가능한 한 현재 독일과 인근 지역에만 초점을 맞추려고 노력할 것이다.

어떤 추상적인 역사이론보다 음식은 훨씬 이해하기 쉽다. 음식의 역사는 누가, 무엇을, 어떻게, 언제, 어디서 먹었는가만 조명하는 것이 아니라, 식품을 생산하고, 선택해서, 조리해 요리로 내어놓는 모든 과정과 이를 둘러싼 모든 실질적인 측면을 밝히는 것이다. 음식의 부재, 기근과 굶주림이 우리 이야기의 많은 부분을 차지할 것이다. 음식의 결핍 또한 과거에 먹었던 것이나 지금까지 먹고 있는 것들만큼이나 독일인들을 형성하는 데 기여했기 때문이다. 이러한 논점들은 곧잘 보다 큰 정치적인 질문으로 이어지곤 한다. 하지만 나는 일반적인 독일 역사에 관한 언급은 자제할 생각이다. 그런 문제에 관해서는 훨씬 더 훌륭한 자료들이 이미 많다.

시간에 따라 이야기를 진행해나가다 보면, 역사학자의 눈에는 시대가 달라지면 상황도 극단적으로 달라지게 된다. 대체로 자료가 더욱 풍부해지고 눈앞에 드러나는 그림들은 더욱 복잡해진다. 심지어 현재 우리의 식품저장고를 채우고 있는 것들, 우리의 (가스)레인지 위에서 요리되고 있는 것들과 우리의 접시 위에서 김을 내뿜고 있는 것들에까지 이르게 된다. 수 세기에 걸친 우리의 여정에서 가능하다면 독일에 있는 음식 관련 명소들을 그때그때 제안하고 설명하려 한다. 그곳이 주방이든 식당이든 농장이든 현재의 전형적인 독일 음식을 만들어낸 역사적 층위들을 직접 경험할 수 있는 장소들 말이다. 자, 이제 마지막으로 미국의 위대한 음식역사학자 피셔 M. F. K. Fisher의 말을 인용해서 "단단한 나이프와 포크로 무장하고" 독일 음식 속으로 깊이 파고들어보자.

1장

죽에서 사워도우 빵까지

신석기·청동기·철기시대

죽 냄새가 오두막 안에 가득했다. 거칠게 빻은 에머밀*이 둥그런 토기 냄비 안에서 서서히 끓고, 토기의 뾰족한 아랫부분은 화덕 가장자리의 타고 남은 불씨 속에 파묻혀 있다. 대충 다진 마늘과 신선하고 부드러운 헤이즐넛을 집어넣자 토기 안에 들어 있던 가늘게 썬 돼지고기에서 맛있는 냄새가 났다. 그러자 모두가 나무 숟가락을 들고 퍼먹을 준비를 마쳤다. 다음 날은 죽 대신 납작한 빵에 삶은 렌틸콩과 약간의 돼지고기가 곁들여졌다. 이는 다소 특별한 식사였다. 빵을 만들려면 곡물을 좀 더 곱게 갈아야 했고, 여자들이 작은 돔 같은 화덕을 달궈야 했기 때문이다. 여자들이 화덕을 달군다

*   고대 서아시아 지방에서 널리 재배되던 밀의 일종

는 것은 남자들이 돼지를 잡는 동안 자신들이 모은 야생 능금을 건조시킬 수 있다는 의미이기도 했다. 능금을 말리면 날카로운 타닌의 맛이 절반 이하로 줄어드는 것은 물론 긴 겨울 동안에도 보관할 수 있다. 길고 춥고 어두운 겨울을 잘 헤쳐나가려면 식품저장고를 채워놓아야 하고 그러기 위해서 오랜 경험과 많은 노동이 필요했다.

신석기시대 선조들의 식사를 이런 식으로 상상해보고 싶은 충동을 강하게 느끼지만, 약간 당혹스럽기도 하다. 그 이유는 그들이 즐겨 사용했던 레서피에 대한 실마리가 전혀 없기 때문이다. 이 책을 쓰는 내내 나는 시대를 거슬러 올라가 직접 냄새 맡고 맛보고 눈으로 볼 수 있다면 좋겠다는 생각을 여러 번 했다. 만약 고고학적인 기적이 일어나 레서피 비슷한 것이 갑자기 나타난다고 해도 현재의 식재료로 그 레서피를 '재구성'하는 것만으로는 의미 있는 결과를 도출해내기 어렵다. 그렇지만 고고학자들이 점점 더 많은 정보를 축적해감에 따라 실제로 예전의 게르만족이 채집하고 사냥하거나 사육한 것들이 무엇인지, 또 어떤 식으로 도축하고 추수하고 저장하고 요리했는지 하는 식생활 전반에 대해 상당히 많은 것을 알 수 있게 되었다.

곡물은 의심할 여지 없이 우리 문명의 핵심 요소다. 우리의 몸은 지방과 탄수화물도 원하기 때문에 육류에만 의지해 살 수는 없다. 야생동물 사체의 지방을 모두 사용한다고 하더라도 그에 전적으로 의존할 수는 없다. 곡물은 처음에는 야생에서 채취했겠지만 점차 집약적인 재배가 이루어졌는데, 소화가 잘되며 몸에 축적할 수 있는 에너지를 제공해준다. 초기의 농업은 터전을 자주 옮겨야 했기 때문에 초기의 유목만큼 탄력적이었을 것이다. 그러다 시간이 지나면서 농업과 목축 둘 다 가능하다면 특별히 편안한 장소에 정착하려고 했을 것이다. 서아시아 지방에서 농업과 목축이 시작된 것은 기원전 12,000년경이지만 이것이 중부 유럽까지 확산되는 데는 수천 년이 걸렸다.

지금보다 훨씬 기온이 낮았던 북부 유럽 지역에 살던 우리의 선조들은 불을 사용하는 방법을 알았기 때문에 여러 차례의 빙하시대에서 생존할 수 있었다. 조리된 음식, 특히 불에 익힌 육류는 생고기보다 훨씬 소화가 잘되고 훨씬 다양한 음식을 만들 수 있으며 맛도 더 좋았다. 그렇지만 보다 잘 살기 위해서는 자연이 제공하는 것에 스스로를 잘 적응시켜야만 했다. 사냥, 유목, 목축을 하는 한편으로 채집과 선별적 작물 수확, 수시로 경작지를 옮기는 농경이 넓은 선택지를 제공했다.

잘 먹기를, 즉 생존하기를 원한다면, 터를 잡은 지역 내에서 가장 적합한 조합을 찾아내야 했다. 독일에서는 기원전 5,500년경 영구적인 정착지에 거주하며 식물을 재배하고 동물을 키우기 시작하는 보다 안정적인 생활방식이 나타났다. 이러한 변화가 농부들의 이주와 정착을 뜻하는지 아니면 새로운 생활방식에 대한 일반적인 적응을 의미하는지를 두고 전문가들의 견해는 양분되고 있다. 독일 남서쪽으로부터 유입된 새로운 생활방식이 남부와 중부 지역에 급속도로 광범위하게 확산되었다는 사실에 비추어볼 때 전자에 무게가 더 실릴 수 있다. 발트해 서부에서 가축이나 작물에 대한 최초의 증거가 나온 시기의 직전과 직후의 것으로 보이는 도자기에 대한 최근 연구에 따르면 이른바 신석기혁명이라는 것이 실제로 매우 점진적으로 진행되었음을 알 수 있다. 이런 조리용 용기에 집에서 기른 소와 양(어쩌면 염소, 사실 이 둘을 구분해내기는 극히 어렵다)의 흔적에 붉은사슴이나 홍합들이 섞여 있다.[1] 예전에는 툰드라 지역에서 사냥하다 나중에는 북부의 숲에서 사냥했던 사람들은 물고기잡이에도 능해 정교한 솜씨로 카누를 만들기도 했다. 동시대에 발트해 인근에 살았던 다른 사람들과 마찬가지로 그들 역시 투창으로 물개를 사냥하거나 갖가지 형태의 그물과 덫으로 대구, 가자미, 넙치 등을 잡았다. 그들은 그런 일들이 땅과 씨름하는 것보다는 훨씬 쉽다는 사실을 알았을 것이다. 그렇지만 그들마저 결국 새로운 경향에 굴복해 한곳에 정착하자 점차 식단에도 새로운 식품이 추가되었다. 마침내 어느 시기에 도달해서는 모든 사람들이 '초보 농부'가 되었다고 할 수 있다.[2]

지역마다 재배하는 곡물이 천차만별이었지만, 일반적으로 아인코른밀과 신석기시대부터 재배하던 탈곡 밀의 일종인 에머밀이 단연 포함되었다. 이 두 종류의 곡물은 최근 유기농운동의 일환으로 다시 주목받고 있다. 이 곡물 이외에도 보리, 수수, 스펠트밀 등이 일부는 겨울작물로, 일부는 여름작물로 수확되었다. 호밀과 귀리는 그때까지 거의 재배되지 않았는데 이 시기에는 아마도 야생의 잡초로 간주되었을 것이다. 여기에 완두콩이 추가되고 때때로 렌틸콩도 재배되었다. 아마 씨는 함유된 기름 성분 때문에(훗날 섬유로까지 사용하게 되면서) 중요했으며, 양귀비 씨앗이나 다른 야생 식물 씨앗 역시 마찬가지였다. 거의 모든 식물이 서아시아에서 왔지만, 양귀비만은 지중해 서쪽에서 기원한 것 같다는 점이 흥미롭다.

 토양이 지력을 상실하면 다른 지역으로 옮기는 것이 원칙이었지만 가축들로부터 퇴비를 얻게 되자 한곳에 더 오래 머물게 되었다. 이러한 초기의 체계적인 농경활동은 자그마한 땅에 울타리나 산울타리를 둘러 작물을 보호한 원예에 가까웠다. 아마도 집 주변이나 가까운 곳에 특별히 쓸모가 있고 따라서 실용적인 식물이나 완두콩 혹은 렌틸콩 같은 작물을 심고 야생동물들로부터 보호했을 것이며, 아니면 가정에서 매일 필요로 하는 식물들을 공급했을 것이다. 이런 초기 밭일에는 나무로 만든 삽과 괭이류가 사용되었는데, 점차 경작지가 넓어지면서 단순한 형태의 쟁기인 아드ard가 괭이를 대체했다. 쟁기는 짐승이 끌게 할 수 있다는 이점이 있었다. 보덴호Bodensee* 부근에서 발견된 기원전 3,380년경 초기 멍에의 유물이 이를 뒷받침한다. 최근 독일 동부에서 발견된 고고학적 유물을 통해 금속이 도입되기 이전부터 이 초기 농부들이 우수한 솜씨로 복잡한 목재 구조물을 제작했던 숙련된 목공들이었다는 사실을 알 수 있다.[3]

* 독일 남서부 바덴뷔르템베르크주 콘스탄츠시에 있는 독일 최대의 호수이자 유럽에서 세 번째로 큰 호수로 독일, 오스트리아, 스위스에 모두 면해 있다.

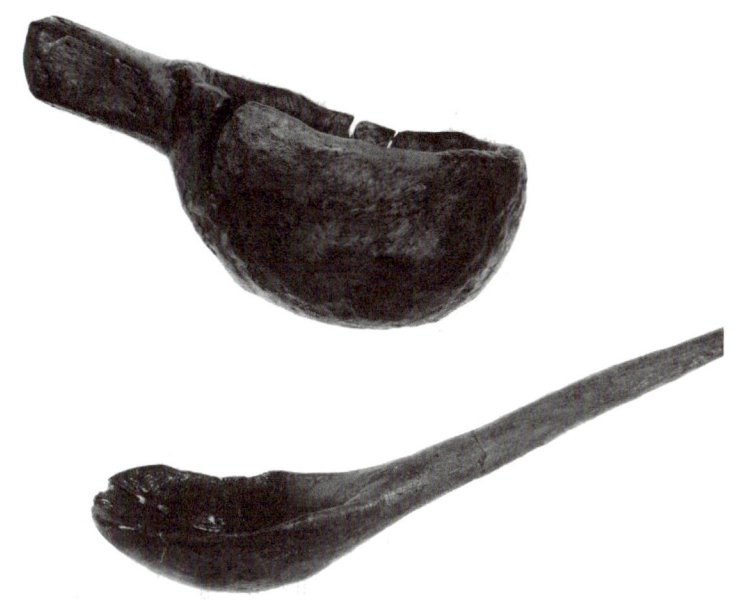

신석기시대의 숟가락

개를 제외한 모든 가축들은 서아시아 지역에서 처음 길들여지기 시작했다. 양(오늘날의 큰뿔산양이나 황무지의 야생종과 비슷한)을 필두로 염소, 돼지, 소가 뒤를 이었다. 야생종과의 교배는 엄격하게 기피되었다. 고생물유전학의 연구 결과에 의하면, 유럽 원주민들은 야생 소를 길들인 적이 없기 때문에, 오늘날의 모든 소는 먼 옛날 서아시아 지역에서 처음 길들였던 작은 무리의 소들로부터 유래한다.[4] 초기의 목동들은 작고 양순한 동물들을 좋아했으며, 일을 시키는 동물들은 다루기 편하도록 대개 거세를 시키곤 했다. 갖가지 형태로 행해지던 사냥은 식단을 보다 다양하게 해주고 옷감과 도구 등을 제공했을 뿐만 아니라, 곰이나 늑대, 고양잇과 들짐승들로부터 사람과 가축을 보호하기도 했다. 사냥꾼들의 효과적인 살상무기로는 활과 부싯돌을 정교하게 다듬어 만든 화살촉(이 화살촉은 막대기 끝에 매달아 물고기와 야생 조류를 잡는 데 쓰기도 했다), 투창, 새총과 창이 있었다. 최고의 사냥감은 붉은사슴이었고 그다음이 다마사슴, 야생 멧돼지, 야생 소, 들소 정도였다. 비버, 오소리, 여우, 수달, 스라소니 등도 괜찮은 사냥감이었으며 때때로 토끼를 사냥하기도 했다. 개들은 사냥에 쓸모가 많았지만, 식용이나 모피를 얻기 위해 도살되는 경우도 있었다. 민물과 바다의 어패류나 달팽이류 같은 연체동물 역시 식품에 포함되었으며, 특정 지역에서는 여름 동안에 늪거북을 먹기도 했다. 민물생선은 강꼬치고기가 특히 수요가 많았던 것 같고, 뱀장어, 메기, 잉어, 송어, 농어, 붕어, 그리고 간혹 철갑상어와 갖가지 자그마한 어종들도 잡았다. 생선은 상당히 인기가 많았던 모양이다. 남부 지방에는 거주지에서 아주 멀리 떨어진 호수에서 물고기를 잡았던 흔적이 있다.

각종 베리류, 과일, 채소와 허브들은 에너지원이라기보다는 대개 음식에 맛을 내기 위해 첨가되는 것들로, 열량은 전체 음식 중 평균 2.8퍼센트 정도만 담당했다. 고고학자들은 여성들이 요리뿐 아니라 채취도 책임졌다고 추측하는데, 지역이나 계절에 따라 달라지기는 했지만, 일반적으로 그들은 딸기, 라즈베리, 블랙베리, 듀베리, 딱총나무 열매, 산사, 로즈힙, 산수유, 야생 포도, 앵두, 배, 야생 자두, 자

북부 이탈리아에서 난 것으로 추정되는 부싯돌과 딱총나무로 만든 석기시대 단검.

두, 그리고 가장 애호하던 능금 등을 찾는 방법을 알고 있었다. 헤이즐넛 역시 수요가 많았고, 종종 정착지 주변에서 자랐다. 당근이나 파스닙 같은 야생 채소도 채집 대상이었으며, 다른 채소류 역시 마찬가지였겠지만 재배하기 이전의 씨앗 형태가 남아 있지 않아 확실한 증거를 통한 추적이 어렵다. 개보리뺑이nipple wort(재배된 이후에는 랍사나Lapsana로 불림)나 야생 마늘(파속 식물Allium ursinum) 같은 향료도 채취되었으며, 몇몇 종의 야생 양상추, 순무, 갯능쟁이orach, 범꼬리bistort, 수영sorrel, 쐐기풀, 명아주 등 다양한 다육식물군에 지중해 연안에서 유입된 파슬리, 셀러리, 딜, 레몬밤 등이 채취 대상에 추가되었다. 겨우살이, 마조람, 버베나, 주니퍼베리, 캐러웨이, 쑥 등은 양념이나 약초의 형태로 식용뿐 아니라 약용으로도 쓰였다.

정착지로는 중부 고지대의 비옥한 퇴적토 지역을 선호했는데, 대개 강이나 개울을 낀 완만한 언덕이었다. 정착지는 서로 상당한 거리를 두고 떨어져 있으며 울타리나 산울타리의 보호를 받는 고립된 농장들부터 요새로 둘러싸인 체계가 잡힌 마을에 이르기까지 그 형태가 다양했다. 집은 커다란 직사각형 목재 골조에 나무, 진흙과 연토질 석회암으로 지었는데, 습한 지역에서는 기둥을 먼저 땅에 박고 그 기둥 위에 집들을 올렸다. 집의 폭은 약 5~7미터, 길이는 10~40미터였으며, 화덕을 갖추고 있었다. 이런 대규모의 건축물은 상당한 규모로 광범위하게 축적된 자원과 고도의 협업이 존재했다는 증거다. 이 거주지에는 최대 3대(7~30명)에 걸친 가족들이나 부족민들이 함께 거주했으며, 가끔 동물을 집에 들이기도 했지만 평소에는 일 년 내내 숲속의 방목지를 돌아다니게 하거나 울타리를 둘러 우리처럼 만들어 포식자들로부터 보호했다.

이 일체형 가옥 형태의 농장은 곡물류와 각종 식품 등 온갖 작물을 내부에 보관하는 데도 쓰였다. 저장용 단지들은 단단하고 타원형인 반면 액체 보관용 용기들은 커다란 병 모양이었다. 자작나무 껍질로 만든 다른 비슷하게 생긴 용기들과 더불어 이런 단지들은 종종 끈을 묶을 수 있도록 양쪽에 손잡이가 달려 있었다. 해충을 피해 높이 매달아놓기 위해서였다. 식품의 장기 보관을 위해 약 2미터 깊이의 구덩이를 파기도 했다. 곡물들이 싹틀 위험이 있기 때문에 단단하고 두터운 보호층을 만들어 곡물이 건조한 상태로 보존될 수 있도록 보호하는 현대의 지하 저장고 같은 기능을 했다. 곡물을 탈곡하거나 키질하기에 앞서 말리거나 굽는 경우도 있었다. 탈곡에는 나무로 만든 도리깨를 사용했으며, 곡물을 갈 때는 맷돌을 이용했다. 스펠트밀처럼 탈곡하기 어려운 품종은 알곡을 빻기 전에 나무로 만든 절구에서 힘들게 절구질을 해야만 했다. 이런 온갖 기나긴 과정과 사용되는 도구들은 곡물의 양이 어느 정도 될 경우에만 효율적이었을 것이다. 따라서 곡물이 기본식량이 된 것은 필요에 의해서였다. 당시 일곱 식구 가정을 기준으로 했을 때 1년에 대략 3,300킬로그램의 곡물이 필요했던 것으로 추정되는데, 이를 위해서는 최소한 1.8헥타르의 농지를 경작해야만 했을 것이다.[5]

가축사육이 발달하면서 별도의 축사가 등장하기 시작했다. 그러나 축사는 집에서 새끼를 낳아 겨우내 먹이를 먹여야 하는 동물들에게 해당했다. 먹이는 종종 물푸레 나뭇잎을 사용했다. 각 가정에서 육류를 자체적으로 조달했지만, 지역에 따라 선호하는 고기는 현저하게 달랐다. 돼지고기 소비는 남동부에서 높았지만, 북동부에서는 돼지고기가 덜 중요한 대신 다른 어떤 지역보다도 붉은사슴 사냥에 더욱 치중했다. 도축은 가을철에 훨씬 자주 이루어졌다. 고고학자들은 동물의 머리를 세게 내리쳐 기절시킨 후에 대동맥을 절개하는 방식으로 도축했다는 사실을 밝혀냈지만 아쉽게도 피를 어디에 사용했는지는 짐작만 할 수 있을 뿐이다. 몸집이 큰 짐승은 일반적으로 뼈를 발라내어 고기를 사용했으며, 작은 동물은 뼈째로 굽거나 삶았다. 지방이 많은 골수나 뇌를 꺼내기 위해 큰 뼈들과 머리뼈는 박살을 냈다.

음식을 만드는 데는 다양한 도구가 활용되었다. 손잡이가 달린 손도끼나 도끼 등을 포함하여 풀을 베거나 곡물을 추수하기 위해서 낫을 사용하기도 했다. 부싯돌은 칼이나 손도끼에 부딪쳐 사용했으며 나무, 동물의 뼈와 힘줄, 발톱, 가죽, 뿔, 식물 섬유 등을 활용하여 다른 도구들과 무기류를 만들었다. 남쪽으로부터 새로운 영향이 미치기 전에 이미 흙으로 그릇을 빚었는데, 모양, 제작방법, 장식 등은 지역적·개인적 선호에 따랐다. 사발이나 접시 종류는 일반적으로 매끈하게 다듬어 장식을 했다. 조리용으로는 발이 세 개 달린 솥을 사용했으며 숟가락, 국자, 절구, 바구니 등 다양한 목재 도구도 있었다. 위험하기는 했지만 등잔도 사용했는데 동물의 지방이나 아마 씨앗에서 짠 기름으로 불을 밝혔다.

이 장 처음으로 돌아가 활용가능한 조리법과 광범위하게 소개된 식재료와 조리도구들을 살펴보고자 할 때 반드시 명심해야 할 중요한 사항은 그 모든 것이 한 장소에서 한꺼번에 발견되지 않았다는 점이다. 그렇지만 파리 분지에서 흑해에 이르기까지 중부 유럽 전체가 하나의 교역로로 연결되어 있었음이 확실하다. 이른바 '리본자기ribbonware'라고 부르는 특이한 문양과 형태를 띤 도자기 용기가 유럽 전역에서 발견되고 있는 것이 그 증거다. 도로 수송을 위해 수레가 사용되었으며 일부 지역, 특히 북동부의 습지대에서는 나무판자로 길을 포장하기도 했다. 속을 파낸 통나무 카누와 짐승 가죽으로 만든 작은 배가 강줄기를 따라 사람들과 물건을 수송했다. 교역품에는 연마용 숫돌도 포함되었는데, 대개 화산암에서 채석한 돌로 만들어졌다. 만약 우리가 상상한 죽의 간이 맞았다면 소금을 사용했다는 의미인데 소금은 장거리 교역을 불사할 정도로 사치품이었다. 맛을 더해줄 뿐만 아니라 방부제로서도 중요한 소금은 전 유럽에 유통되었으며, 모든 지역의 지도층들은 이를 통해 부와 권력을 얻었다. 소금을 뜻하는 라틴어 '살sal'과 그리스어 '할스hals'가 들어간 지명, 예컨대 슈베비쉬할Schwäbisch Hall이나 잘츠기터Salzgitter가 오늘날까지 전해지며 그 사실을 시사한다.

서아시아에서 들어온 또 다른 수입 광석으로부터 구리를 추출하게 되면서 목재가 그 어느 때보다 중요해졌다. 한 번에 한 개씩밖에 만들지 못하던 과거의 석기와는 달리 주조를 통해 같은 도구를 여러 번 만드는 작업이 기술적으로 가능해진 것이다. 다양한 집단이 이베리아반도에서부터 보헤미아*까지 전 유럽을 돌아다니면서 새로운 광산지를 찾아냈다. 당시 청동기 기술의 확산은 현재의 세계화 추세와는 다르지만, 새로운 문화적 균일화에 기폭제가 되었다. 이러한 새로운 이동성은 다양한 형태를 가진(도자기뿐만 아니라 금으로 만든) 길쭉한 잔Becher을 추적해보면 알 수 있는데, 이는 음주와 관련된 의식과 연관이 있었음이 명백하다. 그런데 이 잔에 무엇을 담았는지는 단지 상상만 할 수 있을 뿐이다. 우선은 귀중한 벌꿀로 만든 술이 떠오르지만(당시에 이미 고리버들로 벌집을 만들어 양봉을 했다)

* 중부 유럽에 있던 역사상의 국가. 현재는 체코의 서부에 해당하는 지방으로 엘베강의 상류 지역에 위치한다.

이것 외에도 베리로 만든 술, 귀리죽을 발효시킨 음료, 아니면 이것들의 혼합물 등을 상상할 수 있겠다. 어떤 경우든 이 잔은 장례식이나 그 밖의 의식에서 사용되었으며 사회적 중요성이나 높은 지위를 상징했다. 채굴과 제련 과정을 통제하는 엘리트 계급의 출현을 알려준 이 술잔은 다른 귀중한 부장품들과 함께 새로운 엘리트들의 무덤에 묻혔다.

그런데 구리는 돌보다 훨씬 물러서 전적으로 실용적인 목적보다는 특권과 허영심을 드러내는 데 쓰였다. 식품의 생산이나 조리에 관련해서는 구리와 주석의 합금인 청동이나 주석과 납을 섞어 만드는 백랍의 역할이 훨씬 더 중요했는데, 이 합금들은 주석의 함유량을 조절함으로써 다양한 강도와 탄력성을 가진 도구를 제작할 수 있었다. 이 시기가 돼서야 일부 사람들이 금속 가마솥으로 귀리죽을 제대로 요리하고 금속 국자로 손쉽게 뜰 수 있게 되었다. 아직은 석기들이 여러 분야에서 활용되고 있었지만 소형 금속 낫을 위시하여 몇 종류의 가재도구에는 금속이 활용되었다. 좀 더 효율적인 도구들이 만들어진 결과, 경작이 약간 수월해져 노동집약도가 다소 완화되었으며, 곡물의 수확이 늘어나자 노동의 형태도 분화했다. 농부, 광부, 청동 주물공(정착민이든 떠돌이든), 방직공, 염색공, 가죽 가공공과 여타 전문 수공업자들이 등장함으로써 생산성은 더욱 향상되었다. 그 결과 언제라도 이용 가능한 탄수화물 식품이 축적되어 사회가 안정되고 잉여생산물 교역이 가능해졌다. 이는 급격한 인구 증가를 유발했다. 강에서 멀리 떨어진 척박한 지역에 살면서 오래된 방식대로 사냥이나 채취에 의존하던 사람들도 점차 농경에 가세했다.

아인코른밀처럼 생산성이 낮은 곡물은 점차 사라졌으며, 대신 스펠트밀, 수수, 귀리, 호밀의 경작 범위가 넓어졌다. 곡물 생산의 증가는 곡식을 찧는 방아가 발전하는 계기가 되었다. 회전식 방아를 위해서는 좀 더 단단한 돌이 필요했는데, 주로 화강암, 현무암, 반암이 사용되었다. 이런 것들을 구하기 위해서는 또다시 장거리 교역이 요구되었다. 여전히 주식으로 자리 잡고 있던 죽은 당시에는 주로 보리나 수수로 만들었다. 그때까지도 귀했던 빵은 수수나 밀, 또는 이 둘을 섞어서 만들었다. 빵은 사회적 편차를 드러내는 강력한 지표가 되었는데, 당시의 기준으로 250그램 정도의 고운 가루를 만들기 위해서는 두 시간 반에서 세 시간 정도의 작업이 필요했기 때문에 희소함의 상징으로 여겨졌다. 그럼에도 밀이나 보리로 고운 곡분穀粉을 생산할 수 있게 되었다는 사실은 기술적인 면에서 큰 의미를 가졌다. 슈페츨러Spätzle*와 유사한 면을 요리하는 데는 빵 굽는 화덕(일부 지역에서는 별도 공간이 필요할 정도로 컸던)이 아니라 물을 끓일 정도의 솥이면 충분했다.

성인이 되면 선천적인 유당분해효소결핍증을 점차 극복하게 되면서 우유는 목축업의 추가적인 이점이 되었다. 우유를 마시기 시작한 초기부터 사람들은 자연적인 경화현상을 이용하여 부패하기

*   독일식 짧은 면.

쉬운 단백질원의 '유통기한'을 연장하는 방법을 이미 알고 있었음이 확실하다. 최근의 고고학적 발견은 초기의 치즈 생산을 확인해 주었는데, 그 증거로 치즈 생산용 체로 사용된 구멍이 숭숭 뚫린 도자기 안에 유지방의 흔적이 남아 있었다.⁶

농업의 발전에는 좀아마냉이나 대마와 같이 씨에서 기름을 추출할 수 있는 새로운 식물의 발견도 포함되는데, 대마는 기름뿐만 아니라 섬유로도 이용되었다. 산악지방에서는 콩과 식물이(주로 살갈퀴 식물군에 속하는) 많이 재배되었다. 이 식물은 식품원으로 중요한 동시에 간접적인 질소 비료 역할로도 유용했다. 콩 종류는 가축의 사료로도 효용가치가 컸기 때문에 장례의식에서 파바콩이나 누에콩이 나타나는 것은 점차 말이 가축화되었다는 사실과 연관이 있다. 이는 잠두콩의 독일어 별명인 페더보네Pferdebohne* 또는 영어 호스빈horsebean에서도 암시된다. 말은 기원전 2,500년경부터 가축으로 사육되기 시작했는데, 그 직전에 닭이 먼저 가축화되었으며 직후에는 거위도 가축으로 합류했다. 말고기는 식용으로는 거의 쓰이지 않았지만, 의식에서 제물로 바쳐지기도 했으며 여행이나 전투에도 쓰였다. 매일의 식사에서 육류를 확보하기 위한 사냥의 역할이 위축되었음에도, 몸집이 큰 동물의 사냥은 점차 제의적 그리고/또는 사회적 의미를 갖게 되었다.

이때까지도 중부 유럽의 대부분은 주로 오리나무, 참피나무, 물

*   말의 앞니에 생기는 반점.

푸레나무, 단풍나무, 느릅나무 등으로 이루어진 울창하던 숲으로 뒤덮여 있었다. 이후에는 너도밤나무가 많아졌고 동쪽으로 뻗어나간 삼림지역에는 소나무가 주를 이루었다. 하지만 울창하던 숲은 벌목과 화전을 통해 경작지로 개간하거나, 건축이나 다른 작업, 혹은 땔감용 목재로 베어내면서 점점 비어갔다. 이런 식으로 농업이 일반화된 지역에서는 자연경관이 서서히 변모되었다. 빙하기 직후 형성된 원래의 퇴적층과 검은색 체르노젬 토양부터 점진적으로 칼슘이 빠져나가 갈색을 띤 캠비솔 토양, 서로 다른 토질의 양질토까지 다양한 토양이 형성되었다. 인간은 거주지를 형성하지만 거주지는 또한 우리가 생산해서 먹을 수 있는 먹거리를 결정한다. 따라서 배고픔을 겪지 않으려면 이에 대해 더 잘 아는 것이 중요하다. 오랜 세월에 걸쳐 천문학적 자료들이 수집되었고, 농사 계획을 짜는 데 쓰였다. 독일 작센안할트주 네브라 인근에서 발견된 '하늘 원반 Himmelscheibe von Nebra'에는 기원전 2,000년경의 태양, 달, 플레이아데스 성운의 일곱 개 별을 포함한 천체의 모습이 조각되어 있는데, 이 도구는 씨를 뿌리고 추수하는 시기를 결정하기 위해 사용되었다.* 이러한 천문학적 지식과 작물종의 다양성은 경작 실패의 위험을 최소화했지만, 연간 기상현상에서 변수가 계속 나타났고 곡물의 종자를 일 년 이상 보관하는 일 역시 불가능에 가까웠을 것이다.

철기가 보급되자 더욱 효율적인 도구들이 생산되기 시작했다.

---

* 천체의 상황이 새겨져 있는 지름 30센티미터 정도의 청동 원반이다. 천문학적 유물로는 전 세계에서 가장 역사가 오래된 것으로, 2002년에 발견되었다.

아드 쟁기 날끝을 쇠로 만들어 보강하자 경작이 더욱 쉬워지고 식량 생산성이 조금 더 향상되었다. 이와 동시에 북부의 게르만족과 남부의 켈트족 사이에 문화적 분화현상이 두드러졌다. 알프스산맥 일대의 켈트족 거주지는 인근에 구리 광산이 발견된데다 소, 돼지의 사육과 곡물 농사가 더해졌다. 그리스의 역사학자 스트라보Strabo에 의하면, 켈트족의 식사는 우유와 몇 종류의 육류로 구성되었는데 그중에서도 돼지고기가 주를 이루어 신선한 것이나 소금에 절인 것을 모두 먹었다. 백랍 등 희귀금속은 경제적·문화적 접촉 기회를 늘렸다. 소금 광산 역시 번성했기에 그들은 소금에 절인 돼지고기를 통 안에 채워 로마로 수출하기도 했다. 물건을 사 모으려는 경향이 있었던 켈트족은 물물교환에 지쳐 소아시아 지역으로부터 들어온 이민자들을 통해 소개된 주화를 지불수단으로 직접 주조하기 시작했다. 그전에는 금반지, 손도끼 또는 거대한 낫인 사이스scythe, 팔찌같이 체계적으로 계량이 가능한 물건들을 상품 교환용 매개물로 사용했었다. 또한 이탈리아 남부에 자리 잡고 있던 에트루리아인이나 그리스 식민지들과 접촉하면서 '오리엔트' 문명의 영향도 받았다. 막강한 권력을 지닌 켈트 왕들은 고급 술잔과 식기류를 수입해 비싼 수입 음식과 와인으로 가득 채웠다. 이에 대한 증거는 기원전 525년까지 거슬러 올라가, 바덴뷔르템베르크주 호흐도르프의 봉분 지역에서 찾아볼 수 있다. 한 봉분에서는 켈트인 왕과 함께 거대한 무쇠솥, 술과 음식 용기들이 묻혀 있었다. 당시 연회나 훌륭한 정찬이 오늘날만큼이나 강력한 사회적·정치적 요소였음을 짐작할 수 있다.

여기에서 다시 한번 우리는 당시의 메뉴를 상상해볼 수 있다. 호사스러운 식사에는 분명히 신맛이 나는 가벼운 사워도우Sour dough/Sauerteig* 빵과 소금에 절인 돼지고기, 아마도 말린 소시지나 훈제 햄이 포함되었을 것이다. 그다음 메뉴는? 아마도 치즈 비슷한 무엇? 좀 더 남쪽에 자리 잡은 지역의 과수원에서 사 온 달콤한 배나 자두나 체리? 지중해에서 도착한 새롭고 진귀한 호두나 달콤한 밤? 극도로 호사스러운 식사라면 소금에 절인 돼지고기와 맞바꾼 로마의 이국적 향료들도 있었을까? 사실 우리는 알 길이 없다. 다만 교역의 증가로 인해 식문화의 격차가 더 크게 벌어졌을 것이라는 사실만은 짐작할 수 있다. 생활하기가 좀 더 수월하고, 접시를 가득 채울 수 있는 장소로 이동하려는 경향은 지금과 마찬가지였을 것이다. 이른바 철기시대의 끝 무렵 중부 유럽에서는 인구과잉과 경작 실패로 사회적 불안이 팽배해갔다. 게르만족이 밀어닥치면서 켈트족은 서쪽으로 밀려났고, 이와 동시에 로마인들이 라인강과 도나우강을 향해 전진하기 시작했다.

---

* 산성 반죽. 독특한 풍미가 있어 유럽의 빵, 특히 호밀빵을 만들 때 필요한 반죽이다.

2장

생고기와 농축우유

로마시대 기원전 1~5세기

로마인들은 북쪽 지역에 관심을 갖기 시작하면서, 게르만족의 생활방식과 음식문화에 대해 글을 쓰기 시작했다. 다음은 로마의 역사학자 타키투스가 저서 《게르마니아》에 쓴 글의 일부다.

그들은 일어나자마자, 대개 해가 뜨고 한참 지난 후인데… 각자 한 자리씩 식탁을 차지하고 앉아서 식사를 했다. 그런 다음 각자 무장을 단단히 하고 일을 하러 나가거나 아니면 연회에 참석했다. 밤낮으로 마실 것을 들고 다녀도 아무도 무례하다고 생각하지 않았다. 자연스럽게 술에 취한 남자들 사이에 싸움이 빈번하게 벌어져 거친 말이 오갔으며 누군가 죽거나 부상 입는 일이 잦았다. 또한 이들은 매우 자주, 또 필사적으로 연회에 매달렸다… 그때만큼은 가슴을 열고 솔직한 생각을 주고받으면서 고귀한 감성들을 따뜻하게 받아들였다… 마실 것으로는 보리나 다른 곡물을 발효시킨, 와인과 비슷한 술을 즐겼다. 〔라인〕 강둑 근처에 사는 사람들은 와인을 사서 마시기도 했다. 그들의 식사는 단순해서 주로 야생 과일, 사냥한 고기 또는 농축시킨 우유를 먹었다. 그들은 공들여 요리를 하거나 양념을 하지 않고 배를 채웠다. 그렇지만 갈증에 관해서라면, 절제력이 떨어졌다. 만약 그들이 원하는 대로 술을 공급해 음주벽을 채워준다면, 무력을 사용하지 않고도 그들의 악습만으로 쉽게 패배시킬 수 있을 것이다.[1]

독일을 여행한 적이 없는 것 같은 타키투스는 저술의 대부분을 대大 플리니우스Gaius Plinius Secundus를 인용했다. 플리니우스는 독일의 기후를 몹시 거칠다고 설명했다. 대부분의 지역이 숲과 늪지로 덮여 풍광이 별로 마음에 들지 않고, 곡물을 경작하기에는 적합하지만 과수원으로는 적절하지 못하다고 했다. 그가 보기에 독일인들은 자신의 부를 가늠하는 가축의 수에 자부심을 가지는 한편, 음식에는 별로 관심이 없었다. 어머니들에게 모유 수유는 중요한 원칙이었다. 보다 원시적인 문화의 단순한 식사가 건강에 더 이로울 것이라는 그의 생각은 먼 훗날 의사들에 의해 되풀이되었고, 장 자크 루소Jean-Jacques Rousseau와 낭만주의자들의 저작에서 다시 나타났다.

기원전 3세기 말 그리스 출신의 직업 요리사들과 제빵사들이 로마에 첫발을 들여놓은 이후 로마인들은 좋은 음식과 와인에 열광했으며, 관련 식품의 생산과 가공기술 측면에서 전문가가 되었다. 로마 전역에 정교한 도로와 수송 시스템이 갖춰짐으로써 음식에 관한 지식과 식품의 교류가 제국 전체에서 가능해졌다. 맛이 강한 로마 요리에서 각종 향신료는 대단히 중요한 요소였다. 비록 타키투스나 플리니우스, 그리고 그들의 동료들은 향신료에 상당한 비용을 지불하는 행위를 타락하고 부자연스러운 것이라고 통렬하게 비난했지만 말이다(그들의 주장은 후일 기독교인들이 폭음과 폭식에 반감을 갖게 되는 데 큰 영향을 미쳤다). 앞에서 인용한 게르만족에 대한 서술과 관련해서 타키투스에게는 나름의 의도가 있었음을 유념해야 한다. 그는 세속에 물들지 않은 자연 그대로의 강인한 인간을 보여줌으로써 여성화되고 타락한 동포들을 질책하고자 했던 것이다(그의 유년기에 네로Nero 황제의 방탕한 생활과 로마 대화재가 있었다). 로마인들의 시각에서 타키투스가 묘사한 식단은 정말 야만적이었다. 로마인들은 공중에 걸어 건조시킨 고기만 먹었기 때문에 이 과정을 거치지 않은 고기를 먹는다는 것은 직접 길러 먹지 않고 사냥으로 얻은 고기를 먹는 것과 함께 문명이 결핍되었다는 심각한 징표였다. 당시 로마인들은 이미 우유에 레닛rennet(식물성 응고효소)을 넣어 오래 보관할 수 있는 커다란 치즈를 생산하고 있었기 때문에 농축시킨 우유 역시 원시적이라고 생각했다.

 로마인들은 자신들의 문화를 가능한 한 멀리 퍼뜨리기 위해 전력을 다하며 제국의 국경선을 점점 더 야만인들이 살던 지역으로 밀고 들어왔다. 이때 로마 병사들과 함께 그들의 식문화도 들어왔다. 병사들과 그들을 수행하는 사람들을 먹이는 일은 가장 중요한 임무 중 하나였기 때문에 로마군 지휘관들은 언제나 일 년 치의 식량을 비축해두고자 했다. 무화과, 쌀, 올리브, 병아리콩은 본토로부터 들어왔지만 곡물, 육류, 와인은 현지에서의 조달이 중요했다. 로마의 방식이나 습관을 따르는 것이 불가피해진 게르만족은 이내 그것에 익숙해졌다. 또한 로마의 영향을 받아 게르만 음식이 개선되었다는 사실에도 의심의 여지가 없다.

2세기 무렵 이 새로운 지역에서 군사 통치가 자유로운 사적 경제로 대체되고 로마의 문화가 절정에 이른 것과 함께 지중해식 농업이 도입되면서 게르만족의 땅에 농업혁명이 시작되었다. 게르만 지역 내 로마 속주들의 인구밀도가 매우 높아지고 켈트, 켈트-게르만, 게르만, 갈리아, 이탈리아의 사람들과 생활방식이 뒤섞이면서 다양한 혼성문화를 만들어냈다. 군대와 대규모 정착촌을 위한 식량 생산은 '빌라 루스티카villa rustica(전원저택)'라고 불리는 로마식 농장이 담당했다. 농장들의 위치는 지형학, 토양의 유형, 주변 시설을 고려해 신중하게 선정되었다. 대부분 건조한 고지대와 물가의 저지대 사이였다. 다른 정착촌과는 멀리 떨어진 농장들은 농경지, 숲, 초지, 목초지 등으로 둘러싸여 있었으며, 전체 면적은 50~250헥타르 정도였다. 농장에는 마구간, 헛간, 창고와 함께 철을 제련하거나 도자기를 제작하고 유리를 생산하기 위한 작업장 등 갖가지 편의를 제공하는 건물들이 갖추어져 있었다. 어떤 농장에서는 잉여농산물을 교역했으며, 또 다른 곳에서는 제분, 건조, 톱질 등을 통해 특산물을 개발했다. 아마도 다른 기후조건에 의해 촉발되었을 새로운 농업기

2세기 로마시대 독일(게르마니아)의 영토

술로 작업과정이 더욱 빠르고 효율적이게 되자 노예노동은 필요하지 않게 되었다. 보습과 흙밀이판을 이용한 정교한 종류의 쟁기, 대형 낫, 곡물 추수용 '기계'들이 널리 사용되기 시작했다. 게르만 지역 동쪽으로부터 호밀이 유입되었고 밀이 갈리아 서쪽에서 들어와 재배되기 시작했는데, 이러한 곡물들은 껍질로 싸여 있어 온난하고 습한 기후에서도 질 좋은 상태로 오래 보관할 수 있기 때문에 지역 산물에 다양성을 더해주었다. 또한 껍질이 있는 곡물들은 건조장에서 건조시켜야만 했는데, 이런 건조장은 아마나 맥아를 건조하는

데도 활용되었다.

이 지역에 주둔한 로마 병사 한 명에게 배급되는 곡물은 650그램이었으며, 여기에 약간의 육류(주로 베이컨), 치즈, 채소, 소금, 올리브유와 단순한 와인이 추가되었다. 병사들의 주식은 풀스puls라고 불리는 곡물죽이었는데, 기장, 귀리, 보리 등으로 만든 거친 형태의 폴렌타polenta*라고 할 수 있다. 영양가가 더 많고 전시에 필수적이라고 여겨진 빵도 꽤 많은 양이 생산되었다. 또한 로마의 음식에는 다량의 기름이 필요했기 때문에 현지에서 생산된 아마 씨, 양귀비 씨, 좀아마냉이에서 짜낸 기름이 지중해 지역으로부터 수입되는 올리브유의 양을 넘어섰다. 마찬가지로 수입 향신료에 더하거나 대체하기 위한 토종 허브 생산도 증가했다. 로마의 농업전문가들은 로마와는 다른 기후조건에 적합한 품종들을 개발하는 데 뛰어났다. 그들의 관리하에 과수원이 번성하고 채소류의 보다 효율적인 생산이 가능해졌다. 또한 이전까지는 희귀했거나 새로운 식물인 아마란스, 근대, 순무, 쇠비름, 마늘, 딜, 고수, 세이버리, 타임, 셀러리, 살구, 아몬드, 복숭아, 마르멜로, 호두, 밤, 서양모과 등과 함께 와인용 포도인 비티스 비니페라vitis vinifera도 들여와 재배했다.

와인은 로마의 생활방식에서 본질적이었기 때문에 포도재배술이 발달했다. 4세기 말 시인 아우소니우스Decimus Magnus Ausonius는 〈모젤라Mosella〉라는 시를 통해 트리어 지역 인근 모젤강(민물생선의

---

* 이탈리아의 전통요리로, 옥수수 등의 곡물가루로 만든 죽.

산지이기도 했다) 유역의 언덕에 계단식으로 조성된 60헥타르 남짓한 포도밭의 경치를 묘사했다. 그렇지만 게르만족의 과도한 음주(최소한 타키투스에 의하면)와 달리, 로마인들은 만취상태를 보면 눈살을 찌푸렸다. 와인에 드물게 이따금 (혹은 사회적 집단에 따라) 식초를 섞기도 했지만, 대부분은 물을 섞었는데, 이를 포스카 posca라고 했다. 로라 lora라는 음료는 와인을 만드는 과정에서 포도를 압착한 후 압착기에 남은 껍질과 씨를 물에 담가 만드는 것으로 알코올 도수가 아주 낮고 세균에 오염이 덜 된 음료였다. 로마인들은 와인을 암포라 항아리보다 나무통에 넣었을 때 수송이 훨씬 용이하다는 사실을 알았는데, 이 기술을 전수받은 게르만족은 통 제조기술을 한층 발전시켰다.

로마식 저녁식사, 즉 콘비바conviva는 대체로 세 코스로 구성되었으며, 음식은 잘게 잘라 숟가락으로 떠먹을 수 있도록 했다. 식사에 사용되는 육류는 돼지고기였지만 사슴, 멧돼지, 토끼, 겨울잠쥐, 모든 종류의 조류, 양식 달팽이, 생선, 굴, 홍합 등도 곁들여졌다. 몸집이 큰 로마 황소와 몸집이 작은 현지 암소의 교배를 통해 소의 종자를 개선했으며 돼지와 염소 대비 소의 비율도 상당한 수준으로 높아졌다. 돼지는 식용에 국한되었지만 소는 우유를 생산할 뿐만 아니라 가죽과 같은 부산물도 사용할 수 있었으며, 무엇보다도 밭에서 일을 시킬 수 있다는 장점이 있었다. 늦은 여름에 소들을 방목장에서 데리고 나와 추수가 끝난 경작지로 옮겨놓으면 배설물로 인해 이듬해에 소출 증대를 기대할 수 있었다. 또한 논리적으로 추측해 볼 때, 로마인들은 오래 보관할 수 있는 저장용 치즈 생산에 필수적이었던 응고효소 레닛도 전해주었을 것이다.

때때로 라인강변 전역에 로마군이 주둔하기도 했다. 농업 생산성이 높

모젤강변 노이마겐에서 발굴된 와인 운반선.
3세기에 치러진 장례식에 쓰였다.

아지면서 경제가 활성화되었는데, 그에 덧붙여 테라 시질라타terra sigillata 혹은 사모스 자기Samian ware라는 도자기 관련 산업의 발달도 한몫했다. 이 도자기는 유약을 입힌 밝은 오렌지색 토기인데 게르만 전역에서 널리 애용되었다. 규모가 큰 정착지에서는 지정된 날짜에 천막을 친 시장에서 교역이 이루어졌으며, 인근의 작업장에서 장인들이 생산한 온갖 종류의 상품이 이곳에서 거래되었다. 껍질 벗긴 곡물을 말리기 위한 건조장도 있었다. 제빵사들이나 훈제식품을 만드는 사람들이 조리실에서 함께 작업하기도 했다. 전문 도축업자들은 거래를 마친 가축을 고객의 요구대로 도살했다. 이때 일반적으로 적용되는 규칙에 따라, 어린 가축의 3분의 1 정도는 농사일을 시키는 등의 용도로 계속 사육되지만 나머지는 모두 도살되어 곧바로 가정이나 부엌이 딸린 선술집에서 소비되었다.

경제적 호황이 낳은 부작용도 뒤따랐다. 토양의 지력이 고갈되어 휴경기를 가지거나 많은 양의 동물 분뇨를 투입해야만 했다. 또한 선박의 건조를 포함한 갖가지 사업에 대량의 목재가 소요되었고, 삼림지대에 지나친 농작으로 토양이 침식되었으며, 나무를 구하기 위한 이동거리가 점점 더 멀어졌다. 마찬가지로, 원래는 도시 가까이 접근이 편리한 지역에 자리 잡고 있던 도자기나 벽돌 제조 작업장들이 땔감의 원활한 공급을 좇아 점점 더 도시로부터 먼 곳으로 이주했다. 이런 모든 문제점에도 불구하고 로마의 체제는 대부분의 사람들에게 무난하게 작동했으며 사회계층 간 이동성도 어느 정도 보장되었다.

모든 게르만 지역을 로마가 장악한 것은 아니었다. 사실 침략자들에 저항해, 율리우스 카이사르Gaius Julius Caesar에 굴복하지 않고 진군을 도중에 멈춰 세웠던 한 작은 마을만이 아니라 그보다 훨씬 많은 지역이 점령되지 않고 남아 있었다. 로마인들은 아그리 데쿠마테스Agri Decumates라는 지역을 확보할 수 있었는데, 이는 현재의 바덴뷔르템베르크주와 바이에른주에 해당한다. 그렇지만 그런 정복지조차 외부의 침입자들로부터 지속적인 위협을 받았다. 260년경, 리메스Limes*에도 불구하고 알라만족이 결국 로마인들을 아그리 데쿠마테스에서 밀어내 라인강과 도나우강으로 후퇴시켰다.** 그렇다고 해서 로마의 음식문화가 사라진 것은 아니었다. 오늘날 독일 남서부, 로마인들이 당시 소小 게르마니아라고 부르던 지역(알자스 지방과 스위스 북서 지역까지 포함해서)에서 알라만 요리라고 하는 것은 예전의 침입자들이 남긴 유산에 기초한 것이다. 라인강 북서 지역에서는 소위 로마의 '제국주의자들'이 2세기 이상을 더 버텼다. 모젤강 유역의 트리어는 당시 알프스 북쪽에서 가장 큰 도시였으며, 쾰른 역시 그 시대의 진정한 대도시 중 하나였다(쾰른에는 로마인들이 건설한 가장 긴 수로가 있었는데 멀리 아이펠 고원지대에서부터 연결되었다). 이 지역들에는 남부 특유의 분위기와 식사문화가 깊게 뿌리내렸다.

---

*   목책과 보루 등으로 보강된 장성長城. 로마인이 쌓은 국경 방어벽을 뜻한다.
** 알라만족은 게르만의 한 부족이라기보다는 여러 부족 연맹체에 가깝다. 3세기에 로마제국의 확산을 저지하고 알자스와 스위스 북방까지 장악했지만 5세기 말 프랑크족에게 패배해 흡수되었다.

당대의 식탁

마인츠의 이시스 사원

2001년 독일에서 가장 오래된 식당이라고 추정되는 유물이 발굴되었다 (www.roemisches-mainz.de). 이 식당은 모곤티아쿰(현재의 마인츠) 군단병들의 기지 내에 세워졌던 여신 이시스*와 키벨레**의 신전에 딸려 있었다. 이곳에서는 공공행사 때 육류를 제공했다. 신전의 신들에게는 훈제된 육류나 생고기 중 맛이 별로 없는 부위만을 바쳤던 반면, 최상급 부위는 조리되어 시장에서 판매되거나 혹은 신전에 기부금을 내는 사람들이 소규모 부속 식당에서 지인들을 대접하며 즐길 수 있었다. 음식을 날라다 주는 사람이나 요리사가 없었기 때문에 전반적인 식사 과정은 오늘날의 셀프서비스 식당과 비슷했다. 식사 중에는 신전에 거주하는 신들, 특히 이시스의 남편인 세라피스***가 동참한다는 기대가 있었는데, 이것이 기독교 성찬식의 유래가 된 듯하다(성체에서는 육류가 빵과 와인으로 대체되긴 했지만 말이다.)

* 고대 이집트의 여신으로 지혜의 여신이자 오시리스의 아내, 호루스의 어머니다. 로마제국 시기에 원로원에 의해서 정식으로 받아들여져 올림포스의 신들과 같은 위상을 지니며 숭배되었다.
** 올림포스 신들의 어머니로 크로노스의 아내이자 풍요의 여신이다. 그리스에서는 레아라고 부른다.
*** 이시스의 원래 남편 오시리스는 동생 세트에게 살해당한 후 이시스에 의해서 부활했다. 그는 이후 저승의 세계를 다스리게 되는데 이때 명계의 지배자였던 아피스와 합체하여 때때로 황소의 모습으로 나타나는 세라피스가 되었다.

로마인들의 발길이 닿지 않았던 지역에서는 로마 문화의 영향력이 명백히 덜했다. 베를린 지역이나 동쪽으로 멀리 떨어진 게르만·슬라브 지역에 있는 게르만 정착지나 무덤에서 발굴된 유물들은 남서쪽 지역과는 전혀 다른 이야기를 전해준다. 국경에서 멀리 떨어진 작은 농장에 살던 주민들은 로마인들과의 직접적인 접촉은 불가능했지만, 로마군에 복무하고 있던 게르만 출신 병사들을 통하거나 교역을 하며 서로 교류했다. 청동 그릇의 수요가 많았고 이보다는 조금 덜하지만 은과 유리 식기, 그리고 고급 사모스 도자기도 거래되었다. 케루스키 부족의 아르미니우스Arminius처럼 게르만인도 로마군에 입대해서 고급 지휘관까지 진급할 수 있었는데, 그들은 귀향할 무렵에는 로마에 다소 동화되어, 정교한 도구들, 도자기 꽃병과 그릇들, 은이나 짐승의 뿔로 만든 술잔, 앙증맞은 은제 컵, 가위, 넓적한 찜냄비, 주전자, 청동 양동이, 유리 그릇 등을 가지고 왔다. 게르만과 로마제국의 무역에 관해서는 고고학적 증거가 그다지 많지 않지만 그 시대의 저작에는 언급되어 있다. 게르만의 주요 수출 품목은 소, 말, 짐승의 가죽, 모피, 거위깃털, 노예, 호박amber 등이었다.

로마 시인 세네카Seneca는 야만인들의 불운한 운명에 대해 타키투스의 음울한 견해를 공유했다. "끝없는 겨울, 잿빛 하늘, 그들을 간신히 먹여 살리는 척박한 땅."[2] 그렇지만 그 척박한 땅에서도 전반적으로 농업 수준이 높아졌다. 그래도 로마 지배하에 있던 지역에 비하면 발전이 덜하고, 로마 점령지역의 고도로 전문화된 로마식 농업단지보다는 한참 뒤처졌지만 말이다. 기후가 비교적 온화했

2~3세기경 트리어 지방에서 발굴된 시장의 좌판과 와인 수송 모습. 상점에서는 뚜껑이 열린 나무통에 든 무언가를 팔고 있는데, 생선이나 피클 혹은 야생 조류나 가금류인 듯하다. 천장에는 무게를 다는 도구들이 매달려 있다.

던 기원후 초기 몇 세기 동안, 해안선에 위치한 습지와 섬에도 정착이 이루어졌는데, 이러한 지역에는 인공 흙제방Wurten으로 공간을 넓히고 안전을 확보하는 경우가 흔했다. 타키투스의 묘사는 실제에서 그리 크게 벗어난 것이 아니었다. 목축은 모든 사람들의 생활에 상당히 직접적인 영향을 미쳤다. 사람들과 짐승들이(소 이외에도 양모를 얻기 위해 양도 많이 키웠다) 넓은 집에서 함께 살았다. 내륙지역에서는 가축들을 위한 아주 널찍한 우리에 건초 보관용으로 반지하형태의 시설이 추가로 마련되었다. 닭, 거위, 오리는 고기와 알을 공급했다. 돼지는 주로 오크나무 숲에서 사육되었다.

사냥개와 매를 동반하는 사냥은 점차 사회적 지위를 상징하는 활동으로 여겨져 지배계급의 전유물이 되었다. 잡은 짐승은 식용으로서는 별로 중요하지 않았지만 깃털과 모피, 뼈나 뿔 같은 것은 가치가 있었다. 여전히 말이 소보다 희귀했고 농경에 사용되는 경우도 드물었지만, 사냥이나 전쟁에는 함께 나갔다. 또한 로마시대 이전과 마찬가지로 말은 의식의 제물로 우선 선택되었다. 희생제의는 특정 장소에서만 행해졌는데 대부분 나무를 깎아 만든 우상으로 장소를 표시했으며, 시기는 씨뿌리기나 추수 등 중요한 농사 일정이나 봄과 가을의 이동방목과 밀접하게 연계되어 있었다.

농장의 크기는 대부분 20헥타르를 넘지 않았으며 정착지에서는 일반적으로 자급자족했다. 이 시기의 작물 종류는 거의 변하지 않았지만 기름과 섬유 생산을 위한 아마와 대마 경작은 크게 늘어났다. 보리는 껍질이 있든 없든 모두 가장 널리 경작되었으며 귀리와 호밀, 그리고 겉껍질이 없는 수수와 밀이 그 뒤를 이었다. 겉껍질이 있는 에머밀도 크게 뒤지지 않았다. 불규칙한 모자이크 형태를 띤 블록형 경작지는 아드 쟁기로 가로세로를 교차해가면서 밭을 일구었지만, 아주 서서히 긴 띠 모양의 밭들이 생겨났다. 날이 큰 외날 쟁기의 사용이 늘어나 흙을 한 방향으로 갈아엎으면서 외날 쟁기로 간 밭의 특징인 이랑과 고랑이 뚜렷하게 드러나게 되었다. 농기구 창고에는 써레, 갈퀴, 대형 낫과 사이스 같은 농기구들이 새로 추가되어 짚이나 건초를 베는 작업을 좀 더 신속하고 용이하게 해주었다. 석회성 점토인 이회토나 해초류, 생활폐기물이나 화로의 재 등이 비료로 활용되면서 생산량도 소폭 증가했다.

따라서 우리가 처음 상상했던 신석기시대의 고기를 약간 넣어 끓인 죽 식사는 아직 유효했다. 그렇지만 야생 과일과 베리류, 허브와 견과류 채집이 지속되는 한편, 경작을 통해 수확한 파바콩과 양파도 일상 식품이 되었다. 빵도 점점 가능한 대안이 되었는데, 보통 사람들은 주로 보리를 기본 재료로 썼고, 부유층은 밀로 만들었다. 북부 지방에서는 신맛이 나는 농축우유를 흙으로 만든 체에 걸러 고체와 액체를 분리시켜 만드는 저지방 치즈 크바르크(의심할 여지 없이 타키투스가 말한 농축우유)를 생산했다. 여기에다 이따금 꿀로 단맛을 내기도 했던 것 같다. 양봉은 속이 빈 나무 등걸에 야생 벌들이 둥지를 틀 수 있도록 함으로써 한층 정교해졌다. 나무 밑둥의 구멍에 입구와 벌집을 지을 수 있는 틀을 갖춰두고 양봉가들이 꿀을 뜰 수 있도록 뚜껑도 달아놓았다. 나무통을 이용해서 우유를 버터로 만들었지만 이 시기에 버터가 식용이었는지는 확실하지 않다. 의약품이나 화장품으로 사용된 기록만 전해지기 때문이다. 또한 타키투스가 언급한 대로 맥주(에일이나 알코올성 청량음료에 더 가까운)는 인기가 대단했고, 벌꿀술도 있었으며, 사과주스 역시 있었던 것으로 추정되지만 포도로 만든 와인은 명백한 수입 사치품이었다. 인구밀도가 낮았기 때문에 수로가 없어도 깨끗한 식수가 풍부했다. 로마의 지배를 받지 않고 남아 있던 넓은 게르만 지역은 빽빽한 삼림에 덮여 있었으며 사람이 거의 살지 않았다. 그들의 식품저장고는 로마인들에 비해 다양성이나 세련미가 부족했지만 식품 여분은 충분했던 것으로 보인다. 해안 정착지들에서 볼 수 있듯이, 경작지가 서서히 확장되고 인구도 점차 증가했다. 도자기를 만들거나 유리를 불어 갖가지 물건을 만드는 전문적인 장인들은 식품을 직접 생산할 필요 없이 교역을 통해 얻을 수 있었다.

라인강변에 살던 프랑크족이 로마의 침입자들을 영원히 축출해 버리자 부유층 로마인들도 그들과 함께 떠났다. 그중에는 특히 대규모 농장주들이 많았다. 하지만 농장 노동자나 일꾼 같은 많은 평민들은 그대로 남아 5세기 끝날 때까지 소게르마니아에서 로마식 농업 체제를 유지했다. 그 이후에는 분배시스템의 기반시설이 서서히 붕괴되기 시작했다. 도로는 황폐해졌고 교역 효율성이 저하되었다. 남아 있던 로마인들은 게르만족 거주지로 흡수되었으며(오늘날에도 모젤강 유역 와인 생산업 종사자들의 짙은 눈동자색과 머리색이 이를 설명한다) 로마식 전원 저택은 사라져갔다. 그렇지만 거의 4세기에 걸처 독일에서 이루어졌던 농업과 음식문화의 발달은 새로운 영향을 경험하게 되었다. 먼 옛날 독일 남부의 켈트인들에 의해 촉발된 지역적 격차가 더욱 강화되고 증폭된 것이다.

3장

기독교, 사회적 계층화, 의술

중세 초기 5~11세기

중세를 이야기할 때면 불가피하게 고정관념을 갖게 된다. 특히 이 시대의 초기 몇백 년은 '암흑시대'로 인식된다. 이 시기에 고전시대에 축적되었던 교양과 지식이 야만적인 부족들에 의해 완전히 파괴되었으며, 이 야만인들은 로마시대의 세련되고 지적이며 미식을 즐기고 와인을 사랑하던 사람들과는 대조적으로 이빨로 생고기를 뜯고 맥주를 들이켜는 미개인 무리라고 생각하기 쉽다. 중세 절정기에 대한 또 다른 고정관념은 예의바른 기사들과 우아한 처녀들이 성에 있는 커다란 홀에서 속을 채운 공작이나 꼬챙이에 끼워 불에 구운 야생 염소 등 향신료를 듬뿍 가미한 '이국적인' 요리들이 차려진 식탁에서 식사를 즐겼으리라는 생각이다. 이러한 양극단 모두 어느 정도는 진실이겠지만, 서로 다른 시대의, 적어도 500년이라는 시간적 거리가 있는 극단적으로 다른 사회적 계층을 대변하고 있다. 사는 곳이 그 사람의 식품저장고와 식단에 지속적으로 강력한 영향을 미치지만, 이동 반경과 그가 속한 사회집단 역시 그렇다. 농부로 태어난 사람은 죽을 먹고, 귀족의 아들로 태어난 사람은 사냥을 배우게 마련이다.

  5세기 초반, 중부 유럽에서 로마제국의 영향력이 거의 소멸하자 모든 사람들이 서쪽과 남쪽을 향해 이동하는 것처럼 보였다. 이들 중 일부는 순수한 호전성 때문이었지만 대다수는 굶주림 때문에 먹을 것과 그것을 생산할 수 있는 땅을 찾아 나선 것이었다. 슬라브족이 즐겨 먹는 호밀이나 메밀 등 선호하는 음식도 그들을 따라 이동했다. 한편 기존의 음식지형에 지금 우리에게도 친숙한 이름이 붙여지기도 했다. 프리슬란트*, 작센, 프랑크, 알라만, 슈바벤, 바이에른 부족들이 오늘날 우리가 알고 있는 지명을 가진 지역과 거의 일치하는 곳에 정착했기 때문이다. 당시 치명적인 전염병이 퍼지고 기후조건까지 악화되면서 인구가 급감했다. 쾰른, 트리어, 마인츠, 아우크스부르크 같은 대도시들은 존속했지만, 아주 기본적인 수준에서였다. 사람들의 이주가 뜸해지자 경작 면적이 다시 확대되었으며, 목축업이 곡물 농사만큼이나 중요해졌다.

  이 시기에 게르만족의 요리법에 영향을 미친 중요한 요소가 점점 위력을 얻고 있었는데, 그것은 바로 기독교였다. 유대교로부터

---

*   네덜란드 일부와 북부 독일 일부를 함께 지칭한다.

분리되어 나온 이 새로운 종교는 로마제국 전역에 널리 퍼졌다. 초기 기독교인들은 심한 박해를 받았지만, 그들의 신앙은 강건했으며 놀랍도록 선교에 열정적이었다. 비록 모든 사람들이 자유의지로 신앙을 선택한 것은 아니지만, 새로이 1000년대가 시작될 무렵에는 북부 유럽 전체가 개종했으며, 오직 슬라브족들이 거주하는 동부만이 13세기 무렵까지 이 새로운 종교에 설득되지 않았다. 기독교는 절약, 검소, 정직 같은 일반적인 미덕에 기초해 식사에도 지대한 영향을 미쳤다. 하지만 돌이켜보면 기독교는 경제적, 사회적 문제에 직면했을 때는 매우 실용적인 태도를 취한 것으로 드러났다. 이교도 전통을 받아들여 새로운 종교에 접합시키기도 했지만, 그런 요소를 자제하도록 미리 규정해놓았다(종종 불복종에 눈을 감곤 했지만 말이다). 여러 차례의 심각한 기근이 6세기 로마의 안정을 위협하자, 교황은 탐식을 칠죄종七罪宗*에 포함시켰다. 2세기 후 그의 후계자는 그때까지 행해지던 이교도들의 의식을 금지하기 위해 말고기를 먹는 일을 불경스럽고 불온한 행위라고 비난했다.

가톨릭이 게르만족 국가들의 공식적인 종교가 됨으로써 교회의 위계 구조가 사회 전반의 계층화로 확대되었다. 부족의 지도자들은 각 지역의 영주들이 되었으며, 삶의 다른 모든 분야뿐 아니라 음식 분야에서도 게르만족의 결정적인 특징 중 하나인 개별주의가 형성되었다. 카를 대제의 신성로마제국이 통합적 요소라는 평행추를 제

* 가톨릭에서는 그 자체가 죄이면서 다른 죄의 근원이 되는 일곱 가지. 교만, 인색, 시기, 분노, 음욕, 나태와 탐욕(탐식)이다.

히에로니무스 보스Hieronymus Bosch가 그린 〈폭식〉의 세부, 1480년작 《칠죄종》 중에서

공했다. 800년 성탄절, 로마에서 교황의 공식적인 축복을 받으면서 황제 즉위식을 가진 카를 대제는 서부 유럽 내의 예전 로마제국 영토 전역에 대한 전반적인 개조에 착수해 엄격하고 공격적인 기독교화 정책을 추진했다(특히 고집스럽게 이교도를 신봉하던 작센 부족에게 기독교를 강요했다). 그는 표준화된 행정과 법률체계의 통합을 바탕으로 프랑크왕국을 유럽의 초강대국으로 만들었다.

카를 대제는 육체적으로 대단히 인상적이었던 것으로 알려져 있다. 그 이유 중 일부는 단연코 대왕에게 걸맞은 욕구일 것이다(욕구는 음식에만 국한된 것이 아니라, 공식적인 부인만 다섯 명을 두었는데 각기 롬

바르디아, 슈바벤, 동프랑크, 알라마니아 출신이었다). 그를 찬양한 기록에 따르면, 그의 일상적인 식사에는 소량의 빵과 함께 왕실 소속 사냥꾼들이 개인적으로 바친 짐승의 고기를 꼬챙이에 꿰어 구운 요리가 반드시 포함되었다. 의사들의 반복된 경고에도 황제는 식사량을 줄이기를 단호히 거부했으며, 덜 먹는 문제에 대해서 끊임없이 불평했다. 과거 로마인들에게 신에게 바쳐지는 육류는 일종의 '마법'을 지닌 힘을 북돋우는 음식으로 여겨졌다. 따라서 끊임없이 여행하고 대부분의 시간을 교회나 왕실의 영토에 머물면서 백성들에게 모습을 드러내는 것으로 왕의 권위를 확고히 해야 했던 카를 대제에게 육류는 의심할 여지 없이 필수적인 식품이었다. 이러한 기록들이 지닌 상징적인 중요성은 10세기 말 한 이탈리아 외교관이 경멸조로 묘사한 비잔틴제국 황제에 비추어보면 더욱 분명해진다. 그 황제는 마늘, 양파와 부추를 생으로 먹으면서 자신이 목욕한 물을 마셨다고 한다.[1]

충분한 양의 음식은 카를 대제에게만 필요했던 것이 아니라, 새로 건설된 도시나 기존의 정착지들이 주위로 확대되면서 형성된 도시도 마찬가지였다. 식량부족이 정치적 안정을 위태롭게 하고 결국 자신의 위상을 약화시킨다는 사실을 잘 알았기 때문에 카를 대제는 여분의 식량 생산에 힘을 쏟았다. 지역 지도자들의 충성심에 의존하던 그는 식량 생산을 좀 더 엄격하게 체계화할 방법을 모색했다. 당시 일부 넓은 경작지나 수도원 등에 로마인들의 지식과 기술들이 여전히 잔존했다. 카를 대제는 왕실의 영토를 관리하기 위한 구체적인 방법을 집대성해 일종의 토지 조례인 '빌리스 칙령'을 공포했다. 이 칙령은 더 효율적이고 생산성 높은 삼포식 농업에 대한 규정을 두었는데, 경작지를 삼등분해 각각 여름작물과 겨울작물, 휴경을 돌아가면서 하는 방식이다. 칙령은 삼포식 농업에 적합한 품종까지 추천하고 있다. 그리고 카를 대제는 자신의 최대 관심사인 사냥을 왕실의 영구적 특권으로 못 박았다. 그리고 두말할 것도 없이 그의 요리세계에는 와인이 빠지지 않았는데, 와인을 보관할 때 가죽부대가 아니라 나무통을 사용하게 하는 등 생산 방식에 대한 구체적인 지시사항까지 칙령에 넣었다. 독일 라인가우 지역의 와인

슐로스 요하니스베르크 와인의 1904년 상표. 여느 때와 마찬가지로 제조 책임자의 서명이 들어가 있다. 카를 대제가 라인가우 언덕에 쌓인 눈이 유별나게 일찍 녹는다는 사실을 알고서 포도나무를 심으라고 명령했다.

생산에 관한 첫 번째 기록은 지금의 슐로스 요하니스베르크 와이너리의 언덕에 관한 것으로 그 시기가 817년까지 거슬러 올라간다. 전설에 의하면, 그해 신년 초 잉겔하임암라인에 있는 왕궁에 머물던 황제가 라인가우의 강을 바라보다가 슐로스 요하니스베르크 언덕에 쌓였던 눈이 이미 녹은 것을 보고 유난히 온화해 포도 농사에 적합한 장소로 여겨 그곳에 포도를 심도록 명령했다. 그의 판단이 옳았다!

    로마식 농장저택 체제에서 유래해 농촌 경제의 구성 원리가 된 봉건적 장원제도*는 황제가 소유한 광대한 영토의 질서를 유지하는 데 딱 들어맞았다. 소작농들은 토지 임대료, 교회에서 부과하는 십일조뿐 아니라 노동력과 병역, 화물 수송비까지 부담해야 했고, 이를 이행하지 못하면 토지에 예속되는 농노로 전락했다. 대신에 장원의 영주는 법적, 군사적 보호를 제공했다. 혁신을 꺼리는 경우가 잦았던 노동자들에게 토지 소유주들이 삼포식 농업이나 물레방아, 퇴비의 체계적 이용 등을 강제함으로써 이루려 한 장원제도의 궁극적인 목표는 농업의 효율성이었다.

    당시에는 음식을 나누는 행위가 강력한 사회적 의미를 띠고 있었다. 카롤링거 왕조 시대의 기록에 의하면, 모임을 사람들이 만나 대화하고 함께 먹고 마신 후 평화롭게 헤어지는 것으로 묘사했다. 이러한 중세 초기의 주연은 개개인의 우정과는 거의 상관이 없었

---

* 봉건 사회에서 국왕, 제후, 기사와 같은 토지 소유자인 영주와 농민과 같은 경작자 사이에 맺는 지배와 예속의 관계.

다. 오히려 참가자들의 평화로운 동맹을 보증하거나 강화하는 공동체적 연회였다.

공동 식사는 법적 행사에 준하는 일종의 의식이었다. 독일의 왕으로 선출된 콘라트 1세Konrad I는 912년 장크트갈렌의 수도원을 방문하여 수도사들과 함께 식사할 때 직접 가져간 후추를 그들의 음식에 쳐주기까지 했다.[2] 반역이나 공격이 식사와 연관되어 있을 때면 특히 큰 비난을 받았는데, 환대의 선의를 악용하는 것은 극단적인 악의나 배신의 신호였기 때문이다. 1077년 당시 앙숙이었던 신성로마제국의 황제 하인리히 4세Heinrich Ⅳ와 교황 그레고리우스 7세Gregorius Ⅶ가 카노사에서 만났을 때, 하인리히는 여러 사람이 함께 식사하는 자리에서 음식에 손도 대지 않고 말도 거의 하지 않음으로써 최고 권력을 손에 넣기 위한 싸움에서 자신의 패배를 인정하지 않으려고 했다는 사실이 수많은 기록에 남아 있다.[3]

정치적 관점에서, 서유럽 통일이라는 카를 대제의 거창한 꿈은 오래가지 못했다. 그의 왕국 체제는 지속가능할 정도로 강력하지 못해 카를 대제가 죽은 814년 이후 세 개의 왕국으로 분할되었다. 그렇지만 음식과 관련해서는 그가 세운 체제가 제대로 작동했다. 카를 대제는 왕국이 부강해지기 위해서는 인구 증가가 전제되어야 하는데, 이는 곡물을 기반으로 한 식사를 통해서만 가능하고, 이를 위해 견고한 생산 체계가 요구된다는 사실까지 인식했다. 이 점에 있어서 그가 남긴 유산은 긍정적으로 평가된다(비록 그 체제에 개입했던 사람들 중 일부에게는 그다지 만족스럽지 않은 면이 많았다는 점을 유념해야겠지만 말이다). 그에 더해 신성로마제국의 황제와 기독교는 지속적으로 통합을 대변하고 있었지만, 카를 대제의 영향력이 없는 유럽은 점차 분열되어갔다.

바이킹, 아랍인, 헝가리 유목민 출신의 기병들은 9세기 전체와 10세기 초반에 걸쳐 독일에 지속적인 침략 위협을 의미했다. 그러나 그들은 또한 강력한 문화적 충격을 상징했다. 특히 프랑크인들이 노르만족, 북쪽 사람들이라는 뜻의 노르트마니Nortmanni라고 부르던 바이킹은 상인, 탐험가, 그리고 식민지 개척자로서 중요한 역할을 담당했다. 실제로 그들은 숱한 전설들에서 묘사되는 약탈보다 교역에 더 크게 기여했을 것으로 보인다. 대서양 횡단을 반복할 정도의 성능을 가진, 항해에 최적화된 그들의 배는 흘수선*이 낮아 돛과 노를 이용해 강물을 거슬러 항해할 수도 있었기 때문에 유럽 전역, 북아프리카와 흑해에 이르는 긴 교역로를 유지했다. 그리고 라인강 유역의 로마시대 교역로를 확장해 북유럽 국가들과 독일 북서부까지 이어주었다. 바이킹이 들여온 이국적인 식품과 향신료의 놀랍고도 자극적인 향과 색을 쉽게 상상할 수 있는데, 이 지역의 식단에서는 거의 보지 못하던 것들이었다.

그 시기에는 관료들만 장거리 여행을 할 수 있었다. 또한 영아사망률이 엄청나게 높았기 때문에 평균 기대수명은 30세를 약간 넘는 정도에 불과했다. 당시 대부분의 게르만족은 부락이나 아주 작은

* 선체가 물에 잠기는 한계선.

마을, 아니면 빽빽한 삼림 한가운데 나무를 베어낸 소규모 경작지가 딸린 농장에 외떨어져 살았다. 성별에 따라 노동의 형태가 결정되었는데 가정 경제는 여성의 몫이었다. 소농 여인들은 곡물을 빻고 맥주를 제조하고 청소와 세탁을 담당했을 뿐만 아니라, 영주의 포도밭에서 일하고 숲속에 들어가 야생 열매를 따고 추수를 거들어야만 했다. 게다가 식물섬유와 양모로 가족들이 입을 옷은 물론이고 영주의 의복까지 만들어야 했다. 귀족들이야 대가족을 이루었지만, 소농들은 평균 서너 명의 아이를 기르는 '핵가족' 형태였다. 간혹 다른 가족들과 집을 공유하거나, 여러 가족이 모여 하나의 경작지를 이루고 살았는데, 각 가족이 2.5~3.4헥타르 정도를 경작했다.[4] 이와는 대조적으로, 당시 이베리아반도 알안달루시아에 있던 이슬람의 칼리프왕국 수도 코르도바는 유럽에서 가장 큰 도시로 약 30만 명의 주민이 거주했고 1,600개의 모스크와 900개의 목욕탕이 있었다. 이는 그곳의 주방들이 어떤 모습이었을지 상상할 수 있게 해준다.

  중세 초기 독일의 솥과 냄비에서 실제로 무엇이 요리되었는지에 대해서는 관련된 기록이 거의 없기 때문에 알아내기가 어렵다. 일부 학자들은 로마시대 말기에 고급문화와 세련된 요리가 다 없어지고 이교도적인 탐식으로 대체되었다고 주장한다. 장례 연회에서 죽은 자들과 나누었던 음식들이 함께 묻힌 무덤들을 그 증거로 인용한다. 무덤의 부장품들은 이후 몇 세기 동안 점차 단순해졌지만, 쾰른의 한 교회 지하에서 발견된 5세기 것으로 추정되는 두 기의 무덤에는 꿀로 조리한 닭고기와 달걀, 겨자와 세이지를 곁들여 요리한 다른 종류의 육류가 들어 있었다. 크레펠트에서 발견된 6세기의 무덤에서는 소 갈비와 커다란 구이용 꼬챙이가 발굴되었다.⁵ 다른 역사학자들은 로마식이 지배적이었던 요리로부터 지역 특유의 요리법으로 점진적인 변환이 있었을 것이라는 주장에 힘을 싣는다. 이는 리쿠아멘liquamen(피시소스의 일종)이나 향신료인 아위 등 로마식 요리에 필수적인 식재료들이 계속 수입되었는지에 대한 의문을 낳게 한다. 프랑스 북부에 위치한 코르비 수도원에서는 8세기 초에 피시소스 가룸garum을 수입해 사용했으며, 이와 함께 올리브유, 후추, 쿠민, 정향, 계피, 감송, 코스투스, 대추야자, 무화과, 아몬드, 피스타치오, 올리브, 병아리콩, 쌀 등의 작물도 수입했다.⁶ 이러한 상황은 독일도 마찬가지였을 텐데, 지역에서 생산되는 허브, 식초와 신맛이 강한 베르주* 등이 로마의 향신료를 대체했을 것이라고도 추측할 수 있다. 카를 대제의 칙령에는 약 70종의 허브와 채소류가 왕실의 정원에서 재배되고 있다고 기록되었다. 그렇지만 10세기 이후에는 아시아에서 다시 향신료들이 들어오기 시작했는데, 이번에는 베네치아 상인들이 후추, 생강, 카르다몸, 계피, 육두구, 메이스, 정향, 갈랑갈 그리고 설탕 등을 거래했다. 아몬드 역시 새로운 사치품이었다.⁷ 가장 비싸고 귀한 향신료였던 사프란은 이탈리아, 스페인, 프랑스에서 이미 널리 재배되고 있었지만(15세기부

* 익지 않은 포도즙으로 만든 음료.

터는 독일 남부와 오스트리아에서도 재배되었다) 대개 수입 향신료로 언급되었다.

10세기 아랍이 지배하던 스페인에서 여행을 온 의사 겸 지리학자이자 상인이었던 이브라힘 이븐 야쿠브Ibrāhīm ibn Ya'qūb는 게르만족의 습관을 들여다볼 흔하지 않은 기회를 제공한다. 그는 라인강변에 위치한 '대단히 큰 도시' 마인츠를 방문했을 때 '서방의 서쪽 맨 끝에서 동방의 동쪽 끝에서만 자라는 후추, 생강, 정향, 감송, 코스투스, 갈랑갈 같은 향신료'를 보고 놀라워한다. 이 식물들이 풍부하게 자라는 인도에서 수입한 것'이었다. 아시아에서 유럽까지는 두 개의 교역로가 가능하다. 하나는 지중해 교역로로 프랑스나 스페인에서 출발해 알렉산드리아나 안티오크를 거치는 것이고, 다른 하나는 중부 유럽을 가로질러 콘스탄티노플이나 볼가강 하류로 향하는 것이다. 그때 이미 시장에 향신료 상자가 가득 쌓여 있었다는 야쿠브의 기술은 다른 세계(당시에는 천국으로 생각했을지도 모르는)의 정체 모를 상징물들이, 널리 알려져 있는 추측과는 달리, 십자군이 전리품으로 가져와 유럽에 다시 소개한 것이 아님을 확인해준다.

야쿠브의 기록은 흥미진진하다. 그는 여행 도중 현재의 프랑켄*과 독일 남부에 해당하는 프랑크족 영역과 독일 북부 슬라브족 영역을 명확하게 구분했는데, 독일 한복판을 가로질러 동쪽으로 흐르는 라인강은 지금도 남쪽과 북쪽의 문화적 경계선이 되고 있다. 그

---

* 현재 바이에른 지방의 북부와 그 인접 지역을 의미한다.

는 베스트팔렌주 수스트를 여행하면서 소금기가 있는 물의 원천에 대해 언급했다. 요새화된 도시 안에 사는 주민들이 이 물을 거대한 주전자에 담아 돌로 만든 화덕에서 센불로 끓여 희고 단단한 소금을 만들었다. 그는 모든 슬라브족 나라에서 이 방법을 사용한다고 썼다. 실제로 956년 뤼네부르크*는 공식적인 소금 생산지로 인정받았다. 또한 하이타부에 바로 인접한 슐레스비히**는 바다에 면한 대도시로, 곡물은 부족하지만 풍족한 물고기 덕분에 살아가고 있다고 서술했다. 그는 동시대의 다른 이슬람 저자의 저술을 인용해 아우크스부르크의 '이상한' 거래 관습에 대해서도 기록해놓았다.

> 상인이 구입한 상품에 가격을 적어 상점에 그냥 놓아둔다. 소비자가 그 가격이 마음에 들면 대금을 지불하고 상품을 가져간다. 상점에는 경비원이 있어서 상품이 사라지면 경비원이 잃어버린 물건의 금액을 벌금으로 낸다.[8]

야쿠브는 밀, 보리, 호밀 그리고 포도와 풍부한 과일에 대해서도 언급했다. 카를 대제가 구상한 대로 9세기 이후 삼포식 농경법이 발전해 겨울작물과 여름작물의 균형이 잡혔기 때문에 1년 내내 작업

---

*   현 독일 북부 니더작센주에 있는 도시.
**   독일 북단의 작은 도시로, 이곳의 역사는 바이킹족이 이 도시 남쪽인 하이타부에 정착하면서 시작되었다. 현재 독일의 중요한 고고학적 유적지로 남아 있다.

량이 균등하게 나누어졌다. 돌아가며 경작과 휴경을 하는 이러한 윤작 체계는 그 자체로는 수확량의 증대로 이어지지도 않았고 과학적인 농경 방식으로 이해되지도 않았지만, 비옥한 토질을 회복하는 데 기여했다. 이러한 체계는 서로 긴밀하게 엮인 마을 공동체와 이전의 소규모 밭들을 더 넓고 효율적인 경지로 재배치하는 신중한 조직을 필요로 했다. 이런 과정은 개인의 결정권을 제한하기도 했다. 다시 한번 독일의 식습관은 영양 면에서 가장 효율적이라고 여긴 곡물 중심에 소량의 육류와 유제품이 추가되는 쪽으로 점진적으로 옮겨갔다. 곡물은 빈곤층이 먹는 묽고 거무스름한 귀리죽에서 부유층이 먹는 흰 빵까지 종류가 매우 다양했는데, 오늘날의 독일에서 찾아볼 수 있는 다양한 빵에 그 흔적이 남아 있다(현재는 빵의 종류에 대응되던 사회적 계급이 거의 반전되었지만). 농사가 그리 힘들지 않은 호밀은 8세기부터 재배 면적이 급격히 늘어나 중세 후반 무렵에는 독일에서 재배되는 곡물 중 가장 중요해졌으며, 비옥한 지역에서도 많이 재배됐다. 호밀보다는 덜 중요한 곡물로는 겉껍질이 없는 밀(겨울작물), 보리(겨울과 여름 공통 작물), 귀리, 수수, 스펠트밀, 에머밀 등이 있었으며, 드물게 아인코른밀도 경작되었다. 이 곡물들은 기름을 짤 수 있는 씨앗류나 콩과식물(전형적인 여름작물)과 함께 경작되었다. 특히 곡물류는 가능한 한 다양한 품종을 모두 섞어 경작했는데, 병충해에 대비하기 위해서였다.

하지만 기근이 주기적으로 발생하는 것을 피할 수는 없었다. 지역적 재분배가 제한적이었으며 풍작으로 잉여분이 생겼다 해도 흉

년이 들면 곧바로 곡물 부족 현상이 나타났기 때문이다. 또한 체계적인 경작은 서서히 지력을 고갈시켰는데, 이는 땅을 갈아엎는 쟁기질이 심층토를 노출하고 심각한 토양 침식을 유발하면서 악화된 문제였다. 또한 동물 숫자의 감소는 퇴비의 감소를 의미했는데, 우역牛疫과 같은 소나 양의 전염병이 자주 발생하면서 감소가 한층 심해졌다. 천연비료는 수요가 많은 물품이 되었으며, 실제로 비둘기들에게 얻은 '분뇨항아리'가 가장 값나가는 십일조 헌금으로 여겨졌다.[9] 천연비료의 몇 안 되는 대체품 중 하나로 알려진 점토와 석회가 섞인 이회토는 새로운 미네랄 성분을 추가하는 것이 아니라 토양에 이미 존재하는 것을 단순히 활성화할 뿐이었으며, 지나친 사용은 오히려 토양을 악화시켰다. 좁은 토지에서 집중적인 호밀 경작이 이루어지던 북서부의 경우에는 좀 더 효율적인 플라겐Plaggen 방식이 개발되었다. 이 방식은 동물의 분뇨에 야생 잡초인 히스 더미와 잔디, 부엽토, 토탄, 진흙, 모래 등 갖가지 유기물 및 비유기물을 뒤섞어 경작지 표면을 덮는 것이었다.

앞서 우리가 상상했던 죽 위주의 식사는 점차 인기와 명성을 잃고 시골 하층민의 표지로 바뀌었다. 몇몇 소규모 시골 정착지 유적에 대한 고고학적 발굴은 중세 초기 북서부 시골지역의 식단이 지역적 조건의 지배를 받았고, 이웃 공동체와도 물물교환이나 교역이 거의 이루어지지 않았음을 보여주었다. 이 정착지들 중 한 곳에서는 단 네 종류의 곡물만 경작되었음이 밝혀졌다. 파바콩이 가장 중요했고(아마 일부는 농부들이 키우던 말 먹이용이었을 것이다), 나머지

세 가지 곡물은 보리, 귀리와 기름을 짜기 위한 아마였다. 야생 과일을 채집한 흔적은 남아 있지 않고, 말과 함께 양과 소, 약간의 돼지도 사육했다. 겨울에 강물이 범람해 토양을 더욱 비옥하게 만들곤 했던 또 다른 정착지에서는 앞의 네 가지 곡물 이외에 야생 과일, 사과, 좀아마냉이, 흔한 살갈퀴(콩과식물로 가축의 사료용이었을 것이다)와 함께 옛날에 경작하던 곡물로 돌아가 에머밀이 나타났는데, 이는 호밀 농사가 습한 토양에서는 적당하지 않기 때문이었을 것이다. 인근의 세 번째 정착지는 모래가 많은 척박한 지역으로 경작 가능한 토지의 4분의 3 정도에 호밀을 심었으며, 보조 작물로 보리, 귀리, 아마, 키 작은 밀, 파바콩, 살갈퀴, 완두콩 등을 경작했다.

도시의 식사는 시골보다는 훨씬 다양하고 정교했다. 바이킹족의 정착지였던 하이타부는 유리한 자연환경과 교역의 결과로 얻은 도시의 풍족함을 가장 잘 보여주는 사례다. 이 도시는 800년경에 형성되었는데, 중세 초기의 다른 도시들과 비슷했으리라 짐작할 수 있다. 하이타부와 인근 지역에서는 보리, 호밀, 귀리, 밀, 수수, 파바콩, 아마 등을 경작하거나 채취했다. 자두와 복숭아와 함께 여덟 종의 야생 베리, 체리, 너도밤나무 열매와 헤이즐넛의 흔적이 발견되었고, 와인과 호두만은 먼 곳으로부터 수입되었다.[10]

독일 전역에서 포도를 재배했지만 교역이 증가함에 따라 토양이 적절하지 않은 지역에서는 점차 중단했다. 와인은 통에 담겨 다른 지역으로 수출되었는데, 라인강 상류에서 멀리 스톡홀름까지 수

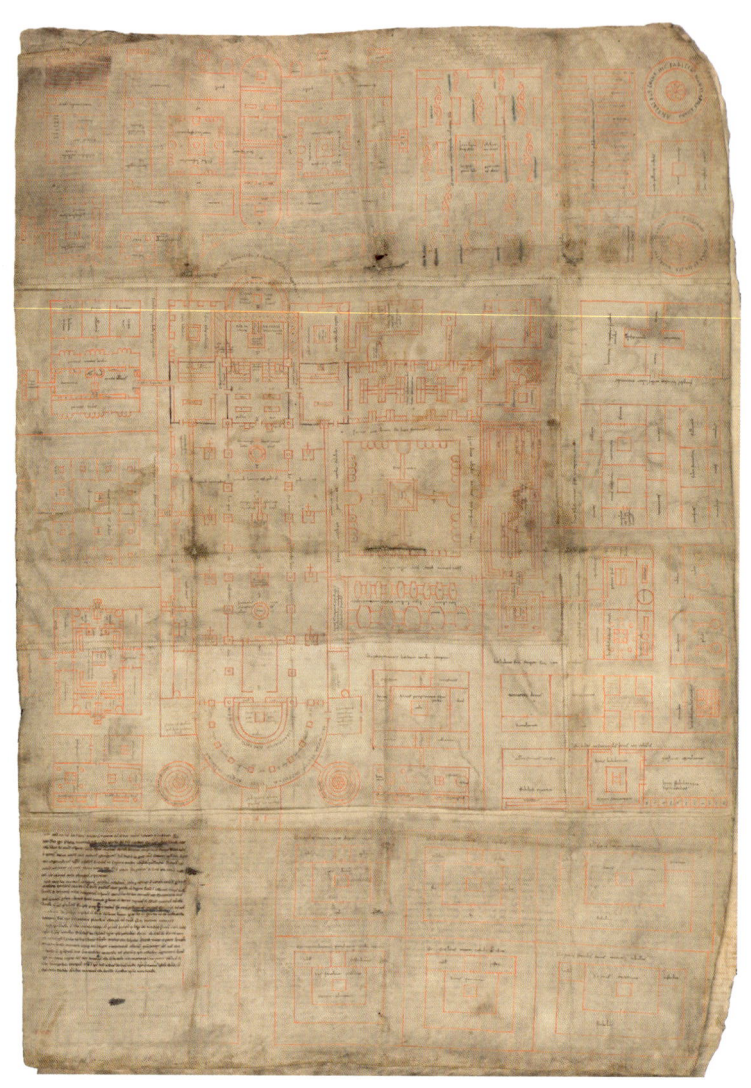
라이헤나우 소재 장크트갈렌 수도원의 평면도. 819~826년. 양피지.

송되었다. 북부 독일에서 선호되던 주류는 라거 맥주와 에일*, 그리고 선호가 덜한 벌꿀술이 있었다. 알코올 도수 2퍼센트 정도의 약한 맥주가 대량 생산되고 소비되었는데 물보다 안전한 경우가 많았다. 맥주를 만드는 데는 다양한 곡물이 사용되었다. 점차 홉이 다른 그루이트(도금양이나 들버드나무 등 맥주를 오래 보존하거나 맛을 더하기 위해 첨가하는 갖가지 식물)를 대체하면서 감칠맛과 보존성이 크게 향상되었는데, 하이타부에서 발견된 증거에 의하면 홉으로 만든 맥주는 수도원에서 제약을 받지 않았다.

실제 건축물로 완성되지는 못했지만, 9세기 초 장크트갈렌 수도원 정원 설계용으로 알려진 세부 평면도는 그들이 마음대로 사용할 수 있었던 식재료에 대한 풍부한 정보를 제공해준다. 채소류는 호르투스hortus, 즉 정원에서 재배되었는데, 양파, 골파, 셀러리, 고수, 딜, 꽃양귀비, 래디시, 근대, 마늘, 샬롯, 파슬리, 처빌, 양상추, 세이버리, 파스닙이나 당근, 양배추, 니젤라 등이었다. 허블라리우스Herbularius라는 허브 정원은 약용 허브를 위한 공간이었다. 세이지, 루타, 붓꽃, 페니로열, 스피어민트, 쿠민, 미나리, 회향, 백합, 장미, 콩, 세이버리, 쑥국화, 호로파, 로즈메리, 박하 같은 의학용 식물들을 재배했다. 과수원에는 사과, 배, 자두, 잣, 마가목, 서양모과, 월계, 밤, 무화과, 마르멜로, 복숭아, 헤이즐넛, 아몬드, 오디, 호두가 열렸다(과수원은 묘지로도 사용되었다).

* 맥주는 저온에서 숙성시키는 라거와 평온에서 숙성시키는 에일로 구분한다.

고고학적 연구 성과에 따르면, 장크트갈렌 수도원의 목록에 오른 식물들은 (실제로는 작은 섬 라이헤나우에 심을 계획이었지만) 대다수가 11~12세기 라인강 하류에 위치한 성들의 정원에서 구할 수 있는 것이었다. 씨앗은 가장 작지만 나무는 가장 크게 자란다는 이유로 선택된 체리뿐만 아니라 야생 자두, 댐슨자두, 엘더베리, 블랙베리, 라즈베리, 듀베리, 딸기, 포도, 산사자 등의 과일도 포함되었다. 또한 고고학자들은 아마란스, 아마, 완두콩, 겨자, 마타리 상추, 쇠비름, 갓, 시금치, 렌틸콩, 병아리콩, 센타우리움, 사리풀, 꽈리, 레세다, 도토리와 너도밤나무 열매를 찾아냈다. 이는 최소한 특권층에게는 다양한 과일과 채소, 약초류의 공급이 이루어졌음을 증명한다.[11]

달콤한 과일나무를 심는 것은 의심할 여지 없이 대단한 사치로 여겨져 상류층의 전유물이었는데, 이에 대한 일화가 10세기 장크트갈렌 수도원의 기록에 남아 있다. 수도원에 들어와 소박한 삶을 택한 한 귀족 여인이 단것에 대한 갈망을 참지 못하고 달콤한 사과를 달라고 간청했다. 그녀에게 '가난한 사람들의 신 야생 능금'을 주자, 제대로 된 교육을 받았던 그녀는 그 질책을 즉시 이해했다.[12]

육류, 특히 최상급 부위의 구운 고기는 귀족들의 또 다른 특권이었다. 앞서 언급했던 서부 라인란트 지역의 성에서 발굴한 뼈의 잔해를 보면 일상적인 식사로 돼지, 소, 양, 염소, 그리고 사육한 것인지 야생인지 알 수 없는 거위와 함께 오리, 닭, 집토끼, 산토끼, 사슴, 멧돼지의 고기를 먹었음을 알 수 있다.[13] 밭일에도 쓸모없고 털

같은 부산물도 나오지 않는 돼지는 일반적으로 오크나무나 너도밤나무 숲에 풀어놓아 대개 늦가을 식용에 적당한 크기까지 자라면 도축했다. 당시에는 숲과 가축용 목초지가 분리되었으며, 영지에 속한 숲을 사용하려면 비용을 지불해야 했다. 카를 대제가 사냥을 규제한 터라, 사냥으로 얻은 고기는 소농들의 일상적인 식탁으로부터 영원히 자취를 감추었다. 또한 카를 대제의 칙령은 숲 관리자들에 대해서도 언급했는데 오늘날 삼림감독관들의 먼 선조쯤 되는 왕실 소속 관리들이었다. 평민들에게는 왕의 사냥시중을 들 의무도 부과했다. 왕실 소유의 토지 관리나 개 사육 같은 일이었다. 시골 주민들이 사냥감을 위해 덫을 놓는 행위는 종종 금지되었으며 밀렵은 중벌로 다스렸다. 작물은 말을 탄 사냥꾼들에게 짓밟혔을 뿐만 아니라 사냥감들이 휘젓고 다녀 피해를 입어도 이를 막을 실질적인 방법이 없었다. 농부들의 개는 사냥감을 추적하지 못하도록 목에 무거운 나무막대를 달거나 앞다리를 불구로 만들어야 했다.

 수렵할 권리는 통치자의 영토소유권을 강조했으며, 조직적인 사냥은 전쟁 대비 훈련이나 자신의 지위를 과시하는 수단으로 활용되곤 했다. 사냥으로 얻는 육류의 중요성은 크게 감소해 13세기에 들어서면 귀족들조차 자신들이 소비하는 육류의 5퍼센트 미만만을 사냥을 통해 얻었다.[14] 왕은 총애의 표지로 수렵권을 가장 신임하는 신하들에게 부여했으며 이들은 이 권리를 다시 부하들에게 나누어 주었다. 그렇지만 일반적으로 '고급 사냥감'의 수렵은 왕이나 최고 위급 귀족에게만 허용되었다. 이로써 호흐빌트Hochwild(고급 사냥감)

1420년 무렵 알자스에서 제작된 태피스트리 〈사냥꾼의 점심식사〉. 개들 역시 제 몫을 먹고 있다.

와 니더빌트Niederwild(하급 사냥감)가 나뉘었는데, 이는 성서의 먹어도 되는 짐승과 먹을 수 없는 짐승 분류를 반영한 것이다. 이 위계에서 최상의 사냥감은 수사슴(붉은사슴과 다마사슴)과 멧돼지에 이어 곰, 엘크사슴, 아이벡스염소, 알프스산양, 들꿩, 꿩 등이 있었다. 하급 사냥감에는 노루, 토끼, 자고새, 여우, 오소리, 담비, 오리 등이 속했다. 하지만 이 범주의 정확한 구성은 왕의 기호나 지역적 차이에 좌우되었다.

한편 교회는 보다 소박한 삶을 살도록 설교했다. 금식이 식사와 미덕의 연결고리로 등장했다. 기독교에서는 최소한 4세기 이후부터 절제된 식사를 통해 영적 은혜를 받으라고 권유해왔다. 교회는 육류, 달걀, 유시방 소비를 폭식과 호색의 악덕과 연관시킴으로써 복잡한 식사관례를 만들어냈다. 재의 수요일부터 부활절의 일요일까지의 기간 중 일요일은 제외한 40일간, 예수 승천절 전 사흘 그리고 성탄절 4주 전인 대림절 등을 포함해 일 년 중 3분의 1 정도가 금식기간이었다. 여기에 중요한 성인들의 기념일 전날 저녁과 예수가 십자가에서 당한 고난과 죽음을 기리기 위한 성금요일, 안식일 전날인 토요일은 절식일이었다. 물론 지역마다 차이는 분명히 있었지만, 금식일에는 모든 종류의 온혈동물, 우유, 유제품, 달걀 소비가 금지되었으며 하루에 단 한 번만 식사를 할 수 있었다. 절식일에는 규칙이 약간 완화되어 모든 육류 소비만 금지되었지만, 어느 정도의 지적 줄타기가 이루어졌다. 이를테면 (포유류인) 비버를 양서류적인 활동양상과 꼬리에 있는 비늘을 근거로 물고기라고 주장하는 것이었다. 기독교의 단식법과 관련된 칙령들은 아무런 통제 없이 적용되었다. 그중 가장 엄격한 것은 782년에 공포된 작센에 대한 칙령으로, 카를 대제는 이 칙령에서 누구든 이교도적 행위를 하는 자는 사형에 처한다고 명시했는데, 사순절에 육류를 섭취하는 행위도 포함되었다. 금지되는 음식에는 육류나 달걀 이외에도 지방이나 식용유, 와인까지 있었다. 그렇지 않으면 교회에 직접 기부금을 내 교회가 고행을 대리 수행하게 함으로써 구원을 받을 수 있었다. 카롤링거 왕조의 왕들은 세속의 권력과 교회권력을 뒤섞어 세속적인 범죄를 처벌할 때도 같은 조치를 적용하곤 했다.[15]

수녀나 수도사들의 금욕주의는 적어도 이론적으로는 먹는 것뿐만 아니라 입는 것에 대한 절제도 포함했다. 신부나 주교들에게 세속적인 복장을 금지하는 경고가 반복적으로 내려졌는데, 이는 무기 소지나 사냥을 금지하는 의미도 간접적으로 담고 있었다. 알다시피, 중세 초기의 귀족 출신 성직자들이 귀족적인 삶의 방식을 벗어나기란 쉽지 않았다. 9세기 초 보덴호의 섬 라이헤나우에 위치한 베네딕토 수도원의 원장이었던 발라프리트 슈트라보Walahfrid Strabo는 성직자들에게는 소금, 빵, 콩파, 생선과 와인으로 구성된 단순한 식사를 권장하는 한편 수도원에서 가꾼 아름답고 세련된 채소 정원에 대해 상세히 설명했다(아마도 이것이 장크트갈렌 수도원 평면도의 원형이 되었을 것이다). 또 그와 함께 수학했던 풀다 수도원 원장인 라바누스 마우루스Hrabanus Maurus가 성서에서 권하는 것이라며 추천했던 식단은 오늘날 채식주의 식단에 해당하는 수준이었다. 슈트라보는 그의 정원에서 나는 것들을 무척 소중하게 아꼈다. 이 수도원은 8세기 무렵 아일랜드와 앵글로색슨 출신 선교사들이 설립한 곳으로 방대한 도서를 보유한 도서관의 혜택을 받을 수 있었다. 슈트라보는 저술 활동을 하면서 대 플리니우스, 카토Marcus Porcius Cato, 콜루멜라Lucius Junius Moderatus Columella, 팔라디우스Palladius of Galatia와 같은 고전시대 자연사학자들이 남긴 저작을 참고했다. 그는 토질의 중요성과 비료로써 분뇨의 사용을 강조했고, 적절한 급수를 권장했으며, 식물 재배에 달이 미치는 영향도 잘 알고 있었다. 그는 지역 품종을 아주 좋아했는데, 예컨대 호리병박은 돼지기름인 라드로 튀기면 디저트만큼이나 맛있다고 서술했다. (초기 레서피의 한 사례였다!) 정원에서 복숭아와 속이 흰 멜론과 함께 재배한 러비지는 수도원의 식물 표본에 처음 등장한다. (참고로 덧붙이자면, 슈트라보가 인도에서 페니로열 가격과 프랑스 지역의 흑후추 가격을 비교했다는 사실이 주목할 만하다. 이는 동양의 향신료가 로마제국의 몰락과 함께 사라지지 않았음을 보여준다.)

과일, 채소, 생선, 올리브유 등이 풍부했던 지중해 지역과 비교할 때 훨씬 북쪽인 독일에서는 지중해식 식단이 대단히 어려웠다는 점을 부인할 수 없다. 지역적 요인으로 인한 결핍을 보완하기 위해 11세기 이후 장원이나 수도원에서는 연못에 물고기를 키웠으며 염장 청어나 건대구도 사들였다.

실제로 금욕의 실천이 언제나 엄격하게 지켜진 것은 아니었다. 연대기 작가 에크하르트 4세Ekkehard IV도 장크트갈렌 수도원에 대한 저술을 남겼는데, 상당히 긴 분량을 11세기 초 수도사들이 금욕 생활에 실패했던 사실을 옹호하는 데 할애했으며, 좋은 음식과 와인에 탐닉할 때도 성 베네딕토St. Benedictus von Nursia의 정신에 진실할 수 있다고 결론내렸다.[16] 금식기간 전후로는 축제가 열리곤 했다. 교회에서 부활절 달걀과 함께 가장 먼저 태어난 새끼 양 고기를 축성하는 의식, 크리스마스 전 십이 일을 상징하는 열두 가지 전통요리가 가장 눈에 띄는 사례다. 사순절의 금욕기간에 앞서 벌어지는 카니발의 무절제는 오늘날 독일에서도 볼 수 있는데, 특히 라인강의 계곡을 따라 위치한 지역에서 두드러진다. 또한 쾰른의 카니발 행진처럼 많은 경우에 이교도의 관습들이 기독교 전통에 녹아들기도 했다. 이 축제에 대한 최초의 기록은 1341년의 것인데, 항해와 풍요를 관장하는 로마 여신들을 숭배하던 행사인 농신제 사투르날리아 Saturnalia가 그 기원이다. 또 다른 사례로 동지와 크리스마스를 아우르는 독일어 단어 바이나흐텐 Weihnachten(당시의 표현으로는 비헤 나흐트 wihe nacht)이 1178년에 최초로 쓰인 기록이 있다.

중세 초기의 식단 구성을 결정하는 요인에서는 기독교의 식사 규칙 말고도 그보다 덜 명확하긴 하지만 의학적 가르침이 있었다. 실제로 재료와 향신료뿐 아니라 조리법도 약국에서 부엌으로 '흘러 들어갔다'. 이는 약품 처방전으로부터 요리 조리법들이 개발되기도 했기 때문인데, 독일에서는 아직도 '레첸트 Rezept'라는 단어를 '처방전'과 '조리법'이라는 의미로 함께 사용한다. 6세기 무렵 이탈리아 남부 몬테카시노에 베네딕토 수도회를 설립한 성 베네딕토 덕분에 고대의 의학 지식이 보존되었으며, 이 수도회의 수도원들이 유럽 전역에 세워짐으로써 의학 지식이 전파되는 결과를 낳았다. 베네딕토 수도회의 규칙에 따라 수도사들은 일 년에 한 권 이상의 종교 서적을 읽어야 했고, 아픈 사람을 돌보는 것이 최우선 의무였다. 베네딕토 수도회는 병자들을 돌보는 목적으로 별도의 방과 특별한 '간병인'을 두게 했는데, 수도원에 부속병원을 설립하고 전문 외과의들과 약사들을 두는 전통이 이렇게 만들어졌다.

독일에서 중세의 의학은 《로르슈 약전 Lorscher Arzneibuch》의 발간으로 눈에 띄게 발전했다. 이 책은 795년경 보름스 Worms 인근의 로르슈 수도원에서 제작된 의학 및 약학 편람이다. 책의 서문에서는 의

당대의 식탁

슈트라보의 라이헤나우섬의 베네딕토 수도원

보덴호의 서쪽 끝에 위치한 이 작지만 비옥한 섬 라이헤나우는 현재까지도 채소류 재배로 명성이 높고, 2000년에는 유네스코 세계문화유산으로 지정되었다. 정원들과 포도밭 한가운데 자리 잡은 유서 깊은 수도원 건물은 고요한 천국을 이루고 있어 이곳을 찾는 사람들을 슈트라보가 살던 시대로 이끈다. 그의 정원은 옛날 수도원 터에 재현되어 있다. 잊지 말고 지역 특산물 펠첸Felchen(민물연어)을 먹어보라. 오늘날의 독일인들과 마찬가지로 중세의 수도원장도 즐겼던 것이다.

베네딕토 수도원 전경.

료 행위에 대한 강력한 옹호에 많은 분량을 할애했다. 이는 질병을 인간이 저지른 죄에 대해 전지전능한 신이 내리는 징벌로 해석함으로써 의학적 치료를 신의 의지에 대한 반항으로 간주하던 당시 다수 기독교인들에 대한 반박이었다. 당시의 일반적인 견해와는 반대로 《로르슈 약전》은 질병을 기독교인의 연민을 발휘할 기회로 삼을 것을 권유했다. 이 책은 기독교의 이상을 고대의 지식과 융합함으로써 카롤링거 왕조 시대 르네상스의 일부로, 즉 '과학' 연구를 증진하는 교육개혁 과정으로 자리매김했다.

또한 《로르슈 약전》은 로마시대의 자연사학자 대 플리니우스의 저서에 기초한 방대한 분량의 약용 처방을 수록해 누구나 이용할 수 있는 의학적 치료법을 추천했다. 의사들은 반드시 환자의 상태에 따라 처방을 조정하고, 지역에서 구할 수 있는 적합한 약물과 약초를 모두 숙지해야 했다. 이는 지역 산물에 대한 과감한 보호책이자 안정책이었다. 채소와 과일 목록을 열거한 카를 대제 칙령의 의학 버전이라고 볼 수 있다.

고대 그리스의 유산 역시 이탈리아 살레르노 의학교 졸업생들을 통해 독일로 흘러들어왔다. 살레르노 의학교는 처음에는 사실상 몬테카시노의 수도사들을 교육하는 병원으로서 학자들을 끌어들였다. 11세기에 콘스탄틴Constantin이라는 북아프리카 출신의 향신료 상인이 살레르노에서 그리스어와 아랍어로 된 의학 서적들을 라틴어로 번역했다. 당시 문화적으로 우위에 있던 (수학과 과학 분야도 훨씬 진보했던) 아랍 국가들은 대부분의 유럽 국가들보다 생활수준이 높왔다. 이 나라들 중 스페인 남부에 있던 왕국은 1492년 함락되었고, 시칠리아에 있던 나라는 노르만족에 의해 1091년 정복되었다. 하지만 그들은 자신들이 영향력을 행사하던 기간 동안 유럽의 약재상들과 주방에 엄청나게 많은 혁신적 아이디어를 전수했다. 그 아이디어에는 파스타와 아이스크림뿐만 아니라 음식 보존 비결과 증류 기술 등도 포함되었다. 아마도 가장 뛰어난 혁신은 지중해 서부에서 시작한 사탕수수 재배였을 것이다. 이곳에서 생산된 설탕은 북부 유럽으로 수출되었다.

예방의학과 조리법의 긴밀한 관계 속에서 이 모든 요소들이 서서히 북상하면서 독일 전역으로 퍼져나갔다. 의학적 치료의 발달은 영양학에 대한 이해로 이어졌고, 마침내 글을 읽을 수 있는 부유층을 겨냥한 요리용 조리법이 기록되기 시작했다. 시골 농부들이 먹던 귀리죽으로부터 엄청난 도약이 이루어진 셈이다.

4장

호화로운 연회와 끔찍한 기근

중세 중기 11~14세기

조금은 혹독한 독일의 날씨와 훈훈한 시칠리아의 공기 중 하나를 고르라면 대부분 후자를 선택할 것이다. 지중해의 섬들이 신성 로마제국의 영토로 편입되었을 때 카를 대제의 후계자들도 같은 선택을 했다. 문간에 온갖 과일들이 자라는 그 호화로움이란! 왕궁은 오렌지와 레몬이며 뽕나무 과수원, 피스타치오 플랜테이션 농장, 대추야자나무 수풀로 둘러싸였고, 밭에서는 목화와 멜론이 자라고 있었다. 살구나 복숭아처럼 이것들도 모두 아랍에서 들여왔으며 정교한 관개 시스템으로 경작이 이루어졌다.

하지만 지금까지 살펴보았듯이, 그들의 고향인 독일에서도 동양의 향신료나 그 향신료들이 들어간 요리들이 분명히 알려졌고 또한 조리되고 있었다. 베네치아, 제노바, 피사 출신 기독교도인 이탈리아 상인들이 정기적으로 동지중해의 이슬람 도시들로부터 알프스 산맥을 넘어 독일 남부까지 오가며 상품을 거래했다. 십자군전쟁을 통해 오랜 기간 다양한 사회계층이 지속적으로 동방과 접촉을 해왔고 동지중해의 여러 항구를 점유함으로써 양쪽 사이의 교역은 더욱 강화되었다.

독일에서 향신료나 다른 수입 사치품에 접근할 수 있었던 선택받은 소수 중에는 각 지역의 영주들이 포함되었다. 그들 중 상당수는 '부르크Burg'로 잘 알려진 성에 거주했다. 대부분의 성은 예전 로마시대의 국경을 따라 세운 요새, 즉 부르기Burgi나 지형을 높여 특별히 견고하게 지은 가옥이나 아성牙城을 포함한 건물들을 발전시킨 것이었다. 12세기와 13세기에 대부분 요새화된 도시로 진화한 이 돌로 지은 성들은 자체적으로 화폐를 주조하고, 지역 사법권을 행사했으며, 세금도 거둬들였다. 전시에 적들은 성안 주민들의 생존에 필수적이었던 성곽 주변을 초토화하여 보급로를 차단했다. 따라서 성들은 적들의 포위에 대비하려 물자들을 상비하곤 했다.

성에 주변 정착지가 내려다보이는 거대한 탑을 세우는 것과 마찬가지로, 영주들은 자신의 사회적 지위를 드러내는 특정한 음식에 과시적으로 탐닉함으로써 우월성을 드러냈다. 웅장한 거처의 넓은 홀에서 엄청난 양의 고기를 굽는 연회를 벌이는 식이었다. 이 시대에 대한 지나치게 낭만적인 대중적 관점에 따르면, 귀족들은 성에서 무기를 다루고 말을 타는 기술을 연마하는 데 중점을 둔 기사도를 익혔다. 기사들과 처녀들과 음유시인들의 세계였다. 손님들에

볼프람 폰 에셴바흐의 대서사시 《파르치팔》(슈바벤, 1240~1250) 마지막 장. 맨 위는 파르치팔의 귀환 시 벌어진 연회 장면이다. 호사스러운 테이블보, (한쪽으로 모여 앉은) 만찬 참석자들과 하인들의 크기에서 드러나는 상징적 차이가 눈에 띈다.

게 와인과 식사를 우아하게 대접하는 것도 귀족들에게 요구되는 예의였는데, 이는 당대의 가수이자 시인이었던 발터 폰 데어 포겔바이데Walther von der Vogelweide, 하르트만 폰 아우에Hartmann von Aue, 고트프리트 폰 슈트라스부르크Gottfried von Strassburg, 볼프람 폰 에셴바흐Wolfram von Eschenbach 등의 작품들에 잘 묘사되어 있다. 연회에서 제공되는 음식은 음악이나 다른 여흥과 함께 손님들에게 권력이나 우월성을 보여줄 수 있는 기회였다. 연회 이후에는 경기가 이어졌는데, 귀부인들은 높은 곳에 난 창문을 통해 관람했다.

손님들이 여흥을 즐기곤 하던 성의 본관 건물인 팔라스Palas의 지상 층 대부분을 차지하던 거대한 홀은 벽난로나 개방형 굴뚝을 갖추고 있었다. 이곳에 놓인 가구들은 단순하고 수량도 많지 않아 다용도로 사용되었다. 연회를 할 때는 벽에 태피스트리를 걸고 바닥에는 카펫을 깔았으며, 트레슬* 위에 단순한 널빤지를 얹어 긴 테이블(비스듬한 자세로 누워 음식을 먹던 로마시대의 전통과는 다른 중요한 변화다)들을 마련했는데, 식사가 끝난 후 식탁을 문자 그대로 들어 올려 치우기 위해서였다. 여기에서 '식사를 마치다'라는 의미의 독일어 표현 '디 타펠 아우프헤벤die Tafel aufheben(테이블을 들어 올리다)'이 파생되었다. 식탁에는 천을 씌웠는데, 이 천은 여럿이 함께 사용하는 냅킨 역할도 했다. 식사 전과 후에 손을 씻는 행위는 일종의 의식으로, 특별한 물 주전자와 대야를 사용했다. 술잔이나 사발은 종종 여

---

*   아래쪽이 벌어진 네 발 달린 발판.

피터르 브뤼헐Pieter Breughel, 〈농민의 결혼식Die Bauerhoshzeit〉, 1567년. '식사를 마치다'의 독일어 관용 표현인 'die Tafel aufheben'이 잘 드러나 있다.

럿이 함께 썼지만, 최소한 귀족의 집에서는 모든 사람들이 각자 별도의 스푼을 사용했다. 접시는 거의 사용되지 않고 나무로 만든 납작한 판이 고작이었으며, 오래된 빵을 두껍게 잘라 접시 대용으로 사용하는 경우가 더 일반적이었다. 굳이 접시용 빵까지 먹을 필요는 없었으며, 적어도 접시로 사용한 사람들은 손을 대지 않았다. 대부분은 시중을 들던 하층민에게 넘겨지거나 빈민 구호품이 되었다. 엘리트 그룹에 속한 사람들은 흰 밀가루로 매일 신선하게 구워낸 빵이나 작은 롤 형태로 곡물을 소비했다. 독일의 가장 오래된 식사 예절에 관한 13세기 중반의 기록에 따르면, 좋은 빵과 와인이 없으

면 훌륭한 식사가 되지 못했다.[1]

식기뿐만 아니라 식사의 구성이나 규모 또한 사회적 계급이나 재력에 따라 달라졌다. 교회의 식사는 훌륭했다. 1303년 어떤 주교가 한 교회의 낙성식을 위해 라이프치히 인근 바이센펠스를 찾았을 때, 배고플 일은 없었다. 그가 즐긴 메뉴는 축제처럼 호사스러웠으며 갖가지 향신료가 듬뿍 들어갔다.

> 사프란, 말린 후추열매, 꿀을 넣은 달걀수프—양파를 곁들인 양고기—자두와 함께 구운 닭고기—오일과 건포도를 곁들인 말린 대구—오일로 구운 도미—후추를 넣고 삶은 뱀장어—라이프치히 겨자를 곁들인 훈제 청어(뷔클링Bückling)—삶아서 식초에 절인 생선—구운 잉어—라드에 튀긴 작은 새 요리—오이를 곁들인 돼지 다리.[2]

이 주교의 연회와 비슷한 시기, 힐데스하임에 소재한 수녀원의 수녀들에게 제공한 식사 메뉴는 앞의 것보다는 수수하지만 여전히 고기를 많이 포함하고 있어 가난한 사람들을 위한 식사는 결코 아니었음을 알 수 있다.

> 그들은 세 개의 긴 테이블에 앉았으며 계절에 따라 따뜻한 물이나 시원한 물이 수건과 함께 제공되었다. 종이 세 번 울리고 주임신부가 "신의 축복을"이라고 말하자 모두 각자 주어진 둥근 빵에서 손가락 두 개 두께의 조각을 구호품으로 잘라내어 한곳에 쌓았다. 수련수녀

한 명이 포도주 한 잔과 맥주 한 잔석을 돌렸다. 육류 요리는 구운 양고기, 마겐부어스트Magenwurst*, 헤드치즈headcheese**로 이루어졌다. 돼지고기가 나오는 경우에는 겨자 사발이 두 사람마다 하나씩 놓였으며, 양고기에는 소금 사발이 놓였다. 채소로는 늘 양배추가 나왔으며, 남긴 음식은 수련수녀들과 하인들에게 나눠주었다.³

상투적인 문학적 표현을 빌리면 부유한 소작농의 소원은 선조들이 먹던 귀리죽이 아니라 닭고기와 흰 빵을 먹는 것으로 상징되곤 했다. 13세기 후반에 쓰인 서사시 《마이어 헬름브레히트*Meier Helmbrecht*》에서 농부의 아들은 아버지는 귀리를 먹도록 내버려두고 자신은 고운 흰 밀가루로 만든 빵을 먹겠다고 선언한다. 아들은 이 행위를 통해 모든 사람들에게 적용되는 신이 만든 사회질서인 오르도ordo에 반기를 든 것이다. 읽는 사람들은 그가 비탄에 빠질 것임을 직감하게 된다. 중세의 거친 식사예절에 대한 현대인의 편견 중 다수는 실제로 그러한 비판적인 이야기들로부터 나왔는데, 그 이야기들에서는 식사관습(따라서 사회적 관습)을 위반하면 조롱을 당하거나 심하면 처벌을 받기까지 했다.

12세기 중반까지만 해도 엄청난 양의 음식을 제공해 많은 사람들을 즐겁게 하는 행위는 높은 사회적 지위를 나타내는 것이었다. 그러나 그 이후 귀족들은 지나치게 푸짐한 식사를 평민들에게

* 　창자에 다른 고기를 채워넣은 소시지와 비슷한 음식.
**　돼지나 송아지의 머리 혹은 발을 눌러 치즈처럼 만든 음식.

나 어울리는 것으로 여기고 눈살을 찌푸리게 되었다. 아마도 점차 하층계급도 허기를 충족시킬 수 있을 형편이 된 것이 그 이유였을 것이다. 1300년 무렵에 쓰인 교훈적 서사시는《탐식 경과 벌컥 경 *Herr Frass und Herr Schlund*》[4]이 되지 않도록 독려한다. 12세기 말 탐식으로 인한 영향을 외과 수술로 치료해보려는 시도도 있었는데 서구에서는 최초일 것으로 추정된다. 하지만 이런 의학적 접근방식의 대상이었던 마르크그라프 데도 폰 베틴*Markgraf Dedo von Wettin*은 불행히도 수술 중 사망하고 말았다.[5] 이와는 정반대로 억제된 미네장*Minnesang**을 대체하는, 탐식을 찬양하는 즐거운 민요들도 많이 만들어졌다. 이런 민요는 내장요리나 마늘소시지 같은 서민들의 음식을 포함한 요리의 이름을 하나하나 나열하고 있다.

이쯤 되자 귀족들에게는 사회적 구분을 위해 호사스러운 식사보다 더 세련된 수단이 필요해졌다. 이 중 하나가 식사예절이었는데, 식사는 더욱 절제되고 의례적인 것이 되었다. 볼프람 폰 에셴바흐가 13세기 초에 쓴 낭만적 대서사시《파르치팔*Parzival*》에서 주인공의 엉망인 식사예절과 식욕을 통제하지 못하는 모습은 제대로 교육받지 못했음을 드러내는 상징으로 서서히 굳어졌다. 시간이 지나면서 파르치팔은 음식을 나눠 먹는 법과 보다 교양 있는 태도로 균등하게 분배하는 법을 배우게 된다. 호화롭고 고도로 의례적인 테이블 세팅 이외에도 성배를 앞에 놓고 차려진 의례용 음식들을 묘사

---

*   중세 독일의 궁정에서 불리던, 기사의 사랑노래.

할 때는 수많은 아름다운 처녀들과 함께 금속이나 보석들이 등장하는데 도난 방지를 위해 그것들의 수량을 세어 기록하는 필경사도 있었다.

값비싼 금속으로 만들어진 접시와 술잔은 부유한 성의 재산목록 중 핵심적 요소였으며 사회적 지위의 상징으로서 사이드 테이블에 진열되었다. 독일에서 가장 오래된 식기류는 12세기에 만들어진 노이엔부르크 성의 소장품인데, "뚜껑 달린 은제 포도주잔 여섯 개, 뚜껑 없는 납작한 잔 다섯 개, 뚜껑 있는 잔 세 개와 없는 것 네 개, 은제 나이프 한 개와 은제 스푼 두 개가 나왔고, 은제 용기가 모두 합쳐 열여섯 개나 되었다".[6]

그렇다면 "성배를 앞에 놓고" 이처럼 호화스러운 식기에 무엇을 담아 제공했을까? 시인은 "내가 우선 간략하게 이야기하자면"이라는 서두로 음식사학자들을 좌절하게 만들었다. "그들은 공손하게 성배 앞에서 야생짐승과 가축의 고기로 만든 요리spise를 가져왔다. 또 이 사람은 벌꿀술, 저 사람은 와인, 각자 관습에 따라 오디술, 백색 술sinôpel, 적색 술klâret을 가져왔다."[7] 여기에 소개된 정보를 합쳐보면 백색과 적색 술은 각각 향신료를 첨가한 백포도주와 적포도주를 지칭하며 '요리'는 가축이나 야생동물의 고기로 해석된다(에셴바흐는 12세기의 프랑스 설화 작가 크레티앙 드 트루아Chrétien de Troyes의 미완성 작품인 《페르스발Perceval》을 기반으로 한 것이 분명한데, 이 작품에서 연회에 참석한 사람들이 후추를 뿌린 사슴의 다리를 먹었다).[8]

13세기 이후에는 개인용 작은 칼을 '식사용 나이프'로 들고 다녔는데, 커다란 고기를 썰 때에는 전문 트랑셔trancher 또는 주인이 테이블에 앉은 손님들이 모두 지켜보는 가운데 정교한 기술을 발휘하곤 했다. 트랑셔들은 특제 빵이나 페이스트리를 넓적하고 네모난 칼날 위에 얹어 손님들에게 건네는 임무도 맡았다. 음식을 서빙하는 작업은 날로 복잡해져갔는데, 하인들이 무릎을 꿇거나, 심지어 말에 탄 채 서빙을 했으며, 손님들은 긴 테이블의 한쪽 면에만 앉았다. 식사의 서빙은 궁정집사나 예식 주관자라고 할 수 있는 트루세스Truchsess가 감독했다. 고위 귀족인 트루세스는 연회장에 들어갈 때 장식용 지팡이를 가지고 갔다. 수석 집사와 수석 주류담당 문트솅크Mundschenk가 그 뒤를 따랐다. 그리고 그들이 각각 전체 하인들에게 명령을 내렸다. 이런 명령체계의 선례는 1200년 무렵 확립되어 독일 왕궁의 막후에서 퀴헨마이스터Küchenmeister, 즉 주방장이라는 지위에 반영되었다. (이런 복잡한 절차는 오늘날까지 최고급 식당에 살아남아 있다.) 프랑스보다 한 세기 반 정도가 늦은 시점이었다.9 성에는 일반적으로 주방이 연회용 홀 건너편에 있었기 때문에 음식을 서빙하기 위해 긴 행렬이 궁정의 뜰을 가로질러야만 했다.

유럽 최초의 조리법 모음집 가운데 하나인 12세기 북부 독일의 글에서는 빵을 굽거나 술을 담그는 일은 별도의 건물에서 이루어졌으며, 일반적으로 조리에는 번철, 석쇠, 솥과 냄비 등의 기구가 사용되었음을 암시한다. 또한 주방용 도구에는 접시뿐 아니라 식탁보, 저장용 나무통, 절구와 절굿공이, 나이프, 스푼, 꼬챙이 등이 포함되었다. 13~14세기에는 부지깽이, 나무집게, 풀무, 삼발이, 주전자걸

이와 함께 청동이나 놋쇠로 만든 대형 조리용기들과 청동과 구리로 만든 통과 함께 철제 튀김용 냄비와 화재를 막기 위해 타고 남은 불을 밤 동안 덮어놓는 토기 덮개 등이 추가되었다. 음식의 보관이나 서빙뿐 아니라 숯불에 직접 올리거나 화덕에서 조리하기 위해 사용한 대부분의 접시나 솥은 토기였다. 이로써 토기의 맛이 음식에 더해질 수 있는데, 새로운 연구를 통해 이런 맛을 적극적으로 추구하거나 바람직한 것으로 여겨졌으리라는 사실을 유추할 수 있다. 독일에서 유약을 바른 사기그릇은 14세기 이후 생산되기 시작했다. 자기를 만들기 위해서는 가마 온도를 매우 높게 올려야 했기 때문에 장작이 더 많이 필요했으며 따라서 값도 훨씬 비쌌다.

식탁에서의 올바른 몸가짐에 대한 지침은 처음에는 어린이들을 위한 것이었지만 곧 성인들 사이에서도 널리 퍼졌다. 규칙 대부분은 기본적인 위생과 관련되었다. 다음은 독일에서 가장 오래된 것으로 시인 탄호이저Tannhäuser의 말이다. 너무 많이 마시지 말 것, 음식에 대해 불평하지 말 것, 먹으면서 소리를 내지 말 것, 발라낸 뼈를 다시 서빙용 그릇에 넣지 말 것, 겨자나 소스를 뿌릴 때 손가락을 쓰지 말 것, 테이블보나 손으로 코를 풀지 말 것, 뜨거운 음식을 입으로 불지 말 것, 식사 도중 몸을 식탁 위로 기울이지 말 것.[10] 이런 충고들이 필요했다는 것은 중세 독일인들이 품위가 없었다는 편견에 힘을 실어줄 수도 있다. 하지만 이때까지도 포크가 없었으며, 대부분의 사발이나 술잔을 공동으로 사용했다는 사실을 기억할 필요가 있다. 세심하게 공을 들여야만 하는 식탁의 의식들은 사회적 신분상승을 노리는 야심가들에게 극히 혼란스러웠을 수도 있는데, 명심해야 할 것이 너무 많았기 때문이다. 식탁에서 앉는 자리에도 손님의 사회적 신분이 반영되었으므로 식탁과 의자를 적절하게 배치하는 것도 대단히 중요했다. 이 작업은 여러 가지 요인이 균형을 맞춰야 했기 때문에 상당히 까다로웠다. 아서 왕의 원탁은 불화의 소지를 피하기 위한 전술적인 결정이었다. 당시의 몇몇 이야기에는 남녀가 따로 앉는 것으로 묘사되었지만, 함께 앉는 경우도 있었다. 어떤 면에서 커다란 테이블보다는 작은 테이블들이 더욱 우아한 것으로 여겨졌다. 예를 들어 《파르치팔》에는 100개의 작은 테이블이 놓이고 각 테이블마다 네 명의 기사가 앉은 모습이 언급되어 있다. 13세기 중반에 쓰인 어떤 기록에는 성공적인 테이블 배치를 위한 13개의 지침이 기록되었다(모두 오늘날의 관점에서도 대단히 합리적인 기준이다). 그중 음식과 관련된 지침은 세 개로, 지나치게 기름지거나 일상적인 것을 피하고 가볍고 맛이 좋은 것을 택해 다양한 진미를 선보이라고 권유했다. 또한 질 좋은 다양한 와인을 갖춰야 했다. 이 밖에도 식사하는 장소, 시각, 식사에 소요되는 시간, 하인들의 예절, 풍부한 촛불, 음악가들의 연주 수준 역시 결정적인 요소로 여겨졌다. 덧붙여진 조언에서는 손님들에게 연회에 대한 재정적 후원을 요청하는 행위는 용납될 수 없음을 명확히 하며, 식사가 진행되는 내내 미소를 짓는 것 역시 주인의 의무임을 강조했다.[11]

이 시점에서 부유층이 즐기던 웅장하고 화려한 것과는 완전히 대조를 이루는 농민들의 식사를 상상해보고 싶은 유혹을 느낄 것이다. 농부들의 끼니는 곡물 위주였음이 명백하다. 실제로 일부 지역에서는 20세기 후반까지도 신석기시대의 귀리죽이 여전히 일상적인 음식으로 남아 있었다. 이 무렵에는 그것 말고도 스튜가 있었다. 주로 양배추, 때로는 약간의 육류, 순무와 소금에 절인 채소류인 쿰포스트Kumpost가 추가되기도 했는데, 보통은 자우어크라우트Sauerkraut였다. 지역에 따라 차이가 있을 수는 있지만, 수수가 들어갔을 것이며 신 맥주, 대마, 렌틸콩이나 일반 콩을 포함해서 귀리나 보리, 호밀로 만든 거친 검은 빵도 식탁에 자리를 잡았을 것이다. 기록으로 남아 있는 증거가 희귀하기 때문에 식사가 정확히 어떻게 구성되었는지, 또 충분한 양의 소금이 들어갔는지는 알 수 없다. 당대의 시와 노래에 나타난 음식들은 종종 사회적 지위를 규정하는 데 쓰였으며, 하층민에 대한 편견과 관련이 있었다. 귀족들은 전형적으로 사냥한 고기, 물고기, 흰 빵과 함께 쌀이나 향신료, 설탕 등 값비싼 수입품을 곁들여 작은 연회를 즐기는 반면, 농부들은 밭일을 할 힘을 낼 만한 것이라면 무엇이든지 먹는 것으로 묘사되었다. 귀족들이 매우 복합적인 사회집단이었던 것처럼, 농부들 역시 부유하거나 가난했으며 자유로운 이가 있는가 하면 예속된 사람도 있었다. 그리고 무엇보다도, 간과하기 쉬운 사실이지만, 시골 생활이라는 것은 계절에 따른 자연의 순환뿐만 아니라 물자의 공급과 경제적 제약에도 크게 좌우된다. 농장인지 시골 마을인지, 비가 오는지 해가 나는지, 파종기인지 수확기인지가 금식 아니면 포식을 결정했다. 이는 교회에서 권장하는 식사 규칙과는 거리가 멀었다. 일요일

볼프 헬름하르트 폰 호베르크Wolf Helmhardt von Hohberg, 《게오르기카 쿠리오사Georgica Curiosa》(뉘른베르크, 1682~1716), 제7권 《농사에 대하여Von der Ackerbau》. 도시의 성벽 바깥에 만들어진 울타리 쳐진 양배추밭의 모습.

은 그저 교회에 가는 날일 뿐 아니라 그동안 하지 못했던 만남이나 떠들썩한 놀이 등을 위한 날이기도 했다.

중세 중기 내내, 전반적으로 경제가 번영하면서 지역적으로 특별히 선호되는 음식들이 보다 명확하게 드러나기 시작했다. 호밀은 북부 지방과 동부 지방에서 선호되었던 반면, 서부는 밀 생산이 우세했으며, 남서부는 스펠트밀에 특화되었다. 스펠트밀은 채 익지 않아 녹색을 띨 때 수확해 건조했다(이 그륀케른Grünkern 생산방식은 오늘날 되살아났다). 밭작물이나 과일의 재배 면적이 크게 늘었으며, 포도밭은 점차 산등성이로 올라갔는데, 특히 라인강이나 네카강 유역에서 번창했다. 아주 근접한 지역이라 할지라도 자연적 환경에 따라 농사의 방식이나 수준에서 큰 차이를 보이곤 했다. 대표적인 예로 아이펠 고원 지대에서는 1300년 무렵까지도 단순한 화전 형태의 농업이 계속되었던 반면, 그리 멀지 않은 라인 계곡의 라인가우 지역에서는 과일, 곡물, 포도, 견과류가 "놀라울 정도로 빠르고 풍성하게" 생산되고 있었다.[12] 하지만 아이펠 고원도 지형이 획일적으로 구성되었던 것은 아니다. 이곳에 위치한 프륌 수도원의 원장이 자신의 재직기간 중인 1222년에 기록한 연대기에 의하면, "329년이라는 세월이 흘러갔다… 많은 나무가 잘려나갔고 마을이 많이 생겨났으며 십일조도 증가했다… 많은 방앗간이 세워지고 포도밭도 많이 생겼을 뿐 아니라 끝없이 넓은 땅이 경작지로 바뀌었다."[13]

구조적인 체계와 더불어, 다른 여러 요인의 결합으로 농산품이 보다 효율적으로 생산되었다. 농기구에 사용되는 철의 양, 특히 쟁기의 부품과 말발굽에 쓰이는 철의 양이 크게 증가했다. 마구들은 11세기 이후부터는 널리 사용되었는데, 말을 농사에도 이용할 수 있게 된 것은 필수적인 혁신이었다. 말 한 마리는 황소 두 마리와 맞먹는 힘을 썼지만, 말이 소보다 비싸고 귀리를 먹여야 했기 때문에 사육비도 훨씬 많이 들었다. 더욱이 소는 늙어서 일을 못 하게 되면 소중한 식재료가 되기도 했다. 또한 소들은 말보다 질병에 강하고 기질도 온순했다. 소들은 여러 마리를 한꺼번에 멍에를 씌울 수 있어서 쟁기 하나에 최대 네 마리까지 가능했다. 그렇지만 소규모 농장과 낙농, 목축, 농사와 축산이 뒤섞인 영역에서는 마구를 채운 말이 훨씬 다용도로 이용되었으며, 무언가를 끄는 일뿐만 아니라 여행에도 쓸모가 있었다. 더욱이 말은 전쟁 시 비싼 값에 군대에 팔 수도 있었다.

1300년 무렵에는 물이 풍부한 지역의 거의 모든 마을이 자체 물방앗간을 보유하게 되었다. 이것은 민물고기 공급에도 영향을 미쳤다. 일반적인 생각과는 반대로, 독일의 물고기 양식은 로마의 유산이 아니었으며 중세 초기까지만 해도 수도원에서조차 물고기를 길렀다는 증거가 없다. 호수에 댐을 설치해 물방아로 동력을 생산하여 따뜻하고 정체된 물이라는 새로운 서식지가 만들어졌으며, 이렇게 만들어진 서식지는 인간과 가축의 배설물로 인해 영양분이 높은 경우가 많았다. 인구 증가와 기독교의 금식법이 맞물리면서 생선에 대한 수요가 급증했다. 냉동이 불가능했으므로 신선한 바닷물고기는 기껏해야 내륙으로 150킬로미터까지만 수송이 가능했다. 이로 인해 소금에 절인 청어나 말린 대구는 중요한 품목이 되었지만, 두 가지 모두 신선한 생선보다는 질이 떨어지는 것으로 여겨졌다. 지역 야생 물고기의 가격이 올라가면서 물고기는 귀하신 몸이 되었는데, 15세기 무렵 도시에서는 생선이 소고기보다 3~5배 정도 비쌌다. 1150년부터 (단순한 물고기 저장용이 아닌) 물고기를 키우기 위한 인공연못이 곳곳의 수도원에 만들어지기 시작했으며, 영주들도 수도원의 뒤를 따랐다. 특히 잉어는 토종이 아니었지만 새롭게 조성된 서식지에 딱 들어맞는 품종이었다. 잉어는 바닥에서 생활하는 잡식성 어종으로, 따뜻하고 탁하면서 느리게 흐르거나 정체된 물에서 잘 자라는데, 토종인 도미보다 훨씬 빨리 성장하며, 낮은 산소 농도에서도 잘 견디고 물 밖으로 꺼내서 수송할 때도 차갑고 축축한 상태만 유지하면 며칠 정도는 살 수 있었다. 이때부터 연못에서의 물고기 양식은 서부와 북부로 꾸준히 퍼져나갔으며 품종은 대부분 잉어였다. 이 영향으로 오늘날에도 성금요일이나 한 해의 마지막 날 밤에는 잉어요리를 먹는 것이 전통으로 이어지고 있다.[14]

1200년부터 1320년까지 독일의 인구는 800만에서 1,400만 명으로 늘어난 것으로 추정된다(유럽의 평균 성장률 반영). 이러한 성장은 1200년경까지 최적의 토양은 고갈되었음에도 이후 상당한 면적의 땅이 개간되었기 때문이다.[15] 해안선을 따라서 습지에서 물을 빼 새로운 농토를 만들었다. 17세기 프랑스 보르도에서 포도원 확장을 위해 네덜란드 기술자들을 고용했듯이, 1106년 함부르크의 대주교는 농토 확장을 위해 네덜란드 출신 정착민들을 이주시켰다. 새로운 정착민들은 전체 곡물 수확량의 11분의 1, 돼지, 염소, 거위 사육량과 꿀과 아마 수확량의 10분의 1을 대가로 지급하는 조건으로 토지를 분양받았다. 게다가 매년 11월 11일 성 마르티노 축일에 망아지 한 마리와 송아지 한 마리도 반드시 바쳐야 했다.[16]

슬라브족이 살던 독일 동부에 대한 식민화 정책은 시토회 수사들과 주로 라인강 연변의 라인란트 출신 농부들이 앞장섰고, 수공업자들과 상인들이 그 뒤를 이었다. 새롭게 기독교를 믿게 된 이 초

이른바 '푸른' 잉어(식초로 조리했다)는 오늘날까지도 인기 있는 요리다. 구동독에서 발행된 요리책 《요리사*Kochen*》(라이프치히, 1983년)에서.

기의 농부들 중에는 1104년 독자적으로 메르제부르크(오늘날 독일 작센안할트주에 위치한 도시) 인근에 정착지를 세운 프랑크족이 있었다.[17] 많은 슬라브족 영주들이 기독교로 개종했고, 대부분은 독일계 귀족들과의 통혼을 통해 그들의 문화에 적응했지만, 콧부스(오늘날 독일 동부 브란덴부르크주에 있는 도시) 인근의 라우지츠 지역에는 오늘날까지도 슬라브족 집단거주지가 남아 있다. 경작지를 조성하기 위한 삼림 개간은 대단히 힘들었고, 라인란트에서 슬라브족을 둘러싼 환경 간의 문화적 거리를 메우는 데 문제가 없을 리 만무했지만, 농부들에게는 토지를 소유할 기회를 제공하는 만큼 상당히 매력적인 도전이었다. 해변 지역에서와 마찬가지로 새로운 정착민들에게는 충성심을 고양하기 위한 여러 특권이 주어졌다. 또한 그들은 숲의 삼림을 불태우면서 생긴 재로 비옥해진 '처녀지' 덕분에, 새 경작지 초기의 비옥함과 높은 생산량으로도 추가 보상을 받았다. 현재는 베를린에 편입된 슈판다우는 브란덴부르크와 함께 10세기 독일의 정복 사업이 진행되기 직전과 직후 가장 중요한 슬라브족 근거지였는데, 중요한 수로와 교역로의 교차점에 자리 잡고 있었기 때문이다. 12세기에 슈판다우는 게르만족 통치하에 들어왔다. 부분적으로 동화된 엘베강 동쪽의 슬라브족 상류층과 동부 지역은 신속하게 국제적인 교역망을 구축했다. 이로써 베를린에서 재배된 호밀을 함부르크나 플랑드르에서도 구할 수 있게 되었다(비록 초기 물량은 그리 많지 않았지만).

슬라브족의 영향은 독일 음식문화에 또 다른 일면을 추가했다.

일반적으로 프랑스와 이탈리아 음식의 영향에 대해서는 너그럽게 관심을 가지는 것과 대조적으로, 슬라브족의 영향은 종종 등한시되어왔지만 말이다. 글루텐이 적어 빵보다는 죽이나 팬케이크를 만드는 데 많이 사용하는 메밀은 성장속도가 무척 빠른 유사곡물류로, 슬라브족에 의해 처음 도입된 것으로 추정된다. 메밀은 14세기 후반에야 독일에서 처음 언급되었는데, 마디풀과의 다른 식물인 대황 rhubarb과 함께 13세기에 몽골족을 따라서 전해진 것으로 추정된다. 대황의 뿌리는 고대 의학에서 가치가 높아 중국과 교역이 이루어졌다. 메밀의 장점은 척박한 산성 토양에서도 잘 자라고 벌들에게 꿀을 만드는 데 필수적인 먹이를 제공한다는 것이다. 슬라브 지역에서 자리 잡은 메밀은 서쪽으로 작센의 저지대와 베스트팔렌을 거쳐 아이펠 고원지역까지 퍼져나갔다. 알자스 출신의 의사 멜키오르 제비치우스Melchior Sebizius는 1650년에 발행된 식사에 관한 대표 저작 《음식의 성질De Alimentorum facultatibus》에서 메밀에 대해 무려 150회나 언급했다. 이는 당시 메밀의 광범위한 인기를 반영한 것이다(18세기에는 농사가 까다롭지 않으면서도 생산성과 영양가가 높은 감자로 대체되었다).[18] 슬라브족이 끼친 영향은 언어에서도 찾아볼 수 있다. 버터 바른 빵을 뜻하는 베메Bemme와 통보리에 그라우펜Graupen, 오이에 구어케Gurke, 간식에 야우저Jause 등의 독일어 단어는 모두 15~16세기 슬라브어에서 유래했다.

인구가 급증하면서, 조각보처럼 붙어 있던 다양한 규모와 구조를 가진 왕국 내의 도시들도 기하급수적으로 증가했다. 성에 사는 귀족들은 호사스러운 식사를 했으며 일반적으로 도시민들이 시골 사람들보다는 나은 삶을 살았다. 그렇지만 성에 사는 모든 사람들이 기사들과 함께 높은 테이블에 앉지 않듯이, 도시민들 사이의 사회적 격차 역시 상당했다. 대부분 권세 있고 부유한 소수의 가문이 확실한 특권과 책임을 가지고 가부장적 방식으로 도시 주민들을 지배하게 되었다. 성과 마찬가지로 도시도 침략자들에게 지속적으로 위협을 당했다. 각 지역 통치자들은 자신의 영토 안에서 평화유지에 대한 책임을 지고 있었지만 서로 전쟁을 벌이는 것은 정상적이고 도덕적인 것으로 받아들여졌다. 누구든 의지와 무기와 권력만 있다면 대수롭지 않은 이유로도 전쟁을 선포할 수 있었는데, 대부분은 개인의 부와 권력을 얻는 것이 목적이었다. 이러한 배경에서 성벽과 요새를 둘러쌓은 대도시는 잠재적인 적으로 둘러싸인 환경 속에서 안전한 장소라는 상징이 되었다. 그 결과 도시민들은 탄탄한 식량저장고를 지었다. 성벽 밖 지하에 나무로 만든 관을 깔아 물을 공급했는데 정확한 지점은 보안상의 이유로 엄격히 비밀에 부쳐졌다. 또한 많은 가정에서 각자의 우물을 팠다. 일부는 다른 사람들의 우물을 나눠 썼지만 말이다.

 오염된 식수는 건강에 심각한 위험요소였다. 문제는 주로 쓰레기 처리를 제대로 못 했기 때문인데, 엄격한 원칙에 따른 의무가 각 가정에 부과되었다. 누구든 이웃에게 피해를 주지 않으면서, 가능한 한 자신의 땅에서 쓰레기를 처리해야 했다. 대부분의 가구들이 뒷간과 쓰레기처리용 구덩이를 마련했다. 쓰레기는 전문적인 일꾼들에 의해 정기적으로 비워서 강에 버렸는데 가급적이면 추운 달을 택했다. 그 시절에는 그렇게 하는 것을 최선의 해결책으로 여겼다. 고대부터 이어져온 이론에 따라 질병이 미아스마miasma라는 물질에 의해 공기로 전파된다고 믿었기 때문이다. 뒷간은 내용물이 새어나가지 않게 보호막을 쳐놓긴 했지만 대개 우물과 같은 높이에 자리 잡고 있었다. 12세기 후반 이후에는 사용한 물을(인간의 배설물은 제외) 버릴 수 있는 공공 하수구가 시에서 고용한 이들의 책임하에 운영되었다. 이로부터 약 200년 후에는 도시 내 포장된 도로가 점차 늘어나면서 물의 공급이나 쓰레기 처리가 제한된 공간에서만 이루어지게 되자, 도시 의회에서 별도의 쓰레기 처리장을 준비하기 시작했다.[19]

채소밭들은 도시에 공급 물량을 더해주는 데 중요한 역할을 담당했다. 이에 대한 최초의 언급은 13세기 무렵 뤼베크*의 '페어가르퉁Vergartung'이었으며, 함부르크에서 '알테스 란트Altes Land', 쾰른과 본에서 '포어게비르게Vorgebirge', 브레슬라우에서 '크로이터라이Kräuterei'가 그와 비슷한 개념으로 쓰였다. 도시들 사이의 교역이 증대되면서 도시 거주민들은 점차 자급자족에서 벗어났다. 그러나 도시 주민으로 도시 바깥에 있는 밭에서 농경을 겸하는 '아커뷔르거Ackerbürger'들은 18세기까지도 왕성하게 활동했으며, 도시의 정원사들 역시 마찬가지였는데 이들 중에는 프랑크푸르트에 살던 괴테의

* 현재 독일 북부 슐레스비히홀슈타인주에 있는, 발트해에 면한 항구 도시. 중세에는 한자동맹의 중심지이기도 했다.

레겐스부르크 구시청에 있는 오래된 카헬오펜.

조부모도 포함되었다.

  노출형 벽난로는 점차 화덕으로 대체됨으로써 안전성이 대체로 향상되었다. 꾸준히 일반화되던 혁신 중 하나가 초기의 중앙 난방 시스템으로, 카헬오펜Kachelofen이라는 형태의 타일을 붙인 난로였다. 가장 널리 사용되던 녹색 유약을 바른 사발 모양의 타일이 열기가 방 전체로 퍼지게 하는 데 좀 더 효율적이었다. 그렇지만 도시는 건물 밀도가 워낙 높았기 때문에 화재 위험은 여전히 높았다. 가옥들은 대부분 목재 골조에 목재를 써서 지어진데다 지붕에도 나무판으로 널을 놓았기 때문이다. 13세기 말엽 시의회는 가옥 전체는 아니더라도 최소한 지상층만이라도 돌로 지어야 한다는 법령을 선포했다. 땔감의 경우 질이 좋지 않은 나무를 사용했기 때문에 연기가 많이 났는데, 타임 같은 허브가 연기를 누그러뜨린다고 여겨졌다. 1200년경부터 도시의 가옥들에서는 조명과 난방용뿐만 아니라 조리용으로도 활용되던 단순한 형태의 화덕이 사라지기 시작했지만, 시골에서는 1500년경까지도 여전히 다목적 중앙 화덕이 일반적이었다. 이 경우 연기는 천장에 설치된 채광창을 통해 빠져나가도록 했지만, 고기나 다른 음식을 훈연하는 목적으로 쓰이기도 했다(부엌의 구조나 장비는 지역마다 달랐는데, 고고학적인 발견은 종종 해석하기가 어렵다).

  사회기반시설이 개선되면서 장거리 여행이 용이해짐에 따라 상업도 장려되었다(필연적으로 세금, 관세, 통행료가 뒤따랐다). 가파른 언덕에는 다리나 축대가 건설되고, 도로는 보수되어 표면이 나무나

당대의 식탁

부어스트쿠흘Wurstkuchl과 브라트부어스트글뢰클라인Bratwurstglöcklein

도시에는 길거리 음식이 흔했다. 도나우강에 인접한 레겐스부르크에 있는 부어스트쿠흘은 가장 오래된 브라트부어스트Bratwurst(구운 소시지)라는 호칭을 두고 뉘른베르크에 소재한 브라트부어스트글뢰클라인과 경쟁을 벌이고 있는 가게다. 부어스트쿠흘의 소시지 역사는 1130년대까지 거슬러 올라간다(www.wurstkuchl.de). 레겐스부르크의 유서 깊은 석조다리를 건설하는 동안, 일종의 간이 식당인 뜨거운 음식을 판매하는 가판대가 도시의 성벽에 설치되어 노동자들에게 음식을 팔았다. 다리가 완공된 이후에도 그 가판대는 계속 남아 강둑에 설치된 커다란 기중기를 움직이는 선착장의 노동자들이나 레겐스부르크 성당(1260년 착공) 건축에 참가한 석공들과 그 동료들에게 음식을 제공했다. 아마도 그 당시에는 삶거나 끓여 만든 각종 요리를 제공했을 테고 소시지를 전문적으로 팔았다는 기록은 18세기 말에야 나타난다.

그렇지만 구운 소시지는 중세 동안 대단히 인기 있는 식품이었다. 레겐스부르크 시의회가 1406년 공포한 법령에서는 육류 조사관에게 소시지 제조과정을 검사하게 했다. 신선하고 깨끗한 창자만을 껍질로 사용하며, 잘게 썬 돼지비계와 돼지고기로만 속을 채워야 했다.[20] 당시에도 지금처럼 신선한 고기보다는 소시지 값이 더 저렴했다고 적혀 있다. 소시지 제조업자들은 별도의 길드를 구성하고 있었지만 도축업자들 역시 소시지를 생산했던 것으로 보이며, 특별한 행사가 있을 때면 엄청나게 큰 소시지들이 대중 앞에 보란듯이 전시되곤 했다. 쾨니히스베르크의 1650년 기록에는 1601년 크리스마스를 위해 돼지 넓적다리로 만든 소시지 81개가 묘사되어 있다(이것을 만든 도축업자들이 비운 엄청난 양의 맥주 통 숫자가 함께 적혀 있다).[21]

부어스트쿠흘에서 직접 만든 자우어크라우트와 함께 내놓는, 석탄 그릴에 구운 가느다란 수제 소시지도 맛있지만, 지역민들이 크나커Knacker라고 불렀던 '레겐스부르거Regensburger'는 원래 뜨거운 물에 데친 돼지고기 소시지로 훨씬 더 두툼하고, 그 흔적은 19세기까지 거슬러 올라간다. 번철 위에서 구워낸 것을 의미하는 '로스트브라트부어스트Rostbratwurst'라는 단어는 뉘른베르크와 관련이 있는 것으로 보이며, 이곳의 브라트부어스트글뢰클라인에서 1313년에 처음 만들었다고 주장한다(die-nuernberger-bratwurst.de). 1754년에 발행된 자료에 따르면, 최고의 브라트부어스트는 뉘른베르크, 프랑켄 지역, 슈바벤에서만 찾을 수 있는데, 다른 지역에서는 오래된 고기를 너무 많이 쓰기 때문이라고 했다. 또한 이 자료에서는 소시지용 젖먹이 돼지에게는 발효시킨 신 우유를 12주에서 16주 동안 먹이라고 권장했다.[22]

소시지에 관해 상당한 역사를 지녔다고 당당하게 주장할 수 있는 또 다른 지역은 튀링엔이다. 뉘른베르크나 레겐스부르크 소시지보다 훨씬 큰 튀링엔 소시지는 1404년 발행된 수도원의 장부에서 처음 언급되었고 가장 오래된 조리법은 1613년까지 거슬러 올라간다.

1933년의 우편엽서는 유서 깊은 브라트부어스트글뢰클라인 가판대의 가상의 모습을 보여준다. 이 엽서는 생강빵 제조회사 해벌라인메츠거Haeberlein-Metzger 사가 판촉용으로 발행한 시리즈 중 하나이며, 지역 생산품 마케팅에 대한 초기 사례 중 하나다.

자갈로 보강되거나 포장되었다. 발굽에 편자를 박은 말들이 바퀴 네 개짜리 마차를 끌 수 있게 되었고, 잘 정비된 강둑에서 바지선이 오갔다. 식량 수요가 도시나 읍내에 집중됨에 따라 시장이 주도하는 농산물과 교역망이 주변 국가까지 구축되었다. 이러한 시장 농업 체계는 확장과 위축이 지속되는 상태를 유지했는데 특히 기후 변화에 대한 반응이었던 것으로 보인다. 이로 인해 북해에 면한 습지대에 목축지가 집중적으로 늘어났고, 12, 13세기 독일 남부 알프스산맥 구릉지에 '슈바이겐Schwaigen'이라고 불리던 낙농장이 수도 없이 생겨났다. 일반적으로 한나절 거리에 있는 마을들에게는 서로의 시장에서 영업할 수 있는 권리가 주어졌다. 축제를 겸한 큰 장은 특별한 경우에만 열렸고(최초의 박람회는 프랑크푸르트암마인에서 1240년에 열린 기록이 있다) 정기 장은 일주일마다 열렸다. 장날이 되면 마을은 사람들로 북적였는데, 판매자와 구매자들이 줄을 이어 인근의 교외로부터 걸어서, 혹은 손수레나 짐을 실은 동물들을 끌고, 또는 우마차를 타고 쏟아져 들어와 읍내는 소음과 냄새와 물건을 파는 행상들의 고함소리로 뒤덮였다. 농부들은 일반적으로 시장까지 걷거나 수레로 짧은 거리를 이동했는데 최대 이틀 정도 거리로 국한했던 반면 행상인은 훨씬 멀리 이동할 채비가 되어 있었다. 숙박을 할 때는 모두 자신이 속한 사회계층과 어울렸다. 상인들은 사업 파트너들과 함께 묵는 것이 일반적이었으나, 헤어베르게Herberge라는 공공 숙박시설도 점차 보급되었다. 특정 상인 길드들은 자신들만을 위한 여인숙을 별도로 설립하는 경우도 있었다.[23]

뉘른베르크에서 우유, 버터용 우유와 버터지방을 파는 농부 겸 상인 여성. 18세기 말 작품으로 추정.

기독교 십자군 원정은 단연코 휴가여행이 아니었다. 그들을 지휘하는 귀족들은 무장을 제대로 갖추고 깃발을 높이 들어야 했다. 1096년부터 13세기 후반까지 2세기 동안 계속된 이 국제적인 과업에 얼마나 광범위한 사회계층으로부터 얼마나 많은 사람들을 끌어들였는지를 생각하면 그저 놀라울 뿐이다. 비축된 식량은 턱없이 부족했으며 약탈은 생존을 위해 필수적인 것으로 여겨졌다. 군대 내에 굶주림이 심각해 기독교인들이 "사라센*들의 썩은 시체"를 먹어야 했다는 기록들도 있다. 인육을 먹은 행위를 두고 역사학자들 사이에 많은 논의가 있었지만, 이는 십자군이 원정 중에 감내한 역경에 대한 보고에서 지속적으로 언급된다. 이것이 단지 문학적 과장이었을까, 아니면 실제로 일어난 일이었을까?[24] 여기에 주석을 추가하자면, 독일어에서 '이교도적'을 의미하는 단어 '하이드니시heidnisch'나 '사라체니시Sarazenisch'는 다른 나라에서와 마찬가지로 음식이 '이국적' 혹은 '외국의' 것임을 표현하는 데도 사용되었다. 그런데 그런 이름을 붙인 음식들이 원산지의 음식과는 거의 관련이 없었다. 다만 그 요리에 들어간 재료가 이슬람 세계에서 수입되었거나 외국의 것이라고 생각할 만한 이유가 있어, 그런 이름을 갖게 되었다.

머나먼 이국 땅에 도착하기 이전부터 십자군의 종교적 열정이

---

* 고대 그리스·로마시대에 그리스·로마인이 아라비아 북부의 아라비아인을 부르던 말. 십자군 시대에 와서는 유럽인이 이슬람교도를 부르는 멸칭으로 쓰였다.

겨냥한 가장 분명한 타깃은 유대인이었다. 유대인은 돈을 빌려줌으로써 온갖 편의를 제공하는데도, 항상 '다른 사람들'이나 이교도로 간주되었다. 기독교도의 식사규범은 절식이나 금식 기간을 중심으로 한 반면, 그보다 더 일반적인 유대교도의 식사 계율인 카슈르트Kashrut, 즉 코셔kosher는 율법은 허용된 음식과 그렇지 않은 음식으로 나누었다. 또한 기독교의 성찬식 대신, 유대교는 이집트로부터의 해방과 탈출을 상기시키는 유월절을 기념했다. 이는 공동체 식사라는 뿌리 깊은 상징에 반하는 행위로, 소수 유대인을 박해하는 데 충분한 명분을 제공했다. 쾰른, 보름스, 마인츠에서는 주교들이 교구에 거주하는 유대인들을 보호하기 위해 시행했다고 기록된 갖가지 조치에도 불구하고 특히 극악무도한 행위들이 자행되었다. 1074년 프랑스 루앙의 교회 운영위원회는 기독교인 가정에서 일하는 유대인 유모들에게 함께 식사하는 것을 금지했지만, 꽤 관대했거나 그게 아니면 현실적인 인물이었음이 분명한 슈파이어Speyer 주교는 1090년의 선언문을 통해 그의 교구에 있는 유대인 공동체에게 주는 특권으로 공동체 식사를 할 수 있는 권리를 명백하게 허용했다. 12세기에 교회는 유대인 가정에서 기독교인 유모의 고용을 금하고, 유대인의 음식 판매대 운영이나 기독교인 대상 음식 판매 금지를 공식적인 원칙으로 내세웠다.

    중세의 기록들은 식사를 표현할 때 흔히 '되살리다'를 뜻하는 라틴어 동사 '레피세레reficere'를 사용하는데(이는 수도원의 구내식당을 표현하는 데 '레펙토리움Refektorium'이라는 독일어 단어가 쓰이는 이유를 설명해준다), 낭시 식사는 원기를 회복하는 행위로 간주되었다. 당시에는 종교적 개념과 의학적 개념이 복잡하게 얽혀 있었기 때문에 의학적 사고가 무엇을 어떻게 먹을 것인가 하는 문제에 미친 영향을 간과할 수 없다. 초기 의학 부문에서 명성을 얻은 대표적인 인물인 힐데가르트 폰 빙엔Hildegard von Bingen은 중세에 가장 큰 영향력을 발휘한 독일인 수녀였다. 12세기 베네딕토 수도원 수녀이자 신비주의자였던 그녀는 알체이(현재 독일 라인란트팔츠주에 위치한 도시) 인근 베르메스하임의 귀족 가문 출신으로 어려서부터 수도원에 살았으며 라인-나헤Rhein-Nahe 지방에 수도원을 세우기도 했다. 그녀의 저술과 편지, 설교는 종교·의학·식물·음악·우주론적 주제에 대한 깊은 지식에서 영감을 얻은 고도로 영적인 비전에 기초를 두었다. 그녀는 당대의 뛰어난 인물들 다수와 서신을 주고받았고, 대중 설교를 위해 라인강 유역으로 장거리 여행도 여러 차례 다니며 영성이나 정치학, 윤리학, 의학에 대한 자신의 신념을 널리 전파했다. 빙엔은 자신의 모든 저술을 통해 여성들의 수많은 일상적인 질문에 대해서도 의견을 피력했는데, 성생활이나 질병 등 당시에는 거의 논의되지 않던 문제들도 다루었다. 또한 의학 저서인 《자연학Physica》과 《병인과 요법Causae et Curae》을 통해 '수도원의학Kloster Medizin'이라고 알려진 분야에서 절정의 지식을 보여주었으며, 식물들을 토착언어로 된 명칭을 사용해 설명함으로써 식물학에 중요한 선례를 마련했다. 빙엔의 접근방식은 대중적인 의학 지식을 살레르노, 파리, 볼로냐, 몽펠리에, 페루자의 의학적 가르침에 의해 퍼져나간 체액 이론과 접

힐데가르트 폰 빙엔Hildegard von Bingen, 《신의 조화서Liber Divinorum operum》, 제1부, 네 번째 예시. 균형: 세계, 신체, 영혼 (1165)

목한 것이었다.

체액 이론은 중세 음식을 이해하는 데 핵심적일 뿐만 아니라 오늘날까지도 독일 음식문화에 흔적이 남아 있다. 이 이론에 따르면, 인간이라는 소우주는 대우주를 거울처럼 비춘다. 우울질, 담즙질, 점액질, 다혈질의 네 가지 체액은 뜨겁고 건조한 불, 차갑고 습한 물, 차갑고 건조한 흙, 따뜻하고 습한 공기라는 네 가지 원소와 대응한다. 인간의 영적·육체적 건강은 모든 사물에 다양한 정도로 존재하는 이 원소들과 체액들에 달렸다. 대략 따뜻하고 촉촉하다고 정의할 수 있는 온화하고 균형 잡힌 상태가 건강하다. 균형이 조금만 무너져도 질병으로 이어질 수 있다. 고대 인도의 전승의학 아유르베다Ayurveda와 마찬가지로, 이 체계는 거의 전적으로 불균형 방지에 초점을 맞춰 특정한 기질이 과도해지는 것을 식사를 통해 완화할 수 있다고 믿는다. 식재료를 잘게 썰거나 으깨서 끓이면 섞기도 편하고 소화도 잘되지만, 조리 과정 자체가 음식의 속성을 바꾼다고 생각했다. 특정 인물이나 상황에 보다 적합하도록 음식의 색을 내는 것 역시 고려해봄 직한 추가적 선택이었다. 또한 근본적으로 조화롭지 못한 식재료들은 그 특성을 완화해야 했다. 현대적 관점에서는 미신으로 보일지 몰라도, 빙엔이 권유했던 상추 조리법의 지혜를 들어본다면 우리에게도 대단히 익숙하기 때문에 생각이 즉시 바뀔 것이다. 그녀는 상추가 지나치게 '찬' 음식이므로 몸에 좋게 만들려면 식초 드레싱으로 그 특성을 완화하라고 제안했다.

임신부, 유모, 유아는 노인이나 회복기 환자와 같은 범주에 속한다고 간주되었다. 이들은 모두 '중립적'이라고 여겨졌는데, 이는 건강과 질병의 중간 상태라 강화를 필요로 한다는 의미였으며, 구미가 당기는 음식이 체액의 구성을 변화시키지 않으면서 신체를 강화시킬 수 있다고 생각했다. 따라서 임신기간에는 아이들과 마찬가지로 병아리, 메추라기, 반숙 달걀 등 가벼우면서 섬세하고 '완화된' 음식들이 권장되었으며, 쓰거나 톡 쏘는 케이퍼, 루핀(콩과식물), 참깨 같은 음식은 기피되었다. 임신부들은 한 번에 너무 많은 양의 음식을 먹지 않아야 하며, 소량의 화이트와인을 물에 희석해 마시든가 맑은 레드와인만을 마시라는 지침을 받았다. 유모들은 얼얼하거나 뻑뻑하거나 쏘는 맛을 지닌 양파, 마늘, 식초, 후추 등의 음식을 피하고, 희석되지 않아 도수가 높은 와인은 마시지 않는 것이 좋다고 충고했다. 음식은 양이 과하지 않되, 양이나 거세한 수탉, 암탉, 영계, 메추라기, 꿩, 송아지 같은 질 좋은 재료를 달걀노른자, 따끈한 염소젖, 설탕과 섞어 먹도록 했다. 생후 육 개월에서 일 년 사이의 아기들에게는 부드러운 음식을 주어야 하는데, 우유로 조리한 쌀이나 닭고기수프에 적신 빵조각, 새나 닭의 부드러운 가슴살을 추천했다. 또한 모유수유는 2년을 넘기지 말고 걷기 시작하면 서서히 젖을 떼어야 한다고 했다. 여섯 살에서 열 살 사이의 어린이들은 거친 음식으로 나아가도 될 정도로 자랐다고 생각했다.[25]

  빙엔은 금식을 권장했고, 원기를 회복하는 데 녹색식품, 라틴어로 비리디타스viriditas를 추천했다. 곡물은 스펠트밀을 선호했으며, 돼지고기, 뱀장어, 오리, 달걀, 자두와 딸기는 먹지 말 것을 강력하게 권고했다(딸기는 지표면에서 너무 가까운 곳에서 자라기 때문에 몸에 해로운 아침이슬을 지나치게 많이 흡수한다고 주장했는데, 현대의 독자들에게는 근거 없는 주장으로 들린다). 실제로 빙엔이 쓴 책은 요리책이라고 부를 만한 것이 아니지만 상추에 관한 것을 비롯해 수많은 식재료의 조리과정이 기록되어 있다. 저술의 일부는 그대로 사본이 만들어져 다음 세기에 주방장 에버하르트Eberhard 같은 편저자들을 통해 널리 퍼져나갔다. 15세기 바이에른의 궁정 요리사였던 에버하르트는 대중의 사랑을 받은 자신의 요리책에 빙엔의 《자연학》 내용을 많이 인용했다.[26]

이렇게 해서 독일어로 쓰인 최초의 레서피가 《건강 식이요법 Regimen sanitatis》이라는 의학 서적에 등장한다. 앞서 설명한 대로 오늘날까지 '레쳅트Rezept'라는 독일어 단어는 요리법뿐 아니라 의학 처방전으로도 쓰인다. 빙엔의 저작 이외에 독일어로 쓰인 최초의 식이지침서 중 하나는 12세기에 나온 《브레슬라우 처방전Breslauer Arzneibuch》이다. 이 책은 콘스탄티누스 아프리카누스Constantinus Africanus가 살레르노에서 번역한 의학서에 크게 의존했는데, 렌틸콩, 콩수프와 수란 등에 대한 다수의 레서피를 수록했다. 그 밖에 콘라트 폰 아이히슈테트Konrad von Eichstätt와 아르놀트 폰 밤베르크Arnold von Bamberg가 쓴 두 권의 매우 영향력 있는 《식이요법Regimen》이 있다. 두 책 모두 처음에는 라틴어로 쓰였으며 200년에 걸쳐 의료업계 종사자들과 일반인 식자층 사이에 널리 보급되었다. 그들은 독일 상류층의 요리에 대한 개념에 지중해 음식의 영향력을 주입했다. 1317년 프랑스 아비뇽 부근에서 쓴 것으로 추정되는 밤베르크의 책은 이탈리아와 프랑스에서 보낸 시간에서 막대한 영향을 받았음이 분명하다. 그는 40개 정도의 다소 국제적인 레서피를 소개했지만, 흥미롭게도 튀기거나 삶은 사과, 아몬드밀크에 삶은 포도, 물이나 아몬드밀크에 삶은 무화과 등을 대중적인 독일 요리 목록에 끼워 넣었으며, 치즈수프(실제로는 치즈를 물에 넣어 끓여서 빵과 함께 먹는 것)가 "독일에서는 흔한" 요리라고 주장했다. 프랑스 또는 북부 이탈리아에서 교육받은 남부 독일 출신 의사 아이히슈테트가 "독일인 한 명이 라틴인 두 사람보다 많이 마신다"라고 한 말의 진실은 독일인의 알코올 사랑은 북방의 혹독한 날씨 때문이라고 설명한 것인데[27] 의도적으로 자신의 동포인 독일인들을 향해 한 말임이 분명하다. 그는 북방의 미각과 조리 습관에 맞춰 약간 수정을 가한 열한 가지 지중해 요리를 책에 포함시켰으며, 힐데가르트 폰 빙엔과 마찬가지로 몸과 마음의 조화로운 균형을 위해 식품을 특정 감각에 적합한 정도에 따라 분류하는 데 많은 지면을 할애했다.

당시의 레서피들이 식사와 약물을 밀접하게 연결하고 있었음에도, 기록된 조리법들은 그 자체로 생명력을 갖기 시작했다. 마침내 우리는 사람들이 무엇을 먹었는가 하는 문제에 대해 더욱 심층적인 지식을 얻을 수 있게 되었고, 최소한 상세한 기록을 남길 만큼 중요하게 여긴 조리과정이 어떤 것이었는지 알 수 있게 되었다. 요리를 하는 사람들 대부분이 문맹이었고, 요리 노하우를 포함한 많은 지식이 대개 구두로 전해져 이 분야의 초기 자료들은 거의 존재하지 않았다. 그렇지만 종이가 보다 널리 보급되고 가격도 감당할 수준이 되면서, 레서피를 기록하는 데도 사용되었다. 이러한 기록들은 앞서 언급했던 인상이나 가설을 확인해준다. 식탐이 칠죄종에 포함되었던 한편, 섬세한 요리가 사회적인 우월함을 드러내는 수단으로 떠오른 것이다.

1350년경에 쓰인 《좋은 음식에 관한 책Daz Buoch von guoter Spise》은 오랫동안 독일에서 가장 오래된 요리책으로 여겨졌다. 이 책이 주방에 두고 사용하기에 엄청난 고가였을 것임은 의심할 여지가 없다. 아마도 소장자인 미하엘 데 레오네Michael de Leone의 서재에 꽂혀 있었을 것이다. 레오네는 귀족 출신 법률가로 뷔르츠부르크의 주교를 위한 최고위 공증인으로 일하면서 상당한 재산과 지위를 얻었다. 이 책은 뷔르츠부르크의 도시 상류층이 어떤 식으로 보이기를 선호했는지 살짝 들여다볼 수 있게 해준다. 이 책의 핵심 내용은 "많은 사소한 것들로부터 훌륭한 식사"를 만드는 기술이었으며 절약을 미덕으로 칭송하면서 동물의 내장 활용도 적극 유도했다. 동시에 흰 빵, 사프란, 쌀과 아몬드 같은 호사스러운 품목이 책 내용에 포함된 것은 상당한 부의 수준을 과시하는 것이었다. 비트 뿌리, 콩, 양배추, 완두콩, 골파, 순무 등 지역의 채소류는 부수적 역할만 했다. 닭고기가 자주 언급된 것은 사회적 상황이 편안했음을 시사할 뿐만 아니라 도시 주변에 가금류를 키우는 농장이 있어 신선한 육류를 공급해줄 수 있는 환경이었음을 설명해주기도 한다. 레오네의 레서피에는 배와 곁들이는 향신료가 듬뿍 들어간 새콤달콤한 맛의 섬세한 닭고기 요리가 포함되어 있다.

닭고기는 굽고 빵을 라드(돼지기름)에 황금색이 날 때까지 튀긴 다음 브레드푸딩을 만들 때처럼 한입 크기로 자른다. 닭고기를 작은 크기로 자르고 배 여섯 개를 굽는다. 와인과 꿀로 소스를 만들어 후추와 아니스 등 향신료를 갈아 넣는다. 달걀 다섯 개를 얇게 부친다. 달걀 지단을 팬에 깔고 준비한 재료들을 각각 따로 올린 다음 지단을 반으로 접는다. 팬 위에 그릇을 엎어 덮고 팬을 통째로 뒤집어 그릇에 담은 후 지단의 윗부분을 갈라 소스를 붓는다. 이때 지단 위로 소스가 새지 않도록 한다. 이 요리는 라인가우 닭요리Chickens à la Rheingau라고 부른다. 그대로 식탁에 올린다.[28]

이런 옛날 레서피들은 기술적 지식을 요구하는 경우가 많아, 21세기의 요리사들이 논리적으로 풀어내기가 어렵다. 완성된 요리의 형태를 완벽하게 상상할 수는 없다고 해도 흥미롭고 맛있을 것 같기는 하다. 또한 이로부터 라인가우가 달콤한 과일이나 와인을 의미한다는 사실도 확인할 수 있다. 여기에서 주목할 만한 또 하나의 조리법은 중세에는 소스나 요리를 걸쭉하게 만들 때 빵을 주로 사용했다는 점이다(요리할 때 직접 실험해봐도 좋을 것이다!). 이 시대에는 아직 소스를 걸쭉하게 하기 위한 감자나 옥수수 등의 전분 사용법이 도입되지 않았고, 크림과 같은 유제품은 냉장기술이 없어 쉽사리 상했다.

유제품 대체용으로, 또 원칙적으로 채식만 허용되었던 금식기간에 적합하다는 이유로 당시 크게 유행한 음식이 아몬드를 물에 불린 다음 갈아서 만든 '아몬드밀크'였다. 아몬드밀크는 동물의 젖보다 보관이 쉬울 뿐만 아니라 장기 보존을 위해 소금을 넣지 않아도 버터를 만들 수 있다는 추가적인 이점이 있었다. 아몬드는 일반주방에서 쓰이기 전, 특정 향신료와 수입 초기 설탕의 경우처럼 처음에는 약용으로 사용되었다. 아이히슈테트는 식사 관련 조언에 아몬드와 아몬드밀크를 포함시키면서 독일에 소개하는 데 중요한 역할을 했다. 14세기 중반이 되자, 아몬드와 아몬드밀크는 독일 상류사회의 식단에서 필수적인 부분을 차지했으며, 레오네의 《좋은 음식에 관한 책》에는 아몬드밀크를 사용한 레서피가 19가지나 수록되었다. 밤베르크는 중세 요리에 가장 빈번하게 등장하는 것 중 하나인 블랑망제Blancmanger에 대해 최초로 언급한 독일 작가다. 문자 그대로 '흰색 음식'이라는 이름을 얻게 된 것은 대체로 흰색이었기 때문이다. 체액 이론에 따르면, 흰색은 특별히 유아나 병자에게 적합했지만, 때로는 사프란이나 제비꽃으로 색깔을 입히기도 했다. 이 요리에는 늘 아몬드밀크와 쌀이 포함되었지만, 축제기간에는 닭고기를 사용하고 금식기간에는 물고기, 그중에서도 특히 강꼬치고기를 사용하는 등 끝없이 변형되었다. 블랑망제에 대한 정확한 정의는 음식역사학자들 사이에서 끝나지 않은 논쟁거리다. 중세의 레서피들은 대부분 필경사들이 사본을 만들었는데, 이들은 음식에 관해 문외한이었기에 요리의 이름이나 재료를 잘못 읽고 그 결과 철자를 잘못 쓰는 경우가 다반사였다. 밤베르크는 블랑망제를 'alba comestio sive blantmaser'라고 했지만 《좋은 음식에 관한 책》

에는 'blamensir'로 표기되어 있다. 프랑스어로 '독일 수프'라는 의미인 이 음식과 관련해 타유방Taillevent이 쓴《타유방의 요리서Le Viandier de Taillevent》(1300년 무렵)에 적힌 'brouet d'Allemagne'가 옳은지,《파리의 살림살이Le Menagier de Paris》(14세기 후반)에 나오는 'broues d'Allemaigne'가 옳은지를 두고 역사학자들 사이에서 논란이 뜨겁지만, 이러한 차이는 실제로는《좋은 음식에 관한 책》의 'blamensir'을 옮긴 것이거나, 각자의 상상력에 기반한 언어적 편차를 드러낸 것이었다.[29]

지역언어로 쓰인 것 중 가장 오래된 유럽 요리 레서피 모음집의 내용을 살펴보면 이 문제는 훨씬 복잡해진다. 35가지 레서피를 다룬 이 작은 모음집은 네 개의 각기 다른 버전이 전해지는데 두 권은 덴마크어로, 한 권은 아이슬란드어로, 나머지는 저지 독일어Niederdeutsch*로 쓰여 있다. '원본'은《요리 기술에 관한 책Libellus de arte coquinaria》임이 분명하며, 12세기 무렵 독일의 중부 저지대에서 쓰인 것으로 보인다.[30] 이 책은 중세 후기에 성행한 조리법과 음식 관련 주제에 대한 기록 중 연대가 가장 오래된 것으로 추정된다. 이 책에 실린 조리법들은 한 사람이 쓴 것이 아니며 당시에는 흔했던 편집본이거나 각색본이다. 지금까지 남아 있는 필사본으로 사라진 원본을 복원했는데 독일어 판본은 15세기 무렵 발행되었던《중세 저지

---

* 북부 및 서북부 독일에서 쓰는 독일어의 방언. 남부 및 중부에서 쓰는 고지 독일어Hochdeutsch와 음운적으로 뚜렷한 차이가 있다. 독일의 표준어는 고지 독일어이다.

독일 요리책Mittelniederdeutsches Kochbuch》의 일부로 다시 모습이 드러났다.³¹ 이 레서피들은 많은 면에서 사회적 피라미드의 최고위층에 미친 국제적 영향을 확고히 해준다. 상당한 재력을 가진 사람들을 위해 만들어진 게 분명한 이 조리법들은 모두 남부 유럽에서 기원한 요리를 북유럽 국가에서 변용한 것들이다. 여기에 사용된 식재료에 쌀, 올리브유, 병아리콩, 근대나 시금치 등의 고급 채소는 없지만 다양한 아몬드 조리법이 포함되었으며, 그중 대다수가 훗날 유럽 전역에서 발견되었다. 《요리 기술에 관한 책》에서 흥미로운 점은 독일 요리가 북유럽과 연결되어 있음을 확인할 수 있다는 점이다. 이는 극히 중요하지만 종종 소홀히 하는 시각이다. 아이슬란드어판에는 와인이나 식초를 넣어 굳힌 아몬드밀크가 수록되어 있는데, 이에 대해 "스퀴르skyr만큼이나 훌륭하다"고 평가했다. 스퀴르는 아이슬란드에서 오늘날까지도 사랑받고 있는 음식으로 독일의 크바르크 및 타키투스가 언급한 농축우유와 흡사하다.³²

이 레서피들을 읽다 보면 그 복잡함에 흥분해서 극소수의 사람들을 대상으로 쓰인 것임을 잊기 십상이다. 평상시의 식사에도 호사스러운 식재료들을 길게 나열한 이 조리법들은, 언제 닥칠지 모르는 궁핍과 굶주림으로, 좋게 말해서 불안정한 삶을 사는 대부분의 사람들의 현실과는 상상할 수 없을 정도로 동떨어진 것이었다. 굶주림은 독일인의 음식 DNA에 긴밀하게 얽혀 있다. 중세 연대기 작가들에게 '파메스fames(기아)'는 실질적으로 '모르탈리타스mortalitas(필멸)', 혹은 그 결과로 일어나는 전염병과도 호환될 수 있는 단어였다. 자연적인 원인에 더해, 전쟁도 식량의 생산과 분배를 심각하게 저해했다. 군사전략에 상대방의 농업 생산을 파괴하는 행위도 포함되었기 때문이다. 기근은 일반적으로 이삼 년 넘게 지속되곤 했다. 경제회복에 보통 일 년 이상 소요되었고, 특히 종자 곡물의 전부 혹은 일부를 소비해버린 결과 곡물 생산이 타격을 입었기 때문이다. 1100년 이후 이른바 중세의 온난기 동안에는 중부 유럽의 기후가 대체로 온화해졌다. 지금 우리가 겪는 기후에 비해 여름은 더 더웠고 때로는 더위가 극심했다. 겨울은 때때로 지금보다 훨씬 추웠다. 여름 더위가 심했던 해는 물레방아를 돌릴 물이 부족해 밀가루 값이 엄청나게 비싸지면서 빵값도 같이 올랐다.[33] 동시에 임금노동자들의 숫자도 급증했는데, 특히 광산 개발이 활발해지면서 점차 많은 사람들이 식량을 생산하기보다는 구매하게 되었다. 그 결과로 작황이 좋지 않거나 다른 불리한 조건이 작용한 해에는 식량 가격이 치솟고 기근이 그 뒤를 따랐다.

　대부분의 기근은 지역적인 문제였지만, 1315~1320년에는 '대기근'으로 알려진 생존을 위협하는 대재앙이 북유럽 전체를 덮쳤다. 그 상황이 너무나 길고 광범위하게 이어져 한 세기 이후의 연대기에서까지 언급될 정도였다. 독일의 경우, 집중적인 인구 증가 후 농산물의 생산과 수요가 겨우 균형을 잡아가던 시점에서 이 재난이 강타했기 때문에 충격이 특히 혹독했다.[34] 대기근의 원인은 다양했다. 먼저 1312년과 1313년 지역적으로 심각한 홍수가 발생한데다 1313년 겨울이 유별나게 추웠기 때문에 지역적으로 식량부족 현상이 나타났다. 연대기의 기록에 따르면, 1314년 바이에른이 오스트리아와 전쟁에 돌입했을 때 군대 내에 굶주림이 만연해 기사들이 자신의 말을 음식과 바꾸기까지 했다. "이렇게 놀라운 일이! 장엄하게 꾸민 말에 올라탄 기사들 중 몇몇은 자신의 말과 무기를 값싼 와인과 바꿔버렸다. 그들이 그렇게까지 했던 이유는 끔찍한 굶주림에 있었다." 바로 그 이듬해부터, 중세를 통틀어 가장 혹독하고 가장 오래 지속된 악천우가 시작되었다. 전반적으로 온화했던 시기였음을 고려할 때 거의 예상할 수 없었던 상황이었다. 폭우와 뒤이은 홍수로 모판이 흠뻑 젖었고, 경작지와 목장에는 물이 가득 찼으며, 곡물은 썩어갔다. 목초지는 풀을 벨 수 없을 지경으로 젖었고, 토탄은 너무 질척거려 잘라낼 수가 없었다. 채석장이 범람하고 건물이나 성벽의 토대가 허물어져 수송에도 막대한 지장을 끼쳤다. 토질이 부드러운 지역은 침식이 심각해 "전대미문의 불모지"가 되었다. 더욱이 비는 토양에서 질산염을 빨아들여 식물의 질병을 일으켰다. 발트해까지 얼어붙을 정도로 혹한의 겨울이 이어지고 봄, 여름, 가을 내내 많은 비가 내렸다. 하늘은 비정상적으로 구름에 뒤덮여 있었고, 날씨는 평소와 달리 싸늘하고 바람이 많이 불었다. 사람들은 영양결핍으로 몸이 허약해지고 활력과 의지를 잃었다. 1316년 브레멘의 연대기 작가는 수많은 동포가 심각한 무기력증에 시달렸다고 기록했다. 1317년 서부 독일에서는 유례없이 추운 겨울에 이어 폭우가 뒤따랐다. 이후부터는 조금씩 나아졌지만, 1321년 겨울, 다시 한번 지독한 강추위로 발트해와 북해의 일부까지 얼어붙었다. 온역

瘟疫*이 모든 가축을 덮쳤는데, 특히 전염성이 높은 우역牛疫**이 기승을 부렸다. 습한 날씨가 지속되어 가축들이 먹는 건초도 말릴 수 없었다. 육류와 생선의 보존에 필수적인 소금 생산 역시 일조량 부족과 과도한 습기로 애로를 겪었다. 유럽 전역에서 식품 가격이 요동쳤고, 특히 곡물과 소금 가격이 치솟았다. 임금은 가격상승을 따라잡지 못했다. 소금이나 곡물 교역을 통해 이익을 보거나 부동산 투기에 몰두했던 소수를 제외하고는 모두들 살아남기 위해 힘겨운 투쟁을 벌여야 했지만 파산이 다반사였다. 라인강변 오펜하임에 있는 성 카트린 교회의 기둥에 적힌 1317년의 빵 가격이 4헬러***라는 글은 당시의 상황을 후대에 상기시킨다. 무척 비싼 가격이었을 것이다.35 영지가 작은 영주들은 대개 직접 경작을 피해 부유한 농부들에게 토지를 임대했는데, 이 상황은 직접 경작해야만 곡물 종자를 충분히 확보할 수 있다는 사실을 깨달은 후 뒤집혔다. 절망에 빠진 사람들이 위생학적 금기였던 병든 소를 먹고 나서 "마치 소처럼 들판에서 자라나는 풀을 뜯었다"라는 기록도 남아 있다. 심지어는 인육을 먹었다는 언급도 있는데, 이 말이 설령 사태의 심각성을 알리기 위한 연대기 작가의 문학적 수사였다 할지라도, 우리는 대체로 그의 말을 문자 그대로 믿고 싶은 쪽으로 기운다.

수도원들은 구호품을 최대한 늘려 날로 늘어가는 극빈자, 고아,

---

*   가축의 전염병.
**   바이러스에 의해 발생하는 소의 전염병.
***   중세 오스트리아의 화폐 단위.

흑사병으로 죽은 시신을 관에 넣어 옮기는 모습. 〈투르네의 흑사병 연대기 삽화 Miniatura de Pierart dou Tielt〉

거지들을 먹이고 돌보기 위해 최선을 다했다. 병원들이 설립되었는데, 가장 유명한 것은 뷔르츠부르크의 부유한 귀족이 1319년에 설립한 '성심영혼병원 Heilig-Geist-Spital'이다. 북동부 지역의 튜턴기사단은 다른 모든 병영 도시나 전선 마을처럼 포위에 대비해 성에 비축했던 곡식을 분배했다. 하지만 그 외의 많은 도시들은 스스로 힘겨운 투쟁을 벌이며, 인근 시골에서 궁핍한 사람들이 모여드는 것을 막기 위해 성문을 굳게 걸어 잠갔다. 구호활동이 실패한 지역에서는 도둑떼가 발호하고 폭동이 일어났다. 대도시들은 시체들을 모아 집단으로 매장하기 위해 노동자들을 고용했다. 주택들이나 거주지 전체가 버려지기도 했는데 이러한 곳은 폐거주지, 뷔스퉁엔

Wüstungen으로 불렸다.

'대기근'의 뒤를 '대역병'이 이었다. 대기근에서 살아남은 아이들의 상당수가 결정적인 시기에 심각한 영양실조를 겪었는데 이는 1349년 독일에 퍼진 전염병에 걸렸던 특정 세대 전체가 기록한 엄청난 사상자 숫자를 설명해준다. 서아시아에서 온 상인들에 의해 전파되었을 것으로 추정되는 흑사병으로 인해 당시 독일 인구의 10~30퍼센트가 사망했는데, 특히 함부르크나 쾰른같이 인구가 밀집된 대도시들이 대재앙을 겪었다. 사람들이 할 수 있는 일은 거의 없었다. 향신료나 약초를 이용해 공기를 정화시키려는 시도가 있었는데 특히 사프란을 섞으면 효과적이라고 여겼다. 이는 가장 값비싼 치료법으로, 재난 시기에도 호황을 누리던 시기만큼이나 사회적 지위가 작용했던 것이다. 극적인 인구 감소는 농업 불황으로 이어져 한 세기쯤 지속되었다. 거주지의 밀도나 경작지가 4분의 1 정도 축소되었으며 영지의 면적이 좁을수록 큰 타격을 입었다. 그렇지만 오늘날과는 달리, 재앙에 대한 사람들의 일반적인 태도는 기근 때와 비슷했다. 고난은 신이 내리는 것이며 인간이 할 수 있는 일은 별로 없다는 것이었다.

5장

버터빵과 사프란

중세 말기 14~15세기

15세기 말까지 지역적으로 전염병이 반복적으로 재발했고 그로 인해 노동력 부족이 지속되었다. 살아남은 사람들은 자신들의 상황이 전보다 좋아졌다는 사실을 알게 되었고 결과적으로 음식도 양적 질적 측면에서 향상되었다. 한낮의 이른 점심식사와 해 질 녘 저녁 식사 두 끼에 추가로 세 번까지 간식을 먹었는데, 아침에는 수프, 밤에는 빵, 잠자리에 들기 전 술 한 잔이 일반적인 기대치가 되었다. 1465년 독일 북부 함부르크에서 일하던 목수들의 계약서를 기준으로 판단해보면, 그들은 호밀빵, 버터, 죽, 달걀, 소고기, 청어, 대구와 치즈만이 아니라 가벼운 맥주까지 제공받았다. 1483년 독일 남서부 뷔르템베르크 지방 하일브론의 포도 수확기 동안 인부들을 위해 구매했던 음식에는 흰 빵, 혼합 곡물로 만든 빵, 보리, 완두콩, 간 귀리, 죽을 만들기 위한 수수, 소금, 라드, 녹인 버터, 삶은 고기, 구운 고기, 치즈, 우유, 양배추, 귀리 낱알, 순무, 달걀, 세몰리나, 생선, 말린 대구, 청어, 양파, 사과, 조리용 배, 향신료 등이 포함되었다. 이처럼 다양한 품목이 있었을 뿐 아니라, 앞의 두 목록에서 가장 놀라운 차이점은 빵의 종류인데, 북부에서는 호밀빵을 즐겼던 반면 남부에서는 밀가루로 만든 흰 빵이나 혼합 곡물로 만든 빵을 먹었다는 것이다. 버터는 양쪽 모두에 추가되었다. 그렇지만 시큼하게 반죽한 검은 호밀빵을 얇게 썰고 그 위에 딱딱한 가염버터를 올린 버터빵이 중세 후기 북부 독일의 상징이었던 반면, 남부에서는 노동자들조차 밀로 만든 좀 더 가벼운 빵을 기대하게 되었다. 오늘날 지중해 지역 주민들처럼 그들은 부드럽게 녹은 버터와 라드를 요리에 사용했다.

당시 지리적·사회적 격차는 강력한 경제적 주도권을 쥐고 있던 교역을 통해 강화되었다. 상인들이 온갖 종류의 물품을 거래했던 것은 분명하지만 특히 독일의 식품 교역은 전례 없는 차원에 도달했다. 특히 기존의 문화적 연결망을 강화함으로써 북부와 남부의 우선순위 차이를 극명하게 보여주었으며 이는 상인들의 식탁에 반영되었다. 남부와의 교역을 장악한 아우크스부르크의 푸거Fugger 가문이나 벨저Welser 가문 같은 귀족 집안들은 상업적 수완을 발휘해 통치 귀족의 반열에 올랐을 뿐만 아니라 이탈리아 귀족들의 세련된 음식문화를 모방했다. 호밀빵은 쳐다보지도 않았을뿐더러 올리브유가 충분하지 않으면 최소한 현지에서 생산한 버터가 오일처럼 부드러워야 했다. (미카엘 데 레오네의 '라인가우 닭요리'에서 볼 수 있듯이) 값비싼 향신료뿐 아니라 음식의 복잡한 조리과정까지도 자신들의 성취와 높아진 신분을 드러내는 데 필수적이었다.

그와는 대조적으로, 북부의 한자동맹Hanse은 훨씬 평등주의적인 조직체였다. 마을공동체나 시의회 수준으로 운영되었으며 훨씬 많은 수의 그리 부유하지 않은 사람들이 장악했다. 함부르크나 뤼베크에서는, 아마 지역 전체가 여전히 농업 위주인 구조였기 때문이었을 텐데, 사회적 신분이 높아진다 해도 식사가 현저히 세련되게 바뀌지는 않았다. 그러나 양은 확실히 늘어났다. 북부의 마을과 도시에서는 축제기간 육류의 소비가 크게 증가했으며, 금식기간에는 대개 청어나 말린 대구를 먹었다. 일상적인 음식으로는 채소와 소금 간을 한 고기를 커다란 냄비에서 끓인 스튜에 소금과 후추를 넉넉히 뿌려 먹었다. 급부상한 중산층 도시민 가구들은 청동, 백랍, 은, 때로는 심지어 황금으로 만든 주방기구나 접시들을 통해 증가한 부를 과시했다. 네덜란드식 압력 냄비Grapen*와 비슷하게 생긴 주철이나 청동으로 된 구이용 그릇들은 그들의 주방에서 흔히 볼 수 있는 물품이었으며 지금까지도 인기 있는 소고기 조림요리인 그라펜브라텐Grapenbraten의 부상에 한몫을 했다. 북부 사람들의 주식인 시큼한 반죽으로 만든 검은색 호밀빵은 반구형 화덕에서 구웠으며, 제분 기술 발달에 따라 빵의 품질이 향상되어 덩어리 빵을 얇

---

* 주철로 두껍게 주조한 냄비. 12세기에 처음으로 만들어진 역사적인 조리기구다. 뚜껑과 냄비 사이에 틈이 없으며, 조리 시간이 오래 걸리는 요리에 적합하다.

게 썰 수 있게 되었다. 호밀이 80퍼센트 함유된 단단한 식사용 빵에서 조금 가벼운 형태의 변형인 쇤브로트Schönbrot(좋은 빵)나 쇤로겐Schönroggen(좋은 호밀) 등 다양한 종류의 빵이 생겨났다. 빵에 바르는 버터는 나무통에 저장해 통째로 거래했는데, 소금이 첨가되어 꽤 오랫동안 신선하고 단단한 형태를 유지했다. 특별한 축제기간, 특히 사순절 전의 며칠 동안 제빵사들은 밀가루, 이스트, 때로는 우유까지 넣어 흰 빵 하이스베켄Heißwecken을 만들었다. 남부에서는 모든 빵에 고수, 아니스 씨, 캐러웨이 같은 향신료를 넣었지만, 북부에서는 축제기간에만 계피나 단것을 건포도와 함께 넣어 맛을 더했

버터 생산은 여성들의 일이었다. 두 가지 기술이 묘사되고 있다. 수직 형태의 교유기는 소량생산에, 수평 형태는 대량생산에 사용되었다.

다리가 세 개인 냄비 그라펜, 1200~1400년. 왼쪽은 흙, 오른쪽은 주철로 만들어진 것이다. 이런 냄비는 잉걸불에 직접 올려 조리했으며 기다란 구멍에 막대를 끼워 들어 올렸다.

다. 북부에서 가장 선호하던 음료는 맥주였는데, 짠 식사로 인한 갈증을 해소하기에 와인보다 훨씬 낫다고 생각했음이 틀림없다. 와인은 특별한 경우에만 마셨다. 와인이나 맥주는 백랍으로 만든 커다란 잔이나 라인란트에서 생산한 사기 술잔으로 마셨지만, 특권층은 은제 술잔이나 유리잔을 사용했다.[1]

일반적으로 한자동맹은 12세기부터 17세기까지 활동한 국제적인 무역동맹으로서 점차 사회경제학적 영향력 측면에서 북부의 가장 선도적인 조직이 되었다. 전성기에 한자동맹에 가입한 마을이나 도시의 숫자는 거의 300개에 이르렀으며, 그 지역도 서쪽 끝의 자위더르해와 에이설강까지,* 남쪽으로는 라인강 하류 깊숙이, 동쪽으로는 폴란드의 크라카우와 슐레지엔 지방의 브레슬라우까지 이르렀다. 동맹은 인구 증가로 더 이상 자립경제나 배후지에서의 공급에만 의존할 수 없게 된 도시를 감당했을 뿐 아니라 생산성이 낮은 지역에도 물품을 공급해야 했다. 한자동맹 역시 다른 상품들과 함께 값비싼 식품이나 향신료를 취급했지만 가장 중요한 식품은 소금, 청어, 말린 대구 등으로, 당시 생존을 위한 기본적 필수품이었다. 이들이 사용하던 대형 선박인 한자코그Hansekogge는 각이 날카로운 선수와 선미, 평평한 바닥과 높은 양측 뱃전을 갖춘 전형적인 목재 코그선으로 12세기 혹은 13세기에 개발되었는데, 비교적 소수의 선원들로 많은 화물을 운반하기에 적합했다. 1431년 안트베르펜**에서 선적된 화물 목록에는 맥주, 와인, 향신료, 아몬드, 쌀, 오일, 버터, 꿀, 치즈, 말린 대구, 베이컨, 밀, 호밀, 보리, 귀리 등의 곡물, 살갈퀴콩, 완두콩, 콩, 밀가루, 홉, 맥주 발효용 게일, 청어, 소금이 실렸다. 또 다른 목록에는 무화과, 대추와 건포도, 수수, 훈제 청어인 뷔클링, 뱀장어, 연어, 철갑상어, 육류가 포함되었다.

한자동맹의 공용어는 중세 저지 독일어였으며, 최우선 관심사는 항해에 나선 회원들의 안전을 보장하는 것이었지만 시장에서의 특권적인 위치와 조약상의 권리를 유지하는 일도 중요시했다. 이들은

* 　현재의 네덜란드 지역.
** 　현재 벨기에 북서부에 있는 이 나라 제일의 무역항.

14세기 한자동맹 도시들.

정치적 목표를 달성하기 위해 교역금지 같은 경제적 수단을 반복적으로 동원하기도 했다. 한자동맹은 원래 잉글랜드의 런던이나 스웨덴의 비스뷔 같은 외국 도시에서 일하던 독일 상인들을 위해 만들어진 느슨한 조직 혹은 동맹이었기 때문에 함부르크나 뤼베크 같은 대도시가 핵심 지역이었음에도 분권화된 구조를 가지고 있었다. 실제로 당시 작은 마을 그리고/또는 상인들 역시 '한자'라고 불렸기 때문에 다소 혼란스럽기도 했다. 이 동맹의 중요한 의사결정은 뤼베크에서 정기적으로 열렸던 총회 한자타게Hansetage에서 이루어졌다.

한자동맹의 회원들에게 뤼베크가 중요했던 이유는 발트해에서

스카게라크해협*을 거쳐 북해까지 이르는 위험하고 긴 항해를 원하지 않는 사람들에게 뤼베크는 피할 수 없는 경유지였고, 모든 화물을 이곳에서 하역해 덴마크의 유틀란트반도(이윌란반도)를 가로질러 육로로 수송해야 했기 때문이다. 바로 이 때문에 두 개의 강을 연결하는 유럽 최초의 운하가 이 지역에 건설되었다. 트라베강과 엘베강을 연결하는(궁극적으로 발트해와 북해를 연결하는) 이 운하는 1398년에 완공되었으며, 멀리 돌아가야 하는 기존의 해로뿐만 아니라 수송 속도가 느린 육로까지 피할 수 있게 되었다. 한자동맹이 취급하는 상품 중 가장 중요한 소금의 대부분은 뤼네부르크의 제염소에서 생산되었다. 13세기 동안 뤼네부르크의 소금 생산량은 세 배 이상 증가했으며, 16세기 말 정점에 달했을 때는 연간 2만 톤 이상을 생산했다. 이 생산량의 절반 이상이 뤼베크를 통해 '트라베소금Travesalz'이라는 이름으로 판매되었다. 14세기 후반 이후에는 대서양 연안의 프랑스, 스페인, 포르투갈로부터 값싼 소금이 발트해 유역으로 수입되었는데, 이는 흔히 '바이소금Baisalz(바다소금)'으로 불렸다. 25퍼센트의 소금물 농도에서 생산되는 트라베소금에 비해 순도가 낮은 것으로 알려진 이 소금은 음식의 보존효과가 떨어졌다. 보존성은 소금의 수요가 많았던 주된 이유였는데, 소금으로 인해 생선(가장 중요한 품목인 청어), 육류, 버터 등 쉽게 상하는 음식의 광범위한 교역이 가능해졌다. 중세 후기 동안 독일인 1인당 연평균 소

* 노르웨이와 유틀란트반도 사이에 위치한 비교적 넓은 해협.

당대의 식탁

뤼베크의 선원협회

뤼베크의 선원협회Schiffergesellschaft는 1401년 항해에 나서는 사람들과 그 가족들을 위한 친목단체로 설립되었다(www.schiffergesellschaft.com). 1535년 어부 길드와 통합된 선원협회는 르네상스 초기 양식의 인상적인 붉은 벽돌 건물을 구입했다. 이 건물은 북부 유럽인들이 스페인의 산티아고 데 콤포스텔라까지 가는 성지순례의 중간 기착지인 야코비 교회 맞은편에 있다. 2차대전의 폭격 속에서도 살아남아 오늘날에는 한자동맹의 정신이 살아 숨 쉬는 식당이 차려졌으며 기념품을 통해 이를 다시금 일깨워준다. 여기에서 먹는 음식은 두말할 나위 없이 양념에 절인 청어다!

뤼베크에 있는 선원협회 식당 내부.
교회와 비슷한 분위기가 눈길을 끈다.

금 소비량은 15~16킬로그램에 달했다(현재는 3.65~5킬로그램 정도다.) 13세기 무렵부터 식품으로서 버터의 중요성이 커졌는데, 네덜란드, 프리슬란트, 덴마크, 스웨덴, 노르웨이산 다양한 버터들이 베스트팔렌이나 작센은 물론 멀리 라인강을 타고 올라가 쾰른에서까지 거래되었다.[2]

뤼베크에는 예전 고대 슬라브족 정착지 시기부터 강둑에 런던의 노천시장과 비슷한 시장이 있었는데 898년 이를 '리파 엠토랄리스 ripa emtoralis(강변시장)'라고 기록했다.[3] 알프스 이북의 고대 문화에서 강변시장은 도시가 형성되기 훨씬 이전부터 일반적인 형태였다. 강변시장은 음식의 교역이 어떤 식으로 도시의 경관을 형성했는지에 대한 인상 깊은 사례를 제공해준다. 고고학적 연구 결과에 따르면, 이 시장의 연대는 기원전 3,000년 무렵까지 거슬러 올라가며, 그 시대에는 엘베강 동쪽에 사는 농부들과 함부르크 인근 작은 섬에 사는 사냥꾼들이 서로 상품을 교역했다. 시장의 모습은 시대의 흐름에 따라 변화했지만, 기본 구조는 고스란히 남아 있다. 수로들이 수송에 사용되었으며, 판매자들은 상품을 두고 자리를 비우기를 원하지 않았기 때문에 육지에 텐트를 치고 요리하고 생활하는 것을 선호했다. 잠재적 고객들에게 그리고 광석, 소금, 생선 등 흥미로운 물품들이 거래되는 곳에 가능한 한 가까이 머물기 위해서였다. 구매자들 역시 그들의 입장에서는 판매자들 바로 옆에 텐트를 세웠던 셈이지만.

중세 초기에 판매자들은 전문 상인이 되어 강변시장에 집을 짓고 영구 거주했다. 잠재적 거래처들을 위해 부두가 만들어졌고 뤼베크처럼 좀 더 중요한 시장들에는 외국인을 위한 교회까지 있었는데 1163년 기록에는 이를 포렌시스 에클레시아 forensis ecclesia (외국인 교회)라고 표현했다. 상인들의 집은 안전상의 이유로 도시의 성벽 안으로 들어가게 했지만, 시장의 공공 구역은 성벽 바깥 강둑에 그대로 두었다. 그러나 성벽 안에 사는 주민들의 장보기가 불편해졌기 때문에 시장 기능이 점차 다양하게 분화되자 생필품 공급은 점차 도시 안으로 옮겨졌고, 강둑은 장거리 교역 전용이 되었다. 단 하나 예외는 생선으로, 여전히 어선에서 직접 판매했다.

한자동맹의 '조합' 구조로 인해 상인들은 항해하는 조합원들이 물품을 하역하는 동안 더 이상 강둑에서 기다리지 않고 라인강 하류나 베스트팔렌까지 내륙 여행을 할 수 있게 되었다. 하지만 조합원들과 함께 항해하면 현장에서 물품을 검수하거나 특정상품에 대한 선주문을 함으로써 수상거래와 육지의 수요를 연결할 수 있었다. 이로써 강변시장은 시장으로서의 가치를 잃게 되었으며 화물의 적재, 하역, 계량과 통행료 및 세금을 징수하는 기술적인 작업에만 이용되었다. 점차 거래내역을 기록하는 일이 증가했고, 장소도 상인들의 집이나 콘토르 Kontor 라고 불리는 사무실로 옮겨졌다. 거래를 위해 도시를 방문한 상인들은 조합원들의 집에 머물렀고, 상품을 강변으로 운송해 지하 창고나 지붕을 갖춘 창고시설에 넣는 동안 경비원만 배에 올라 화물을 지켰다. 교역량 증가에 따라 선박의 크기도 커짐으로써 대규모 항구들만 사용되자, 버려진 소규모 항구들은 그대로 수산물시장으로 변모했다.

한자동맹이 통제하던 상품 중 소금 다음으로 중요한 것이 청어였다. 청어는 동맹이 결성되기 전에도 발트해 전역에서 잡혔다. 하지만 청어를 멀리 떨어진 내륙의 시장에서 거래하기 위해서는 소금에 절여야 했는데, 이 소금은 한자동맹에서 통제하는 상품이었다. 이 과정을 좀 더 용이하게 하기 위해 청어 조업철인 7월 중순에서 10월 초순까지 독일 상인들은 덴마크의 어선단이 어획물을 풀어놓을 수 있도록 스카니아(오늘날의 남부 스웨덴)에 소금에 절여 포장하는 전용 시설을 만들었다. 이 조치는 훗날 노르웨이까지 확대되었다. 금식기간 주식이 되는 소금에 절인 청어의 연간 수출량은 무려 4만 톤에 달했던 것으로 추정되며, 남쪽 멀리 프랑크푸르트나 쾰른의 시장을 통해 독일 전역에 유통되었다. 15세기 초반부터는 경제 규모의 확대와 기술 발전의 결과로 어업 기술이 크게 향상되면서 네덜란드가 북해에서 수확하는 청어의 상업적 중요성이 더욱 커졌다. 네덜란드인들은 내장 일부를 제거한 청어를 배 위에서 곧바로 절이고 포장했기 때문에 보존처리 과정이 빨라졌다. 그렇지만 15세기 중반 이후 청어 떼가 북쪽으로 이동하기 시작하면서 한자동맹의 교역은 다시 한번 혜택을 입게 되었다. 가장 먼저 잡히는 어리고 통통한 청어인 맛제스헤링Matjeshering은 잡히는 대로 소금에 살짝 절이거나 말려서 짚으로 엮은 바구니에 포장되어 시장에 나왔다. 1467년 쾰른의 법령에 따라 5월 31일 이전에 잡힌 청어의 거래가 금지되었으며, 7월 25일 이후 잡히는 다 자란 청어의 품질이 더 믿을 만

청어요리 브라트헤링Brathering(오른쪽, 튀겨서 식초에 절인 것)과 맛제스헤링(가볍게 소금에 절인 것). 맥주잔은 베를린에서 밀로 빚은 맥주를 마실 때 사용하는 전형적인 모양이지만 맥주의 색이 약간 어둡다. 동독 시절 인기 있던 요리책《코헨》(라이프치히, 1983)에서.

한 것으로 인정되었다. 또한 이 법령은 덜 자란 청어와 다 자란 청어를 한 통에 섞는 것을 금지했는데, 이는 다 자란 청어를 절이기 위해 소금을 많이 넣으면 살이 부드러운 어린 청어가 뭉그러지기 때문이었다. 나무통은 14세기부터 사용되기 시작했는데, 참나무로 만든 것을 최고로 쳤으며, 품질과 원산지를 표시하기 위해 일련의 상표를 붙였다. 생선을 포장해서 발송하기 위해서는 최소한 10일 전에 소금에 절여야만 했다.[4]

한자동맹에 속한 도시들은 초기에는 지역 상품을 주로 발트해 연안에서 교역하는 데 집중했지만, 점차 활동 범위를 외국으로 넓혀가면서, 벨기에의 브뤼헤, 런던, 노르웨이의 베르겐, 러시아의 노브고로드 등 해외 주요 항구에 사무소 콘토르를 개설했다. 콘토르는 각각의 도시에서 한자동맹의 힘이 미치는 소규모 거주지로서, 오늘날의 대사관과 비슷했지만 정치가 아니라 무역에 역점을 두었다. 이를테면 1323년에 개설된 브뤼헤 콘토르는 섬유, 곡물, 과일, 와인, 향신료 등 발트해, 대서양, 지중해산 상품들에 대한 북부 유럽의 교역 중심지 역할을 했다. 이로써 한자동맹은 세금 감면이나 무역 독점권 등을 얻기에 충분한 집단적 협상력을 자연스레 갖게 되었다.

15세기 무렵 힘이 막강해진 한자동맹 상인들은 베르겐의 관리들로부터 대구의 독점 수출권을 얻어냄으로써 노르웨이 해안선 바깥쪽 바다에서 대구를 잡던 잉글랜드 어선단을 몰아냈다. 이에 따라 잉글랜드 어선단은 아이슬란드 북쪽으로 옮겨갔지만 다시 한번 한

자동맹의 압박을 받았으며, 이와 비슷한 무역전쟁으로 네덜란드와 플랑드르를 봉쇄한 경우도 있었다. 그 결과 이 두 지역은 곡물, 맥주, 기타 식품 부족을 겪게 되었다.[5]

바이킹들에 의해 시작된 것으로 추정되는 북부 노르웨이의 건대구 생산은 주로 대구 조업철인 2월에서 4월에 이루어졌다. 소금에 절인 청어가 매우 평범한 음식으로 취급된 데 반해 바람에 말린 건대구는 보다 높은 평가를 받았고 가격도 비쌌다. 노르웨이는 특히 수입 식품에 크게 의존하고 있었기 때문에 1316년 노르웨이의 왕은 곡물, 밀가루, 맥아, 맥주 등 이른바 '중량화물'을 수입하지 않는 한 누구도 말린 대구나 버터를 수출할 수 없다는 법령을 공포했다. 노르웨이 상인들은 일 년에 두 번 어부들이 잡은 수확물을 로포텐제도로부터 한자동맹 상인들이 기다리고 있는 베르겐으로 가지고 왔는데, 협약에 의해 이들이 이보다 북쪽으로 항해하는 것은 금지되어 있었다. 하지만 15세기에는 노르만족이 배타적으로 거래하던 건대구를 아이슬란드와 직접 거래하게 되면서 독점하던 베르겐의 경쟁상대가 되었다. 1530년 쾰른의 문서에서 아이슬란드산 말린 대구는 품질은 베르겐산보다 약간 떨어지는 것으로 평가되었다. 가장 질이 좋고 비싼 것은 수염대구를 말린 것이었고, 그다음이 대구였다. 16세기 말에는 대구와 수염대구 역시 소금에 절인 다음 나무통에 포장되어 라베르단Laberdan이라는 이름으로 거래되었는데, 이 보존 방식은 바스크인들로부터 유래된 것으로 추측된다.

북부에 널리 퍼져 있던 평등주의적 겸양에도 불구하고 한자동맹

1867년 브레멘에서 열린 샤페르말차이트. 1867년, 석판화.

의 성공한 상인들은 더 많은 특권적 요리로 사치를 누릴 만한 여유가 있었고 실제로 그것에 마음껏 탐닉했다. 브레멘에서 1545년 처음 시작되어 매년 2월 선장들에게 경의를 표하고 교역 전반에 쓰일 자금을 모으는 공식 행사 '샤페르말차이트Schafferrmahlzeit'는 오늘날까지도 계속 이어지고 있다(상다리가 부러질 듯 차린 긴 테이블에 여성들은 합석이 허용되지 않았다가 2004년부터 일부 고위급 여성들에 한해 참석이 가능해졌고, 2020년부터는 모든 여성들에게 전면 개방되었다). 이때 빵과 버터는 단단한 치즈와 함께 나왔다. 레닛을 넣어 오랫동안 보관할 수 있는 치즈는 잉글랜드의 체셔, 플랑드르, 프리슬란트, 남부 프랑스, 북부 이탈리아뿐만 아니라 스위스의 에멘탈이나 그뤼에르에서 수레에 가득 실려 와 안트베르펜, 쾰른, 슈트라스부르크, 바젤 등지에서 거래되었다.

그보다 더 특권적인 식품은 마르치판Marzipan*이었다. 이즈음 한자동맹의 무역활동으로 널리 보급된 아몬드는 여유가 있으면 누구나 구입이 가능했는데, 독일에서 마르치판에 대한 최초의 기록은 1530년 뤼베크 길드가 만든 규정에서 발견되었다. 마르치판은 아랍에서 오랫동안 주요 음식이었고 영양가가 높다고 여겨졌다. 처음에는 약재상들에 의해 만들어져서 부유층 산모들에게 제공되었다(또 다른 아랍 유래 식품인 사탕수수 역시 처음에는 약재였으며 값이 아주 비쌌다). 토마스 아퀴나스Thomas Aquinas가 설탕을 입힌 향신료를 금식기간에도 먹을 수 있는 음식으로 인정하자 마르치판은 곧바로 값비싼 달콤한 간식이 되어 왕들에게 제공되었으며 약재상은 당과점糖菓店으로 대체되었다. 13세기 카탈루냐의 의사 아르날두스 데 빌라노바 Arnaldus de Vilanova가 마자판mazapan에 대해 최초로 언급했는데, 스페

---

* 설탕·달걀·밀가루·호두와 으깬 아몬드를 섞어 만든 과자.

20세기 중반 뤼베크의 니더레거 사에서 갖가지 과일 모양으로 만든 마르치판.

인의 톨레도에서 마사판mazapan, 프랑스에서는 마사팡massapan 혹은 마스팽massepain, 프로방스에서는 칼리송calisson, 이탈리아에서는 마르차파네marzapane가 되었다. 장미수나 오렌지꽃을 담근 물에 설탕에 절인 과일이나 달걀을 추가했으며, 아몬드가루와 혼합한 재료를 구리로 만든 용기에 담아 불 위에서 직접 굽든가 아니면 갖가지 모양으로 만들어 화덕에서 구운 다음 초콜릿이나 설탕을 입혔다. 이것은 다른 당과류와 함께 16세기 이후 독일 귀족들의 테이블을 장식했으며 높은 사회적 지위를 과시하는 데 없어서는 안 될 음식이 되었다.

마르치판은 독일 북부 해안에서 유래했지만 두 가지 구별되는 유형으로 발전했다. 오늘날의 일반적인 제조법은 아몬드와 설탕을 약 2대 1 비율로 섞은 후 장미수 같은 향이 있는 재료를 첨가하는 것이지만 정확한 비율은 대부분의 생산자들이 비밀에 부치고 있다. 뤼베크의 마르치판은 보통 다크초콜릿으로 덮는 반면 쾨니히스베르크의 마르치판은 전통적으로 오븐에서 갈색이 될 때까지 굽는다. 두 도시 모두 19세기 초반 이후 마르치판의 본거지가 되었다. 현재 독일에서 가장 권위 있는 마르치판 생산업자는 뤼베크에 소재한 가족기업 니더레거Niederegger 사인데, 500명이 넘는 직원들이 반죽을 전통적인 식빵 모양, 달걀 모양, 부활절 토끼 모양부터 온갖 종류의 과일과 채소 모양으로 만들어 구워낸다. 현재 러시아의 칼리닌그라드가 된 쾨니히스베르크의 마르치판도 젊고 활력이 넘치는 젊은 제당사가 공장을 세우면서 뤼베크와 비슷한 시기에 시작

니더레거 사의 마르지판.

했지만, 역사적 요인으로 인해 이곳의 전문가들은 독일 전역으로 퍼져나갔다. 쾨니히스베르크 스타일의 고급 마르치판은 뤼베크의 것과 상당히 달라서 베를린의 장인 기업 파울 발트Paul Wald 제품처럼 약간 더 촉촉하고 단맛이 덜하다. 이 외에도 프랑크푸르트의 베트멘헨Bethmännchen과 브렌텐Brenten, 만하임의 드레크Dreck 등이 지역의 별미 마르치판으로 꼽힌다. 크리스마스 시즌이 되면 코코아를 입힌 작은 공 모양으로 감자를 연상시키는 '마르치판카르토펠른Marzipankartoffeln'으로 판매된다.

    주변 강대국들, 특히 잉글랜드와 네덜란드가 부상하면서 한자동맹의 시대는 종말을 맞게 된다. 이 두 나라의 통치자들은 자신들의 세력권 내에서 독립적인 해상연맹이 활동을 펼치는 것에 특별히 호의적이지 않았다(이 상황은 30년전쟁*으로 악화되었다). 15세기 해적들의 급증도 동맹에 어려움을 더했다. 사실 이 문제는 예전에 극복했던 적이 있었다. 대기근 시대에는 유럽의 모든 해안지역에서 해적들이 활개를 쳤는데, 프랑스의 가스코뉴나 벨기에의 플랑드르 출신 해적들은 주요 항구들을 공격해 정박 중이던 선박까지 약탈하곤 했다. 1669년에 열린 한자동맹의 마지막 공식 회합에는 단 여덟 개 도시만 참가했다. 그렇지만 오늘날까지도 독일의 뤼베크, 함부르크, 브레멘, 로스토크 등은 스스로를 자랑스레 '한자동맹 도시

---

* 1618년부터 1648년까지 주로 독일 영토 내에서 벌어진 전쟁. 신교와 구교 간의 종교적 대립으로 시작되었지만 영토 확장 야망을 가진 군주들이 개입하면서 격화되어 중세가 완전히 끝나는 계기가 되었다.

Hansestädte'이라고 부른다.

한편 이탈리아와 그 너머 국가들과 거래한 남부 독일의 교역은 사치품에 집중되었다. 이 교역에 참여한 가문들 중 가장 성공적이었던 유명한 가문이 푸거 가문이었다. 이들은 1367년 아우크스부르크로 왔던 시골 출신 한 방직공의 후예였다. 그로부터 한 세기 남짓 후 푸거 가는 베네치아의 독일 상인 대표부인 폰다코 데이 테데스키에 자신들 소유의 사무소에 대한 공식 승인을 받았다. 중세의 다른 무역업자들과 마찬가지로, 그들 역시 너무 무겁거나 양이 많지 않은 상품 중에서 손쉽게 큰돈을 벌 수 있는 향신료의 잠재력을 인식하고 있었다. 그들을 유럽에서 가장 강력한 정치경제적 집단으로 부상시킨 상호의존적 연결망의 기반은 엄청난 규모의 거래량이었다. 그들은 교황의 개인적 사치품을 공급하고 면죄부 판매를 조직화하고, 교황청이 고용하는 스위스 근위병들에 대한 재정을 지원했으며, 동시에 합스부르크 가의 통치자들이 연이어 벌인 황실 전쟁에 필요한 비용을 대기도 했다(그들의 영향력은 종교개혁과 함께 끝이 났다. 황제와 교황 양측 모두에게 사치품을 공급하고 재정을 지원했다는 평판에 따라 양쪽으로부터 지지를 잃었기 때문이다).

푸거 가의 기업가 정신은 마젤란Ferdinand Magellan의 세계일주 항해에 대한 재정 지원으로까지 확대되었는데, 이 항해는 그때까지 향신료를 이해하고 사용하던 방식에 지대한 영향을 미친, 수익성이 대단히 높은 투자였다. 1500년부터 희망봉을 돌아 인도까지 항해하는 새로운 항로가 개척됨에 따라 운송비용이 낮아졌고, 베네치아인들은 가격 인하 압박에 대한 대응책으로 물량을 늘릴 수밖에 없었다. 무엇보다 후추 구입이 손쉬워지면서, 신분이 상승한 사람들 사이에서 향신료의 과시적 소비가 널리 확산되었다. 사용하는 향신료가 여전히 계층을 드러내는 표식이었음은 실제로 당시 문서들도 하위계층인 농민들은 후추가 아니라 양파, 마늘, 허브, 겨자 등만을 사용해야 한다고 설명한 것에서 알 수 있다. 하지만 이제는 누구나 이따금 수입 향신료를 살 수 있게 되었기 때문에 사용 빈도에 따라 사회계급이 드러났다. 사회적 하위계층은 특별한 경우에만 향신료를 소비했으며 일반적으로 금육기간 중에, 또한 여름보다는 겨울에 더 많이 소비했다.

향신료 사용이 육류의 부패를 방지하거나 변질된 맛을 감추기 위한 것이라는 주장은 오랫동안 부정되어왔다. 마찬가지로, 일부 주장처럼 향신료 교역의 번성이 반드시 향신료 소비의 세계화를 나타내는 것도 아니었다. 중세의 요리사들은 어떤 요리든 아무 향신료나 사용하지 않았다. 그들은 향신료와 음식의 조합에 대한 정확한 개념을 가지고 있었으며, 당시 부유층의 식탁이 세계적 성격을 띠었지만 지역적·국가적 선호도 중요한 역할을 했다. 이러한 측면에서 본다면 독일인들은 유행에 약간 뒤처져 있었던 것으로 보인다. 당시의 독일 레서피에서 향신료 종류는 스투프Stupp(분말), 게스투프Gestupp, 부어츠Wurcz(뿌리) 같은 단어로 뭉뚱그리는 경우가 다반사였다. 후추의 인기는 인접 국가들에 비해 훨씬 오랫동안 사그라지지 않았다(보다 '신식인' 남부 지방과 귀족들 사이에서는 인기가 덜했다). 이미 14세기 프랑스에서 후추는 피나 내장이 포함된 요리에 적당한 것으로 폄하되었다. 실제로 13세기 카탈루냐의 의사 아르날두스 데 빌라노바는 후추소스를 마늘과 같이 농부들이 쓰는 양념으로 간주했다. 같은 시대 프랑스의 레서피 모음집인 《비앙디에*Viandier*》에는 후추가 전혀 언급되지 않았으며, 이탈리아의 몇몇 저술에서는 공개적으로 후추를 '구식'이라고 명시했다. 프랑스에서는 생강이 훨씬 인기가 있었는데, 체액 이론에 의거해 가장 균형 잡힌 식품으로서 지나치게 뜨겁거나 차갑지 않아 소량의 생강은 거의 모든 식품과 어우러질 수 있었다. 생강과 계피를 섞으면 어떤 요리에도 사용할 수 있는 카멜린소스*sauce cameline*가 만들어졌다. 프랑스 요리의 영향력이 커지면서 독일 요리는 (폴란드 요리와 함께) 점차 시대에 뒤떨어진 것으로 여겨졌다.

독일에서 생강은 상대적으로 인기가 없었다. 여전히 지역에서 난 허브들이 널리 사용되고 있었으며 계피, 정향, 육두구 등 보다 '신식' 향신료들은 15세기 말까지도 별다른 관심을 끌지 못했다. 서유럽의 다른 어떤 나라보다 더 오랫동안, 단맛을 내는 데는 꿀이 가장 선호되었다. 14세기에는 이집트, 시칠리아, 로도스, 키프로스 등에서 수입된 사탕수수에서 생산한 설탕이 좀 더 중요하게 취급되었지만, 여전히 높은 가격 탓에 드물게 사용되면서 점차 약재 선반에서 향신료 찬장으로 넘어갔다. 그렇지만 1450년대에 아프리카 서쪽 해안의 카나리아제도와 마데이라에서 사탕수수 경작이 시작되자 설탕 값이 떨어지기 시작했고, 한 세기쯤 후 브라질과 카리브해에서 생산된 수입 설탕이 시장에 들어와 경쟁하자 가격이 급락했다. 이 무렵 단맛에 길든 잉글랜드인과 이탈리아인은 완전히 설탕에 빠져들었다. 이탈리아인들은 설탕을 계피에 섞어 과시하듯 완성된 음식에 뿌렸는데, 쌀 푸딩에 설탕과 계피를 얹어 먹는 오늘날의 독일인에게 친근한 습관이었다. 이는 18세기 초 북부 독일의 결혼식 피로연에서 먹던 것에서 유래한 것으로 초기 수수죽을 대체한 것이다. 잉글랜드에서는 사프란, 설탕, 생강을 선호했으며 계피에 대한 선호는 낮았다. 달고 짭짤한 요리를 좋아하는 잉글랜드인의 입맛은 과거 시칠리아까지 정복했던 노르만족에 정복당했던 역사적 사실과 관련이 있는데, 시칠리아에서는 오늘날에도 이런 맛을 즐긴다. 독일의 경우는 훨씬 단순하다. 후추가 가장 인기 있었던 이유는 값이 제일 싼 향신료였기 때문일까? 아니면 그 맛이 신경의 어떤 부분을 건드렸기 때문일까?[6]

아마도 모든 향신료 중 가장 값비싼 것이었을 사프란은 그와 달리 특별한 사례를 보여준다.

> 구우세, 빵을 구우세, 제빵사가 말했다네. 맛있는 케이크를 굽고 싶은 사람은 일곱 가지가 있어야 하지. 달걀과 라드, 버터와 소금, 우유와 밀가루, 사프란은 케이크를 노랗게 만든다네.

이것은 독일에서 유명한 동요의 가사인데 맛있는 케이크를 만들기 위해 필요한 일곱 가지 재료에 대한 이 노래는 19세기 초 튀링엔과 작센 지방에서 시작되었다고 일반적으로 알려졌다. 그런데 실제로 기록된 증거는 1460년까지 거슬러 올라가 뷔르템베르크 백작의 수석 주방장이던 장인 한스Hans의 레서피 모음집에 나타난다. 한스의 버전은 단지 케이크를 죽으로 대체한 부분만 차이가 난다.[7]

> 맛있는 죽을 원하는 사람은 일곱 가지 재료로 만들어야 한다. 우유, 소금, 라드, 설탕, 달걀, 밀가루가 있어야 하며, 사프란이 들어가면 노란색을 낼 수 있다.

서론에서부터 사프란을 언급한 것을 보면 그의 저서는 소수의 특권층 독자를 상대로 한 것이었음이 분명한데, 짙은 오렌지색의 가는 줄기는 모든 향신료 중 가장 비쌌다(이는 오늘날도 마찬가지다). 이 식물을 청동기시대 원산지였던 크레타섬에서 동쪽으로 메소포타미아, 인도 그리고 고대 그리스와 이집트로 퍼뜨린 사람들은 페니키아인들, 알렉산드로스 대왕Alexandros Ⅲ, 아랍인들이다. 달걀노른자나 벌꿀을 만나 더욱 강렬한 황금빛으로 빛나는 사프란은 정신을 고양시키는 눈부신 아름다움과 경이로움을 상징하는 것으로, 황제의 식탁에 올리는 수수한 애플케이크든 통째로 구워낸 공작요리든 어디에 올려도 좋았다. 사프란에서 얻을 수 있는 것이 더 있었다. 체액 이론에 따르면, 사프란은 뜨겁고 건조하기 때문에 차갑고 습한 생선을 요리할 때 자주 사용했다. 또한 전염병이 창궐한 시기에는 여유가 있는 사람이면 누구나 공기 정화에 사용했는데, 향처럼 태우거나 조그마한 주머니에 넣어 코에 덮어두는 식이었다. 사프란은 1150년 중세 고지 독일어로 쓰인 약전에 카페란caferân이라는 이름으로 처음 등장했다.

그런데 어떤 경로로 사프란처럼 이국적이고 값비싼 물건이 15세기 최고 주방장의 레서피 모음집에서 현대적인 동요로 탈바꿈했을까? 그 답은 사프란이 다른 이국적이고 희귀한 향신료와는 달리 중부와 서부 유럽에서 실제로 재배되었다는 사실에 있다. 실질적으로 사프란 재배지역은 10세기 이후 스페인에서 프랑스 남부와 이탈리아 토스카나와 아브루초 등으로 확대되었으며, 1150년 무렵부터는 서양에서 동양으로 수출되기까지 했다. 오늘날 '독일어권'에서 사프란은 스위스의 알프스 지역인 발레주 문트와 오스트리아 빈에서 그리 멀지 않은 바하우 지역뿐 아니라 오스트리아-헝가리 국경지대인 부르겐란트주 클링엔바흐에서도 재배된다. 놀라운 사실은 멀리 떨어진 신비한 곳에서 오는 것이 아닌데도 여전히 비싸고 고급이라는 점인데, 생산량이 워낙 적기 때문이다. 이 사실로 인해 사프란은 매력적인 투자대상이었다. 12세기와 13세기에는 담보나 지불수단으로 사용되는 경우도 빈번했고, 뇌물이나 보상금으로도 애용되었다. 독일에서는 뉘른베르크가 사프란의 주요 거래 장소였다. 시 운영위원회는 1420년(다른 기록에서는 1358년)에 사프란 시장을 개설했다. 단속 규정에는 다른 것과 섞지 않은 깨끗한 상품을 거래하기 위해 가짜 사프란 판매상을 화형에 처하거나 산 채로 매장하고,

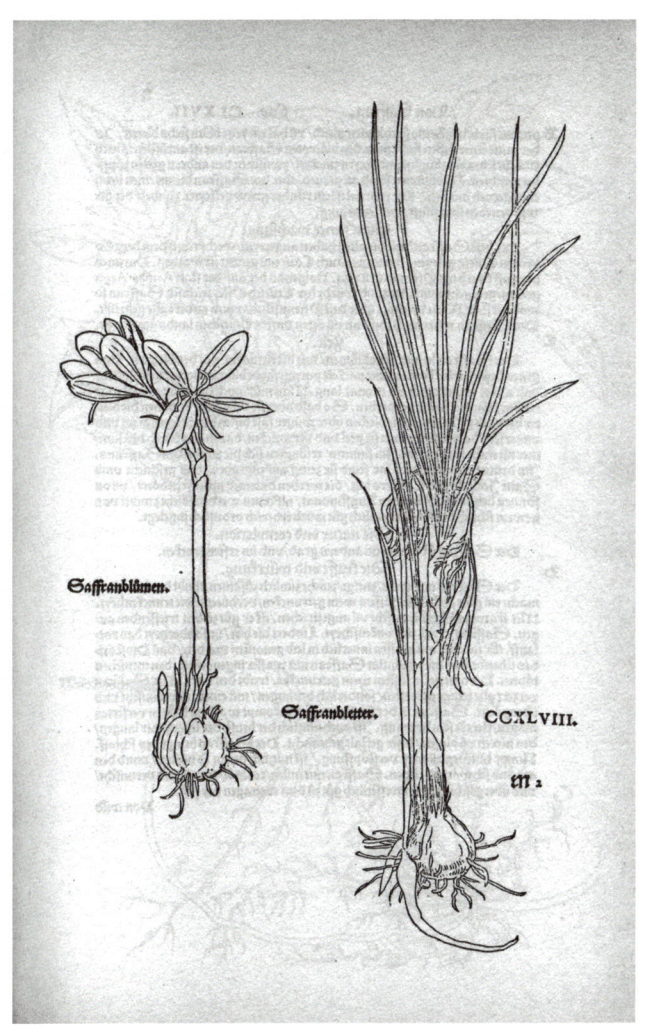

레온하르트 푹스Leonhart Fuchs, 《크로이터부흐Kreutterbuch》(바젤, 1543년)에 소개된 '사프란'. 푹스는 다음과 같이 적었다. "이제는 빈 주변에서 재배하는 게르만 오스트리아 사프란이 그 어떤 동방의 수입품보다도 비싸다. 사프란은 게르만 국가들 내 많은 장소에서도 재배하고 있다."

가짜 상품은 모두 없애버릴 것을 강제하는 내용이 있었다. 이 규정은 상인들뿐만 아니라 지역의 농부들에게도 똑같이 적용되었다. 사프란 재배는 농촌 작업 리듬에 잘 들어맞는 짤짤한 추가 수입원으로 발전했다. 10월 말 추수가 끝나면 농가 가족들은 함께 이 사프란 꽃을 따서 저녁시간이면 테이블에 모여앉아 꽃잎과 암술머리를 분리하곤 했다. 이 작업이 그토록 지루했던 만큼 1그램도 귀했기 때문에 극히 소량만 일부 요리나 일요일에 굽는 케이크에 넣었을 것이다. 거기서 그 동요가 생겨난 것이다.[8]

사프란은 쾰른의 시장에서도 구할 수 있었다. 쾰른은 북부의 버터빵 지역과 남부의 이탈리아 식문화 사이에 위치한 당시 세 번째로 큰 독일 식품 거래 중심지였다. 또한 거주민이 약 4만 명에 달하는 중세 독일에서 가장 큰 도시였다. 로마인은 쾰른을 떠나지 않고 오히려 프랑크족에 성공적으로 융화된 터였다. 운명적으로 교역에 유리한 입지를 갖춘 쾰른은 한자동맹의 전성기에는 무역 중심지로서 뤼베크를 위협하는 유일한 경쟁 도시로 자신의 이익만을 추구하는 일이 빈번했다. 이곳에서 북부와 남부의 영향력과 상품들이 만나 여전히 로마 전통에 한 발을 담그고 있는 듯한 놀랍고도 복잡한 혼합체를 형성했다.

봉건 영주들의 권력은 그들의 땅을 경작하는 소작농들에 대한 착취에 기반을 두었던 반면 도시의 계급 사이에서는 전문 기술과 돈이 사회적 위계의 새로운 기반이 되었다. 마을과 도시들은 적극적으로 정치적 독립을 추구하면서 마을 고유의 권리선언문을 선포하고 시골에 비해 더 많은 개인적 자유와 잠재적 계층이동성을 제공했다. 견습공과 일용 노동자와 거지와 하인을 제외한 모든 사람들은 공적 업무에 참여할 수 있었고 도시의 모든 소송이 벌어지는 시 법정에서 평등하게 대우받았다. "도시의 공기가 너희를 자유롭게 하리라Stadtluft macht frei"라는 말은 중세의 농노가 도시에서 일 년하고 하루를 지내고 나면 자유인으로 간주되었다는 사실에 기인한다. 도시의 상류층은 장거리 교역에 관여하는 귀족들로 구성되었지만, 중간 계층을 이루는 상인들과 수공업자들은 대가족 구조나 수직적 봉건체제 대신 수평적 연대를 바탕으로 한 길드로 조직되었다. 1272년 베를린에서 결성된 제빵사들의 길드는 가입을 원하는 사람들에게 시험 삼아 빵을 구워보게 했으며, 빵에 대한 정가제를 도입했다.

교역의 중심으로서 도시들은 품질 관리에 대한 책임을 지고 있었다. 당시 불순물이 섞인 음식이나 가짜 식품에 대한 불평이 많았던 것은 낮은 품질이 아니라 높은 기대감을 나타낼 가능성이 높다. 식품 교역은 엄밀히 규제되고 감시되었다. 사프란의 예에서처럼, 도시의 법률체계는 의심이 가는 상품의 몰수와 폐기에서부터 범법자의 사지 절단이나 심지어 사형에 이르기까지 매우 엄격한 처벌을 부과했다.

쾰른의 중요성은 도시의 크기뿐 아니라 라인강이 이탈리아와 남부 독일부터 네덜란드와 잉글랜드까지 유럽의 남북을 잇는 가장 중요한 교역로였다는 사실에서 비롯되었다. 이 중요성은 11세기 무렴 쾰른에서 세 건의 대규모 무역박람회가 열렸다는 사실로 더욱 분명해진다. 1259년 대주교에 의해 특권으로 부여된 상품하역권 Stapelrecht에 따라 쾰른을 통과하는 모든 상인들은 상품에 대한 현지 검사에 응해야만 했고 사흘간 판매를 허락받았다. 이를 통해 지극히 다양한 최고 품질의 상품들이 유입됨으로써 쾰른의 경제발전에 크게 기여했다. 또한 인근 지역의 소도시들에 상품을 공급해주는 시장이 되었을 뿐만 아니라 이베리아반도로부터 도나우강 인근까지, 발트해와 슐레지엔에서 로마까지 아우르는 광범위한 교역망을 구축했다.

　쾰른은 섬유, 금속가공품, 가죽, 모피 등으로도 널리 알려졌지만, 식품과 와인의 교역 역시 주도하고 있었는데, 특히 라인강 상류 유역의 계곡에서 생산한 와인과 북부 해안지대에서 잡은 생선 교역에 특화되었다. 생선의 도소매시장은 일찌감치 분리되어 발전했다. 쾰른 자체 생선 수요에 대해 공급을 하는 한편 남부 독일 전역을 대상으로 한 어획물 유통 중개업자 역할을 했다. 쉽게 상하는 식품의 교역은 공정한 가격과 최상의 상태로 수송을 보장하기 위해 고도의 규제가 가해졌다. 이를 위해 전문가의 감시가 필요했다. 1492년 쾰른이 뤼베크에 청어를 담은 작은 나무통에 대해 불평하면서 올바른 표준 규격 도입을 요구한 기록이 남아 있다. 쾰른의 대규모 수산물 거래는 네덜란드와 이루어졌다. 상인들은 청어를 구매하기 위해 빈번히 네덜란드 해안까지 갔을 뿐 아니라 판매를 위해 뉘른베르크, 슈파이어, 슈트라스부르크 같은 남부 독일까지 가곤 했다. 상인

쾰른시 지도, 1575년.

들은 종종 하인을 대리인으로 내세우기도 했는데, 그들은 여러 고객을 대신해 상품을 구매하는 역할을 하는 중간상인들과도 거래를 했다. 판매자를 대신해 일하는 비르트Wirte, 즉 숙박업소 주인들이 하는 역할과 같았다. 비르트는 교역 상대가 도시에 들어오면 숙박을 제공했지만, 남부와 북부 상인을 동시에 받는 것은 허락되지 않았다. 고객들끼리 직거래가 허용되지 않았기 때문이다. 전반적으로 신속한 교역 과정과 비용 절감을 위해 모든 것을 단순화·표준화하는 경향이 있었다. 오늘날과 마찬가지로 가능한 한 최대의 이익을 남기는 것이 최종 목표였다.

소금에 절인 청어나 말린 대구, 가자미, 해덕*, 철갑상어, 가오리, 바다빙어 등 연안 어류 이외에도, 연어, 강꼬치고기, 잉어 등 라인강에서 잡히는 민물고기들이 있었다. 대부분의 생선은 소금에 절여 적절한 맛과 급격한 부패 사이의 미묘한 균형을 유지했다. 수송은 주로 라인강을 통해 이루어졌는데, 역풍을 만나거나 항로 상태가 나쁘면 지연되곤 했다. 때때로 홍수가 발생하면 상품을 속도가 훨씬 느린 육로로 수송하는 수밖에 없었다. 봉건 영주들을 위해 육로 수송을 맡았던 전직 소작농들이 상인들에게도 같은 서비스를 제공했다. 일단 쾰른에 도착하면 물고기를 운반하는 선박들은 생선집하장 반대쪽 하역용 크레인이 설치된 안벽에 정박했다. 1420년대에 만들어진 이 시설들은 공동으로 사용하는 대형 저울과 도매상들이 임대할 수 있는 저장실 등을 갖추고 있었다. 신선한 생선의 소매 거래는 전문적인 생선장수Fischmenger(영어에서도 독일어와 비슷한 fishmonger가 쓰였는데, 오늘날에는 영어 단어만 살아남았다)들이 맡았다. 라인강이나 도시의 해자垓字**에서 직접 잡은 생선을 지역 시장에 내다 파는 어부들도 있었다. 높이 평가받던 '녹색 연어'나 신선한 연어의 경우 해당지역 이외의 구매자들에게도 일정 비율 돌아갔지만 쾰른 시민들의 금식기간에 대비해 적정 공급량을 보장하기 위해 시의회에서 물량을 제한했다. 신선한 생선 가격은 일반적으로 시의회에서 가격을 정해 놓았다. 1396년 생선장수들이 직접 정치적 단

* 대구와 비슷하지만 좀 더 작은 바다생선.
** (중세) 성 주위에 둘러 판 못.

체를 조직했을 때, 시의회는 경제적으로 보다 독립적인 길드가 아니라, 협회 구성만 허가해주었다. 이는 (제빵사들과 도축업자들과 마찬가지로) 의회가 필수 식품에 대해 직접적인 통제를 유지하기 위해서였다.

생선시장의 활동에 대해서는 12세기 이후부터 기록이 있다. 신선한 생선, 말린 생선, 훈제 생선, 소금에 절인 생선, 말려서 훈제한 청어 뷔클링 등 상품의 종류별로 판매자들에게 따로 장소를 할당해 공식적으로 규제했으며, 최고급 품목으로 취급되던 연어 판매자에게는 별도의 장소가 주어졌다. 신선한 민물고기는 멀리 네덜란드의 강에서부터 배에 설치된 수조에 넣어 가져오는 경우가 대부분이었다. 이러한 생선들은 팔기 직전에 잡아 여덟 토막을 냈는데, 갓 잡은 물고기라는 의미인 '크림프살름Krimpsalm'은 맛이 뛰어나서 이미 '죽어' 근육이 풀려버린 것에 비해 선호도가 높았다. 여름이나 가을에 잡은 연어와 색이 더 진하고 살이 많은 겨울 연어 또한 구분되었다. 뿐만 아니라 나무통에 든 염장 연어도 구입이 가능했다. (오늘날의 훈제 연어와 약간의 연관이 있다). 16세기 초반 이후부터는 미리 소금에 절였던 연어를 훈제하기도 했다. 물론 훨씬 비싼 보존방식이었다.

1335년 베네치아, 롬바르디아, 뉘른베르크 등지에서는 쾰른 시민들에게 소매 판매를 금지했다는 증언을 보면 쾰른은 향신료 교역에서도 강력한 힘을 과시했다. 생강, 후추, 계피는 50파운드 이상, 사프란은 3파운드 이상만 가능했고, 계피의 꽃봉오리나 육두구 같은 희귀한 향신료만 예외를 두어 최소 물량 제한을 적용하지 않았다. 1390년 이후 향신료 판매 물량이 증가하자 일종의 소비세인 '옥트로이octroi'가 부과되었는데, 그 이전까지는 계량 비용을 높게 책정하는 형태로 간접세만 부과했다. 옥트로이 납부 내역은 다양한 향신료 거래 양상을 살펴보게 해주고, 각 향신료의 물량과 각각의 거래에 관여한 상인의 인원 등에 대한 구체적인 정보를 제공한다. 15세기 중반에 가장 많은 상인들이 관여한 거래 품목은 생강이었다. 생강은 뿌리 전체를 말려서 판매했을 뿐만 아니라 (이보다 훨씬 귀하기는 했지만) 신선한 '녹색' 생강도 구할 수 있었으며, 마킨Mackin 혹은 메킨maeckijn/metkin이라고 알려진 값싼 변종들과 갈랑갈도 거래되었다. 전체 교역 물량은 일 년에 대략 4.25톤에 달했지만, 당시에는 자루, 포대, 더미 등 다양한 측정 단위를 사용했기 때문에 정확한 물량을 계산하기는 대단히 어렵다. 후추는 향이 강한 필발(후춧과의 풀)이나 후추천Pfeffertuch을 포함하여 연간 약 6.5톤이 팔렸다. 거친 모슬린 천에 후추가 듬뿍 배게 만든 후추천은 반죽이나 죽, 수프에 후추의 향미를 더하는 데 사용되었다.

   설탕은 정제해 덩어리나 당밀, 흑설탕, 얼음사탕 등의 형태로 판매되었다. 14세기 말엽까지도 정제된 설탕은 여전히 생강이나 후추보다 훨씬 비싸 설탕 덩어리 1파운드가 벌꿀 16리터보다 비쌌다. 그럼에도 설탕 판매량은 15세기 내내 꾸준히 증가했으며, 1450년대 쾰른 출신의 몇몇 상인이 설탕 생산지인 팔마*의 정제소에 상업

---

*   스페인령 마요르카섬에 소재한 항구 도시.

적으로 개입함으로써 비로소 설탕 값이 생강이나 후추 값보다 낮아졌다.

쾰른에서 거래된 또 다른 향신료에는 사프란, 육두구, 정향, (때때로 카르다몸과 혼동되었던) 그레인오브파라다이스grains of paradise*, 고수, 아몬드 등이 있었다. 캐러웨이 씨앗은 대부분 남부 유럽에서 왔다. 양파와 마늘 씨앗(그리고 훗날 순무 씨앗)은 라인가우, 보름스 인근, 슈파이어, 슈트라스부르크 등지에서 향신료로 사용하기 위해 재배되었으며, 쾰른이 북서부 유럽 대부분의 지역에 대한 공급을 담당했다. 아니스 씨와 월계수 잎은 그루트 맥주Grutbier·그루트 에일에 향미를 더하기 위해 사용되었으며, 홉에 의해 널리 대체된 1450년대까지는 지속적으로 거래되었다. 감초는 이탈리아, 스페인, 프랑스 남부, 러시아 남부 등지에서 수입되었다. 겨자가루로 추정되는 후추의 값싼 대체품인 '후추밀가루'도 인기를 얻기 시작했다.

1470년 이후 쾰른의 향신료 교역은 주로 현지 상인들에 의해 이루어졌는데, 그들 중 남부 유럽과의 거래를 전문으로 하는 한 소규모 그룹은 베네치아를 포함한 지중해의 항구에서 동방의 상품을 직접 구입했다. 이베리아반도를 우회하는 해상 수송의 위험성 때문에 은행이나 보험 사업도 발달했다. 쾰른의 정치, 사회, 경제적 엘리트 계층을 구성한 개인이나 가문에는 헤르만 폰 고흐Hermann von Goch 같은 부유한 상인도 포함되었다. 금융가이자 사업가인 그의 식솔들

---

* 서아프리카가 원산인 생강과 나무 기니아의 붉은 열매에 든 갈색 씨.

의 지출 내역은 당시 지배적이었던 식습관에 대해 많은 것을 드러낸다.

1391년 1월부터 1394년 10월까지의 기록을 보면, 쾰른에 살고 있던 헤르만 폰 고흐의 식솔은 아홉 명의 자녀와 손주 여럿, 일하는 사람들과 손님들을 포함해 모두 24명에서 36명 사이였다. 식품 내역에는 고흐 가문의 정원과 사유지로부터 조달된 곡물과 맥주뿐 아니라 구매한 육류, 유제품, 채소, 과일 등이 확실히 포함되었다. 그럼에도 식음료 비용은 가계 지출 중 가장 많아 전체의 절반이 조금 넘었다. 육류와 생선에는 거의 같은 비용이 소요되었고, 빵은 모든 곡물 중 가장 비싼 밀가루로 만든 것만 주로 먹었는데도 육류나 생선 비용의 5분의 1에 불과했다.

고흐 일가의 주방은 요리사 한 명과 조수 한 명, 그리고 젊은 견습생이 담당했는데, 가장 중요한 식사는 정오 무렵에 나왔다. 특별한 축제기간이나 연회에서 남은 음식들도 유용하게 쓰였다. 모든 종류의 도기 냄비, 항아리, 주전자와 함께 나무통, 스푼, 나이프, 다수의 백랍 접시 등의 구입비로 판단할 때, 주방 설비가 잘 갖춰졌던 것으로 보인다. 식품은 일요일 날까지도 거의 매일 신선한 것을 사들였다. 당시의 제빵사는 빵 이외에도 케이크와 갖가지 페이스트리를 만들었는데, 고흐 가의 주방에서는 제빵사에게 직접 보수를 주고 파이를 굽게 했다. 그들 일가가 육류에 지출하는 비용 중 가장 큰 몫인 소고기는 일 년 내내 언제라도 살 수 있었는데, 이는 15세기의 일반적인 추세가 되었다. 이 일가가 육류에 지출한 비용 중 4

분의 1 정도는 축제기간에 대비해서 사들인 작은 닭이나 거세한 수탉을 사들이는 데 쓰였다. 생선 구매 품목은 다양했는데 금식기간 육류 대체용치고는 너무 많다는 점은 분명하다. 건어물의 양은 미미했지만, 대량으로 소비하던 청어는 나무통째로 사들였다. 한 통에 약 1,000마리가 들어 있는데도 이 일가는 사순절 기간에 2주도 지나지 않아 한 통씩 소비했다. 그 밖에도 라인강에서 잡은 강꼬치고기와 연어(인기 있는 선물이었다)도 소비했는데, 같은 날 대여섯 종을 사들이는 일이 빈번했다. 생선 구입비의 4분의 1을 약간 상회하는 정도가 주로 소금, 생강, 사프란, 후추, 정제된 설탕 등 조미료 구입에 쓰였으며, 때때로 쌀과 같은 소량의 사치품이 목록에 등장하기도 했다. 계피, 아몬드, 정향, 메이스, 육두구, 캐러웨이 씨앗, 양파, 딜, 파슬리, 파슬리 뿌리, 골파, 당밀, 꿀은 이따금 구입했던 것과 대조적으로 겨자는 일주일에 서너 번씩 구입했다. 반면 채소류 목록은 더욱 제한적이었다. 이는 채소의 대부분을 가족 소유의 정원에서 재배했기 때문이라고 설명된다. 양배추만은 신선한 것뿐 아니라 소금에 절인 것도 자주 구입했다(이를 통해 양배추는 자체 생산량보다 훨씬 많은 양을 소비한 중요한 음식이었음을 알 수 있다). 말린 완두콩, 신선한 순무, 콩 역시 기록에 나타나 있다. 정원에서 신선한 과일을 얻을 수 있었지만 건포도, 말린 무화과와 말린 사과 등 수입 건과일이나 주로 라인강 유역과 모젤 같은 따뜻한 지역에서 수입되던 철이른 딸기나 체리 역시 가끔 구입했다.

주된 음료는 와인이었다. 대부분은 특정 산지나 포도 종류가 명시되어 있지 않지만 향료를 첨가한 클라레claret나 밀짚 와인이라는 뜻의 스트로빈strowin 같은 특산품도 포함되었다. 스트로빈은 포도를 압착하기 전에 먼저 짚단 위에서 건조해 당도를 높인 와인이다. 맥주에 대한 지출은 상대적으로 매우 적었는데, 전반적으로 이 일가는 쾰른에서 가장 부유한 주민들만 가능했던 호화판 식단을 유지했다. 13세기 이후 시의회는 결혼, 세례, 장례와 여타 가족행사에 지출 상한을 두는 사치금지법을 제정하는 것이 자신들의 의무라고 느꼈다. 그렇지만 이 법은 거의 지켜지지 않은 듯 보이며, 상당수의 부유한 가정들은 벌금을 내는 것을 선호했던 듯하다.9

공식 행사나 축제 등의 경우, 호사스러운 식사는 쾰른에서만이 아니라 일반적으로도 관행으로 여겨졌다. 먹을 수 있는 양보다 훨씬 많은 음식을 식탁에 차려놓는 것이 예의여서 손님들은 계속해서 더 먹으라는 권유를 받았는데, 이로 인해 이탈리아 여행객들이 무척 당혹스러워했다.10 이런 상황을 전설적인 '게으름뱅이의 천국 Schlaraffenland'에 연관짓고 싶은 유혹을 느낀다. '게으름뱅이의 천국'은 남부 독일의 수도원에서 발견된 11~13세기 티롤* 지방의 시가 모음집인 《카르미나 부라나Carmina Burana》에 처음 등장했다. 1494년 제바스티안 브란트Sebastian Brant가 《바보들의 배Narrenschiff》라는 책을 발표하자 젖과 꿀이 (그리고 와인이) 흐르는 신화 속의 이 땅은 대중의 상상력을 널리 사로잡았다. 이 책의 묘사에 따르면, 집들은 케이

* 현재 오스트리아 서부의 주로, 북쪽은 독일, 남쪽은 이탈리아와 인접해 있다.

크로 만들어졌고, 길거리에는 자갈 대신 치즈가 깔려 있으며, 구운 비둘기가 사람들의 입으로 날아들고, 통째로 구운 돼지가 편리하게도 나이프를 등에 꽂은 채 달려온다. 한마디로 이 땅은 모든 사람들이 즐겁게 지내는 것을 최고의 성취로 생각하며, 일을 하거나 부지런한 것은 궁극적 죄악으로 여기는 곳이다.

'게으름뱅이의 천국' 이야기는 독일의 신화 속에 확고하게 자리 잡았다. 이 이야기는 1530년대 뉘른베르크의 시인이자 최고의 가수였던 한스 작스Hans Sachs에 의해 전승되었으며, 훗날 그림 형제Jakob Grimm, Wilhelm Grimm의 19세기 초 동화모음집에 다시 나타난다(이 역시 성배 전설을 '마법의 식탁Tischlein deck dich' 형태로 전승한 것이다). 이 신

피터르 브뤼헐, 〈게으름뱅이의 천국〉(1567)

화에 숨겨진 의미는 다양하게 해석할 수 있는데, 힘든 노동과 박탈감과 기아를 피할 수 없던 시대의 희망사항이었거나, 다수의 수도원에서 행해졌던 호사스러운 삶에 대한 사회적 비판, 또는 네덜란드 풍속화가인 피터르 브뤼헐Pieter Breughel이 1567년에 그린 〈게으름뱅이의 천국〉에서 표현된 바와 같이 탐욕스러운 미식에 대한 경고였을 것이다. 브뤼헐의 그림은 식탁의 풍성함에도 불구하고 분명

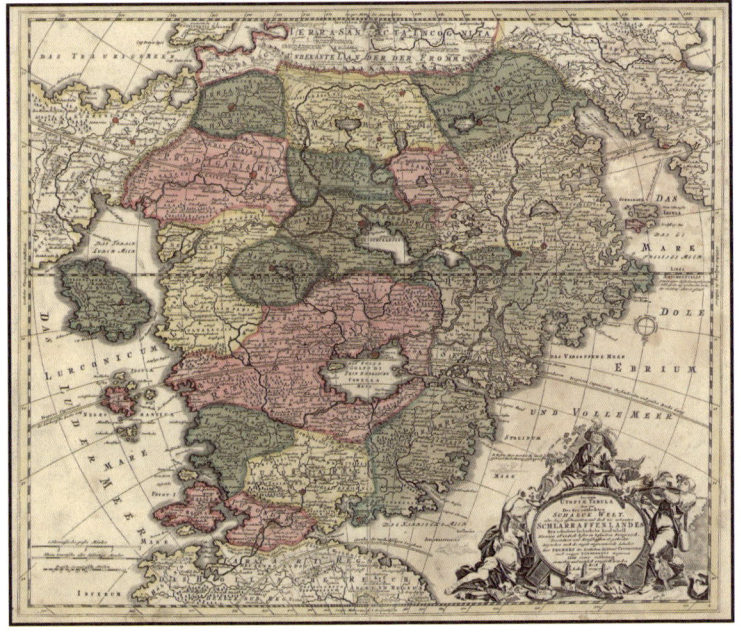

요한 밥티스트 호만Johann Baptist Homann, 《게으름뱅이의 천국-정확한 지도》, 마테우스 소이터Matthäus Seutter 출판(아우크스부르크, 1730년). 모든 지명은 먹고 마시고 즐기는 것과 관련된 설명 또는 인용이다.

행복한 상태를 묘사하고 있지 않다.

게으름뱅이의 천국에 대한 또 다른 버전은 《여우 라이네케Reynke de Vos》에서 찾아볼 수 있는데, 이 책은 1498년 뤼베크에서 중세 저지 독일어판으로 출판된 교훈적인 풍자 우화집으로 그 기원은 고대 그리스의 이솝 우화까지 거슬러 올라갈 수 있다. 이 책에서 재능이 많지만 야비한 거짓말쟁이에 사기꾼인 주인공 여우가 자기 아내에게 동굴을 떠나 무엇이든지 가질 수 있는 게으름뱅이들의 천국으로 도망가서 멋지고 새로운 삶을 시작하자고 꼬드긴다. "닭, 거위, 집토끼, 산토끼가 있고 대추야자, 설탕, 무화과, 건포도가 널려 있어. 게다가 크고 작은 새들이 있고 달걀과 버터를 넣고 구운 빵도 있어. 물마저 맑고 깨끗하고 맛있어. 아, 공기는 또 얼마나 달콤한지! 물고기가 있는데⋯ 맛이 건포도보다도 좋다니까." 그렇지만, 여우의 아내는 거짓말쟁이 남편을 너무 잘 알기에 그런 허황된 약속에 넘어가지 않는다.[11]

호화로운 메뉴와 함께, 식품 선물은 복잡한 사회적 예절을 표하는 또 다른 형태였다. 모든 종류의 식품을 선물로 줄 수 있었지만, 모든 것을 제대로 실행하기는 까다로울 수도 있었다. 음식의 선택은 상황이나 주는 사람과 받는 사람의 사회적 지위에 부합해야만 했다. 1472년 브란덴부르크 선제후 알브레히트 3세Albrecht가 2년 전 형으로부터 물려 받은 브란덴부르크 영지를 방문했을 때, 지역 귀족들은 잘츠베델에서 새로운 통치자를 행렬을 지어 환영하고 선물하는 것으로 경의를 표했다. 선물에는 귀리, 생선, 갓 도축한 양 네 마리와 현지에서 생산된 상당량의 맥주가 포함되었는데, 이 모든 음식은 여행기간 동안 손님들을 대접할 작정인 게 분명했다. 그렇지만 그 선물들이 적합하지 않다고 여긴 선제후는 받기를 거절했는데, 그에게 익숙한 사치스러운 음식이 아니라 일상적인 음식이었으며 그가 음식이 절실히 필요하다는 사실을 드러내는 것이었기 때문이다. 그는 심지어 선물을 가져온 하인들에게 일반적 관례였던 사례금을 주지 않음으로써 그들을 홀대했다. 받는 사람의 신분이 별로 높지 않을 때는 만족시키기가 훨씬 쉬웠는데, 1493년 1월 힐데스하임에서 선출된 시장은 선제후와 같은 문제를 겪지 않았다. 시민들이 준비한 것은 향신료를 넣은 포도주 1쇼펜Schoppen(약 2분의 1 리터), 클라레 17쇼펜, 맘지 포도주 5쇼펜, 일반 포도주 105쇼펜과 아인베크 맥주 한 통과 함께 황소 반 마리, 양고기 7쿼터*, 닭 33마리, 다마사슴 두 마리와 일부 부위, 산토끼 일곱 마리, 8파운드 2실링어치의 생선, 신선한 버터, 6실링어치 흰 빵, 잉글랜드산 치즈, 공작 두 마리, 생강 5파운드, '정말 소량'의 아몬드 설탕, 당과류 약간, 가루약에 시럽이나 꿀을 섞은 연질 약 1파운드, 생강과자, 그리고 금반지 하나, 은제 사발 하나와 약간의 돈이었다.[12] 음식 선물의 상징적 의미는 매우 컸다. 쾰른의 상인 헤르만 폰 고흐의 경우도 그가 횡령과 음모 혐의로 두 번 짧게 수감되었을 때 사냥물(그가 집에서는 먹지 않던 고기)을 여러 차례 선물로 받았다. 선의를 가진 친구들이

---

* 양이나 소, 돼지 등을 도축한 후 균등한 무게로 나누어 사지를 하나씩 포함하는 네 개의 덩어리로 판매했기 때문에 생긴 단위다. 즉 1쿼터는 4분의 1마리.

연대감을 드러내기 위해 의도적으로 보낸 것이었다.

독일이 11세기부터 시작한 동쪽 지역 식민지화에 성공한 이후, 엘베강 동쪽 지역에서 경작된 곡물이 노르웨이, 저지대 국가들*, 플랑드르, 프랑스와 영국 등 유럽의 광범위한 지역에 공급되었다. 하지만 초기와는 대조적으로 점차 교역 시스템이 탄력적으로 작용했다. 이 지역의 작황이 나쁜 해에는 수입이 반대 방향으로도 이루어져, 1389년에는 프로이센이 잉글랜드로부터 곡물을 사들였다. 이 지역에서 생산된 곡물 중 상당량이 지역적 기호와 무관하게 독일 식단에서 필수적이었던 맥주를 빚는 데 사용되었다. 당시 와인을 생산하지 않는 지역에서 1인당 연간 평균 맥주 소비량은 300리터에 달했다(오늘날 독일의 평균 약 111리터에 비교하면 엄청난 양이다).[13] 한자동맹은 홉의 재배와 활용 기술을 슬라브족에게서 전수받은 것이 틀림없다. 발트해의 도시 비스마르와 로스토크의 장부에 13세기의 홉 재배 기록이 남아 있다. 북부 도시들은 맥주로 유명세를 타기 시작했는데, 1350년 함부르크 한 곳에서만 2,400만 리터가 생산되었다. 런던이나 벨기에의 브뤼헤 같은 도시로 맥주가 수출된 것은 처음에는 독일 상인들에게 그들 입맛에 익숙한 맥주를 충분히 공급하기 위해서였다. 니더작센 남부의 한자동맹 도시인 아인베크는 아인포이키셴Ainpoickischen으로 알려진 도수가 높은 맥주로 유명했는데, 이 맥주는 축제와 관련해 자주 언급되면서 독일 남부 지역의 맥

---

*　네덜란드와 벨기에.

주 맛에 영향을 미쳤던 것으로 추정된다. 이것을 모방한 보크비어 Bockbier는 아인베크 출신의 양조업자가 직접 뮌헨에 양조장을 차려 빚었을 가능성이 높다.[14]

1516년 잉골슈타트시에서 제정된 바이에른의 맥주법인 순수령, 즉 '라인하이츠게보트 Reinheitsgebot'는 지금까지도 독일에서 통용되는 식품 관련 법령 중 가장 오래된 것으로 인용되고 있지만, 실상은 이 법령이 얼마나 지속적으로 시행되었는지도 불확실할 뿐 아니라 그 이전에도 맥주 관련 많은 법령이 이미 만들어져 있었다. 맥주를 만드는 재료를 보리와 홉과 물로 제한한(동시에 가격을 규제한) 조치는 경제적으로 일리가 있었다. 중세의 맥주는 종류가 엄청나게 많은데다, 주조할 때 온갖 종류의 곡물을 사용하고 맛을 더하기 위해 다양한 과일과 허브를 사용했기 때문이다. 그루트 맥주는 일반 가정을 포함해 어디에서나 제조할 수 있었지만, 눈이 멀거나 심지어 죽기까지 하는 심각한 부작용이 뒤따랐고,* 홉을 사용한 맥주와는 달리 세금을 부과하는 중요한 상품으로 보기에는 지나치게 불안정했다.

튀링엔과 작센 지방은 13세기 후반 이후 홉 재배로 이름을 알리

* 원래 맥주도 다른 음료와 마찬가지로 수도원의 전유물이었지만 13세기 교황의 허가를 얻어 민간에서도 제조하기 시작했다. 이 민간의 맥주를 고품질의 수도원 맥주인 트라피스트 맥주 Trappist Bier와 구분해 '저속한' 맥주라는 의미인 그루트 맥주라고 불렀다. 이 그루트 맥주를 만들면서 중독성을 높이기 위해 도수를 높이고 온갖 첨가물을 넣었는데, 독초 등을 사용하는 경우가 있어 피해가 속출했다.

기 시작했으며, 16세기 무렵에는 수많은 도시들이 자체 주조장을 보유했다. 수출 기회도 확대되었다. 1435년 쾰른의 연대기 작가가 기록한 바에 따르면, 그해 5월 지독한 서리가 내린 다음 와인 값이 치솟는 바람에 쾰른의 술집 중 단 한 곳에서만 와인을 팔았다. 바로 이때 네덜란드인들이 홉을 넣은 맥주를 쾰른으로 수출하기 시작했다. 쾰른에서는 아직도 그루트 맥주가 보편적이었는데 이것은 토탄을 넣어 매캐한 맛이 돌았다. 쾰른 시민들은 이 맛을 좋아했던 것으로 보인다. 전에는 와인 애호가였던 사람들이 이 도시를 맥주의 본거지로 바꾸어놓았으며 오늘날까지 유지되고 있다. 이듬해에는 포도가 풍작이 들어 다시 포도주도 넘쳐났지만, 일상 음료 중 상당한 비율이 홉이 들어간 맥주로 대체되었다. 그루트 맥주로부터 홉 맥주로의 전환은 서서히 이루어졌지만, 마침내 쾰른 특유의 맥주가 주조되어 쾰른산이라는 의미의 쾰쉬Kölsch으로 불렸고, 오늘날까지 라인란트에서는 가장 높은 명성을 얻고 있다. 15세기 말엽에 이르러 쾰른은 와인 거래보다 맥주 거래에서 더 많은 세수를 거둬들였다.

오늘날 독일 특정 지역의 전형적인 모습인 가파른 비탈에 위치한 포도원은 로마시대나 중세 초기까지 거슬러 올라간다. 라인강변 뤼데스하임의 포도농장이나 앞서 언급한 카를 대제에 의해 처음 만들어진 요하니스베르크의 농장이 확실한 예다. 그렇지만 996년에 기록된 초기 독일 포도밭이 있던 곳 중에는 북부 지역의 힐데스하임도 포함되어 있는데, 오늘날 이곳에서는 포도가 재배되지 않는다. 한때는 베스트팔렌부터 프로이센과 슐레지엔까지 북부 독일 전역에 걸쳐 있던 포도원의 대부분은 시토 수도회 소속 수도사들이나 토지 소유주였던 귀족들이 경작했었다. 기독교가 전파되면서 12세기 중반 무렵에는 포메라니아*까지 올라갔으며, 1226년에는 단치히** 인근의 수도원에서도 포도밭이 언급되었다. 오늘날까지 지속되는 차이점이라면, 날씨가 포도 재배에 더 적합해 와인 생산력이 풍부했다는 역사적 기록이 있는 지역에서는 모든 계층이 와인을 마셨다는 사실이다. 마시는 와인의 품질은 달랐지만 말이다. 이와 대조적으로 북부 지역에서는 이 발효된 포도즙이 교회의 의식에 필수로 여겨졌고, 지배계급이나 특별한 행사 때에만 누릴 수 있는 사치품으로 간주되었기 때문에 일상적인 음료인 맥주를 대체하지는 못했다.[15]

1437년 엄청난 피해를 가져온 서리가 또다시 덮쳐 남부에서 포도 재배가 자취를 감추었다. 그러다가 16세기 무렵에는 와인 이름에 포도의 품종까지 명시하기 시작했다. 그 이전까지는 알자스산, 라인와인, 네카와인 등으로 생산지만 명기되었다. 또한 대부분의 경우 좋은 와인과 나쁜 와인을 구분하기 위해 프랑크식 와인인지 아니면 훈식 와인(라틴어로 후오니쿰huonicum이라고 불렸는데 이는 고대의 포도 품종인 휴니시heunisch로 만든 것을 의미했다)인지를 명시했다. 이에 대해 힐데가르트 폰 빙엔은 다음과 같이 이야기했다.

* 발트해 남쪽 연안 지역이다. 현재는 대부분 폴란드에 속하며, 서쪽 끝 일부 지역이 독일에 속한다.
** 한자동맹의 도시 중 하나로 현재는 폴란드의 그다니스크다.

프랑크식 와인은 독해서 피를 끓어오르게 하므로 물을 타서 마신다. 반면 훈식 와인은 자연적으로 수분 함량이 많아서 물을 타서 마실 필요가 전혀 없다.

프랑크식 와인은 주인을 위한 것이고 훈식 와인은 하인들을 위한 것이 분명했지만, 이 묘사가 포도의 품종이나 전반적인 품질 혹은 다른 요소들과 관련된 것인지는 명확하지 않다. 14세기 초 기록은 사회계급에 따른 와인 소비에 대한 통찰을 제공하는데, 기사들의 와인, 좋은 와인, 오래 숙성한 와인, 짧게 숙성한 좋은 와인, 짧게 숙성한 와인, 하인용 와인, 실컷 마시는 와인, 좋은 포도액, 포도액, 그리고 하인용 포도액으로 세분되었다. 여기에 루커Lurcke를 추가할 수 있는데 일반 와인을 생산하기 위해 포도를 압착하고 남은 포도 껍질을 물에 불려서 만드는 음료였다(로마시대에는 로라lora라고 불렸으며, 모젤강 유역에서는 꽤 최근까지도 부벨Bubel이라는 이름으로 생산되었다). '드립와인'이라는 의미의 트로프바인Tropfwein은 두 가지로 해석할 수 있다. 하나는 압착 과정을 거치지 않고 자연스럽게 흘러나오는 포도즙을 담은 것으로 최고급으로 간주되었던 반면, 다른 것은 와인통 마개에서 새어 나온 와인을 모은 것으로 질이 매우 낮았다. 아그레스트Agrest는 신맛이 나는 익지 않은 포도즙으로, 늦게 익는 품종이나 야생 품종의 포도를 설익거나 반쯤 익은 상태로 담는 것을 의미했다. '불의 와인'이라는 의미의 포이어바인Feuerwein은 와이너리 주인의 거주지 1층에 위치한 특수 단열공간에서 만들어졌다. 이 이름을 얻게 된 경위는 나무통 바로 옆에 석탄불을 피워 아주 빨리 포도주를 숙성시킨 다음 평소보다 일찍 숙성을 멈추게 하는 특별한 양조 과정을 거쳤기 때문이다. 사흘 정도면 와인은 살짝 단맛이 감돌고 상큼한 산미와 약간의 탄산을 얻게 된다. 포이어바인 생산에는 양조 전문가와 최고급 포도가 필요했으며 모젤강, 라인강, 알자스 지방에서만 생산되었다. 라인강 중류 바카라흐에서는 18세기까지도 생산되었다. 재발효 와인인 클라레는 주로 스페인과 그리스에서 수입된 와인에 사프란, 정향, 설탕, 꿀 등을 첨가하여 한 번 더 발효시킨 다음 걸러서 만들었다. 클라레는 한쪽에 구멍이 뚫린 커다란 잔에 따라 마셨는데, 구멍을 통해 더 많은 향신료를 와인에 섞을 수 있었다.

독일에서 포도 품종에 관한 최초의 기록에 클레프너Clävner 종이 언급되는데 오늘날의 슈페트부르군더Spätburgunder나 피노 누아르Pinot Noir에 해당한다. 이 품종이 독일에 처음 도입된 것은 884년 보덴호 지역으로 전해지며, 오늘날에도 바덴의 일부 지역에서는 클레프너Klevner/Clevner라는 이름으로 불린다. 15세기에는 리슬링Riesling(1435년 뤼셀스하임에서 최초로 기록되었던), 겐즈퓌서Gänsfüsser, 머스카텔러Muskateller, 트라미너Traminer 등이 합류했다, 이 품종들은 모두 처음에는 작물로 언급되었으며 16세기의 마지막 10년에 와서야 완성된 와인과 연관성을 가지게 되었다. 나헤 지역의 리슬링 단일 품종 포도원 뢰어러 베르크Löhrer Berg에 대한 최초의 기록은 1688년에 나온 것으로 당시에는 마인츠의 주교 소유였다. 이러한 변화는 유황의 사용에 기인했던 것으로 추정되는데, 유황의 추가는 1497년 오랜 로비의 결과로 프라이부르크임브라이스가우Freiburg im Breisgau[*]에서 공식 법령을 통해 합법화했는데 아마도 다소 평판이 좋은 업체에 인가를 내주기 위해서였던 것 같다. 와인에 유황을 넣지 않으면 산화가 빠르게 진행되기 때문에 일 년 내에 소비되지 않으면 효모나 설탕을 추가해 다시 발효시켰다. 고대의 와인 제조 전문가인 카토나 콜루멜라가 이에 대해 전혀 언급하지 않았던 것으로 미루어 볼 때, 당시에는 유황이 사용되지 않았으리라 추정된다. 유황이 들어가면 고대에 사용하던 토기에 포함된 탄산칼슘이 분해되어 석고로 변해 녹을 수 있다는 것도 한 가지 이유일 것이다. 덜 숙성된 와인에 유황을 집어넣는 공법이 언급된 최초의 기록은 1530년 발행된 와인 관련 서적이었는데, 유황은 와인을 희고 신선하게 보존한다고(게다가 포도의 특성도 더 잘 드러내는 것 같다고) 기술했다. 당시 이런 공법이 퍼져나가긴 했지만, 유황의 함량이 지나치게 높아지는 것을 막기 위해 어떤 와인이건 유황 첨가는 한 번 이상은 허용되지 않았다. 그 시대에도 유황의 독성을 우려했던 것이다.

16세기 초 아우크스부르크의 푸거 가와 비슷한 위치였던 뉘른베르크의 부호 튀셔Tücher 가문의 한 장부에는 타우버강, 라인강, 네카강 와인과 에어푸르트, 베르트하임, 하이델베르크, 란다우, 장크트

---

[*] 독일에는 프라이부르크라는 도시가 여러 곳이기 때문에 그 도시가 속한 지명까지 함께 써서 구분한다. 브라이스가우는 프랑스·스위스와 인접한 남서부 지역이다.

마르틴, 젤리겐슈타트, 슈파이어산뿐만 아니라 프랑켄, 오스트리아, 알자스 와인 등의 목록이 포함되어 있었다(독일 와인의 상표에 표기된 단일 와이너리에 관한 최초의 언급은 1726년 라인가우의 에어바흐에 위치한 마르코브룬Marcobrunn이다). 또한 펠트리너Veltliner, 무스카텔Muskatel, 말바지아Malvasia 같은 좀 더 비싼 수입 와인도 있었다(셋 모두 변종 포도로 만든 와인인 듯하다). 좀 더 일반적인 표현으로 와인은 전년도에 만들어진 와인 피르너virner(여기에서 변형된 독일어 단어 피른firn은 오늘날 와인 용어에서 '잘 숙성된' 또는 단순히 '오래된' 것을 의미한다), 와인식초에시히바인essigwein과 달콤한 와인 쥐서süsser까지 포함한다.[16]

당시에는 유리병이 막 사용되기 시작한 단계였으므로 와인은 나무통째로, 또는 술집에서 저그*로 가져다주었다. 유리는 13세기 동안 점진적으로 도입되었지만, 창문용 유리나 음주용 유리컵은 15세기 말에야 일반인들도 살 수 있는 수준으로 가격이 떨어졌다. 이 무렵에야 식탁에 대한 묘사에서 유리가 명쾌하게 언급된다. 또한 수도원 내에 유리 공방들이 세워졌고, 유리 직공들은 고온에 필수적인 땔감을 구입하기 쉬운 지역을 돌아다니면서 생산과 판매를 했다. 14세기에 이탈리아 출신 유리 직공들이 프라하와 보헤미아에 최초로 정착한 이후 점차 서쪽으로 이동하면서 수 세기에 걸쳐 다양한 모양의 유리잔과 유리병을 개발했다. 유리 제품은 생산지와 제조방식에 따른 특징으로 분류되었다. '숲의 유리'라는 의미

---

* 주전자 형태의 단지.

의 '발트글라스Waldglas'는 원재료인 모래에 섞인 불순물 덕분에 약간 황록색을 띠어 명성을 얻었다. 오늘날까지도 프랑켄 와인에 사용하는 납작하고 둥근 모양의 독특한 형태를 띤 병은 '복스보이텔Bocksbeutel'이라고 하는데, 문자적인 의미는 '숫염소의 음낭'이며, 여행할 때 음료를 넣어 다니던 둥근 병에서 발전한 것으로 추측된다. 하지만 북부 독일에서 14세기부터 사용된 책주머니*인 '부흐보이텔Buchbeutel'로부터 유래했다는 설명도 있다. 부흐보이텔 유리병에 대한 최초 기록은 1576년 프랑켄 지방의 뷔르츠부르크에 있는 율리우스피탈 와이너리 석판에 새겨져 있다.

중세 후기에 들어서면서 쾰른은 '한자동맹의 와인하우스Weinhaus der Hanse'라고 불렸다. 프랑켄, 뷔르템베르크, 바덴산 와인은 대부분 남부와 남동부에서 유통되었지만, 쾰른에서는 라인강과 그 지류 유역, 알자스 지방 등에서 생산된 와인을 거래했다. 세금과 통행료 징수뿐만 아니라 와인 관련 활동인 와인통 제작과 와인 수송, 시 공무원들이 하는 유급 노동, 교역에 참여하는 이들에 대한 지주들의 음식과 숙소 제공 등 와인 교역은 쾰른시의 상당한 수입원을 의미했다. 쾰른에서 라인강을 통한 수출 물량의 절반 이상이 와인인 경우도 있었다. 쾰른은 프랑스의 보르도와 함께 서유럽 최대의 와인 교역 중심지가 되었지만, 빙엔 지역과 마인츠, 슈파이어, 슈트라스부르크 등지에서도 상당량의 거래가 이루어졌으며 프랑크푸르트가

* 중세 유럽의 수도승이나 신부 또는 귀족들이 허리춤에 차고 다니던 작은 휴대용 책주머니.

뷔르츠부르크의 율리우스피탈 병원에 포도밭을 기증하는 장면을 기록한 석판 부조. 복스보이텔의 초기 모습이 묘사되어 있다. 한스 로델라인Hans Rodeline, 1576년.

특히 많았다. 와인통에 부착된 쾰른이 관리하는 상표는 유럽 전역에서도 받아들여져 추가 검사가 면제될 정도로 신뢰를 얻었다. 쾰른의 상인들은 최고급 와인의 충분한 물량을 확보하기 위해 포도 재배지역을 자주 여행했고, 아예 포도밭을 사들여(때로는 청어와 맞교환하기도 했다) 와인 제조업자들에게 임대해주기도 했다. 11세기에 작성된 라인강 중류의 장크트고어 인근 수도원 부지에 관한 문서는 토지 임차인의 의무를 알려준다.

> 그러나 와인의 품질이 좋지 않다 하더라도 임차인들은 항상 전액을 지불하진 않아도 임대료를 내야 하며… 포도 수확기의 개시 시점부터 종료 때까지 누구도 감히 〔절도를 방지하기 위한 포도원 출입〕 금지

명령을 위반할 수 없으며… 수도사들을 위한 와인을 구매하도록 하루 작업 임금에서 1페니씩 적립한다. 와인을 압착할 때는 모든 사람들이 큰 통 한 개, 별도의 용기와 등불을 포도원으로 가져와야 한다. 와인을 영주의 배까지 운반하는 날에는, 각자 와인 한 잔과 두 사람당 빵 한 덩어리를 배당받을 권리가 있다. 그들은 또 직접 와인을 트리어에 있는 항구까지 가져가야 한다. 그곳에서 일하는 동안 각자 하루에 와인 두 잔씩을 받을 권리가 있다. 경비원들은 예외적으로 하루에 한 잔이면 충분할 것이다. 트리어에 있는 항구에 도착하면, 수도사들의 대리인은 한번은 그들을 배불리 먹여야만 한다.[17]

쾰른의 연간 와인 수입량은 큰 폭으로 변화했다. 1379년부터 1384년까지는 약 1,200만 리터를, 1391년에는 2,000만 리터 이상을 수입했지만, 1393년에는 750만 리터로 급감했다. 대부분의 와인은 875리터 용량의 통으로 거래되었으며, 라인강을 오가는 독일의 선박들은 1척당 약 30통을 적재했다. 15세기에 들어서면 앞서 말했듯이 홉 맥주의 인기가 높아지면서 와인의 수입 물량이 감소하기 시작했다. 주요 수출 시장은 남부 네덜란드였는데, 이곳에 쾰른의 상인들이 직접 술집을 열고 와인을 팔기도 했다. 잉글랜드는 1175~1176년 쾰른 무역상들에게 프랑스와 동등한 수출권을 부여했지만 물량은 많지 않았다. 14세기와 15세기에 연간 300~500통의 와인이 영국해협을 건넜으며, 16세기까지 잉글랜드가 수입한 와인 중 라인강 와인 비중은 3~6퍼센트에 불과했다.[18]

와인은 꽤 오랫동안 보관할 수 있기 때문에 쉽게 상하는 다른 식품과 가격을 비교하기가 어렵다. 교역은 가격을 안정화하는 효과가 있었지만, 1315~1322년 대기근 동안에는 날씨가 나빠 엄청나게 값이 치솟았다. 생산량은 매년 천차만별이었지만 1304년 라인강 왼쪽 기슭에 콜마르와 같은 극단적인 사례가 흔하지는 않았다. 다음은 콜마어 시 연대기에 기록된 내용이다.

> 올해는 유난히 더워 물레방아가 작동하지 않았기 때문에 빵이 귀해지고 가격이 치솟았다. 일 년 내내 햇볕이 강하고 더웠으며 비다운 비가 내리지 않았다. 고지대에서는 와인 생산량이 풍부했고 질도 좋았지만 평지의 몇몇 포도원은 낮은 품질에 생산량도 미미했다. 좋은 와인은 넘쳐나는데다 라인강을 통한 수송이 불가능해져 가격이 폭락했다. 강의 수심이 대폭 낮아져 슈트라스부르크와 바젤 사이의 몇 군데는 물을 걸어서 건널 수 있는 정도였다.[19]

역병의 여파가 광범위하게 퍼지면서, 봉건 영주들 다수가 노동집약적인 곡물 경작에서 탈피해 원래 그들의 부의 원천이었던 목축업으로 돌아섰다. 독일의 육류 소비량은 뼈까지 포함하여 단기적으로 1인당 연평균 소비량 100킬로그램 수준까지 회복되었다. 2009년 기준으로 순전히 살코기만으로 60킬로그램에 해당하는 수치다.[20] 이전에는 고기를 구워 먹는 것은 상당히 부유한 가정에 국한되었는데, 최고급 부위의 살코기뿐 아니라 장작도 많이 필요했기 때문이다. 그보다는 불 위에 냄비를 걸어놓고 스튜를 끓이는 것이 더욱 경제적으로 여겨졌다. 스튜에는 내장을 포함한 다양한 부위의 육류에 곡물과 채소, 특히 양배추를 함께 넣을 수 있었다. 도축과 도살된 육류의 품질은 매우 신중하게 취급되었기 때문에, 신선도와 적절한 부위별 절단, 정확한 무게는 도시의 법령에 의해 엄격히 규제되었으며 단속 대상이 되었다. 도축업자들의 숫자는 대단히 많았는데, 1,450명이 활동하는 뉘른베르크의 경우, 주민 282명당 1명의 도축업자가 있는 셈이었다.[21] 이로써 도시의 주민들은 시장에서 신선한 고기를 살 수 있어 소금에 절인 육류에 의존할 필요가 없었지만, 일부 가정은 시골에서처럼 집에서 기르는 가축을 직접 잡아 겨울을 대비했다. 도시에서는 돼지고기가 대중적이었는데, 대부분의 돼지는 남서부의 자를란트나 로트링엔 지방으로부터 라인강을 따라 쾰른까지 수송되었다. 남서부 지역의 장원을 소유한 영주들은 휴경지에서 양을 사육했다. 그들은 양모와 육류 생산을 위해 최대 1,000마리를 키웠으며, 가축을 몰고 먼 거리를 이동하는 목동이 새로운 직업으로 자리 잡았다.

이보다 더욱 인상적인 것은 15세기부터 엄청나게 긴 거리를 이동하기 시작한 가축 교역의 규모와 범위였는데, 19세기 미국의 가축 교역과 비견할 만했다. 가축은 곡물 경작지를 피해 덴마크 반도의 북쪽 끝자락, 폴란드, 보헤미아, 헝가리 그리고 경우에 따라서는 멀리 러시아나 루마니아의 목초지대 등에서 사육되었다. 봄이 되면 농작물에 피해를 주지 않기 위해 경작되지 않는 지역을 따라 나

당대의 식탁

브레멘 시청 지하식당

북부 한자동맹 도시의 모든 시 청사 지하에는 라츠켈러Ratskeller라는 식당이 있었다. 도시의 주민들이나 운영위원들이 먹고 마시던 이 식당에는 한자동맹 도시들이 취급하던 와인들로 넉넉히 채워진 와인 저장고가 딸려 있었다. 그중에서 오늘날 가장 유명한 것은 아름답게 복원된 브레멘 시청 지하식당으로 650종이 넘는 엄청나게 다양한 독일산 와인을 보유하고 있다. 사실 한자동맹 시대에는 푸아투, 가스코뉴, 보르도 등지로부터 수입한 프랑스 와인과 함께 로마냐 품종(스페인의 아라곤 또는 그리스산), 말바시아 품종(원산지는 크레타섬이지만 훗날 영국에서 맘지로 불린)으로 담은 와인도 수입했다. 1330년부터 브레멘 시 운영위원회는 도시 내의 화이트와인 공급을 독점했다. 1405년 시 청사가 처음 세워졌을 때, 가격과 세금의 통제를 위해 모든 와인 거래상들과 술집 주인들은 상품을 청사 내 와인 저장고에 보관해야 했다. 수백 년간 확장을 거듭해온 오래된 나무통 저장고는 오늘날 연회와 와인시음회를 위해 사용되지만, 이른바 아포스텔Apostel과 로제켈러Rosekeller만은 예외다. 아포스텔 저장고에는 17세기와 18세기에 생산된 라인 와인 열두 통이 보관되어 있으며, 로제 저장고에는 통 안에 저장된 와인 중 독일에서 가장 오래된 1653년 뤼데스하임산 와인의 신비롭고도 향긋한 발삼 향이 감돈다. 유감스럽게도, 저장고의 관리책임자와 시장만이 이를 맛볼 수 있으며, 심지어 그 기회도 극히 드물다.

1955년 6월.브레멘 시청 지하식당, 와인은 손잡이 부분이 녹색인 특유의 뢰머 유리잔과 석제 저그에 제공된다.

있던 이른바 '황소의 길$_{Ochsenwege}$'로 가축을 몰고 다녔다. 1600년 경부터는 이 경로를 따라 생긴 특화된 여관들이 목동들에게 숙식을 제공했다. 일반적으로 가축 떼는 250~400마리(대개 길들여지고 살찐 황소였다) 정도로 이루어졌는데, 몇몇 기록에 따르면 예외적으로 1,000마리가 넘는 경우도 있었다. '마른 소 시장$_{Magerviehmarkt}$'이라는 특정 시장에서는 전문 목축업자들이 목동들을 만나 멀리 북부나 동부에서부터 긴 여행을 하느라 수척해진 가축들을 사들여 자신들의 목장으로 데려가 다시 살을 찌운 다음 내다 팔았다. 황소들을 실어

나르는 특수 선박 딕바우헤Dickbäuche(문자 그대로의 의미는 '살찐 배'이다)의 운송 범위는 네덜란드, 그리고 더 멀리 프랑스까지 확대되었다.22

가축과 마찬가지로 사람들 역시 광범위하게 여행하기 시작했다. 사실 여행은 시대적 현상으로 자리 잡았으며, 수많은 상인과 수공업자들이 다른 지역이나 도시로 이동했다. 정기적인 운행 시간표가 만들어지고 화물 운송과 마차 여행이 전문적으로 조직됨으로써 하루에 20~30킬로미터를 갈 수 있었다. 이는 오늘날 ICE 고속전철이 5~10분에 주파하는 거리다. 당시 기록에는 나라별로 선호하는 음식과 음료의 차이에 대한 언급이 빈번하게 등장한다. 예를 들면, 1390년대에 나이가 지긋한 파리의 어떤 부르주아가 한참 어린 자신의 아내를 위해 쓴 개요서 《파리의 살림살이》에는 다음과 같은 경고가 들어 있다.

> 독일인은 프랑스인이 잉어를 설익혀 먹기 때문에 크나큰 위험을 자초한다고 말한다. 만약 독일인과 프랑스인이 잉어를 프랑스식으로 요리하는 요리사를 만난다면 독일인은 자신들의 몫을 더 오래 다시 익혀달라고 부탁하겠지만, 프랑스인은 그러지 않을 것이다.23

네덜란드 로테르담의 인본주의자이자 신학자인 에라스뮈스Desiderius Erasmus는 여행 중에 마주친 독일의 술집과 여인숙에 대해 유별나게 야박한 의견을 내놓았는데, 무척이나 덥고 지저분하며,

음식이나 음료 역시 질이 낮거나 의심스럽다고 했다. 반면 프랑스의 리옹에서 받은 환대에 대해서는 극찬을 아끼지 않았다.[24] 비록 다른 여행자들은 그보다는 훨씬 호의적인 견해를 보였지만, 독일의 여인숙은 호사라기보다는 필요에 가까웠던 것으로 보인다. 공동 식탁에 정해진 메뉴만 나오는 음식도 마찬가지였다. 14세기의 프랑스 시인 외스타슈 데샹Eustache Deschamps은 썩은 양배추(그는 자우어크라우트를 싫어했던 것이 분명하다)가 포함된 구역질 나는 요리들을 먹어야 하는데다, 겨자를 지나치게 많이 사용할 뿐 아니라 "역겨운 맥주의 악취가 어디에나 배어 있다"고 계속 불평을 늘어놓았다.[25]

  독일인들은 종종 술고래로 묘사되곤 했다. 1470년 비록 시행된 적은 없지만 브란덴부르크에서 취침 전 알코올 섭취를 금지하는 법원 명령이 내려졌던 것은 이 문제 인식을 드러내려는 시도로 보인다. 한편 다시 생각해보면 소비를 줄임으로써 효율적인 가계 운영을 목표로 했다는 것도 알 수 있다.[26] 콘스탄츠 공의회의 보고서에서 보여주듯이, 경제와 재정 측면에서의 효율적 조직은 줄곧 독일의 장점이었다. 1414년부터 1418년 사이에 콘스탄츠 호반에 위치한 도시에서 열린 이 대규모 행사에는 유럽 교회의 고위층 성직자들이 모두 모였다. 회합기간에 일시적으로 이곳에 머무르게 될 방문객들의 투기를 피하고 이들로부터 이윤을 취하기 위해 시 운영위원회는 숙박, 빵, 곡물, 채소, 와인, 육류, 사냥한 고기, 가금류, 생선, 건초, 밀짚, 향신료(후추, 생강, 사프란만 특별히 언급되었지만) 등의 값을 아주 비싸게 책정했다. 그 가격은 처음에는 상대적으로 높아 보

였지만, 3주 후에는 급락했다. 음식은 풍족했으며 매주 금요일 장이 섰다.[27]

당시 역사학자 울리히 폰 리헨탈Ulrich von Richental의 연대기에 삽입된 삽화들을 보면 빵 장수가 돌아다니며 파는 길거리 음식은 최고급 흰 빵부터 프레첼과 파이까지 있었고, 푸줏간에는 사슴, 토끼, 거위 등 다양한 육류를 전시해놓았으며, 어물전에서는 신선한 생선과 소금에 절인 생선을 나무통에 넣어 판매했다. 달팽이와 개구리가 팔리는 모습으로 보아 행사 방문객들의 출신 국가에서 '토속적인' 식품까지 수입했음을 알 수 있다. 리헨탈은 달팽이와 개구리는 라틴족, 즉 발렌스Walhens로부터 산 것이라고 알려준다. 와인은 주로 이탈리아나 알자스 지방에서 들여왔지만, 보덴호 주변의 와이너리에서도 공급되었다고 적었다.

공의회 이후 새로 선출된 교황이 콘스탄츠에서 로마에 이르기까지 2년 반이나 걸렸는데, 아마도 그곳에서 환영받을 수 있을지 확신이 없었기 때문이었으리라 추측된다. 그렇지만 그의 통치 아래에서 로마는 국제적인 사회로 번성했으며, 당시의 기록에 따르면 로마에서 가장 큰 민족집단은 게르만이었다. 교황의 여정과 그 직후 일정 기간 주방을 책임진 사람은 독일인 요하네스 폰 보켄하임Johannes von Bockenheim으로, 교황의 주방에서 주방장 겸 필경사로서 마에스트로 마르티노Maestro Martino와 바르톨로메오 스카피Bartolomeo Scappi의 선임이다. 그는 1430년경 동료 요리사들을 위해 교회의 공식 언어인 라틴어로 《레지스트룸 코퀴네Registrum Coquine》라는 요리 소책자를 썼

울리히 폰 리헨탈, 《콘스탄츠 공의회 연대기》, 1420년경. 생선, 개구리, 달팽이를 팔고 있는 판매대.

다. 이런 유의 책은 지역의 언어로 썼던 관례에 비추어볼 때 당시로서는 상당히 이례적이었다. 저자가 전형적인 독일인인 탓인지는 몰라도, 그의 레서피들은 약간 시대에 뒤떨어진 것처럼 보이는데, 예를 들면 설탕을 거의 쓰지 않는다는 점이 그렇다. 보켄하임은 손님 접대에 관심이 많았음이 확실하다. 어떤 요리가 특정 손님을 위한 것인지에 관해 상세히 기술했고 출신 국가나 사회적 지위에 기초해서 조리법을 배정했다. 조리법에서 건포도, 잣, 마조람 등을 식재료에 포함시킨 것은 이탈리아식에 가까웠지만, 당시의 다른 독일 요리책과 마찬가지로 꿀, 우유, 말린 대구, 주니퍼 등도 사용했다. 그의 요리 '슈바벤인과 바이에른인을 위한 파이Torta pro Suenis et Bavaris'는 현대의 독자들에게도 친숙할 것인데, 농축우유와 신선한 치즈로 반죽한 다음 비계로 구워낸 것이 슈트루델Strudel과 치즈케이크의 중간쯤 된다.

  요하네스 폰 보켄하임은 독일 요리의 복잡성을 다시 한번 확인시켜주었다. 총 74개의 레서피 중 14가지가 단순히 독일인이 아니라 바이에른, 슈바벤, 작센, 튀링엔 등지의 특정 게르만 부족들을 위한 것이었다.[28] 그즈음 독일에서 요리책이 풍년을 이루기 시작했음에도, 또는 14세기 후반 수도원에 처음 등장한 기계식 시계의 영향으로 시간에 대해 새로이 접근하게 되었음에도(시계는 원래 기도시간을 알리기 위한 것이었지만, 곧 주방에서 정확한 시간을 재는 데까지 활용되었다) 독일의 음식들은 여전히 지리와 기후, 특히 정치적 다양성을 드러내고 있었다. 중세 말기, 영국이나 프랑스와는 대조적으로 독일에는 아직 하나의 수도가 없었다. 그 대신 황제의 지배를 받는 자유도시들과 독립적인 귀족들이 다스리는 성들이 점점이 박혀 세속적인 영역과 종교적인 영역들이 조각보처럼 이어진 상태였다. 1500년 이후 사회적·재정적 압박으로 인해 신성로마제국 황제의 세력이 쇠퇴하면서 지역성은 더욱 확대되기 시작했다. 유럽의 영향력이 전 세계로 확장되면서 다른 국가의 경제와 정치에 강력한 영향을 미쳤지만, 독일에는 이 영향이 다소 점진적이었으며 대부분 간접적인 형태로 나타났다. 1600년대에 이르면서 스페인, 프랑스, 잉글랜드, 네덜란드는 모두 세력을 확장했지만, 독일만은 예외였다.

6장

독일 음식에 대한 저술

근대 초기 1500~1648년

지옥과 연옥의 이미지를 통한 사후 세계에 대한 공포감을 이용해 면죄부 판매에 열을 올리던 로마가톨릭교회를 공개적으로 비판했던 마르틴 루터는 16세기 초 동료 개혁가들과 함께 거대한 폭풍을 불러일으켰고 그 영향은 오늘날까지 확실하게 인식할 수 있다. 유럽인 대부분이 문맹이었던 당시에 학자들의 언어는 여전히 라틴어였고, 14세기와 15세기에 대학 설립 붐이 일었지만 학비는 여전히 비쌌다. 쾰른의 부유한 사업가 헤르만 폰 고흐는 1390년대 빈과 쾰른의 대학에서 공부하던 아들의 3년간 학비로 대가족 식비의 절반 정도를 지출했다.[1] 그때도 지금과 마찬가지로 요리책은 학자들이 쓰지 않았지만 요리책의 초기 독자층과 책에 반영된 식습관은 매우 한정적이었다. 예를 들면 당시 아우크스부르크에서 부유하고 자부심이 강한 귀족 가문은 전체 인구의 10퍼센트 미만이었다. 마르틴 루터는 그의 성서 번역으로 구체화된 보편적 독일어 사용을 주장했을 뿐 아니라 초등교육에 대한 급진적인 생각도 밀어붙였다. 요하네스 구텐베르크Johannes Gutenberg의 인쇄술 덕분에 도서 구입이 가능해지면서 글을 읽는 능력도 점차 보편화되었다. 자신들이 만든 개신교인 루터교의 신앙고백과 언어를 통해 독일인들은 마침내 자신들의 문화적 정체성을 향해 가는 방법을 감지하게 되었고 그중에는 음식을 만들고 먹는 일도 포함되어 있었다. 요리책은 이제 가장 인기 있는 읽을거리 중 하나가 되었다.

루터에게는 성경이 신학적 권위의 기반이었으므로, 만약 신이 평범한 매일의 노동과 좋은 음식, 와인과 맥주, 성적 유희를 만들었다면, 훌륭한 기독교인의 의무란 극단적인 금식이나 단식, 독신주의에 매달리는 것보다는 모든 것에 온건함을 보이는 것일 터였다. 독일의 가장 전통적인 크리스마스 케이크인 슈톨렌Stollen(당시에는 '브레멘식 클라벤Bremer Klaben'이 이와 유사한 음식이었다)의 역사는 음식에 대한 종교적인 규칙, 죄악과 탐닉에 관련된 치열한 논쟁을 담고 있다. 현대의 레서피를 보면, 버터가 잔뜩 들어가고 아몬드와 말린 과일을 넣는 이 음식이 당초 크리스마스 이전 대림절 단식기간에 먹는 케이크를 기원으로 한다는 사실이 쉽사리 믿기지 않는다. 아기 예수를 쌌던 포대기를 상징하는 모양의 슈톨렌은 1392년 라이프치히 인근 잘레강변의 도시 나움부르크에서 처음으로 기록되었다. 금식 규칙이 철저히 지켜지던 그즈음에는 물과 귀리, 현지에서

크리스마스에 즐기는 전통적인 비스킷 바이나흐츠게베크와 슈톨렌.

생산된 평지씨유만 허용되었다. 그렇지만 15세기 중반 이후부터 전 유럽에서 금식법에 대한 관면이 일반적으로 행해졌다. 관면의 주된 근거는 북부 유럽에서는 버터나 라드 대신 올리브유(독일에서 '나무기름Baumöl'이라는 이름으로 불리던)를 사용하는 것이 너무 비싸다는 것이었다. 1475년 교황 식스투스 4세Sixtus IV가 5년 동안 독일, 헝가리, 보헤미아에서 대림절 기간 버터 사용을 재가했다. 또한 슈톨렌과 연관된 대부분의 기록에서는 1491년 교황 인노첸시오 8세Innocentius VIII가 작센 공작에게 보낸 버터편지Butterbrief*에서 재가한 관면을 인용한다.[2] 두 사례는 결코 별개의 사건이 아니라 일반적인 면죄부 판매의 일환이었다. 이는 종종 로마의 성 베드로 대성당 건축 등을 포함한 구체적인 건축사업의 재정 조달과 관련이 있었다. 몇몇 역사학자들은 교황의 관면이 일상적인 관행에 대한 공식 승인에 불과했다고 주장한다. 진실이야 어찌 되었건, 단식기간에 먹는 소박한 음식이었던 슈톨렌은 점차 과일과 아몬드가 듬뿍 들어간 일상적인 간식으로 바뀌었으며, 오늘날 가장 유명한 레서피는 두말할 나위 없이 작센주 드레스덴식으로 이스트가 들어가는 것이다.[3]

루터는 수도원의 세속화를 옹호하는 자신의 이미지에 진정성을 보이기 위해, 1525년 수녀인 카타리나 폰 보라Katharina von Bora와 결혼했다. 제자들, 동료들과 식탁에서 풍성하지만 지나치게 사치스럽지 않은 식사를 함께한 후 나눈 대화를 정리한 책이 바로 그 유명

* 금식기간 중 버터를 사용할 수 있게 해달라는 탄원에 대해 소정의 벌금을 납부하는 조건으로 용인한 서한.

한 《탁상담화 Tischgespräche》이다. 루터가 애정을 담아 '케티'라고 부르곤 했던 부인 카타리나는 비텐베르크에 소재한 예전의 아우구스티누스 수도원에서 살림을 꾸렸는데 생계를 위해 학생들에게 하숙을 치는 일종의 사업을 했다. 그녀는 맥주를 빚고, 꿀벌을 기르고, 지하 저장고의 통에 든 와인을 관리했으며, 정원과 밭과 목초지와 과수원 일을 감독하고, 소·돼지·염소·가금류를 길렀다. 케티는 비교적 부유한 지방 상류 지주 가문 출신이었다. 루터 역시 자신의 주장이나 일반적인 추정과 달리, 상당히 부유한 집안에서 자랐다. 루터의 아버지는 만스펠트 인근에 구리 광산을 소유하고 있었다. 루터 부모의 집 뒤 쓰레기폐기장에 대해 최근 고고학적 발굴 작업이 진행됨으로써 그 가족의 식습관이 새로이 드러났다. 상당히 다양한 민물생선의 뼈가 출토되었는데 강꼬치고기, 농어, 뱀장어, 도미의 잔해뿐 아니라 아마도 건조된 형태로 소비되었을 청어와 대구도 포함되어 있었다. 이는 꼭 필요한 양 이상의 음식을 소비할 준비가 되어 있던 가정임을 알려준다.

  그들의 부엌은 그 당시 소도시에 살던 가정의 전형적인 모습이다. 속이 깊거나 얕은 여러 종류의 냄비는 다양한 형태의 요리를 만들었음을 의미한다. 북부 독일의 특징인 다리 세 개 달린 대형 압력 냄비인 그라펜으로는 닭이나 야생 오리를 통째로 요리하거나 아몬드밀크를 페이스트리 반죽으로 덮어 밤새 타다 남은 장작 속에 놓아두어 걸쭉하게 만들 수 있었다. 다양한 크기의 쇠나 흙으로 만든 속이 얕은 뚜껑 없는 팬으로는 갖가지 종류의 죽, 채소 퓌레, 달걀요리 등을 만들었다. 소량의 음식을 요리할 때는 사발을 사용했는데 사발을 철망 위에 얹고 커다란 금속 뚜껑을 덮은 다음 그 위에 잔불이 남아 있는 장작을 올려놓았다. 대용량 금속제 주전자는 불 위에 걸어 음식을 삶거나 스튜를 끓이는 데 사용했으며, 다양한 구이용 꼬챙이들도 있었는데 작은 야생 조류들을 꿰는 작은 것도 있었다.

초기에 인쇄된 요리책의 삽화로 사용된 목판화에는 굴뚝 아래 무릎 높이의 화덕이 있는 부엌을 보여준다. 화덕에서 타고 남은 장작은 열이 필요한 정도에 따라 다른 곳으로 옮길 수 있었다. 아침에 불을 다시 살리기 위해서는 풀무를 사용했다. 하지만 시스템은 지방마다 차이가 있었다. 남동부 지역과 넉넉지 않은 가정에서는 노출 형태의 화덕을 거의 볼 수 없었다. 부엌은 협소했으며, 대신 바로 옆 그을음이 잔뜩 낀 별도 공간에 커다란 난로를 두어 굴뚝 하단 역할을 하게 했다. 이 난로는 불 위에 갖가지 냄비와 팬들을 직접 올려놓고 조리하는 데뿐만 아니라 집의 난방에도 사용되었는데 난로에 별도의 열을 내는 장치가 있어 거실에서도 관리가 가능했다. 물탱크가 장착된 난로는 온수를 공급하고 덤플링 등을 삶는 용기 역할도 겸했다. 난로의 온기는 과일을 말리는 데 유용했고, 병아리를 기를 수 있는 따뜻한 공간도 제공했다.[4]

마을의 공용 우물에서 길어 온 물로 접시를 닦거나 식재료를 씻는 데는 나무통을 사용했다. 비교적 부유한 가정에만 전용 우물이 있었고 간혹 정교한 펌프 시스템을 갖추기도 했다. 소금, 향신료, 아몬드 등을 빻는 청동제 절구는 필수적인 주방기구였고, 좀 더 곱게

사진과 같은 형태의 난로는 1960년대 후반까지도 뉘른베르크 지역에서 여전히 사용되었다. 난로는 거실 난방에 이용했지만 부엌 쪽에서는 요리에 사용되었다. 연기는 부엌의 노출 굴뚝으로 빠져나가도록 되어 있었다.

갈 때는 체와 천을 사용했다. 둥글고 넓적한 서빙용 접시는 유약을 바른 도기였고, 겨자와 소스용으로 작은 접시를 별도로 사용했다. 또한 후식용 작은 접시들은 식사 후 견과류와 과일을 담는 데 사용했다. 음료를 마실 때는 길쭉한 도기 술잔이나 머그잔, 비슷하게 기다란 모양의 유리잔을 썼다.

루터 집안 같은 중산층 가정에서는 식탁에 둘러앉아 모든 음식을 나눠 먹었다. 음식을 덜 때는 손을 썼으며, 먹을 때도 마찬가지였는데 개인용 나이프를 보조로 사용하기도 하고 접시에 묻은 소스를 닦아낼 때는 빵조각을 이용했다. 스푼은 수프나 스튜, 죽을 먹을 때만 사용했다. 개인용 포크는 여전히 악마의 쇠스랑을 닮았다는 이유로 수상쩍게 여겨졌으며, 루터는 소형 포크 게벨헨Gäbelchen 사용을 노골적으로 싫어했다(이보다 큰 포크는 오래전부터 음식을 덜어 먹을 때 사용하고 있었다).

종교개혁과 그 뒤를 이은 가톨릭의 반反종교개혁은 독일의 문화적 다양성을 강화했다. 신앙고백과 경제학의 복잡한 관계를 단순화해 설명하자면, 개신교의 노동윤리는 이윤을 재투자하는 냉철한 부르주아의 자본주의적 본성에 훨씬 적합했던 반면, 가톨릭 신앙은 세속적 상품이나 연회, 사치를 즐기는 데 대한 관면을 베푸는 듯했다. 그렇지만 사회적 책임이 교회에서 사회 전반으로 이동했기 때문에 양 진영 모두 가난하고 나이 든 사람들, 도움을 필요로 하는 사람들에 대한 의무감이 강했다.

이 도시에서 가장 오래된 병원인 베스트팔렌 대성당 부속 막달

당대의 식탁

비텐베르크의 마르틴 루터의 집

작센안할트주 비텐베르크(베를린에서 남서쪽으로 차로 한 시간 반 정도 달리면 닿을 수 있다)에 위치한 마르틴 루터의 집은 종교개혁 관련 역사박물관이 자리 잡고 있어 당시 시대상을 엿볼 수 있다. 유서 깊은 방들에서는 유명한 탁상담화가 이루어졌던 홀을 포함해 16세기 전반부의 비교적 부유한 가정을 체험할 수 있다. 루터의 부인과 그녀의 가정관리에 초점을 맞춘 특별 전시 공간도 있다(www.martinluther.de/de/lutherhaus-wittenberg).

비텐베르크 루터하우스 내부.

레넨 요양소 Magdalenenhospitel가 좋은 사례였다. 11세기에 건립된 이 요양소는 초기에는 주교가 직접 관장했지만, 14세기 초 이후에는 신부들에 의해 견실하게 운영되고 있었다. 이런 기관들이 전형적으로 그렇듯이 이곳도 대성당 주변의 기증받은 토지에 일군 밭과 정원, 농장에서 식품을 공급받았다. 열여덟 명의 노인에게는 유료로 숙식을 제공했으며, 더 가난한 노인 열다섯 명은 무료로 수용했다. 공동 식당이 문을 닫고 돈과 음식 배급으로 시스템이 전환된 1636년 이전까지는, 비록 유료 사용자가 약간 더 좋은 생선이나 육류를, 또 가끔은 맥주를 추가로 배급받았지만, 이곳에서 일하는 노동자와 하인들까지 모두가 하나의 주방에서 음식을 제공받았다.

이 요양소의 〈주방일지 Küchenbücher〉에는 1552~1636년 주방에서 일어난 일들이 자세히 기록되어 있어 일상적인 식품이나 식사에 대해 정확하게 알 수 있다.[5] 전통적인 기독교 관례에 따라 금요일을 절식의 날로 지정해 소량의 식사만 했으며 월요일, 수요일, 토요일에는 육류가 나오지 않았다. 매일 두 끼의 식사가 제공되었는데 금요일과 수많은 축일 전야에는 육류가 생선으로 대체되었다. 일반적인 생각과는 달리 대부분의 축일에는 음식의 양이나 가짓수가 오히려 줄었다. 축일의 연회는 부활절, 성령강림절, 성탄절, 성모승천일과 지정된 두 성인의 날, 그리고 (1570년까지는) 사순절 전날인 참회의 화요일에만 있었다. 이는 축일 전 며칠 동안 생선이 추가되고 당일 점심식사에 구운 고기가 추가되며, 간혹 삶은 고기 요리에 호사스럽고 값비싼 사프란까지 함께 제공된다는 것을 의미했다.

루카스 크라나흐Lucas Cranach, 〈잘츠베델 묀크스키르헤의 제단Altar der Mönchskirche in Salzwedel〉, 잘츠베델 요한-프리드리히-다니엘 박물관. 이 그림 왼편은 가톨릭교회의 잘못된 운영과 지나친 경작으로 인해 황폐해진 포도원을, 오른편은 검소한 복장을 한 개신교 사람들이 손상을 복구하고 있는 장면을 보여준다.

음식의 양은 전반적으로 적지 않았다. 육류 소비량은 1인당 연간 100킬로그램이었다. 육류를 여타 식재료보다 더 영양가 높은 것으로 여겼기 때문에 고기가 나오는 날에는 다른 요리를 별도로 준비하지 않았으며, 이런 날이 일 년 중 125~133일 정도 되었다. 송아지고기는 4월부터 6월까지 공급되었고, 가장 중요한 육류인 소고기와 돼지고기는 10월부터 12월까지 신선한 것들이 공급되었다. 양고기는 6월부터 10월 사이에 메뉴에 올랐다. 거위는 9월과 10월의 계절음식이었으며 닭고기와 함께 축제용으로 비축되기도 했다. 신선한 육류는 대부분 점심식사에 소비되었다. 저녁식사는 염장이나 훈제, 아니면 다른 방식으로 보존 처리된 소고기와 돼지고기로 구성되었으며 유명한 베스트팔렌 햄은 일요일 저녁식사의 백미였다. 신선한 고기는 대개 삶은 다음 후추를 첨가했는데, 당시 이를 포트하스트Potthast로 불렸으며(오늘날은 도르트문트의 페퍼포트하스트Dortmunder Pfefferpotthast로 알려져 있다) 구운 송아지고기나 닭고기는 여섯 번의 대축일*을 위한 음식이었다.

생선은 연평균 90~100일 식탁에 올랐는데, 항상 점심때였고, 대부분 소금에 절인 청어 아니면 청어를 훈제한 뷔클링이었다. 말린 생선은 연회나 일요일을 위한 음식이었다. 신선한 생선은 훨씬 비쌌기 때문에 시의원들이 주최하는 연례 연회 때만 구입했다. 개인별 할당량은 100~200그램이었는데 육류에 비해 양이 훨씬 적었다.

* 천주의 성모마리아 대축일, 예수승천 대축일, 성모승천 대축일, 모든 성인의 날 대축일, 성모무염시태 대축일, 예수성탄 대축일.

이는 의심할 여지 없이 생선은 별도로 구매해야 하지만 육류는 대부분 경우 요양소 자체 생산으로 충당할 수 있다는 사실 때문이었다. 1580년 이후 생선 가격이 오르자 1인당 몫은 더욱 줄어들었으며 때로는 치즈로 대체되기도 했다. 생선이 메뉴에 포함되는 날에는 주로 콩류를 주재료로 한 곁들임 요리가 필수적이었는데, 생선이 육류에 비해 영양가가 떨어진다고 여겨서였다.

금식기간 중의 점심식사는 빵, 치즈, 채소로 구성되었으며 저녁식사는 페니히스베게Pfennigswegge나 무이터베게Muiterwegge와 같은 작은 흰 빵으로만 제한되었는데, 이 두 종류의 빵 모두 곱게 갈아 체로 쳐낸 밀가루로 만든 '질 좋은 빵', 쇠네브로트Schönebrot였다. 보통 때는 소금기 없는 통호밀로 만든 빵을 먹었다. 캐러웨이 씨로 향미를 더한 좀 더 정제된 호밀빵이나 병원에서 직접 재배한 곡물을 이용해 빵가게에서 만든 밀가루빵은 특별한 경우나 금식기간을 위한 음식이었다. 보리로 만든 걸쭉하거나 멀건 죽은 별로 먹지 않았다.

도시의 빵 굽는 장면, 1716년.

금식의 규칙은 시간이 흐르면서 완화되었고 1634년 이 요양소에서는 폐지되었으며 당시 뮌스터에 있던 다른 기관에서도 같은 조치가 있었다는 기록이 있다. 이는 부분적으로 30년전쟁을 치르는 과정에서 식품 가격이 치솟았기 때문이기도 하지만, 루터의 주장이 준 충격도 작용했을 것이다. 이즈음까지도 사순절 기간에는 달걀을 제외한 다른 어떤 동물성 식품도 먹지 않았기에 식사는 콩류와 빵 위주로 단조로웠으며, 이따금 말린 무화과나, 평지 씨와 지역 견과류에서 짠 식물성 기름만 추가되었다. 일주일에 두 번 육류나 생선이 없는 날에는 치즈를 제공했고, 버터 역시 일주일에 한 번씩 나누어주었다. 치즈 소비량의 절반 정도는 병원에서 자체 생산했으며 나머지 절반은 딱딱한 프리슬란트 치즈를 구매해야만 했다. 일주일 동안 공급되는 프리슬란트 치즈만 1인당 340~600그램에 달했다. 생선과 마찬가지로 치즈 역시 가격이 치솟자 좀 더 헐값에 구할 수 있는 빵으로 대체되었다.

뮌스터는 맥주를 많이 마시는 북부 지역에 속해 있었다. 요양소에서 일상 음료였던 가벼운 홉 맥주는 요양소의 자체 양조장에서 보리 맥아로 만들었으며 모든 사람들이 하루에 평균 2~3리터를 마셨다. 좀 더 진한 폴비어Vollbier는 축제기간에만 구매해서 제공했으며, 4대 대축일에 맛볼 수 있었던 와인은 일 년 평균 소비량이 1인당 2.8리터에 불과했다.

음식의 유행이라는 측면에서 이웃 나라들보다 뒤처져 있었음에도 독일인들은 요리지침서를 쓰는 작업에는 여전히 열성적이었다.

독일에서 초기에 인쇄된 책들에 요리 매뉴얼이 포함되어 있었으며 다른 어떤 언어로 쓰인 것보다 많은 수량이 보존되어 있다. 요리지침서들이 미친 영향을 평가할 때는 독일 요리책의 발전과정을 초기부터 추적하는 것이 유용하다. 앞서 지적한 대로 레서피 모음집은 원래 귀족이나 상류 부르주아의 생활방식을 반영했으며, 책을 쓴 사람이나 대상 독자는 요리사와 필경사를 고용할 정도의 경제적 여유가 있었다. 부유한 가정에서 일하는 전문 요리사들은 전부 남성이었던 것으로 알려졌다. 그런데 독일에서는 여성이 공적인 행사를 처리거나 가사와 직접 관련되지 않은 결정에 개입해서는 안 되었음에도 비교적 초기에 이런 작업에 합류했다.

게다가 1350년경의 《좋은 음식에 관한 책》과 그 이전에 조사된 저지 독일어 요리책 이외에도 레서피 모음집이 포함된 수많은 다른 원고들이 있었다. 15세기 전반에 출간된 《몬트제 요리책 *Mondseer Kochbuch*》이나 《도로틴클로터스를 위한 요리책 *Kochbuch des Dorotheenklosters*》이 그 예다. 《라이헤나우 요리책 *Reichenau Kochbuch*》을 포함해 많은 책들이 《좋은 음식에 관한 책》을 바탕으로 쓰였다. 아마도 몇 년 후 동일한 원본을 필사한 듯한 다른 버전인 《좋은 향신료를 위한 소책자 *Alemannisches Büchlein von guter Speise*》도 있다. 15세기 초반의 이 두 책과 마찬가지로 《명인 에버하르트의 요리책 *Kochbuch des Meister Eberhard*》은 직업 작가인 바이에른 란트슈트 공작의 주방장 에버하르트가 집필한 최초의 책이다. 이보다 앞선 책자들처럼 이 책에도 식사에 대한 조언들이 수록되었으며, 그중 많은 부분을 힐데

가르트 폰 빙엔이 지은 《자연학》에서 인용했다. 몇 년 후인 1460년에는 에버하르트의 동료로, 앞서 살펴본 사프란에 대한 가사를 쓴 한스 주방장이 앞의 책들과 유사하지만 보다 광범위한 레서피들을 담은 책자를 남겼다.

정찬의 식탁이 본디 사회적 계급을 과시하기 위한 근본적인 수단이었다면, 가사家事지침서는 부를 통해 얻은 특권에 대한 기록을 후세에 전달하는 방법이 되었다. 아우크스부르크의 길드 수장이자 상인으로 와인과 소금 교역을 통해 부를 축적한 울리히 슈바르츠Ulrich Schwarz가 남긴 저서가 그 예다. 그는 가사에 대한 책에 레서피 모음까지 포함시켰다.[6] 유별나게 야심만만한 정치인이었던 것으로 추정되는 슈바르츠는 개혁가로서 모든 계층과 집단에 대한 대표성을 강화하려 했을 뿐만 아니라 자신의 사회적 염원을 실현하는 데도 열성적이었다. 그의 옷차림은 대단히 호사스러웠고, 정치적 결정은 도발적이었다. 1460년대에 쓴 것으로 추정되는 그의 가사지침서에는 집 안팎의 반복되는 일과에 적합한 행동에 대한 정보와 조언이 섞여 있다. 그의 사후에 책자는 가족 내에서 대를 이어 전해졌으며 후세대에 의해 내용이 추가되었다. 뷔르츠부르크의 서기관으로 《좋은 음식에 관한 책》 저자였던 미하엘 데 레오네가 문학과 시에 관심이 많았던 반면, 슈바르츠의 관심사는 보다 현실적이었다. 그는 다른 도시들에서 사용되는, 부피를 측정하는 단위와 날씨를 관리하는 규칙을 받아적고 정치적 행사들과 함께 의학적 권고까지 기록으로 남겼다. 그가 남긴 137종의 레서피는 그의 사회적 야심을 명확하게 드러내는데, 충분히 살찌운 돼지 한 마리로부터 "햄이라고 불리는 훌륭한 베스트팔렌식 돼지고기"를 만드는 방법에 대한 묘사에서 절정을 이룬다.

　독일 여성들은 요리책 저자로서 다른 나라 여성들보다 훨씬 두각을 나타냈다. 그러나 자신의 글을 가족들을 위해 작성한 메모 정도로 생각했기 때문에 당시 인쇄기술이 널리 보급되었음에도 여전히 손글씨를 고집했다. 필리피네 벨저 Philippine Welser의 레서피 모음집은 아우크스부르크의 부유한 가문(푸거 가에 비견할 만한) 출신으로 인스부르크의 티롤 대공과 비밀리에 결혼한 젊은 신부가 1545년경 결혼지참금과 함께 가져온 것으로 추정된다. 사비네 벨저 Sabine Welser(필리피네와 같은 집안으로 추정되는)의 1553년 레서피 모음집은 필리피네의 것과 유사하지만 (상당히 현대적인) 견고한 조합을 반영한다. 현지에서 생산되는 식재료들을 사용했을 뿐 아니라 수입산 사치품도 당연히 받아들였다. 그녀의 특선 요리는 파스테텐 Pasteten(파이)과 토르텐 Torten(타르트)이었는데, 그때까지도 감미료라기보다는 약재로 취급되던 설탕을 마음껏 사용했다. 그녀의 딸기타르트 레서피는 다음과 같다.

　딸기타르트 만들기
　바닥 부분을 먼저 구워 팬에서 차게 식힌다. 그 위에 딸기를 촘촘히 올리고 설탕을 듬뿍 뿌려 잠시 구운 후, 그 위에 말바시아 와인을 붓고 잠시 더 구우면 완성된다.

그녀의 무화과퓌레에도 흥미로운 점이 있다.

무화과퓌레 만들기
팬에 와인을 넣고 가열해 끓기 시작할 때 강판에 간 생강과자와 둥근 빵을 넣는다. 여기에 사프란, 아몬드, 건포도, 무화과와 약간의 라드를 추가한다.[7]

남부 독일에서는 라드를 (정제)버터에서 추출했다. 하지만 그보다 더 강력하고 눈길을 끄는 것은 사비네 벨저가 사용한 생강과자다. 생강과자는 과거에나 현재나 뉘른베르크가 주요 생산지다. 초기 레서피에는 재료로 빵을 부풀리기 위한 탄산칼륨이나 탄산암모늄과 함께 꿀과 밀가루, 향신료만 열거되었다. 양봉업자들은 주변의 숲에서 꿀을 채취해 제빵사들에게 공급했는데, 1543년 아우크스부르크에 독일 최초의 설탕 정제소가 설립되면서 설탕이 꿀을 대체했다. 생강과자 제빵사들Lebküchnermeister은 1643년 자신들의 길드를 조직했지만 부유한 귀족 계층은 오래전부터 아몬드, 견과류, 달걀 등이 들어간 더욱 풍부한 맛을 원했다. 이런 추세의 정점을 찍었던 것으로, 특별히 풍부한 맛을 지녔던 '엘리제 레브쿠헨Elisen-Lebkuchen'은 어떤 길드마스터의 예쁜 딸 이름을 붙였으리라 추측된다(오늘날 이 명칭을 쓰려면 최소한 25퍼센트 이상의 아몬드나 견과류가 함유되어야 하며 밀가루는 10퍼센트를 넘지 않아야 한다). 생강과자를 의미하는 독일어 단어 레브쿠헨은 일반적인 생각과는 달리 '삶Leben'이나 '살다leben' 혹은 '즐겁게 먹다laben'에서 파생된 단어가 아니라 라틴어 '리붐libum'에 뿌리를 두었을 가능성이 가장 높은데, 리붐은 이스트를 넣지 않은 납작한 빵 또는 제수용 과자를 지칭하는 단어로 그 기원은 고대 메소포타미아까지 거슬러 올라간다. 다양한 모양의 이 빵은 뭔가를 기념하는 음식으로, 일상적으로 먹는 보통의 빵에 단맛이 추가된 것인데 특정 축제일이나 특별한 절기에 국한되지 않았다. 수도원에는 초기부터 이러한 레서피들이 있었으며, 부속된 조제실에 필요한 향신료들을 보관하고 있어 건조를 막기 위해 빵 위에 바르는 다양한 형태의 스프레드가 등장하기도 편리했다.

독일에서 생강과자의 전통은 아우크스부르크 말고도 작센주 드레스덴의 북동쪽에 위치한 풀스니츠에도 뿌리를 내리고 있다. 1558년 풀스니츠의 제빵사들이 후추과자인 '페페어쿠헨Pfefferkuchen'의 제빵 허가를 얻어냄으로써 소규모 가족기업의 독립적 기술이 진화를 거듭해 오늘날까지 이어지게 되었다. 풀스니츠 지역은 부유하지 않았기 때문에 전통적인 페페어쿠헨은 뉘른베르크의 레브쿠헨보다 훨씬 소박한데, 뉘른베르크에서는 이 경쟁 제품을 약간 경멸하는 의미로 '갈색 제품Braune Ware'이라고 불렸다. 엄밀히 말해 맛이 훨씬 풍부한 뉘른베르크의 레브쿠헨은 크리스마스와 연관된 음식이지만(오늘날 상업적인 생산업자들이 여름이 끝나자마자 곧바로 그들의 선반을 레브쿠헨으로 가득 채우긴 하지만), 풀스니츠의 페페어쿠헨은 일 년 내내 생산되며 전통적으로 생일이나 졸업식 같은 특별한 날 선물로

준다. 풀스니츠의 페페어쿠헨은 꿀과 시럽, 혹은 둘 중 하나만을 데워서 밀가루와 호밀가루를 섞은 것에 넣어 반죽이 쫀득해질 때까지 치댄다. 이 반죽을 나무통 속에 넣어 차가운 곳에서 몇 주, 혹은 레서피에 따라서 몇 달 동안 숙성시킨다. 그런 다음, 그것을 특수한 기계에 넣어 빻은 다음 향신료와 탄산암모늄이나 탄산칼륨 같은 팽창제와 혼합한다. 굽기 전에 아몬드, 견과류, 설탕에 절인 감귤껍질 등을 넣어 특별한 종류의 페페어쿠헨을 만들 수도 있다. 풀스니츠의 혼합 방식에는 달걀이나 어떤 종류의 지방도 들어가지 않으며, 아마도 이것이 사비네 벨저의 레서피에서 필요로 했던 생강과자 레첼텐Lezelten과 같은 것인 듯하다.

앞서 살펴본 바와 같이 사비네 벨저의 고향 아우크스부르크는 이탈리아와 긴밀하게 연결되어 가톨릭의 풍부한 미각을 지닌 도시였다. 유명한 이탈리아인 저자 바르톨로메오 사치Bartolomeo Sacchi(보통은 플라티나Platina라는 이름으로 불리던)가 쓴 《신성한 즐거움과 건강에 대하여De honesta voluptate et valetudine》의 독일어 번역판은 1554년에 처음 출판되었다. 1474년경 인쇄된 최초의 요리책인 플라티나의 저서는 향신료 사용을 최소화하고 가공을 줄여 기본 식재료의 맛을 살린 르네상스 형식의 새롭고 보다 절제된 요리법을 소개했다. 이와는 대조적으로 독일에서 인쇄된 최초의 요리책인 《요리의 대가Kuchemaistrey》는 여전히 중세의 전통을 따른 다소 평범한 개요서였다. 이 책은 1485년 뉘른베르크에서 선보였는데, 엄청난 성공을 거두어 1674년까지 많은 중판을 찍었다. 수록된 레서피들은 이전 시대에 손으로 쓴 것들과 크게 다르지 않았으며, 체액 이론에 따른 약재, 건강, 요리법과 식사를 연결하는 경향이 여전히 강했다. 여성이 쓴 요리책으로는 처음 인쇄된 아나 베커린Anna Weckerin의 《맛있고 새로운 요리책Ein Kostlich New Kochbuch》(암베르크, 1597년)은 가난한 사람과 병자를 위한 요리들을 수록했는데, 이는 그녀가 바젤에 살던 의사의 미망인이었기 때문일 것이다.

자신의 책을 인쇄해 보다 널리 배포함으로써 지식을 남들과 공유하고자 했던 최초의 독일인 직업 요리사는 마르크스 룸폴트Marx Rumpolt였다. 그의 저서인 《새로운 요리책Ein New Kochbuch》은 1581년 지크문트 페예라벤트Sigmundt Feyerabendt에 의해 최초로 발행되었다. 이 책에는 바이디츠Weiditz, 요스트 아만Jost Amman, 솔리스Solis 같은 당대 최고로 평가받던 미술가들의 수많은 삽화와 목판화가 수록되어, 현대로 치면 올컬러에 유광 인쇄한 서적의 16세기 버전이라고 할 수 있다. 책값이 매우 비쌌을 텐데도 최소 네 번 더 인쇄되어 1582년, 1586년, 1587년, 1604년판이 존재한다. 거의 500쪽에 육박하는 룸폴트의 저작은 독일에서 발행된 최초의 진정한 요리책으로, 단지 레서피 모음집에 그친 것이 아니라 전문가가 전문가를 위해 쓴 지침서였다. 이 책은 다양한 사회적 계층이 참석하는 연회를 개최하는 경우에 대한 지침을 다뤘는데, 올바른 좌석 배치에 대한 상세한 설명, 하인들에 관한 조언, 광범위한 식재료 요령을 제공한다. 또한 황제, 왕, 선제후, 대공, 백작, 귀족, 도시민, 농부를 대상으로 한 메뉴도 많이 수록했으며 각 메뉴마다 금육일을 위한 대체요리를

1581년판 룸폴트 요리책의 표지. 요리사의 위풍당당한 모습을 주목하라. 일은 고되지만 먹는 것은 잘 먹은 듯 보인다.

포함했다. 사회적 계급이 높을수록 더 많은 종류의 요리가 제공되는데, 한 번 세팅에 6종류에서 20~30종류의 요리가 나오는 식사들이 소개된다. 다음은 금식기간 중 농부들의 연회를 위해 준비한 점심 메뉴다.

> 첫 번째 코스…콩수프, 삶은 달걀. 두 번째 코스…식초를 곁들인 삶은 푸른 잉어. 세 번째 코스…지방이 적은 연어와 함께 조리한 자우어크라우트, 양배추 위에 올린 구운 생선. 모두 한 대접에 담아낸다. 네 번째 코스…헝가리 방식으로 삶은 노란 강꼬치고기. 다섯 번째 코스…맛이 간 잉어로 만든 흰색 젤리. 여섯 번째 코스… 모든 종류의 구운 음식들, 케이크와 웨이퍼… 사과, 배, 견과류, 치즈, 모두 한 대접에 담아낸다.[8]

이와는 대조적으로, 같은 금식기간 황제의 오찬 연회에는 한 코스에 무려 42종의 요리가 제공되었으며, 식재료나 조리에 드는 노력의 차이는 말할 것도 없다. 대략 2,000종에 달하는 체계적으로 분류된 레서피와 함께 와인 제조에 대한 구체적인 지시사항이 수록된 룸폴트의 저서는 여전한 중세적 사고에 젖어 있지만, 전문적인 레서피를 글로 적어 책으로 발간했다는 사실만으로도 그는 용기 있는 개혁가였다. 룸폴트는 전문가들의 주방에서는 지식을 오직 구전으로만 전해야 한다는 요리사 길드의 불문율을 깬 독일 최초의 요리사였다.

룸폴트는 역사적으로 중요한 인물이지만, 그의 생애는 《새로운 요리책》의 발행일자를 제외하고는 알려진 것이 거의 없다. 그렇지만 이 책을 주의 깊게 읽다 보면 저자가 어떤 사람인지 자연스럽게 알 수 있다. 집필 당시 그는 마인츠 교구에 속한 아샤펜부르크에 살면서 마인츠의 선제후와 대주교의 개인 주방장으로 일했다. 그는 태생이 헝가리인이었지만, 그의 조상들은 "잔인하고 야만적인 기독교인들의 숙적, 투르크인"들에 의해 '클라이네 발라차이 Kleine Walachei'(소왈라키아, 오늘날 루마니아의 서부 지역)에서 쫓겨났다. 광범위한 지역을 떠돌아야 했던 그는 "어린 시절부터 낯선 사람들 사이에서 근근이 살아가느라 나는 어떻게 오늘내일의 삶을 이어갈 수 있을지 걱정해야 했다". 그는 외국어를 전혀 익힐 수 없었지만 "지금까지 여러 해 동안… 엄청난 노력을 기울여" 요리에 매진했다. 이 말로 미루어볼 때 1581년 당시 그는 더 이상 젊지 않은 나이였다는 사실을 유추할 수 있다. 그는 작센 궁정의 개인 요리사였고, 합스부르크 왕실의 주방에서도 일했던 것 같다. 그는 "많은 주군들"의 궁정에서 일했다고 적었으며 이탈리아, 네덜란드, 러시아, 프로이센, 폴란드, 헝가리, 보헤미아, 독일 등에 대해서도 약간의 견문이 있다고 말했다. 한마디로 그 시대에는 흔치 않았던 자수성가한 세계시민이었던 셈이다. 자신이 적은 것은 모두 직접 시험해보고 주의를 기울일 만한 가치가 있는 것들만 수록했다고 주장함으로써 예전의 저작들을 단순히 베끼기만 하던 동료들을 간접적으로 비난했다.

나에 관한 한, 양심에 따라 증언할 수 있기 때문에, 나는 내가 이해하고 배웠던 것을 다른 사람들에게 탁월하게 제시할 수 있으며, 가장 유익한 방식으로 소통할 수 있다. 이 책에 게재된 것들은 다른 책에서 빌려오거나 허위로 작성되지 않았다. 이 모든 것은 내가 모셨던 주군들의 궁정에서 내 손으로 직접 만들어보고 정리한 것이다.

《새로운 요리책》의 발행인인 지크문트 페예라벤트는 '베스트셀러' 출판에 있어서 약삭빠른 장사꾼이었다. 룸폴트가 자신의 저작물을 보호할 방도로 신성로마제국이 보장한 권리에 따라 10년간 허락 없이 중쇄를 찍은 것을 막았음에도, 1581년 페예라벤트는 사실상 룸폴트의 사본을 《주방과 저장고의 장인 Koch- und Kellermeistery》이라는 제목으로 출판하면서 저자를 '명인 N. 제바스티안 Meister N. Sebastian'으로 표기했다. 그 시대의 출판업자들은 이렇게 무단차용 행위를 두려워하지 않았다. 플라티나의 라틴어판본이 1529년 쾰른에서 출판되어 대성공을 거두었던 터라, 한 출판업자는 이 두 베스트셀러를 한데 묶어 플라티나의 이름을 내세워 《주방의 장인 Kuchemeisterey》이란 제목으로 복제본을 찍었다. 룸폴트 저서의 축약본이라고 할 수 있는(와인 제조법에 관한 장은 거의 모든 단어가 그대로 복제되었다) 이 책에 대해 룸폴트 본인이 이미 알고 승인했었다는 결론을 피하기가 어렵다. 값비싼 호화 양장본이 이미 많이 팔린 이후 여유가 없는 사람들을 위한 보급판이 나오게 된 것이다.

후대인들은 룸폴트의 업적을 거의 인식하지 못했다. 출판업자로서 지크문트 페예라벤트의 유명세와 대조적으로, 연관된 저술의 참고문헌에도 룸폴트의 이름은 발견되지 않았으며 그의 저서 《새로운 요리책》조차 페예라벤트의 출판물 목록에 올라 있지 않다. 그러나 일반적으로 알려진 대로 독일식 감자요리 레서피를 최초로 만든 업적을 룸폴트에게 돌리는 것은 착오인 듯하다. 이는 이 레서피의 명칭인 '에르트테펠Erdtepffel'에서 기인한 것 같은데, 단어의 문자적 의미인 '땅에서 나는 사과'가 남부 독일에서는 감자를 지칭했기에 생긴 오해인 듯싶다. (현대 표준 독일어인 고지 독일어로는 당시에도 감자를 카르토펠른Kartoffeln이라고 불렀다.)

> 껍질을 벗겨 몇 조각으로 썰어 물에 넣어 불린 다음 천으로 물기를 짜내 잘게 다져 가늘게 썬 베이컨과 함께 볶는다. 여기에 우유를 약간 넣고 졸이면 맛있고 훌륭한 음식이 될 것이다.[9]

룸폴트가 감자에 대해 알고 있었을 가능성은 극히 낮다. 감자는 이른바 '콜럼버스의 교환Columbian Exchange' 이후 빨라도 1560년대 중반에 처음 스페인에 소개되었으며, 음식으로는 미심쩍게 여겨졌기 때문에 확산 속도가 대단히 느렸다. 따라서 그가 언급한 명칭은 해석을 달리해야만 하는데, 당시의 에르트테펠은 처빌*과 비슷한 식물로, 오늘날에는 케르벨뤼벤Kerbelrüben(부니움Bunium 또는 차에로필

* 파슬리와 비슷한 허브의 일종

룸 불보카스타눔Chaerophyllum bulbocastanum)이라고 불린다. 이 식물의 씨앗은 커민과 비슷하고, 뿌리는 원형의 돌기로 덮여 있고, 맛은 흔히 밤과 비교된다. (감자에 대해서는 다음 장에서 더 많이 다룰 것이다.)¹⁰

1594년, 룸폴트의 책이 나온 후 얼마 되지 않아 프란츠 데 론치어Frantz de Rontzier가 쓴《다양한 요리에 관한 예술책Kunstbuch von mancherley Essen》이 니더작센주의 볼펜뷔텔에서 출판되었다. 저자는 브라운슈바이크뤼네부르크 공작의 개인 요리사로 저지 독일어로 말한 조리법을 필경사가 받아적어 고지 독일어로 번역했다. 그 결과물은 룸폴트의 저서에 비해 덜 체계적이고 설득력이 부족했으며, 당연히 상업적으로도 성공하지 못했다. 이는 페예라벤트의 능력을 간접적으로 드러낸다. 페예라벤트는 명망 있는 출판업자로 훌륭한 유통망을 가지고 있었던 반면, 볼펜뷔텔에서의 인쇄는 처음이었던데다 검증도 되지 않았기 때문이다. 하지만 론치어의 책 제목은 당시 최소한 일부 계층에서는 요리가 '기능'에서 '예술' 수준으로 넘어갔다는 태도의 변화를 가리킨다. '먹는 예술'이라는 의미의 '슈파이제쿤스트Speisekunst'나 '요리의 예술'을 뜻하는 '코흐쿤스트Kochkunst'라는 단어들이 생겨난 것은 음식에 대한 독일인들의 사고방식 흐름이 바뀌고 있다는 명백한 신호였다.

당시 급성장하고 있던 독일 식문화의 정체성에 미친 영향이라는 측면에서 볼 때 독일인들이 라틴어와 달리 누구나 소통가능한 하나의 공용어를 갖게 되었다는 사실의 중요성은 과소평가하기 어렵다. 일부 요리책 저자들은 자신들의 작업을 구체적으로 '독일적인teutsch' 것으로 내세웠다. 1550년 《독일의 식품저장실Teutsche Speisskammer》을 출간한 히에로니무스 보크Hieronymus Bock와 함께, 발터 리프Walter Ryff는 독일의 요리에 의도적으로 국가적 정체성을 앞장서 반영한 저자였다. 1549년 사후 출판으로 추정되는 책에서 그는 '우리 독일인들이 일상적으로 즐기는' 음식과 음료를 강조하고 있다. 엄청나게 긴 책 제목이 눈에 띈다. 《음식과 음료의 성질과 속성, 에너지, 효능, 효과, 올바른 조리법과 섭취에 있어 우리 독일인들의 일상적 관습에 대한 짧지만 실질적이며 유용한 그리고 건강 관리에 필수적인 많은 설명들Kurtze aber vast eigentliche nutzliche vnd in pflegung der gesundheyt notwendige beschreibung der natur, eigenschafft, Krafft, Tugent, Wirckung, rechten Bereyttung vnd gebrauch, inn speyss vnd drancks von noeten, vnd bey vns Teutschen inn teglichem Gebrauch sind》(이하 《많은 설명들》). 다작형 작가였던 리프는 여러 동료들로부터 표절했다는 비난을 받았는데, 바로 이 점으로 인해 당대의 식생활을 엿볼 수 있는 소중한 보고를 제공해준 셈이다. 이 책을 살펴보기에 앞서 저자가 알자스 지방에서 태어났지만 프랑크푸르트, 마인츠, 뉘른베르크, 쿨름바흐, 뷔르츠부르크 등지에서 살았으며, 그의 부인은 발트해 연안에 위치한 로스토크 출신이라는 사실을 유념하는 것이 중요하다.

그의 책 《많은 설명들》은 알파벳 순서에 따라 '식초Acetum/Essig'에서 '맥주Zythus/Byer'까지 총 82개 항목으로 구성되어 있다. 각각이 대단히 흥미롭기 때문에 그 모든 것을 인용하고픈 충동을 주체할 수 없을 정도다. 리프의 책에 따르면, 마늘은 냄새가 지독하지만 독일인들은 그것 없이는 살 수 없었다. 또한 아몬드는 그즈음 독일에서 재배했기 때문에 훨씬 더 자주 쓰였다. 거위는 어린 것이 소화가 더 잘되고, 거위기름은 케이크를 만드는 데 제격이었다. 봄철의 아스파라거스는 (유감스럽게도 색에 대한 언급은 없지만) 결코 싸지 않은 데도 높게 평가되어 관례상 질 좋은 고기육수에 넣어서 끓이고 식초, 소금, 올리브유를 드레싱으로 뿌렸다(리프는 그 시대의 다른 저자들처럼 올리브유에 '나무기름'이라는 용어를 썼다). 파슬리는 이파리와 뿌리 모두 가장 널리 사용되는 채소인 반면, 귀리죽은 "거친 사람들을 위한 거친 음식으로 맛이 없고 거칠고 잘 넘어가지 않았다". 또한 바질은 고상하고 향기롭지만 거의 사용되지 않으며, 양배추는 속이나 녹색 이파리 모두 일반 주방에서는 주린 배를 채우기 위해 상비하는 가장 중요한 식재료지만, 바이에른식 자우어크라우트 형태로 하루에 서너 번씩 먹는다면 건강에 좋지 않은 악마의 음식이 될 것이라고 썼다. 버터는 독일 요리에 필수적이라고 단언하면서 물로 끓이는 수프조차 버터가 없으면 만들지 못하며, 외국인들이 독일인을 '독일 뚱보 Grass-Alemant'라고 부르는 것이 잘못된 표현은 아니라고 했다. 치즈는 무겁고 소화가 잘 안 된다고 밝혔는데, 특히 레닛을 사용해 숙성시키면 더욱 그렇다고 했다. 또한 부유하건 가난하건 양파가 없으면 요리를 할 수 없다고 주장했다.

또한 《많은 설명들》은 몇몇 지역별 음식의 차이도 철저하게 파고들었는데, 예를 들면 리프 자신의 고향인 알자스 지방에서는 건강식으로 병아리콩을 널리 사용하지만 독일의 다른 지역 전체에서는 그렇지 않다고 했다. 향신료에 관해서, 리프는 당시 독일 요리에서 사용하던 모든 향신료 중 계피가 가장 달콤하고 훌륭하며, 고수의 녹색 이파리는 아주 불쾌하고 냄새가 고약하지만(그는 이 시대에 고수를 뜻하는 그리스어가 독일어로 벌레약초라는 의미의 반첸크라우트 Wanzenkraut로 번역되었다고 했다), 씨앗은 주방과 약재상에서 쓸모 있는 것으로 간주했다. 후추가 가장 널리 사용되던 향신료임을 확인할 수 있는데, 농부들조차 음식에 맛을 더하기 위해 후추를 사용한다고 했으며, 사프란은 여전히 비싸지만 육수에 넣으면 맛이 있으며 마침내 독일에서도 재배되고 있다고 했다. 가금류의 경우, 닭은 싸지 않은데도 널리 소비되고 있으며 소화가 잘되고 건강한 음식으로, 특히 어리고 지방이 약간 있는 것이 좋다고 알렸다. 꿩은 상류층의 요리를 만들 수 있는 식재료지만 살을 찌운 거세한 수탉만은 못하다고 했다. 또한 이런 것들보다 구하기 쉬운 자고새는 잡은 뒤 오래는 아니더라도 하루이틀 정도는 걸어놓아야 한다고 했는데, 이것이 독일의 관습이라며 "우리는 사냥감이 반쯤 썩어 냄새가 날 때 먹는 데 익숙하다"고 주장했다. 겨자는 신 냄새가 날 수 있지만, 요리가 잘 소화되게 해준다고 했다. 겨자와 똑같은 효과를 베르주로도 얻을 수 있으며, 식욕도 북돋운다고 주장했다. 마지막으로 독일의 맥주는 더위를 식혀주는 여름 음료로서 와인을 마셔서 오른 취기를 완화하는데, 리프는 바로 이런 이유로 와인에 흠뻑 젖은 수도사들이 밤에는 맥주를 마셔 열을 식혔다고 주장했다.

독일 요리책은 글쓰기 자체와 세부적인 수준에 관한 한 여전히 신생 장르에 머물렀다. 이탈리아의 바르톨로메오 스카피Bartolomeo Scappi는 1570년작 《요리 기술의 오페라Opera dell'Arte del Cucinare》를 통해 자신의 요리에 필요한 갖가지 정교한 기술을 세세하게 묘사하고, 독자들이 잘 알지 못한다는 가정하에 정확한 계량까지 제시함으로써 더 많은 독자들이 접하도록 만들었다. 이탈리아나 프랑스의 책자들을 번역할 때 번역가가 세심하게 배려하지 않는다면 혼란을 초래하게 되는데, 사실 이런 문제는 오늘날까지도 계속 발생하고 있다. 예를 들어 역사학자들은 당시 독일 민족 특유의 식습관이라고 주장되는 것들이 실은 단순히 음식의 이름을 새롭게 붙인 결과로 볼 수 있다는 의견을 제시했다.[11] 비록 그들의 주장이 '지중해 지역에서는 누구나 올리브유를 사용하기 때문에 지중해 전역의 요리는 하나다.'라는 말과 비슷하지만, 연구 자체는 놀라운 통찰로 가득하다(또한 레서피들을 이름만으로 분류하는 것은 충분하지 않다는 사실도 보여주었다). 앞서 언급했던 조미료 카멜린소스의 경우 잉글랜드, 이탈리아, 카탈루냐, 프랑스 등지에서는 널리 사용되었지만 독일에서는 그렇지 않았는데, 이 소스가 바로 이러한 오류 사례다. 카멜린소스의 성분은 지역에 따라 천차만별이지만, 단 하나의 결정적 성분인 계피는 예외였다. 다만 독일에서는 전혀 다른 이름이 붙은 것이다. 15세기 후반 무렵 중세 저지 독일어로 된 레서피에는 '주군의 소스'라는 뜻의 '헤렌 잘신heren salsin'이라는 이름이 등장했다. 이 소스는 카멜린소스의 모든 특성을 공유했다. 즉 다량의 계피와 빵을 넣어 걸쭉하게 만드는 것과 식초로 희석하는 것이 포함되었다.

정향과 육두구, 카르다몸, 후추, 생강을 같은 분량으로 넣고, 이 모든 것을 합친 분량만큼 계피를 듬뿍 넣은 후, 다른 재료들과 같은 양의 구운 흰 빵을 첨가해 모두 한꺼번에 간 다음 강한 식초를 넣어 섞는다. 그런 다음 작은 나무통에 담는다. 이름은 주군의 소스이며 대략 반년 동안은 좋은 상태를 유지한다.[12]

식초에 절인 소고기 또는 돼지고기 요리인 자우어브라텐Sauerbraten 같은 현대의 독일 음식에서도 여전히 사용하는 향신료와 단맛, 과일과 신맛의 조합은 중세의 유산으로서 흔히 식단의 후진성을 드러내는 독일의 특성이라고 이야기한다. 실제로 단맛과 신맛의 결합은 14세기와 15세기 독일인들이 가장 좋아했던 맛으로 추측된다. 그렇지만 일종의 산미를 사용하는 것은 당시 프랑스에서도 인기 있는 방식이었다. 매우 세련된 여행자이자 철학자, 정치인이 16세기 말 남부 독일의 과일과 육류의 조합에 대해 (다른 흥미로운 점과 함께) 언급한 적이 있는데, 바로 미셸 드 몽테뉴Michel de Montaigne다. 그는 1580년 고향인 보르도를 출발해 이탈리아로 가던 중 독일과 스위스를 경유했다. 호기심에 가득 찬 활짝 열린 마음의 소유자였던 그는 필경사와 하인을 대동해 여행하면서 매일의 생활과 방문지 식습관을 기록한 여행 일기를 꼬박꼬박 적도록 했다. 다음은 그가 보덴호에 접한 린다우 시민들의 습관에 대해 관찰한 바를 기록한 것이다.

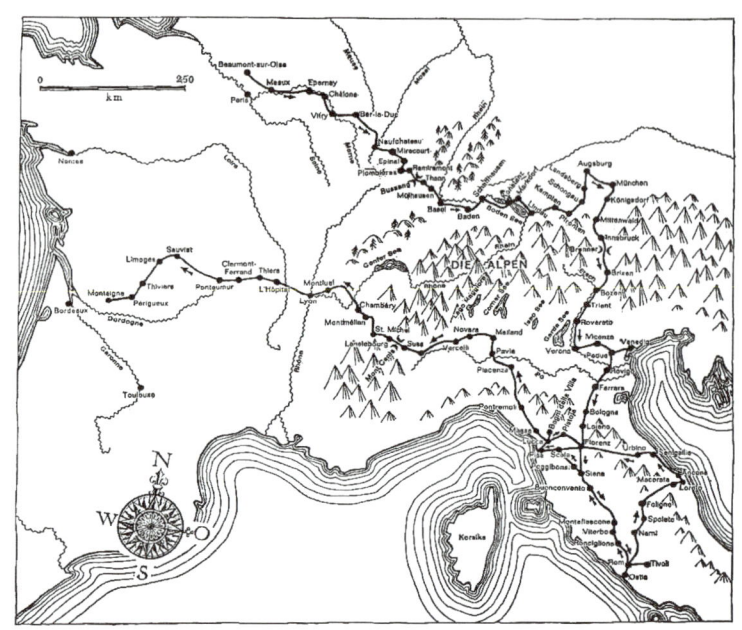

1580~1581년 파리에서부터 스위스, 독일, 오스트리아를 거쳐 로마까지, 다시 로마에서 부르고뉴를 지나 고향 보르도까지의 몽테뉴의 여행지도.

그들(독일인)은 음식에 대단한 공을 들이며 수프, 소스, 샐러드의 (도움을 받아) 아주 다양한 요리를 내오는데, 좋은 여관에서 제공하는 모든 요리는 무척 맛이 좋게 조리되어 프랑스 귀족들의 식사는 거의 견줄 바가 되지 못할 것 같다. 또한 우리의 성들 중에서도 그처럼 호화스럽게 장식된 홀을 거의 보지 못한 것 같다. 구운 사과가 들어 있는 마르멜로수프, 양배추샐러드, 빵이 들어가지 않은, 예를 들면 쌀로 만든 걸쭉한 수프 등은 우리에게는 낯선 음식들이다. 그런데 개인용 접시는 알려지지 않아 모든 사람들이 함께 먹었다. 좋은 생선들을 풍부하게 사용하는 점이 눈에 띄는데, 다른 육류와 함께 한 접시에 담겨 나온다. 송어는 그리 탐탁하게 여기지 않고 그 알만 먹는다. 사냥한 고기, 도요새, 어린 토끼 등은 우리 것과는 상당히 다른데 최소한 우리만큼 잘 조리되며 양도 풍부하다. 이곳에서 매일 나오는 고기요리만큼 부드러운 것들은 본 적이 없다. 육류와 함께 얇게 썰어 조리된 자두, 배, 사과가 나오는데(이 관습은 오늘날까지도 구운 고기와 함께 졸인 배와 크랜베리가 제공되는 형태로 남아 있다) 구운 요리가 먼저 나오고 수프가 나중에 나오기도 하고, 때에 따라서는 순서가 뒤바뀌기도 한다. 과일은 배와 사과밖에 없지만 맛이 아주 좋으며, 견과류와 치즈도 나온다. 육류 요리에는 은이나 백랍으로 만든 커트러리*가 놓이고 곱게 빻은 갖가지 향신료가 담긴 네 개의 그릇이 함께 놓인다. 그중에는 짭조름하고 매운 맛이 나는 캐러웨이 씨앗이나 이와 비슷한 것이 있는데 빵에 뿌려서 먹는다. 빵은 대체로 회향 씨앗을 넣어 구운 것이 많다. 식사 후에는 가득 채운 잔(와인)이 다시 나오고 소화를 도와줄 다른 것들 두세 가지가 따라 나온다.

필경사는 또한 다음과 같이 적었다.

몽테뉴 경은 이번 여행을 하면서 세 가지 점을 아쉬워했다. 첫 번째는

* 나이프·포크·수저 등의 식탁용 날붙이.

집을 떠날 때 요리사를 대동하지 않은 것인데, 그렇게 했다면 이 지역의 요리들을 습득해서 집에 돌아가 시도해볼 수 있었을 것이다. 두 번째는 그가 독일 출신 하인을 고용하거나 지방 귀족을 동반하지 않았던 탓에 형편없는 안내인의 호의에만 의존하다 보니 여행이 매우 불편했던 것이다. 세 번째는 뮌스터의 책[13]이나 그와 비슷한 것을 가져오지 않았다는 사실이다. 그는 와인에 물을 섞지 않고 마시는 데까지는 어느 정도 적응했지만, 술 마시기 내기나 정중함의 표시로 하는 술자리 초대는 극구 사양했다.[14] 이곳의 농부들은 일꾼들에게 회향 씨와 베이컨, 마늘을 뿌려 장작불에 구운 납작한 빵을 제공했다.

몽테뉴는 여행에 가장 적절한 시기를 선택했던 셈이다. 1590년대에 이르러 세계의 무역이 지중해와 발트해로부터 대서양으로 옮겨가면서 육상 교역로들의 중요성이 떨어져 불황이 닥쳤다. 이로 인해 식품, 특히 곡물 가격이 폭등하면서 토지를 가진 귀족이 도시의 상공업자나 상인보다 유리한 위치에 놓였다. 동부 지역에서는 귀족들이 농부들 소유의 땅을 매입할 수 있게 되었으며 경우에 따라서는 마을 전체를 사들여 대단히 넓은 영지를 소유한 영주가 되었다. 서부와 남서부에서는 중세 후기 매우 중요한 정치적·경제적 역할을 했던 수많은 도시들이 이제는 지역 통치자에게 권력을 빼앗기고 일개 지방으로 전락했다. 그 후 1618년부터 1648년까지 정치적·종교적 이해 충돌에 따른 30년전쟁이 이어졌다. 국제적인 논쟁이 독일인들의 봉기와 맞물리면서 독일 영토 내에서 외국세력들끼리 충돌하는 상황으로 악화했던 것이다.

평화로운 시절에도 평균적인 농부들의 주거환경은 기껏해야 수수한 정도였을 것이다. 그런데 교회 꼭대기에서 망을 보던 경비병이 군대가 쳐들어온다고 소리치면 농부들은 집을 버리고 모든 것을—아이들, 들고 갈 수 있는 물건, 가축들을— 동굴이나 다른 은신처로 옮겼다. 이런 장소들은 미리 가시나무를 심어놓는 등의 방식으로 사전에 철저히 요새화한 곳이었다. 이러한 선사시대적 주거지에서 삶이란 그저 생존을 위한 수준으로 전락했다. 군대가 휩쓸고 지나가면 농장 건물들이 파괴되어 농업 생산이 급감하고, 물고기를 키우던 연못이 텅 비고, 가축들이 도살되거나 병사들에 의해 약탈되었다. 군대가 지나간 자리는 문자 그대로 황폐해진 땅만 남는 경우가 경우가 허다했다. 30년전쟁이 독일 경제와 사회 전반에 미친 충격은 시기나 지역에 따라 격차가 컸다. 경우에 따라 군인들에게 필수적인 보급품이었던 육류나 곡물 생산자들은 대규모 군대에 공급을 하면서 상당한 부와 권력을 얻었지만, 결과적으로 나머지 인구를 위한 자원은 고갈되었다. 전쟁의 결과로 인한 인구 급감의 정도에 대해서는 역사학자들 사이에 의견이 분분하다. 가장 피해가 심각했던 지역은 전체 인구의 3분의 2 이상을 잃었던 반면, 일부 지역에서는 실질적으로 영향을 거의 받지 않았다는 사실에 대해서는 동의하고 있다. 또한 최대 사망원인은 이동하는 군대에 의해 전파된 장티푸스, 역병, 매독 등의 전염병이었다. 영양부족과 그로 인한 면역력 감소로 독감만으로도 사망에 이르는 경우가 허다했다. 1600

년 이후에 태어난 사람들 중 전장에서 살아남은 거의 모든 사람이 생계수단 붕괴와 힘든 시기를 겪었다. 경제에 미친 전반적인 영향은 어마어마해서, 독일의 많은 지역에서 생활수준이 전쟁 전 상태로 회복되는 데는 한 세기 정도가 걸렸다.

7장

커피, 설탕, 감자

1648~1815년

30년전쟁의 여파로 독일의 식사문화에서는 회복탄력성과 실용주의가 더욱 굳건하게 자리 잡았다. 모든 지역이 철저히 황폐화되었기 때문에 사람들은 힘겹게 다시 일어섰고, 집만 재건한 것이 아니라 식품의 분배구조도 재정립했다. 튀링엔 바이다 지역의 제빵사들과 제빵업에 대한 연구는 거의 초토화된 소도시의 식품경제에 끼친 전쟁의 영향을 잘 보여준다. 당시 일반적인 경우처럼 바이다의 제빵사들도 길드를 조직했으며, 각 제빵 장인은 공동으로 운영하는 '빵 은행'에 한 자리를 사야 했다. 이곳에서 판매인 한 명이(대개 다른 직업을 구할 수 없는 노인이었다) 빵 판매를 도맡아서 했다. 전쟁 이전에는 이 마을의 제빵사 열두 명 모두가 자신들의 빵을 직접 매대에 내놓을 수 있었지만 말이다. 그 이후로 다시 한번 일상적인 삶이 재개되자 베흐셀바켄Wechselbacken, 번갈아가며 빵을 굽는 새로운 시스템이 도입되었다. 빵에 대한 수요가 매우 감소했기 때문이다. 최초의 기록은 1680년에 나타나는데, 이 조치로 매일 단 한 명의 제빵사에게만 빵을 구울 수 있는 권리가 허용되었다. 단, 모든 사람들이 원하는 대로 할 수 있는 장이 서는 날은 예외였다. 또한 일요일과 휴일에는 정말 필요한 경우가 아니면 빵을 굽지 않았는데, 이때도 단 한 명의 제빵사만 빵을 구울 수 있도록 허락했으며 그것도 목사의 설교가 끝난 후에야 빵을 판매대에 내놓는다는 조건하에서였다. 빵 굽는 날을 허가제로 하는 규제 조치는 마을의 제빵 장인들이 생계를 꾸려나가기 위해 대체 수입원으로 각자 곡물 재배 농장과 맥주 양조장을 운영해야 함을 뜻했다. 그럼에도 이 시스템은 그들에게 빵 굽는 날의 판매를 보장하는 한편 다른 사업을 할 수 있는 시간을 허용했다. 구매자 입장에서는 경쟁이 제한됨으로써 품질이 저해되었기 때문에 이 제도의 이점이 분명치 않았다. 이 규제는 경제가 마침내 회복될 기미가 보인 18세기 후반까지 강제로 시행되었다. 1789년에는 화요일과 토요일이 규제 대상에서 제외되어 누구나 빵을 구울 수 있게 되었으며, 1793년에는 빵 은행에서만 빵을 팔아야 한다는 규정이 완화되어 제빵사들은 자신들의 빵집 진열창에서도 추가로 제품을 판매할 수 있었다. 19세기 이후부터는 교대로 빵 굽는 시스템이 일요일과 휴일로 국한되었다.[1]

길드 시스템의 도제적 속성은 '사감舍監문학Hausväterliteratur'에도 반영되었는데, 이는 성장세를 보이던 부르주아 중산층을 겨냥한 가정의 필수품이었다. 이러한 문학작품 중 초기 사례는 개신교 교구 목사였던 요하네스 콜러Johannes Coler가 1593년부터 1601년 사이에 출판한《가정경제Oeconomia》였다. 주제는 매우 루터주의적이고 포괄적이었으며 크게 성공을 거뒀다. 전문적인 요리사가 쓴 책들은 전문적인 지식을 찾는 동료들을 위한 설명이 목적이었던 반면 사감문학은 올바른 길을 가는 신앙심이 좋은 개신교 신자들을 생산적이고 겸손하며 조용한 삶의 바른 길로 인도하기 위한 것으로, 이런 책에 수록된 레서피는 거의 마지막에 따라오는 부록 정도였다. 루터의 부인 카타리나가 가정경제의 모든 면을 돌보았던 것처럼,《가정경제》는 농사나 포도 재배에서부터 종교적인 질문에 대한 올바른 대답까지 모든 것에 대한 구체적인 지침을 제공했다. 뒤이어 몇 세기 동안 이는 신혼의 주부들을 위한 요리책이라는 새롭고 활기찬 범주의 책들로 진화했는데, 어떤 면에서는 14세기 후반에 나온《파리의 살림살이》에 기초했지만, 결과적으로는 마담 드 생앙주* 스타일의 독립적인 장르로 성장했다.

    루터의 독일어가 지방 사투리를 사라지게 만들지는 못한 것처럼, 식단 차원에서도 지역적 다양성이 더욱 심화되었다(오늘날 유럽연합EU의 상황과 마찬가지였다). 그렇지만 좀 더 넓은 경향으로 본다면

---

*   악명 높은 프랑스의 작가 사드 후작Marquis de Sade이 지은《규방 철학Philosophy in the Boudoir》에 등장하는 여성 인물로 열다섯 살 난 처녀 외제니를 자신의 집에 초대해서 바람둥이로서 삶을 즐기는 은밀한 비결을 가르쳐준다. 이 책은 1795년 처음 발행되었을 때부터 상당히 오랫동안 포르노로 취급되었다.

독일인들이 공용어를 쓰고 고유의 먹고 마시는 것들에 대해 털어놓게 됨으로써 이제 음식에 대한 새로운 영감을 찾아나설 만큼 대담해졌다는 주장은 논쟁의 여지가 있다. 그렇다고 해서 그들이 이탈리아의 모든 것에 대한 애정을 잃은 것은 아니었다. 이 무렵 이탈리아의 식재료를 사들일 형편이 되는 독일의 주방에서는 이탈리아가 원산인 레몬이나 콜리플라워, 사보이양배추 등에 이미 익숙해져 있었다. 룸폴트는 (이탈리아식으로) 하나의 장을 통째로 샐러드에 할애했을 뿐만 아니라 파스타를 의미하는 누델Nudel 레서피를 수록했다. 그중에는 누들수프라고 할 수 있는 것도 있고, 밀가루와 달걀로 만든 일종의 탈리아텔레*도 있었다. 빵가루, 파르메산 치즈, 뜨겁게 데운 버터 등과 함께 먹는 요리였다. 그는 이 요리가 이탈리아 북부 산악지대 티롤 지방에서 유래했다고 생각했다. 독일인들은(적어도 사회적 계층의 상층에 속한 사람들은) 로마가톨릭교회로부터 독립한 이후, 17세기 말과 18세기 초 대다수의 유럽인들과 마찬가지로 프랑스를 문화적 중심축으로 선택했다(하지만 이런 경향은 나폴레옹으로 인해 결국 환상이 깨지고 만다).

예의범절, 패션과 함께 식습관도 프랑스식 겉치레를 따랐고, 일상 대화에서도 프랑스어 구절이 혼용되었다. 모든 것이 '(프랑스식) 최신 유행에 따라 a la mode (des Français)' 바뀌었다. 독일의 대다수 대공들은 프로이센의 왕 프리드리히 2세Friedrich II를 본보기로 삼아 따

* 파스타의 일종으로 긴 리본 모양이다.

라 했으며 궁정문화를 프랑스식으로 발전시켰다. 대공들의 궁전에는 베르사유를 모방해 화려하게 설계된 정원들이 만들어졌다. 원탁에 손님들이 둘러앉아 즐기는 친밀한 분위기의 저녁식사 자리에서는 지적인 대화가 오갔다. 반면 거지들까지 포함해 모든 이들을 초대하는 대규모 연회는 점차 보기 드물어졌다. 나아가 평민들이 통치자들과 직접 접촉하는 일도 없어졌다. 절대권력을 행사한 태양왕 루이 14세Louis XIV의 프랑스와는 달리 독일에는 절대군주들이 다스리던 소규모의 정치적 독립체가 수없이 많았다. 그러나 과거 독립적이던 귀족들은 궁정일을 보는 귀족 관리로 변모했으며, 자신감에 가득 찼던 도시의 주민들은 자기결정권을 지닌 시민이 아니라 국가에 의존하는 관료로 바뀌어 복종하고 굽실거리게 되었다. 독일 남서부 뷔르템베르크 출신 정치가이자 작가인 프리드리히 카를 폰 모서Friedrich Karl von Moser는 1786년 출판된 우화를 통해 이렇게 묘사했다.

어린 독수리 왕자의 생일을 맞이해 독수리 왕은 그의 가족들을 위한 연회를 준비하고 공중의 날것들을 전부 축하연에 초대했다. 그의 힘에 경의를 표하며 수천 마리 새들이 왕의 식탁에서 시중을 들며 요리의 풍성함을 칭송하고 왕의 영웅적 소화력에 대해서는 더 크게 칭송했다. 마침내 배불리 실컷 먹은 왕이 자신을 바라보는 새떼를 향해 말했다. "짐은 이제 다 먹었다." 그러자 허기진 새매 한 마리가 짹짹거렸다. "그런데, 저희는 아무것도 먹지 못했는뎁쇼." 그러자 고귀한 통치자가 답했다. "너희는 내 나라다. 내가 너희 모두를 대신해서 먹은 것이다."[2]

이전 세기에는 지역적 음식의 차이가 지방 사람들 사이에서 극명했는데, 일반적으로 식재료 구입 가능성에 따른 변수 때문이었다. 반면 상류층의 음식은 보다 획일화되고 국제적이게 되었다. 교육받은 부르주아 가정의 주방에서는 요리사들이 두 가지 경향을 혼합하여 익숙한 지역 음식을 프랑스 왕실 식단의 규칙에 따라 모방하거나 개선했다. 세련된 상류층의 식단을 평민들의 요리 전통에 통합시킨 결과로 탄생한 새로운 식문화가 '시민 요리Bürgerliche Küche'였다. 이러한 경향은 유럽의 일반적인 발전과정으로, 프랑스의 므농Menon이 1746년에 출판한 《부르주아 요리사La Cuisinière bourgeoise》를 예로 들 수 있다. 이전 세기의 요리책들이 지중해 음식문화에 기반을 둠으로써 폴란드, 헝가리, 보헤미아 등 동유럽에는 거의 관심을 기울이지 않았던 반면, 마리아 소피아 셸하머Maria Sophia Schellhammer가 1697년에 출판한 두껍고 권위 있는 저작 《잘 교육받은 여자의 요리 Die wohl unterwisene Köchin》는 확고히 프랑스를 향해 있다. 프랑스인들은 독일인들의 요리 목록에 달콤한 디저트와 프리카세*, 라구**, 커틀릿 같은 고기 요리와 더불어 요리 용어까지 완벽하게 포함시켰다. 이

---

* 고기와 채소를 잘게 다져 버터에 살짝 구운 다음, 채소와 같이 끓여 화이트소스와 함께 먹는 요리.
** 고기와 채소에 각종 양념을 넣어 끓인 스튜.

국적인 향신료들은 신선한 허브로 대체되고, 요리시간이 줄어들었으며, 절제와 자연스러움이 예전의 식이요법을 대체해 새로운 길잡이로 자리 잡았다. 현대의 미식가들에게는 약간 놀라운 사실이겠지만, 당시에는 잉글랜드 또한 식문화에서 중요한 역할을 했는데, 의심의 여지 없이 크게 늘어난 일반적 무역관계의 영향이었다. 파울 야코프 마르페르거Paul Jacob Marperger는 1716년에 편찬한 《음식 백과사전Vollständiges Küch- und Keller-Dictionarium》에서 잉글랜드의 요리사들과 요리들을 높게 평가했는데, 그중에서도 삶아서 만드는 영국식 푸딩은 그 시대의 유행이었다.

당시 유럽 국가들이 채택한 주된 경제정책은 중상주의로, 교역을 통한 부의 획득을 목표로 했다. 통치자들의 금고는 조세제도의 완비를 통해 손쉽게 채워질 수 있었다. 한편 이로 인해 영지에 대한 광범위한 조사가 이어졌고, 그 결과 포도원에 대한 정확한 지도 제작과 분류 작업이 최초로 이루어졌다. 그러나 또 한편으로는 셀 수 없이 증가한 통행료 징수 장소가 통행에 걸림돌이 되었다. 예를 들면, 라인강을 따라 이동하는 상인들의 바지선은 평균 10킬로미터도 못 미쳐서 통행료를 내야 했다. 증가하는 인구 속에 꽃피운 중상주의는 수출을 위한 대량 생산으로 이어졌고, 하층계급을 교육하고 그들이 처한 고단한 환경을 개선함으로써 '훌륭한 기독교인, 순종적인 백성, 효율적인 농부'로 만들기 위해 노력하는 계몽사상에도 잘 부합했다.

그 결과, 점차 길드 시스템은 보다 생산적인 방식에 대한 장애요소로 인식되기 시작했으며, 모든 것을 아우르는 대가족은 점차 현대적 개념인 사적이고 혈연관계로 얽힌 소가족으로 옮겨갔다. 한 가정의 아버지가 직장으로 출근을 하거나 개인 사무실로 일하러 나가기 시작하면서 공직을 수행하는 관리들과 교육받은 중산층이 가장 먼저 이런 변화를 실행했다. 하인들은 자신들의 거처로 물러나고 아이들은 점차 어른들의 세계에서 배제되었다. 공예에 기반을 둔 길드에서 일하는 사람들이 점점 줄어들었으며, 현대적 산업의 부상으로 제조업체들은 노동자들에게 임금을 지불하기 시작했다. 이런 상황에서 더 많은 노동자들이 집을 떠나 외지에서 독립적으로 살게 되었다. 동시에 조리된 음식을 파는 가게에서 구입하는 음식의 양이 증가하면서 부엌공간이 줄어든 반면, 손님들을 받기 위한 응접실이 중요해졌다.

30년전쟁 이후 경제회복 기간이 길어지자 다른 나라에 비해 다소 늦기는 했지만, 독일인들도 부엌 관련한 새로운 방식과 함께 이웃 프랑스의 세련된 식습관도 받아들였다. 커트러리 사용이 귀족들의 사회적 관습이 되자 도시의 중산층과 풍족한 농부들도 그 뒤를 따랐다. 이제 손가락을 사용하는 것은 무례한 행동이 되었고 개인용 접시들이 공용 그릇을 대체했다. 17세기 말부터는 포크를 포함한 개인용 커트러리의 사용이 보편화되었다. 식기류는 점차 사회적 지위를 드러내게 되었다. 선호하는 식기는 각 지역마다 차이가 컸다. 북부 지역에서는 평소에는 백랍으로 만든 식기를 사용했고, 꼭 필요한 상황에만 사용하는 값비싼 은제 접시들은 자물쇠가 달린 특별한 칸에 보관했다. 일반적으로 남부 지역에서는 고급 유리 제품으로 사치를 부렸다.

1712년 베스트팔렌주 뮌스터시의 캔버스 천 무역상이 보유한 물품 목록에는 찻주전자, 특별한 차 탁자, 나이프, 포크와 스푼을 포함한 은제 커트러리와 식사에 쓰이는 도자기 그릇이 열거되어 있다. 이 도자기는 아마 프랑스식 채색 도자기였을 텐데, 당시 네덜란드인들은 반세기에 걸쳐 중국 도자기를 복제하기 위해 엄청난 노력을 기울인 터였다. 상류층을 지향하는 삶의 방식을 드러내는 이런 물품들은 거울, 그림 등의 다른 장식 요소들과 함께 개인 가정에도 점차 보급화되기 시작했다. 천으로 만든 의자나 소파 같은 새롭고 우아한 가구에 앉은 손님들에게 새롭게 유행하는 따뜻한 차를 대접하는 새로운 의식이 등장했다.

궁중음식과 생활양식이 사회 전반으로까지 스며든 방식은 작가이자 철학자, 과학자였던 요한 볼프강 폰 괴테Johann Wolfgang von Goethe의 삶과 작품을 통해서도 명백히 알 수 있다. 괴테의 인생은 지나치게 방종하지도 않고 눈에 띄게 금욕적이지도 않았으며, 서재와 식탁 사이만 왕복했던 것으로 보이지만, 그는 독일 미식에 최초로 그리고 가장 강한 영향력을 행사한 인물이었다. 어린 시절 프랑크푸르트의 집에서 어머니가 하던 요리는 그가 성인이 되어 오랜 기간 지극히 열정적으로 활동하는 동안 자신의 바이마르 집에 있던 노란색으로 칠한 식당에서 제공한 음식들만큼 잘 알려져 있다.

나는 식사를 마쳤지만 이렇게 음식을 즐긴 적이 없다네!
식탁에서 감각이 반가워하고, 피가 기쁨에 뛰면
식탁의 다른 모든 것이야 내가 상관할 바가 아니기 때문이라네.
젊은이들이야 삼키고 나서 허공에 휘파람 한 번 불면 그만이지만
나에게는 이곳이 내가 가장 좋아하는 유쾌한 휴양지,
먹고 맛보기를 즐기는 곳이라네.
술을 마셔보았지만, 술잔을 이토록 즐긴 적이 없다네!
와인은 우리를 왕으로 만들고, 영혼에 활기를 불어넣지만
노예의 떨리는 혀도 제멋대로 지껄이게 한다네.
그러니 술통 속 오래된 와인이 줄어든다고 해도
마음을 휘젓는 음료를 아끼려고 하지는 마세.
그래야 그 자리에서 새 와인이 빨리 익어갈 것 아닌가.[3]

괴테의 저작은 미식이든 시든 과학이든 그가 분야를 엄격하게 구분하지 않고 섭렵했다는 충분한 증거를 제공한다. 음식과 와인은 그의 과학적 연구만큼이나 그의 시에 깊은 영향을 미쳤다. 고결한 지적 야망과 저급하게 여겨지는 식탁이 주는 즐거움에 대한 집착 사이의 전통적인 갈등이 그에게는 존재하지 않았던 것 같다. 괴테의 사례가 카를 프리드리히 폰 루모르Karl Friedrich von Rumohr가 1822년 《요리 예술의 정수Geist der Kochkunst》를 출판하게끔 고무시킨 계기가 되었다는 주장이 있는데, 이에 대해서는 진지하게 토론해볼 필요가 있다. 괴테는 유년 시절부터 부유했다. 그의 아버지는 프랑크

게오르크 멜키오르 크라우스Georg Melchior Kraus, 〈안나 아말리아 공작부인의 저녁모임 *Abendgesellschaft bei Anna Amalia*〉, 1795, 수채화. 시인 괴테는 누구나 자신의 관심사에 빠져들 수 있는 이러한 비공식 모임을 즐겼다.

푸르트 출신의 법률가이며 제실고문관이었고, 어머니는 호텔 경영인이자 와인 상인의 딸로 대형 와인 저장고를 상속받았다. 괴테는 할아버지가 프랑크푸르트 사회의 최고위층 인사였기 때문에, 젊은 시절 신성로마제국 황제 요제프 2세Joseph II의 1764년 역사적인 대관식 등 중요한 축하연에 초청을 받곤 했다. 이 축하연에는 황소 한 마리를 통째로 꼬챙이에 꽂아 구운 음식이 나왔다. 프랑크푸르트 대성당은 1356년부터 모든 독일 황제들의 선출이 이루어진 장소이며 이어서 그곳에서 대관식도 거행되었다. 하지만 이 도시 행정당국의 위엄은 시민들의 절제된 일상의 삶과 균형을 이루고 있었다.

예를 들면, 괴테의 숙모는 지체가 너무 높아서 식료품점을 운영하지 못할 정도는 아니었다.

괴테가 바이마르에 있는 자신의 집에서 음식과 와인에 지출한 비용을 보면 상당히 낭비벽이 있었고, 점심에 초대하는 손님들의 범위는 점차 넓어졌다. 지배계층에서 아주 유행한 흰색 아스파라거스는 괴테가 가장 좋아하던 요리 중 하나였다. 그의 아버지는 프랑크푸르트 성벽 바로 바깥쪽에 있던 작은 포도원의 포도나무 사이 이랑에 아스파라거스를 심었으며, 괴테도 집 가까이에 살던 자신의 뮤즈 샤를로테 폰 슈타인Charlotte von Stein에게 정원에서 재배한 아스파라거스를 딸기와 함께 자주 보내주곤 했다. 모든 가정에서 자기가 먹을 음식은 임대한 채소 텃밭 '크라우틀란트Krautland'에서든 자기 집 정원에서든 가능한 한 많이 재배하는 것이 당시의 관행이었다. 괴테는 공작과 함께 사냥을 나갔다가 사슴고기를 집으로 가져오기도 했지만, 대부분의 희귀 식품은 수년 동안의 거래로 다져진 유통망을 통해 공급받았다. 또한 괴테의 친구 한 명은 정기적으로 네덜란드산 청어, 뱀장어, 연어, 바다가재, 굴뿐만 아니라 훈제 소혀, 파인애플, 생강, 레몬 등을 보내주었다. 이런 매우 값진 품목들 가운데 가장 유명했던 것은 텔토브의 뤼브첸Rübchen이었다. 베를린 교외에 있는 같은 이름을 가진 마을에서 생산되는 향이 짙은 작은 흰색의 순무 품종으로, 그의 친구이자 음악가인 첼터Carl Friedrich Zelter가 보내주었다.

뤼브첸 이야기는 이 위대한 작가의 찬사를 받을 만한 가치가 있다. 작고 하얀 이 순무는 특별한 토양과 관련이 있는 재배변종 중 가장 오래된 사례의 하나였다. 베를린 바로 남쪽에 위치한 텔토브 구역은 농업적으로는 가치가 낮은 모래가 많은 토양이 특징이다. 이 순무와 관련된 문헌들을 살펴보면 오늘날까지도 풍부한 조리법과 참고자료를 찾아낼 수 있다. 이 중에서 가장 오래된 레서피는 마리아 소피아 셸하머가 (전작《잘 교육받은 여자의 요리》에 기초해) 1723년 출판한 《브란덴부르크 요리책 Brandenburgisches Kochbuch》에서 찾을 수 있다. 그렇지만 이 작은 순무의 명성은 단순한 조리법 정도는 훌쩍 뛰어넘는다. 괴테가 높이 평가했다는 사실 말고도, 미식가이자 철학자인 카를 프리드리히 폰 루모르가 저서《요리 기술의 정수》에서 브란덴부르크의 특징적인 별미로 언급하기도 했다. 테오도어 폰 타네 Theodor Fontane는 1898년에 발표한 시를 통해 이 지역의 풍요로움을 극찬했다. "하렌제 부근 엄청난 양의 아스파라거스, 딜, 곰보버섯과 텔토브 순무, 오데르강 이곳저곳에서 나는 가재…" 1894년 합스 Robert Habs와 로스너 Leopold Rosner가 편찬한 《빈의 식품백과사전 Wiener Appetitlexikon》에서도 이 순무를 세세하게 묘사했으며, 1880년판 프랑스《대백과사전 Grande Encyclopedie》에는 '텔토브의 작은 베를린 순무 navets de Berlin petit de Teltau'라는 주제에 포함되어 있다. 파리에서는 전혀 새로울 것 없던 순무지만, 1789년 파리에서 출간된《정원학 개론 Traité des Jardins》에도 포함되어 있다. 그 책에 의하면 "베를린 순무는… 대단히 작고 희며 약간 긴 편인데, 아주 부드럽고 맛이 좋다."[4]

텔토브 순무.

텔토브 순무의 성공은 거의 전 세계적인 현상이었던 듯 보인다. 요한 크리스토프 베크만Johann Christoph Bekmann은 1751년에 출간된 《브란덴부르크 선제후국의 역사적 기술Historische Beschreibung der Chur und Mark Brandenburg》에서 육로와 해로를 통한 교역에 대해 기술했는데, 브란덴부르크는 스페인, 포르투갈, 상트페테르부르크, 콘스탄티노플, 바타비아, 아바나뿐만 아니라 '세계의 모든 곳'과 연결되어 있었다. 수출품 중에는 "야외나 주방에서 쓰는 각종 과실이 있는데, 그중에서도 특히 텔토브의 작은 순무는 외국인들 사이에서 진미로 여겨진다". 다른 주장들, 특히 20세기 초 지역 출판물에서 주장하는 사실들은 입증하기가 불가능해 보인다. 그 주장들은 중세 브란덴부르크에서 널리 경작된 텔토브 순무와 교황에게 정기적으로 순무를 진상한 레닌 수도원 수도승들부터 루이 14세의 베르사유 궁전에 순무를 소개한 리셀로테 폰 데어 팔츠Liselotte von der Pfalz*까지 포함하고 있다. 이와 유사한 맥락에서 1810년 나폴레옹과 그의 두 번째 부인인 합스부르크 가의 마리 루이즈Marie Louise가 결혼식 날 아침식사로 순무를 먹었다는 전설도 전해진다.

그와는 대조적으로, 여러 세대에 걸친 텔토브 농부들의 작업에 대해서는 의심의 여지가 없다. 이들은 8월 말 성 바르톨로메오의 날을 전후로 호밀 추수가 끝나 줄기가 아직 남아 있을 때 순무 씨를 뿌렸고, 8주나 9주 후인 10월 말이나 11월 초에 수확했다. 1905년 '텔토브 책력Teltower Kreiskalender'에 따르면, 순무는 수요가 아주 많아 굳이 공공 장터에 내다 팔 필요가 없었다. 대신 농부들에게는 단골 고객들이 있어 남부 티롤, 오스트리아, 이탈리아, 스위스 등지로 대량 수출되었다.

2차대전 이후, 분단된 국가의 서쪽에 살던 독일인들은 이러한 명성이나 역사, 흥분감 같은 것을 이해하기 어려웠다. 텔토브라는 이름으로 판매되는 순무는 때때로 아무런 특성도 가지고 있지 않았다. 순무는 일반적으로 지역적 특성에 재빨리 적응하기 때문에 함

* 하이델베르크 출신으로 프랑스 루이 14세의 친동생인 오를레앙 공작 필리페와 결혼한 이후 루이 14세의 왕궁에서 상당한 영향력을 행사했다.

부르크 인근의 보다 비옥한 토양에서 재배된 순무는 좀 더 신선하고 신맛이 약하고 다소 수분이 많았다. 동독에서는 텔토브 씨앗이 개인정원 단 두 곳에서만 살아남았다. 그러나 1990년대 초 텔토브 출신으로 시판용 작물을 재배하는 악셀 실레바이트Axel Szilleweit가 경작한 텔토브 순무가 상업용으로 재등장한다. 그의 뤼브첸 맛은 예전의 책자에 묘사된 것들과 거의 같았다. 향이 강하고, 톡 쏘는 맛이 있었고, 땅의 풍미를 지녔으며, 서양고추냉이와 비슷한 매운맛과 단맛이 절묘하게 균형을 이루었다.

요한 시몬 케르너Johann Simon Kerner, 《경제적 초목에 대한 삽화Abbildung aller ökonomischen Pflanzen》(슈투트가르트, 1793)에 수록된 '텔토브 순무'. 오늘날 악셀 실레바이트에 의해 재배된 맛있는 유기농 순무의 모양과 유사하다.

괴테는 노련한 와인 시음가였다. 한번은 공작이 저녁식사 후 상표를 뗀 레드와인을 내놓은 적이 있었는데 식사에 참여했던 사람들 모두가 부르고뉴산이라고 입을 모았지만 더 이상의 세부사항은 말하지 못했다. (이는 와인 블라인드 테스트가 현대의 발명이 아니라는 사실을 보여준다.) 하지만 그 자리에 있던 괴테는 와인을 다른 사람보다 오랫동안 음미한 후 이전에 맛본 적은 없지만 부르고뉴산 와인이 아닌 것은 확실하다고 단언했다. 곧이어 그는 이 와인이 예나 인근에서 생산되어 마데이라산 나무통에 일정 기간 보관해두었던 것임을 정확하게 짚었다. 괴테는 음식과 와인의 과학적인 배경에도 많은 관심을 쏟았다. 괴테는 (그에게는 독일 최고의 포도원 중 하나였던) 라인가우 지방 요하니스베르크의 토양을 묘사하는 데 엄청난 노력을 기울였고, 와인의 품질을 결정하는 요인으로 토양(테루아)과 함께 포도를 수확하는 시기를 꼽았는데, 이는 오늘날의 독일 와인 생산에서 여전히 중요한 요소로 남아 있다. 괴테에게 맥주는 지나치게 무거웠고 커피는 그를 '우울하게' 만들었지만, 나이가 들어서는 핫초콜릿을 무척이나 좋아하게 되었다. 괴테는 바이마르에서 언제나 탁자에 와인 병을 놓아두었는데, 이는 최소한 지식인들 사이에서는 병에 든 와인이 일반적이었음을 뜻한다(100년 전만 해도 그렇지 않았다). 괴테의 어머니는 프랑크푸르트에 있는 자신의 와인 저장고에 보관된 조부의 옛날 와인을 병에 담아 '늙은 신사die alten Herren'라는 꼬리표를 붙여 정기적으로 그에게 보내주었다. 괴테가 가장 좋아한 빈티지 와인은 거대한 혜성이 나타났던 1811년산 '아일퍼Eilfer'였다.

그는 1832년 바이마르에서 사망하기 몇 시간 전까지도 와인을 홀짝거렸다. 비록 물에 희석하기는 했지만.

공작의 어머니 아나 아말리아Anna Amalia의 전 주방장이었던 프랑수아 르굴롱François Le Goullon이 바이마르에 작은 호텔을 개업하자 괴테는 정기적으로 방문해 거위간 요리 '푸아그라 파테'를 비롯한 음식을 자신의 지정 테이블로 가져오게 했다. 1829년 르굴롱이 출판한 요리책 《새로운 아피키우스Der neue Apicius》*에는 부르주아 계층에게 적절한 식사 구성에 관한 지침이 들어 있다. 그의 규정에 따르면, 가장 먼저 제공되는 와인은 테이블와인Tischwein이어야 한다. 그 이유는 문자 그대로 미리 테이블에 놓아두어야 하기 때문이다. 보통 손님 두 사람당 한 병꼴로 준비한다. 화이트와인으로는 뷔르츠부르크와인, 라인와인, 모젤와인, 팔츠산 포르스터와인 등을 추천했으며, 그가 선호하는 레드와인으로는 '보르도', '타벨', '루실롱'을 꼽았다. 이 와인들은 다소 단순한 요리들의 모음인 첫 번째 코스에 따라 나온다. 요리에 공이 많이 들어간 두 번째 코스에는 더욱 섬세한 와인 종류인 고급 라인와인이나 뷔르츠부르크의 최상급 포도원에서 생산한 제품들인 '라이스텐'이나 '슈타인바인'을 곁들이거나, 레드와 화이트 샴페인을 제공한다. 그다음은 과일이나 디저트와 함께 오래된 요하니스베르크 와인, 혹은 스페인산 '세레스'나 '알리칸테', 콘스탄츠산 '카프' 그리고 헝가리산 진품 '토카이Tokaji' 와인 등

---

* 아피키우스는 로마 아우구스투스 황제 시절의 유명한 식도락가이다.

이 따라 나온다. (이런 와인들을 통해 당시에도 얼마나 먼 거리까지 교역이 이루어졌는지 알 수 있다.) 텔토브 순무를 좋은 채소로 여겨 설탕, 버터와 함께 냄비에 넣어 구웠던 르굴롱에 따르면, 저녁식사는 커피, 설탕물, 증류주로 마무리된다.

감자, 설탕과 함께 커피는 당대의 넓은 음식세계에서 제 길을 찾은 세 가지 새로운 식품 중 하나였다. 기존의 식습관을 근본적으로 바꿔놓은 이 셋 모두 오늘날까지도 독일의 식사 방식을 여전히 좌우하고 있지만, 독일의 음료나 요리, 그리고 욕망을 정복하게 된 경위에는 각각 큰 차이가 있었다. 커피는 1582년 아우크스부르크의 의사이자 식물학자인 레오나르트 라우볼프Leonard Rauwolf에 의해 차우베Chaube라는 이름으로 처음 보고되었다. 1645년 즈음 베네치아에 세계 최초의 커피하우스가 생겼고, 런던에서는 1652년에 문을 열었지만, 기존의 펍이 새로운 유행에 편승해 간판만 바꿔 다는 경우가 대부분이었다. 프랑스 왕실에는 1669년 도입되었으며, 이 무렵에는 독일에서도 커피가 사회적으로 필수 식품이 되었다. 잉글랜드와 네덜란드 상인들이 함부르크에 커피하우스를 처음 연 해는 1677년이며(다른 기록에는 1679년과 1687년이라고도 한다), 라이프치히가 그 뒤를 따라 1694년, 그리고 마침내 베를린이 1721년 시류에 동참했다. 잉글랜드에서는 차가 1658년부터 같은 방식으로 나타나 빠르게 커피의 뒤를 좇았다. 당시에 차는 특히 수익성이 좋은 상품이었기 때문에 엄청난 판촉 행위를 통해 곧바로 커피를 추월했다. 반면 독일에서는 북부에서만 실제로 말린 찻잎을 구할 수 있었다.

동부 프리슬란트 지방만 영국과 견줄 정도의 차 문화를 발전시켰는데, 이른바 '오스트프리젠미슝Ostfriesenmischung'이라고 불리던 인도산 아삼 홍차 유형의 강하고 색이 진한 차를 얼음사탕과 액상크림을 곁들여 즐겼다.

독일의 나머지 지역은 커피를 열렬히 받아들였다. 커피하우스는 최신 신문기사에 대한 논의뿐만 아니라 지적인 진보와 근대화(그리고 경우에 따라서는 사회적 불안)와 관련된 심도 있는 정치적 토론이 이루어지는 사회적 회합 장소가 되었다. 남성들이 공공연히 사교활동

〈타고난 커피애호가 '언제나 목마른 부인'과 '언제나 목마른 한스'〉, 1835년경, 동판화.

을 했던 반면, 여성들은 가정에서 주로 아침이나 오후에 덜 중요한 사적인 커피모임Kaffeekranzchen을 가졌다. 이러한 의식은 문화 전반에 걸쳐 큰 영향력을 발휘했다. 유대인들은 육류가 포함된 식사 이후 커피를 대접해야 할 경우 우유나 크림을 달걀흰자 거품으로 대체함으로써 코셔를 지키는 방식을 발전시켰다.

커피를 마시는 습관은 가난한 가정까지 빠르게 퍼져나갔으며, 집에서 일하는 사람들 사이에서도 하루의 단조로운 일과 도중 잠시 커피를 마시기 위한 휴식시간이 일반화되었다. 1780년경 커피는 아침식사의 수프나 죽을 대체했는데, 이러한 변화는 치커리 뿌리를 볶아 커피와 비슷한 맛이 나도록 만든 치코린카페Zichorienkaffee처럼 저렴한 커피 대체식품이 등장한 덕분이기도 했다. 1770년대에는 독일의 토착 식물인 치커리가 브라운슈바이크와 마그데부르크를 중심으로 완전히 새로운 산업을 창출해냈다. 프로이센커피라고도 알려진 커피대용품 '에어자츠Ersatz' 커피는 나폴레옹이 항구들을 봉쇄한 기간 중 엄청난 호황을 겪어 공장 한 곳이 350명의 노동자를 고용했을 정도다. 다른 갖가지 볶은 곡물들이 '농부들의 커피Bauernkaffee'라는 이름으로 알려진 혼합물 생산에 이용되면서 값비싼 원두의 공급 물량을 보충했다. 이것은 라인강 유역에서는 무커푸크Muckefuck로 불렸다(이 단어는 의심의 여지는 있지만, 대용 커피를 의미하는 프랑스어 모카포mocca faux가 두음전환된 것이라고 한다). 커피에 대한 언급이 대중적인 출판물에 나타나고 노래에도 들어가기 시작했다. 1770년경의 만화에서는 유별나게 영양 상태가 좋은 시민 한 쌍을 미스 커피처녀Frau Kaffeeschwester와 미스터 맥주뚱보Herrn Bierwanst로 불렀으며, 작센의 음악 교사가 만든 민요는 지금까지도 많은 사람들에게 알려져 있다.

> 커-피-, 너무 많이 마시지 말아요.
> 이 터키식 음료는 아이들에게 좋지 않아요.
> 신경쇠약에 걸리고 당신을 창백하고 아프게 해요.
> 그대로 놔두지 않는 무슬림이 되지는 말아요!

1734년 그 유명한 라이프치히의 작곡가이자 성가대 지휘자 요한 제바스티안 바흐Johann Sebastian Bach는 심지어 장난기 어린 〈커피칸타타Kaffeekantate〉를 작곡했다. 그 직후 벌어진 7년전쟁(1756~1763)에서 많은 프랑스 군인들이 북서부와 작센 지방에 들어왔는데, 이 지역에서는 커피의 인기가 너무 높아져 커피하우스들이 확보했던 독점 체제를 더 이상 유지할 수 없을 지경이 되었다. 이 때문에 오늘날까지도 작센주는 '카페작센Kaffeesachsen'으로 알려져 있다.

모든 계층에서 커피를 마시는 습관이 받아들여지자, 커피의 소비는 정치적 사안으로 발전했다. 이어진 논의는 당시 사회가 전반적으로 겪고 있던 격변을 드러냈다. 전통적인 사회적 경계는 계몽사상에 의해 의심의 대상이 되었으며, 부의 축적과 교육을 통해 사회계층 간의 이동성이 증대되자 기득권층에서는 진보주의자건 보수주의자건 이를 우려했으며 심지어 위협을 느끼기도 했다. 누구나 커피를 마시고 최신 유행의 프랑스 옷을 입을 수 있다면, 어떻게 사회적 질서가 유지될 수 있을까? 시민들을 그러한 위해로부터 보호하기 위해 통치자가 개인의 삶에 개입할 권리, 심지어는 의무가 있다는 것이 대다수의 생각이었다. 다른 나라와 마찬가지로 '커피 역병'은 건강하지도 않으며 사치스러운 습관으로 인식되었다. 커피만큼이나 값비싼 수입 설탕을 넣어 달게 마시는 습관은 특히 그랬다. 또한 커피를 반대하는 십자군은 커피는 원기를 소진시키고, 일할 의지를 훼손하며, 농부들 스스로가 가장 달콤한 우유를 부적절하게 많이 소비하도록 유혹한다고 주장했다(농부들은 도시민의 식탁을 위해 가능한 한 많은 양을 생산해주리라는 기대를 받았다). 또한 성직자들은 이 새로운 검은 음료는 악마가 직접 빚은 것이며 사람들을 교회에 나오지 못하게 만든다고 확신했다. 커피가 게르만족의 민족적 특성을 약화시킨다는 말이 있었으며, 한편으로 커피하우스는 이곳을 자주 드나들던 커피 창녀 Caffe-Menscher라고 불리던 매춘부들로 평판이 나쁜 경우가 종종 있었다. 정치적 차원에서는 불필요한 사치품 수입에 많은 돈을 탕진하므로, 무역흑자를 유지하려는 중상주의적 이상에 어긋난다는 논쟁이 일었다. 게다가 커피의 대체작물 역시 좋은 곡물의 낭비라는 주장까지 대두했다. 치커리의 경우 그 경작지에 다른 작물을 심으면 더 효율적으로 활용될 수 있다는 것이었다. 또한 커피는 독일의 국가적 음료로 간주되던 맥주와 와인의 판매를 저하시킨다는 비난도 받았다. 실제로 18세기에 맥주 소비량이 감소했으며, 이러한 현상은 북부에서 더욱 심각했기 때문에, 맥주 주조

루이스 카첸슈타인Louis Katzenstein, 〈프로이센의 커피탐지인Die Kaffeeriecher〉, 1892년, 목판화.

권과 공공 여관에 대한 과세가 꽤 괜찮은 수입원이었던 토지귀족들에게 우려할 만한 상황이기는 했다.

지나친 커피 소비를 억제하기 위한 법령은 1764년 브라운슈바이크-볼펜뷔텔에서 최초로 제정되었다. 그런데 이 법령은 시행된 적이 없는 듯한데, 적법하게 커피를 마시는 사람들과 습관적으로 남용하는 사람들을 어떻게 구분하느냐에 대한 합의를 이룰 수가 없었기 때문이다. 다른 법령들도 잇달아 제정되었다. 원두와 음료 모두 판매를 제한하기 위해 세금이 부과되었을 뿐 아니라 온갖 종류의 규제와 검사가 수반되었다. 이런 조치의 결과 오히려 암시장이 활기를 띠면서 대규모 밀수가 시작되었다. 프로이센의 프리드리히 2세가 도입한

'커피탐지인Kaffeeriecher'은 가장 유명한 공식 조치일 것이다. 이 제도에 따라 의병제대한 군인 약 400명이 베를린 거리를 순찰하면서 커피 원두를 로스팅하는 냄새를 찾아다녔다. 또한 국가가 커피 로스팅에 대한 독점권을 소유했으며 귀족, 성직자, 일부 고위 관리들만 값이 덜 비싼 로스팅하지 않은 원두 구입을 허용받았다. 1790년대에 이르자 마침내 커피 소비를 금지하려는 움직임은 시들해졌으며 더 이상 정치적인 이해관계로 취급되지도 않았다(그러나 19세기에 빈곤화에 대한 반작용으로 다시금 논란거리로 등장한다.) 커피는 1960년대에 들어서야 값비싼 사치품에서 일상적인 즐거움으로 완전히 전환되었으며, 오늘날에도 독일에서 커피 가격은 정치적으로 민감한 사안이 될 수 있다.

설탕은 이 새롭게 등장한 뜨거운 음료에 없어서는 안 될 동반자였다. 16세기를 거치면서 사탕수수로 만든 설탕을 구하기가 좀 더 쉬워진 것은 분명하지만, 설탕의 주요 생산지로 시칠리아와 마데이라제도에 이어 브라질과 서인도제도가 합류한 이후에야 감미료로 꿀을 대체하기 시작했으며 맛이 풍부한 디저트들이 레서피 책자에 정기적으로 나타나기 시작했다. 설탕은 오랫동안 상류층의 특권적 지위를 나타내는 상징이었다. 설탕에 대해 언급한 최초의 저자 마르크스 룸폴트는 1581년 요리책을 출간할 때 '당과류'에 한 장을 통째로 할애하면서 설탕 일부를 약국에서 공급받았다고 설명했다. 그는 꿀에 대한 언급은 전혀 하지 않았지만, 마르치판과 당과류는 귀족을 위한 연회용 음식인 반면, 중산층이나 농민들은 페이스

막스 리베르만Max Liebermann, 〈순무밭의 일꾼들Arbeiter im Rüberfeld〉, 1876년, 캔버스에 유화.

트리, 과일, 치즈에 만족해야 함을 분명히 했다. 아우크스부르크나 뉘른베르크의 부유한 귀족들은 일찌감치 설탕을 사용했다. 반면 농부들은 중요한 축제 때만 구입할 수 있었으며 자랑스레 사용하는 경향이 있었다. 이를테면 앞서 설명했듯이 결혼식이나 세례식 등에 대접했던 눈에 잘 띄는 '붉은' 설탕을(아마도 정제되지 않은 것이었을) 뿌린 수수죽 같은 경우다. 이러한 상황은 18세기까지 계속되었다 (18세기 이후에는 설탕이 쌀로 대체되었는데, 쌀 역시 음식의 사회적 피라미드에서 맨 위로부터 서서히 아래로 내려오며 퍼졌다).

프랑스 궁정에서 확립한 선례를 따라, 새롭게 마시기 시작한 쓴맛이 나는 뜨거운 음료는 설탕을 넣어 달게 만들었을 뿐만 아니라 식사를 마무리할 때 달콤한 페이스트리와 함께 나오는 디저트거나 아침이나 오후의 방문객을 위한 가벼운 음료였다. 왕실에서 시작된 설탕 소비의 추가 사례로는 리큐어와 레모네이드, 얼음과 초콜릿

프랄린* 등이 있었다. 프랄린은 플레시-프랄린 백작Maréchal du Plessis-Praslin의 요리사가 개발했으며, 독일에는 1676년 프랑스 대사가 레겐스부르크의 제국의회를 방문하면서 소개되었다.

당과류 제조를 아우르는 제과업자Conditor라는 새로운 직업의 범주에는 온갖 종류의 설탕을 입힌 과일과 과거에는 약으로 분류되던 향신료까지 포함되었다. 제과업자는 독일어로 설탕제빵사 Zuckerbäcker라고 불리기도 했는데, 귀족들의 연회 테이블에 실제로 먹는 요리는 아니지만 설탕으로 정교한 조각을 만들기도 했다. 그들의 레서피는 비밀에 부쳐져 보호받았으며, 당과류는 18세기 말 사회적 변화로 설탕의 사용이 달라질 때까지 사회적 지위를 나타내는 최고의 상징이었다.

하지만 독일인들은 또다시 뒤처져 있었다. 1800년 무렵, 차를 마시는 영국인들의 설탕 소비는 독일인들만큼 오래 지속되지 않았다. 독일인들은 연간 1킬로그램의 설탕을 소비했는데 이전 세기 소비량의 두 배로 추정되는 양이었다.5 함부르크는 설탕 정제와 교역의 중심지가 되었다. 여기에는 카리브해의 플랜테이션을 통해 오랜 시간 설탕에 익숙해져 있던 다수의 네덜란드인 난민들의 영향이 컸다. 프로이센 최초의 설탕공장은 17세기 중반에 세워졌지만 지역에서 사탕수수를 정제한 설탕은 품질이 떨어지는데다 보호관세에도 불구하고 가격이 높았다. 그러나 1747년 안드레아스 지기스문트

*   설탕에 졸인 견과류.

마르그라프Andreas Sigismund Marggraf와 프란츠 카를 아하르트Franz Carl Achard가 오늘날 사탕무Rübenzucker로 알려진 망엘부어첼Mangelwurzel 품종에서 설탕 추출에 성공함으로써 설탕 생산의 미래를 극적으로 바꿔놓았다. 아하르트는 1801년 사탕무에서 설탕을 추출하는 생산 공장을 슐레지엔의 쿠네른에 처음으로 세웠지만, 자금 부족과 경영 미숙으로 회사는 파산했다. 미래의 사업개발에 기존 설탕 정제소를 포함시키는 것을 중요시했던 왕은 왕실의 특권을 베풀기를 거절했다. 1792년 베를린에 세워진 사탕수수에서 추출하는 설탕 정제소는 모두 베를린의 상인으로 구성된 71명이 주주로 참여한 주식회사 형태였는데, 이는 새롭고 보다 자유로운 무역 법령을 지향했다. 그러나 1799년 나폴레옹전쟁과 그로 인한 대륙 봉쇄의 결과로 사탕무가 프로이센의 수요를 충족하는 데 필수로 여겨졌고 관료들은 사탕무 경작법과 함께 사탕무로 시럽이나 고체 설탕, 증류주를 생산하는 방식에 대한 지침서를 발행했다. 또한 연간 생산량이 적정선에 도달하는 경우 누구에게나 금전적 보상을 제안했지만, 실제 시행은 설탕에 대한 과세 체계가 단순해진 1810년 이후에야 이뤄졌다.

1799년부터 1815년까지 프로이센에 사탕무에서 설탕을 추출하는 공장이 36개나 설립되었지만, 그중 다수는 단명에 그쳤고 나머지도 나폴레옹이 영국에 대한 무역 봉쇄조치를 취했던 1806~1814년만 호황을 누렸다. 무역 봉쇄가 풀린 후 설탕 값의 폭락과 함께 사탕무를 이용한 설탕의 생산도 급감했다. 사탕무를 이용하는 설탕 생산은 여전히 수입 사탕수수를 이용할 때보다 이윤이 훨씬 적었는데, 사탕수수는 노예들의 노동력 착취로 생산되었기 때문이다. 그렇지만 프랑스와 독일 영토 내 프랑스 점령지에서는 나폴레옹이 사탕무를 이용한 설탕 생산을 강력하게 추진했으며, 1813년에는 아예 수입 사탕수수 사용 금지령까지 내렸다. 당시에는 33킬로그램 정도의 사탕무에서 고작 정제설탕 1킬로그램과 시럽 2킬로그램 정도만 뽑아낼 수 있었는데, 그에 비해 현대에는 7킬로그램의 사탕무에서 설탕 1킬로그램을 추출한다. 이것은 기술효율성이 향상되고 설탕 함유량이 높은 사탕무 품종이 개발된 덕분이다. 프랑스에서는 나폴레옹의 몰락 이후에도 사탕무를 이용한 설탕 생산이 계속되었던 반면 독일은 사탕수수를 이용하는 방식으로 되돌아가 1840년대까지 유지했다.[6]

커피와 설탕이 열풍을 일으킨 것과는 대조적으로 감자를 받아들이는 데는 훨씬 거부감이 컸다. 특히 중산층이 심했다. 처음에는 남아메리카산 이국적인 장식용 식물로 부유층에 소개된 감자는 사람이 먹기에 적합한 음식으로 여기지 않았으며 주로 동물들의 먹이로 사용했다. 이로 인해 독일에서 감자 재배는 시간적으로나 공간적으로 고르게 퍼져나가지 않았다. 감자의 초기 역사를 추적하기 쉽지 않은 이유는 언어적 혼란에 기인한다. 룸폴트의 레서피에서도 보았듯이, 한편으로는 '땅의 사과'라는 뜻의 '에르트엡펠Erd-Aepfel'이라는 이름이, 다른 한편으로는 라틴어 단어인 '타라토우플리Taratouphli'가 사용되었기 때문이다. 타라토우플리가 전적으로 감자를 가리키는 말이었던 반면, 에르트엡펠은 덩이줄기 식물 전반에 사용하는 용어였다. 특히 덩이뿌리 중에서 맛이 밤에 비교되곤 하던 처빌 비슷한 식물인 케르벨뤼벤을 지칭했다. 볼프 헬름하르트 폰 호베르크Wolf Helmhard von Hohberg의 1682년 저서 《쿠리오사Curiosa》에 실린 '뜨겁고 차게 조리한 에르트엡펠'을 최초의 감자샐러드 레서피로 보는 주장이 있다. 하지만 이보다 30년쯤 후에 출판된 《부인들의 백과사전Frauenzimmer-Lexicon》에 에르트엡펠을 사용한 몇 가지 레서피가 들어 있는데, 여기에서는 이것이 맛이 콩과 비슷하며 당시 흔히 사용되던 시클라멘이라고 밝히고 있다. 또한 같은 책에 수록된 '타르투펠른Tartuffeln' 관련 항목에서는 에르트엡펠이 감자가 아니라는 사실이 더욱 명확해지는데, 타르투펠른은 "아메리카 페루로부터 독일로 건너온 뿌리이며, 모양과 맛이 에르트엡펠과 거의 비슷한데, 이제는 독일의 정원에서 아주 흔하게 찾아볼 수 있다"고 적혀 있다.7 1700년 무렵까지는 동물 사료가 아닌 사람이 먹는 음식으로서 감자는 독일의 대학이나 귀족들의 웅장한 저택에서나 찾아볼 수 있었다. 감자가 식용 작물로 널리 뿌리를 내린 다음에야 비로소 이 덩이줄기 식물에 에르트엡펠이라는 단어가 사용되었다.

1591년 헤센카셀의 통치자는 타라토우플리를 작센 선제후에게 선물로 보내면서 아름다운 꽃에 대해 언급했다. 그는 다량의 덩이뿌리를 먼저 물에 넣어 데친 다음 버터로 마무리하라고 추천했지만, 이는 식단에 대한 진지한 관심보다는 의학적 호기심에 기반했던 것으로 보인다. 한편 남부 네덜란드, 아일랜드, 잉글랜드, 스코틀랜드 등지에서는 감자가 이미 널리 보급되어 필수 식품으로 자리 잡았다. 독일에서도 같은 양상이 나타났다. 토양이 비옥해 작물 생산이 안정적이었던 지역에서는 감자를 재배하기까지 시간이 오래 걸렸던 반면, 산이 많고 경제적으로 궁핍한 지역에서는 하층민들에게 좀 더 안정적으로 잘 먹이기를 간절히 원했던 목사, 의사, 교사, 관리, 법조계 인사들이 주민들에게 새로운 식품인 감자 재배를 독려했다. 이에 따라 여름에 휴경지로 남겨두었던 밭에 감자를 심을 수 있도록 기존의 농경 시스템이 점차 변경되었다. 감자는 토질을 회복시키기 위한 최고의 작물은 분명 아니었지만, 휴경지에 심기에는 가장 효율적인 작물임이 곧 입증되었다. 또한 감자의 '재등장'을 촉진하는 데는 독일 출신 용병들의 역할도 컸다. 이들은 감자를 독일 하층민들 사이에서 즐겨 먹는 식품으로 자리 잡게 했다. 마침내 독일인의 일상 식단에 받아들여진 감자는 인구 증가와 함께 집에서 일하는 사람들의 수가 늘어나면서 더욱 수요가 늘어났다. 초기의 경작 중심지는 팔츠와 포크트란트였다. 1731년 작센 지방의 연대기에서는 감자가 주식으로 다루어졌는데 (이제는 감자를 에르트엡펠이라 부르면서) 다음과 같이 서술했다.

50여 년 전 새로운 식품으로 도입되었다. 처음에는 소화가 잘 안 되는 듯했지만, 가난한 사람들에게는 육류이자 구운 고기였다. 이것으로 경단을 만들 수도 있고 즙을 짜내면 하얀 전분을 만들 수도 있다.[8]

이 연대기 작가는 감자가 척박한 토양에서 경작이 더 잘되고 곡물 부족을 손쉽게 보충할 수 있다고 강조했다. 인근의 작센-바이마르 지방 토양은 대체로 생산성이 높았는데, 1739년 야생 멧돼지 먹이용으로만 제한하긴 했지만 '에르트투펠른Erdtufeln(흥미로운 언어간섭 현상이 일어났다)'을 심기 위해 공작의 칙령이 필요했다. 공작이 열렬한 사냥꾼이었기 때문이다.

감자가 대중적인 음식으로 퍼져나가게 된 데는 전쟁 혹은 기근에 따른 곡물 가격의 급등이나 빵의 품귀현상이라는 요인이 있었다. 1754년과 1755년의 빵 위기, 그리고 이듬해 발발한 7년전쟁을 준비하면서 프로이센의 프리드리히 2세는 자신의 정치적 야심을 실현하기 위해서는 군대와 지원 역할을 할 나머지 국민들의 끼니를 해결해야 한다는 사실을 확실하게 인식하고 있었다. 그는 씨감자를 나누어주는 등의 정책을 동원해 농부들의 감자 재배를 독려했다. 인간의 행동에 대한 영악한 관찰자였던 이 군주는 부하들을 동원해 감자밭을 지키게 함으로써 농부들 사이에 호기심을 불러일으켰으며, 약간의 시혜를 반복적으로 베푸는 정책을 시행하는 데 주저함이 없었으나, 그가 주도한 정책은 흔히 생각하는 것과 달리 단기간에 성과를 올리지는 못했던 것으로 보인다. 어쨌든 그의 정책은 애국주의가 부상한 19세기 말에 유명해졌는데, 국왕 자신이 오데르강 유역의 습지에서 감자밭을 직접 조사하는 모습을 그린 인상적인 그림 때문이었다. 바이에른 지방에서는 미국인 개혁가(훗날 럼퍼드 백작이 된) 벤저민 톰슨Benjamin Thompson의 도움으로 감자가 곡물로 자리를 잡았다. 톰슨은 감자를 재료로 한 가난한 사람들을 위한 수프로 유명한 아르멘주페Armensuppe를 개발해 보급했다. 그로부터 얼마 지나지 않은 1819년에는 오늘날 튀링엔주에 속한 바이마르 지방에서 감자에 대한 논문이 출판되었다(감자의 도입에 지역적 편차가 있었음을 보여준다).⁹ 이제 '카르토펠Kartoffel'이라는 용어가 구축되었고 33개의 품종을 아주 세밀하게 묘사한 논문이 경작용과 사료용과 사람들을 위한 식용 사용법에 대한 조언을 실었다. 또한 감자요리와 보존 방법뿐만 아니라 감자빵, 감자버터와 감자치즈, 심지어 감자와인을 만드는 법까지 소개했다. 독일에서 가장 사랑받는 음식 중 하나인 튀링엔 감자경단Thüringer Klösse의 역사는 1757년까지 거슬러 올라간다. 경단 자체는 감자가 도입되기 훨씬 전부터 조리되었지만, 같

로베르트 바르트뮐러Robert Warthmüller, 〈감자밭을 시찰하는 프리드리히 2세König Friedrich Große inspiziert den Kartoffelanbau〉, 1886년.

은 해 감자경단 요리를 추천한 주간 신문 《바이마르셰 보헨블라트 *Weimarisches Wochenblatt*》에 따르면, 채썬 감자를 삶아 둘로 나누어 한쪽은 밀가루와 섞고 다른 한쪽은 빵가루와 섞은 다음 약간의 달걀, 우유, 버터, 소금을 첨가해서 경단을 빚어 끓이거나 구울 수 있다. 빈곤층의 식사에서 감자가 비싼 밀가루나 빵을 대신하게 되었을 때, 감자를 손쉽게 구할 수 있었음에도 경단처럼 정교한 요리들은 여전히 사회적 격차를 드러내는 고급 음식으로 인식되었다.[10]

18세기 후반 특히 감자 덕분에 지속된 인구 증가율은 약 50퍼센트로 추산되었다.[11] 이러한 상황은 중상주의자이며 군국주의자인 통치자들을 만족시켰지만, 단점도 있었다. 가능한 모든 토지에서 이미 경작이 이루어지고 있었기 때문에 토지가 점점 귀해졌고, 이로 인해 식품 가격이 가파르게 치솟았다. 그러자 대중도 전반적으로 농업 문제에 큰 관심을 갖게 되었으며, 경제학자들은 수많은 경제계획을 내놓기에 이르렀다. 이러한 계획들이 언제나 성공적이거나 실용적인 것은 아니었지만 올바른 방향을 가리키고 있었다. 이를테면 휴경지를 여름에 경작하고, 사료용으로 클로버를 심고, 가축을 축사에서 키우고, 종자은행을 개선하고, 농사와 가축 번식에 새로운 방식을 도입하는 것과 같은 새로운 아이디어들이 촉진되었다. 이런 혁신은 당시 경제적으로뿐만 아니라 토지의 활용에서도 독일보다 한 세기쯤 앞서 있던 영국의 농업 시스템을 모델로 삼은 것이었다. 영국에서 발행된 농업 관련 서적 중 다수가 독일어로 번역되고, 관리들뿐 아니라 부유한 농부들도 영국 여행을 통해 근대

갖가지 형태로 조리된 감자. 쌀과 면은 부차적인 역할만 했다. 인기 있던 동독의 요리책 《코헨》에서.

농업의 실제와 기술을 공부했다.

그렇지만 이러한 계획들은 봉건적인 독일 사회의 취약점인 유연성 부족과 경직성, 그와 관련된 농업 구조에서는 혁신의 한계가 있었다. 새로운 산업 육성과 새로운 생산방식으로의 전환이 급선무였음에도, (영국과는 대조적으로) 독일인 대다수는 농업이 존재의 일부였던 촌락이나 시골 소도시에 모여 살고 있었다. 소농들은 단 한 번이라도 작황이 나쁘면 경제적 타격과 굶주림이 야기되었기 때문에 실험을 꺼렸다. 전반적인 생산량은 해마다 들쭉날쭉했으며, 거름이 부족해 생산량 증가도 거의 불가능했다. 방치되거나 대강 경작되던 공동경작지에서는 문제들의 악순환으로 인해 제한된 숫자의 가축만 먹일 수 있었으며, 그 가축들마저 영양 상태가 좋지 않았다. 이론적으로는 소떼를 계속 축사 내에서 기르는 것이 더 좋은 방법이었지만, 충분한 양의 사료용 곡물과 잠자리용 짚단을 생산할 노동력을 지속적으로 확보할 수가 없었다. 더욱이 가난한 농부들에게는 대형 축사를 짓기 위해 필요한 자본과 여타 자원이 턱없이 부족했다.

1800년 무렵 이후부터는 농부들이 처한 정치적 상황이 서서히 개선되었다. 부분적으로는 프랑스혁명의 결과지만, 부분적으로는 농사에 투입되는 비용을 낮추면서 생산성을 향상시킬 경제적 필요성과 요구에 대한 반응이었다. 일부 통치자들은 국가와 경쟁관계에 놓인 봉건제도의 계급 체제에 반대하는 입장으로 돌아섰다. 이에 따라 서서히 농노제도는 사라졌지만, 대부분의 소작농은 토지보상금을 지불할 수 없어 그들의 자유는 이론적인 수준에만 머물러 있었다. 마찬가지로 귀족들도 일반적으로 사회적 지위와 특권에 기반을 둔 생활방식을 포기하기를 주저했다. 그러나 새로운 계급 체제는 점차 예전의 봉건적인 충성심을 대체해갔으며, 노동시장에서 새로운 이동성은 추가적인 경제발전을 위한 중요한 전제조건이 되어갔다.

이 시대에 독일에서 가장 중요한 농학자가 알브레히트 테어 Albrecht Thaer라는 사실에는 의심의 여지가 없다. 1809~1821년에 출간한 그의 저서 《합리적 농업 원론 Grundsatze der rationellen Landwirtschaft》은 이윤을 극대화하는 방편으로 농업의 효율성을 높이자는 탄원서로서 상품이 스스로 규제할 수 있도록 하는 시장의 힘을 요구했다. 얼마 후에는 다시 한번 영국의 사례를 본받아 더욱 효율적인 토지 경작을 위한 필수 단계로서 인클로저 운동*이 시행되었다. 같은 목적으로, 알고이 등지에서는 소규모 토지 소유주들이 마을을 벗어나 자신들의 경작지 옆에 새롭게 정착했다. 오데르강 유역의 습지 간척지에는 생산성 향상이라는 단 한 가지 목적으로 완전히 새로운 마을이 설계되기도 했다. 붉은 클로버, 알팔파, 오노브리치스, 순무, 라이그래스(인조 풀이라는 의미의 '쿤스트그라스 Kunstgrass'라는 별명이 붙은 잡종) 등 새로운 동물 사료 품종의 도입을 포함한 중요한 혁신이 곡

---

* 근대 초기 유럽 영국에서 영주나 대지주가 대규모 농업이나 목양업을 하기 위해 미개간지나 공유지 등에 울타리를 치고 사유지로 만드는 행위. 15~16세기 제1차 인클로저와 18~19세기 제2차 인클로저로 인해 중소 농민들은 농업 노동자 또는 공업 노동자로 전락했다.

물 윤작 주기에 끼어들게 되었다. 이와 비슷하게 특별한 목적으로 만들어진 쇄토기, 파종기, 철제 쟁기 같은 농업용 기계들도 독일의 농업개혁을 밀어붙였다.

영국의 축산 농부들은 선별적 교배 기술을 통해 소나 양의 품종을 훨씬 크고 빠르게 자라도록 개량함으로써 사료를 보다 효율적으로 고기와 우유로 전환할 수 있는 길을 선도했다. 독일의 경제전문가들 사이에서는 우유 생산의 질적 측면으로 볼 때 북부에서는 프리슬란트종 젖소가, 남부에서는 시멘탈종이 유명했다. 하지만 이 두 종 모두 토착 품종을 성공적으로 대체하려면 사료를 많이 먹여야 하고, 토착 품종 역시 그 정도로 먹인다면 이 두 품종만큼 효율적이었다. 젖소 한 마리가 일 년에 생산하는 우유의 양은 평균 700리터 정도였는데, 인근에 적절한 시장이 있을 경우, 버터나 치즈보다는 신선한 우유가 경제적으로 유리한 상품이었다. 양은 주로 털을 얻기 위해 길렀는데 스페인에서 수입한 값비싼 메리노종과 토착종을 교배시킬 만한 경제적 여유가 있는 대규모 토지 소유자들이 키웠다. 돼지 사육은 경제적 가치가 그다지 크지 않아 계속 너도밤나무 숲이나 참나무 숲에서 방목했는데 유전적으로 야생 멧돼지와 가까운 채로 유지되었기 때문에 사육이 활발하지 못했다.[12]

그렇지만 새로운 생활방식과 인구 증가로 인해 수요가 늘면서 식량 생산에 압력이 가해졌다. 육류 시장은 길드 체제의 장점과 단점을 동시에 보여주는 좋은 사례였다. 이전에는 도시의 중산층 가정에서도 일반적으로 시행되던 가내 도축이 1750년 이후부터 줄어들기 시작했다. 이러한 현상은 소비 성향이 소금에 절인 육류에서 신선한 육류로 이전하면서 생겨났는데, 지나친 소금 섭취가 건강에 좋지 않다는 경고가 특히 그런 경향을 부추겼다. 길드의 규제는 자유로운 거래를 제한하는 반면, 정육점과 육류시장은 모든 구매자에게 균등한 기회를 보장했다. 길드 소속 검사관들은 조직적인 방식을 통해 정해진 가격으로 다양한 육류의 공급을 항상 보장했다. 지방이 많은 고기가 가장 수요가 많았고, 지방이 적은 부위는 그에 걸맞은 가격이 매겨졌다. 간혹 길드와 마을의 관리가 충돌하는 경우에는 가능하면 시험 도축을 통해 고기 가격을 결정했다.

베른하르트 빈터 Bernhard Winter, 〈가내 도축 Hausschlachtung〉, 1924년, 캔버스에 유화.

오토 귄터Otto Günther, 〈튀링엔의 일용 노동자 *Tagelöhner aus Thüringen*〉, 1875년, 캔버스에 유화. 그림 속의 고기는 테이블에 앉아 있는 사람들 중 가장 나이 많은 남자를 위해 따로 남겨놓은 것으로 보인다.

경제적 야심을 가진 상인들에게 길드 시스템이 장애물이라는 사실이 점차 드러났다. 생산방식이 개선되어 효율성이 높아지고, 19세기에 진행된 '세계화'를 통해 해외에서 수입된 상품으로 인한 경제적 압력이 대량생산 상품 시장에 대한 자극제가 되었다. 이미 중세 말기부터 덜 비옥한 지역, 특히 산악지대의 낮은 구릉지에는 제조 활동이 있어왔다. 시간이 지나면서 이러한 지역들은 밀집 생산 지역으로 발전했는데, 특히 '선대제 노동 시스템outworker system*'을

* 상인이 수공업자에게 미리 원료와 기구를 대 주고 물건을 만들게 한 뒤 샀을 치르고 그 물건을 도맡아 팔던 제도. 서유럽에서는 12세기 후반 직물 공업을

기반으로 한 섬유 생산지역이었다. 가내 수공업자들은 원자재를 공급하고 완성품을 시장에 내다 파는 중개인과 상인들에게 의존했다. 이런 가내노동자들이 가난했으며 그들의 식사가 단조로웠다는 사실은 놀라운 일이 아니다. 주로 감자와 커피에 의존한 북부 지역의 노동자들은 채소와 육류 섭취가 부족했다. 그에 비하면 남부 지역에서는 밀가루, 지방, 우유, 달걀 등으로 균형 잡힌 식사를 했다. 1783년 슐레지엔의 시골 지역에 대한 여행자의 기록에 따르면, 보헤미아와 인접한 작은 마을에서 구할 수 있는 음식이라고는 귀리빵, 버터, 치즈, 우유뿐이었다. 육류는 일 년에 오직 한 번, 이웃 마을에서 열리는 장터에서만 먹을 수 있었다.[13]

야심만만한 통치자들과 그 관료들은 도시 지역에 작은 공장 Manufakturen들을 짓고 생산을 집중시키기 시작했다. 특히 프로이센에서는 반세기 만에 인구가 60퍼센트 이상 급증해 통치자들은 생산 증대의 필요성을 절감했다. 더구나 인구의 3분의 1 정도가 도시에 모여 살았는데, 독일이라는 특성을 감안할 때 예외적으로 높은 수치였다. 뉘른베르크나 쾰른 등 전통적인 교역 중심지들이 퇴보하거나 정체되었던 반면, 베를린, 슈투트가르트, 뮌헨 같은 도시들은 국가 보조금과 보호무역주의 덕분에 번성했다. 도심 경작지와 축사, 농장 등에서 여전히 도시 거주민들에게 추가 식량을 공급하고는 있었지만, 새로운 수요를 충족하기에는 역부족이었다. 19세기에 진입

중심으로 나타나기 시작했다.

하면서 시작된 근대적인 식품산업은 산업혁명의 기반이 되었으며, 서로 자극을 주며 발전했다. 19세기 후반 산업혁명이 본격적인 궤도에 오르면서 새로운 공장 일자리가 만들어졌고 그로 인해 농업 노동자들의 임금이 상승했다. 그 결과 식품산업은 한층 더 효율적이게 되었으며 식품 수입 또한 늘어났다.

봉건체제하에서 확립된 기술이나 교역을 근대화하는 어려움은 곡물 제분 금지Mühlenbann에서 확연히 드러났으며 기술적·사회적 진보를 방해했다. 일반적으로 한 공동체는 곡물 제분에 단 한 곳의 지정된 제분소만 이용할 수 있었다. 제분업자의 생계를 보장하고 언제든 제분이 가능하도록 하기 위해서였다. 세금에 관심을 둔 국가로서는 제분업자가 안정적인 수입원이었다. 하지만 이 제한조치는 제분업자들이 더 많은 고객을 확보해 소득을 늘릴 수 없게 했으며 따라서 서비스를 개선하거나 신기술 도입에 투자할 동기부여가 없었다. 제분업에 대한 프로이센의 이러한 제한 조치는 1808년 폐지되었고, 구매세로 대체되었다. 1810년 자유무역이 일반적인 규칙으로 도입되면서 노동시장은 길드의 제약에서 풀려났고, 임금이 통상적인 지불방식으로 자리 잡았으며, 경쟁이 심화되었다. 이러한 상황은 곡물재배 산업에 즉각적인 영향을 미쳤다. 제분소의 숫자가 늘어났는데 특히 선진적이고 효율적인 네덜란드식 풍차 제분소가 증가했다. 맥주공장에서는 말을 동력으로 사용하는 자체 제분소를 설치하기도 했다. 1820년대에는 영국과 미국의 근대적인 제분 기술에 대한 조사와 투자를 감행하는 상인들이 더욱더 늘어났다. 가장 중요한 사실은 1824년 베를린에 증기동력을 이용한 제분소가 도입된 것이었다. 이러한 상황에서 식품산업에 진정한 산업혁명은 필연적이었다.[14]

하지만 이러한 상호의존적 발전은 결코 원만하지 않았다. 식품 생산이 사치품 부문에서 시작되었던 경제성장을 따라잡기까지는 한동안 시간이 걸렸다. 사치품 분야는 여전히 길드 시스템이 지배하고 있었는데, 생필품 시장과 비교했을 때 거래에 대한 규제가 덜 엄격했기 때문이다. 공장에 대한 공적 관심의 증가에 더해 식품 비용을 낮추기 위해 원재료 가격을 제한하려는 도시 주민들의 요구가 농업 생산자들의 요구에 비해 점차 더 중요해졌다. 결국 시골의 생산자들보다 도시의 장인들을 선호하게 되었다. 생강과자 제빵사나 양조업자 같은 전문 생산자들이 사업을 성공적으로 운영하기 위해서는 도시적인 환경이 필수 조건이 되었다. 1776년 통계에 따르면 도시 지역, 특히 베를린은 시골 지역에 비해 거주 인구당 빵집, 정육점, 제분소의 숫자가 훨씬 적었지만, 사업장당 고용인의 숫자는 훨씬 많았다.

이러한 추세는 노동 분야의 성장과 집중을 나타낸다. 작은 마을에서는 값비싼 밀가루 빵의 생산은 제빵사들의 몫이었지만, 일상적으로 먹는 호밀빵은 대부분 집에서 구웠다. 베를린은 이러한 규칙에서 제외되었는데, 앞으로 닥쳐올 시대의 맛보기였다. 이곳에서는 모든 빵을 전문가들이 만들었다. 전체 소비량 중 98.4퍼센트의 밀가루 빵과 93.1퍼센트의 호밀빵이 빵집에서 판매되었는데, 이는 작은 마을에서 81.3퍼센트의 밀가루 빵과 15.2퍼센트의 호밀빵만 전문 제빵사들이 만드는 것과 비교된다. 1752년 브란덴부르크주(베를린시와 그 주변 지역이 속한) 수입 물량 중 절반 이상이 식품이었으며, 설탕, 와인, 소고기, 버터, 치즈 등이 주된 품목이었고, 소량의 청어, 향신료, 감귤류와 열대 과일, 담배, 생선과 기타 수산물과 함께 커피와 차, 코코아 등이 포함되었다. 1781년까지 커피와 설탕의 수입량은 거의 두 배가 되었으며 곡물, 소고기, 희석한 증류주도 마찬가지였다. 같은 기간 와인, 맥주, 식초 수입은 감소했다. 식초의 경우는 확실히 국내 산업의 활성화 때문이었다. 1777년 베를린의 한 사업가가 인근의 초센에 설립한 와인식초 공장은 수입 식초에 세금을 높게 매기는 정책으로 보호를 받았다. 1787년부터는 전반적인 수입금지와 함께 식초 생산용 국내산 와인에 대한 세금도 대폭 낮아졌다. 1798년 베를린에는 25명의 고용인을 거느린 식초공장이 11개 가동되었는데, 이는 당시 베를린 인근에서 생산되던 와인이 음용보다는 식초를 만드는 데 더욱 적합했던 것으로 해석될 수 있다.

프로이센이 공장들을 세우기 시작하면서 독일 내 다른 나라들과의 교역보다는 자국 영토 내에서의 거래를 더욱 선호했으며 값비싼 수입상품을 줄이기 위해 더욱 강화된 보호무역 조치들이 시행되었다. 당연한 수순으로 밀수가 만연했으며, 주요 품목은 소비를 제한하기 어려웠던 상품인 커피와 주류였다. 1800년에는 오일, 설탕, 커피 대용품인 치커리 가공이 주축이 된 식품산업이 경제적 관점에서 섬유산업과 금속가공산업의 뒤를 이어 세 번째로 중요한 산업으로 자리 잡았다.

같은 기간 브란덴부르크주의 농업 생산은 증가했다. 특히 감자와 콩류, 그리고 부산물을 동물 사료로 쓰는 곡물의 생산량이 증가했다. 낙농업은 네덜란드의 낙농용 가축 정부지원 제도를 모델로 한 국가 지원 낙농장인 홀렌데라이엔Holländereien을 통해 적극 권장되었다. 이 제도에 따라, 동부 프리슬란트 출신의 한 가족이 1780년 베를린 북서부에 위치한 쾨니히쇼르스트에 시범 교육용 낙농 농장을 세웠으며, 1800년에는 브란덴부르크에서 무려 100개가 넘는 낙농장이 가동되었다.[15]

슈프레발트 지역에서 생산되는 오이피클 슈프레발트구어케 Spreewaldgurke는 프로이센의 왕 프리드리히 2세가 무척 좋아한 음식이었는데, 식품 생산이 어떤 식으로 정치의 영향을 받는가를 보여주는 좋은 사례다. 오늘날에는 자동차로 콧부스나 폴란드 국경 방향으로 한 시간 정도 달리면 닿는 거리인 슈프레발트 지역은 숲과 늪지로 이루어진 원시의 풍경을 간직한 곳이다. 슈프레강이 바루트 우어슈트롬계곡으로 흘러드는 곳부터 평지가 시작되어 소르비아인들의 집단 거주지를 통과하고 여기에서 다시 라우지츠의 저지대와 고지대에서 독일-체코의 국경까지 평탄한 지형이 이어진다. 이 지역에 사는 6만 명의 슬라브계 소르비아인들은 세르비아, 혹은 자칭 세르비족에 뿌리를 두고 있다. 그들의 역사는 멀리 로마제국의 몰락 당시 이주시기로 거슬러 올라간다. 그 당시 많은 슬라브족들이 원래 고향이 있던 동유럽을 떠났다. 게르만족 통치자들이 동쪽으로 영토를 확장해간 결과, 소르비아인들의 영토는 계속 줄어들어 결국 슈프레강을 따라 위치한 습지에서 피난처를 찾았다. 12세기 들어 한참 동안 소르비아인들은 이 피난처를 게르만 이민자들과 공유하며 황무지에서 아주 소규모의 농지와 초지를 만들었다. 그들은 처음에는 수수, 메밀, 아마 씨를 재배했다. 오이가 언제쯤 슈프레발트 지역에 처음 들어왔는지에 대해서는 전문가들의 입장이 엇갈린다. 칼라우 인근 토르노브 지역 슬라브족의 초기 정착지에서 발굴된 오이 씨앗을 증거로 내세워 훈족과 타타르인들이 오이를 가져왔다고 주장하는 전문가들도 있다. 하지만 대다수는 1600년대 말 네덜란드 이주민들이 이 지역에 오이를 도입했다는 의견에 동의한다. 어원학적으로 보자면 오이의 독일어 단어 구어케$_{Gurke}$는 고대 폴란드어 오구레크$_{ogurek}$로부터 나왔는데(현대 폴란드어에서는 오고레크$_{ogórek}$이며 두 단어 모두 기원이 중세 그리스어 아구로스$_{águros}$로 거슬러 올라간다), 발음상 저지대 소르비아어 고르카$_{górka}$가 더욱 가깝기는 하다.

독일의 미식가이자 철학자인 카를 프리드리히 폰 루모르는 1822년 라우지츠산 신 오이 혹은 오이피클에 대한 기록을 남겼는데, 이것이 슈프레발트 오이를 의미한다는 사실에 의문의 여지가 없다.

> 그렇지만 오이의 진정한 운명은 다양한 방식으로 보존되는 것이다. 그 투명하고 스펀지 같은 세포구조로 인해 자체 생성된 맛이든 외부로부터 들어온 맛이든 지극히 잘 받아들이기 때문이다.

7장 | 커피, 설탕, 감자 | 1648~1815년

다음은 그의 오이절임 레서피이다.

완전히 익지 않은 커다란 오이를 회향, 딜, 포도, 체리 이파리와 함께 소금물에 담가 살짝 발효시켜 짠맛과 신맛을 적절하게 조화시키면 정말 맛있는 자우어크라우트와 비슷한 맛이 난다. 신 오이는 보헤미아와 라우지츠, 그리고 북부 슬라브 넓은 지역에서 대량으로 담가 보존하는데 품질이 뛰어나다.[16]

슈프레발트의 소르비아인들이 일찌감치 오이 농사를 시작했다고 추정하지만, 그들이 피클을 만들었다는 증거는 아직 나오지 않았다. 피클을 만드는 데 필요한 좋은 물, 소금, 양파, 서양냉이, 딜, 겨자, 포도와 신 체리의 이파리 등 필요한 재료는 모두 손쉽게 구할 수 있었을 테지만 말이다. 그러나 슐렌부르크의 요아힘2세$^{Joachim\ II}$가 1580년 당시에는 작센 공작령에 속했던 뤼베나우로 데려온 네덜란드 출신 직조공들이 그런 방식으로 피클을 만든 것은 확실하다. 네덜란드인들은 방직기술로는 성공하기 어렵다는 사실을 깨닫고는 고국에서부터 알고 있던 오이를 재배하기 시작했다. 습기가 많고 따듯하며 토탄과 모래가 많이 섞인 황무지의 토양이 바람에 민감하고 물이 많이 필요한 이 작물에 안성맞춤이라는 사실을 곧바로 알아차렸다. 얼마 지나지 않아 그들은 방직보다는 오이를 통해 더 많은 수익을 올렸다. 18세기 초엽 그들은 오이를 펀트선*에 가득 채워 정기적으로 베를린에 보냈고, 엄청난 성공을 거뒀다. 하지만 프로이센의 인색한 왕 프리드리히 빌헬름 1세Friedrich Wilhelm I는 이 교역으로 발생한 이익이 고스란히 자신의 영토가 아닌 이웃의 작센에 흘러들어가는 것을 못마땅했다. 그는 뤼베나우의 30가구를 설득해 프로이센의 저지대 슈프레발트에 정착시켰다. 왕의 구상은 그들에게 오이를 재배하게 할 뿐만 아니라 이 지역에 대한 내부 식민지화 과정에도 도움이 되도록 하는 것이었다. 이 조치는 이른바 '오이 위기Gurken Krise'로 이어져 프로이센 왕실과 작센 선제후 '강건왕' 아우구스트August I** 사이에 외교적 타격이 오갔다. 하지만 슈프레발트 오이에 대한 베를린 시민들의 열광에는 아무런 영향이 미치지 않았으며 이 오이는 18세기 후반 프리드리히 2세의 메뉴에도 정기적으로 등장했다. 1860년대 말 베를린 출신의 작가 테오도어 폰타네는 뤼베나우를 '신 오이의 조국Vaterland der saueren Gurken'이라고 표현했다.

20세기에 들어 슈프레발트 오이는 더 많은 부침을 겪었으며 독일의 재통일 이후 관광산업의 영향에 힘입어 부활했다. 나치 정권에서 박해를 심하게 받았던 소르비아인들은 동독 시절에는 독일 사회에서 용인되었다. 소련에서 소수민족들이 어느 정도 문화적 자치를 누렸던 것처럼 말이다. 자연스럽게 한편에서는 두 개의 언어를 동시에 사용하는 표지판이 세워지고 학교에서도 두 개의 언어를 가

---

* 사각형의 평저선, 주로 내륙 수송용으로 사용한다.
** 작센 선제후 아우구스트 1세August I이자 폴란드 왕으로는 아우구스트 2세August II, 독일 이름은 아우구스트 프리드리히August Friedrich.

르쳤다. 하지만 다른 한편에서는 얕게 묻혀 있는 갈탄의 채굴사업으로 인해 아름다운 슈프레발트의 습지와 주변 지역이 무자비하게 훼손되었다. 뤼베나우에 정박해 있는 펀트선은 한때는 이 지역의 유일한 수송수단이었고 소르비아 여성들이 쓰는 특색 있는 보닛 모자와 함께 이 지역의 대표적 상징물이었지만, 이제는 민간 설화와 현실 문화사 사이의 경계선에 자리 잡고 있다. 소르비아식 식단의 영향은 오랫동안 동화과정을 거쳤는데, 크바르크와 아마씨유를 넣고 껍질째 삶은 감자, 오이샐러드, 감자팬케이크, 메밀을 거칠게 빻아 넣은 소시지 등은 소르비아 고유의 요리지만, 현재 독일에서는 동유럽 음식이라고 대부분 인식하고 있다.

슈프레발트 오이.

앞서 살펴본 바와 같이, 산업화는 도시화와 밀접한 관련이 있었다. 1800년에도 독일에는 여전히 대도시가 드물었다. 당시 가장 큰 도시였던 베를린에 20만 명 정도의 주민이 살았을 뿐, 함부르크의 인구가 10만 명이 조금 넘었으며, 뮌헨이 6만 명, 쾰른은 4만 명, 뉘른베르크와 아우크스부르크가 2만 5,000~3만 명 정도였다. 이에 비해 당시 런던의 인구는 거의 100만 명에 이르렀다. 도시 환경에서 번창했던 중산층의 식습관은 점차 전반적인 음식문화를 지배하게 되었다.

함부르크는 특히 삶의 질이 좋은 것으로 유명했으며 먹고 마시는 것에 특별히 관심을 기울였다. 그러나 그 이전 시대와 마찬가지로, 부유한 가정에서조차 대부분의 경우는 간단한 식사로 만족했다. 일반적으로 주식은 수프에 이은 상당한 양의 육류였다. 삶은 소고기를 선호했고 송아지고기와 양고기는 선호도가 가장 낮았다. 특별한 경우에는 겨울철 온실에서 재배된 체리나 12월의 새끼양 등 제철 음식이 아닌 사치스러운 음식도 먹었다. 부유한 함부르크의 시민 중 다수가 가을에 황소를 도축했으며 훈제 소고기 라우흐플라이쉬Rauchfleisch가 함부르크 특산품으로 유명했다. 낭만주의 시인 하인리히 하이네Heinrich Heine가 1832년 발표한 《슈나벨레보프스키 씨의 회상Memoiren des Herren von Schnabelewopski》에서 이 음식을 칭송했다. 생선은 전반적으로 귀했는데 남획이 원인이었을 가능성이 있으며 그에 따라 가격도 비쌌다. 그런데 때때로 예기치 않게 큰 무리의 청어떼가 나타나곤 했다. 빵은 부유층을 위한 밀가루로 만든 흰 빵에서부터 빈곤층의 식사에 중요한 역할을 했던 호밀 흑빵에 이르기까지 다양한 형태로 소비되었다. 그렇지만 감자만큼 대중적인 것은 없었다. 모든 사람들이 감자를 매일같이 먹었는데, 부유층에게는 선택이었지만 가난한 사람들에게는 필요에 의해 먹었다. 콩, 자우어크라우트, 큰 뿌리 셀러리, 순무 등은 마그데부르크나 베를린으로부터 수로를 통해 공급되었는데, 그럼에도 신선한 채소류는 넉넉지 않은 가정에서 먹기에는 지나치게 비쌌다. 도시 남쪽에 위치한 습지의 물을 빼내고 경작한 딸기는 일 년 중 여름 4주 동안에는 소출이 넉넉해 매일 와인이나 우유와 함께 즐길 수 있었다. 1801년의 한 기록에 따르면, 함부르크에는 영국 식당과 프랑스 식당이 있었으며 페이스트리 전문 빵집도 있었다. 심지어 젊은이들과 여행객들이 자주 찾는 이탈리아 식당이나 와인 바였을 것으로 추정되는 '이탈리아 지하실Italienerkeller'이라는 곳도 있었다. 아이스크림은 축제 때 많은 인기를 얻어 여름이면 거의 모든 페이스트리점에서 팔았다. 별미인 이 음식은 겨울이 춥지 않았던 어떤 해에는 함부르크 소재의 한 회사에서 그린란드로 배를 띄워 얼음을 채취해 와도 수익을 남길 만큼 아주 인기가 있었다.

   1815년 슈투트가르트에서 작성된 보고서에 의하면, 가장 눈에 띄는 사회적 구별 내지 차별은 당시 가장 큰 사회집단을 이뤘던 빈곤층과 그렇지 않은 사람들 사이의 격차에서 나타났다. 가난한 사람들도 하루에 세 끼를 먹는 것은 다른 사람들과 다를 바 없었지만, 육류나 전통적으로 선호하는 밀가루를 기반으로 하는 음식들 대신 대부분 감자로 연명했으며, 부유층이 애용하던 와인 대신 사과주스나 배즙으로 만든 술 페리를 마셨다. 초콜릿, 차, 펀치 등은 부자들의 몫이었는데, 그들은 항상 아침식사 때, 종종 점심식사 후에도 커피, 우유와 함께 롤빵을 먹으면서 파이프 담배를 피웠다. 이들이 설탕을 넣지 않은 커피를 선호했다는 보고서의 언급이 눈에 띄는데, 아마도 가난한 사람들과 거리를 두기 위해서였던 것으로 보인다. 빈곤층은 허기를 달래기 위해 진짜 커피건 대용품이건 아주 연하게 타서 설탕을 넣어 하루에 두세 번씩 마셨다.

뮌헨의 경우 베를린 출신의 학자이자 출판업자인 프리드리히 니콜라이Friedrich Nicolai가 1785년에 쓴 글을 보면 이 도시의 맥주 소비량에 특히 놀라게 되는데, 베를린을 훨씬 앞지를 정도였다. 베를린에서는 남성들이 희석한 증류주를 더 많이 마셨고 여성들은 주로 커피를 마셨지만, 뮌헨에서는 모든 사회계층이 맥주를 마셨다.

> 뮌헨의 중산층이나 하층민의 식사는 양은 많지만 조악한 편으로, 대부분은 밀가루를 기반으로 하는 평범한 식단임에도 이 지역 사람들에게는 특별한 것으로 간주되며… 그렇지만 잘사는 집이나 여관의 경우, 음식은 대단히 훌륭하고 종류도 다양하며 오스트리아의 음식보다 덜 부드럽기 때문에 북부 사람들의 입맛에 더욱 잘 맞는다.[17]

오늘날까지도 '야외 맥줏집Biergärten'은 뮌헨과 바이에른 지방 사교생활의 두드러진 특징 중 하나다. 19세기 초반 길드의 규제가 풀

부르주아 계층의 거실과 부엌, 1840년경.

리면서 생겨난 이러한 유형의 술집에서 양조업자들은 자신들의 저장고에 있는 맥주를 바로 목마른 영혼들에게 팔기 시작했다. 여관 주인들이 이 새로운 경쟁관계를 못마땅해한 것이 분명했는데, 당시 양조장의 대부분이 강 근처의 시원하고 그늘진 곳에 있어 경쟁이 특히 치열했음을 방증한다.

양조장들이 이런 장소에 자리 잡게 된 배경은 1539년에 공포된 법령으로 거슬러 올라가는데, 화재 위험성 때문에 여름철에는 맥주의 주조를 금지했던 것이다. 이에 대한 대응책으로 더 도수가 높고 몰트를 많이 함유한 새로운 맥주가 개발되었는데, 3월에 생산해 기온이 낮은 장소에 저장하면 여름이 지나도록 보존할 수 있었다. 따라서 양조업자들은 깊게 판 저장고에 겨울 동안 얼음을 채워놓고는 자신들의 '3월맥주Märzen'를 신나게 팔았다. 양조장의 목재 의자들은 통상적으로 커다란 마로니에나무 아래에 놓였는데, 애초에 그 아래에 있는 저장고를 시원하게 유지하기 위해 심은 나무들이었다. 화가 난 여관 주인들을 달래기 위해 국왕은 양조업자들이 취급할 수 있는 품목을 맥주로 제한했으며, 빵을 제외하고는 음식을 직접 가져가야 했다. 오늘날의 야외 맥줏집은 브레첸(프레첼), 흰 소시지, 래디시, 양념이 많이 들어간 크림치즈의 일종인 오바즈다Obazda 등 다양한 음식을 팔고 있지만, 이 전통으로 인해 여전히 직접 피크닉 바구니를 가지고 오는 경우가 흔하다.

뮌헨의 맥주에 대한 욕망의 절정은 두말할 필요도 없이 10월제 '옥토버페스트Oktoberfest'이다. 이 축제는 미식가로 알려진 바이

아담A. Adam, 〈뮌헨의 옥토버페스트 *Oktoberfest in München*〉, 1824년.

에른의 왕으로 '쾨니히 막스König Max'라고 불리던 막시밀리안 1세 요제프Maximilian I Joseph 때(1459~1519)로 거슬러 올라간다. 그는 자신의 군대와 함께 있을 때보다 노천시장Schranne(현대의 노천시장 Viktualienmarkt의 전신이라고 할 수 있다)에서 더 자주 눈에 띄었다. 1810년 10월에 거행된 왕세자의 결혼식을 축하하기 위해 (신부 테레제 Therese 공주의 이름을 따서 명명된) 테레지엔비제Theresienwiese 광장에서 경마가 열렸는데, 이 광장은 오늘날에는 뮌헨의 한가운데 있지만 당시에는 도시 외곽에 위치했다. 백성들 사이에 인기가 높았던 왕은 백성들을 초대해 빵, 양고기, 소시지, 맥주, 오스트리아의 화이트와인을 대접했으며, 갓 결혼한 부부는 오스만튀르크와의 전쟁에서 획득한 전리품인 오스만의 천막 아래에 앉아 있었다. 당시에 바이에른은 프랑켄 지역을 영토에 편입시킨 직후였으며 이 왕실 행사는 통합된 국가적 정체성을 강조하기 위한 효과적인 방법이었다. 이듬해에는 농업 전시회가 추가되면서 축제가 확대되었고, 얼마 후부터는 사격시합도 열렸다. 1819년에는 대부분의 농업 전시장이 맥주, 와인, 갖가지 음식을 파는 가판대로 대체되었다. 맥주 양조업자 열두 명, 와인 상인 한 명, 커피 판매상 두 명, 리큐어 상인 세 명과 과일 판매상 한 명, 페이스트리 제빵사 네 명, 요리사 여섯 명, 제빵사 세 명이 참가해 자신들의 상품을 공급했다. 옥토버페스트가 현재의 모습을 갖춘 셈이었다.

시간이 지나면서 경제적·물류적 차원에서 엄청난 성장을 이룬 이 축제는 오늘날 매년 무려 600만 명이 넘는 방문객이 찾고 있다(1860년의 10만 명과 대조되는 수치다). 오늘날의 많은 방문객들이 바이에른의 '민속' 의상인 트라흐트Tracht를 즐겨 입는다. 여성이 입는 디른들Dirndl 드레스나 남성이 입는 가죽으로 만든 무릎까지 오는 반바지 레더호젠Kniebundlederhose 등은 실제로는 19세기 말에 만들어졌지만, 세계적으로 옥토버페스트 축제 음식들을 전통적인 독일 음식으로 생각하듯이 이 의상들 역시 독일의 전통의상으로 받아들이고 있다. 40헥타르 넓이의 축제 장소는 지역 주민들에게 비즌Wiesn이라 불리며, 뮌헨으로 많은 외국 방문객을 끌어들이고 있는데 특히 이탈리아 북부와 미국 사람들이 가장 많다. 많은 회사들이 이 축제

2013년 옥토버페스트

를 고객과 하룻밤 즐기는 접대 기회로 활용하기도 하지만, 가족 단위로도 많이 찾는다. 축제에서는 아침식사부터 커피와 케이크, 온갖 종류의 바이에른 특산 쿠키 슈망켈Schmankerl까지 다채로운 음식이 제공된다. 그릴에 구운 닭요리 브라텐들Brathendl 한 종류만 매년 50만 개가 소비된다. 돼지 정강이를 그릴에 구운 학세Haxse와 소시지구이 역시 인기 있는 음식이다. 뮌헨의 야외 맥줏집과 마찬가지로 자신이 먹을 음식을 가지고 들어갈 수도 있다. 주요 행사는 30개 남짓한 천막 안에서 이루어지는데, 천막 중 일부는 1만 명 이상 앉을 수 있는 커다란 홀이다. 이런 천막은 대규모 주류회사나 개인 식당이 운영한다. 또한 모든 곳에서 전통적인 브라스밴드가 연주하는 취주악Blasmusik이 라이브로 연주된다. 일반 맥주보다 알코올 도수가 약간 높은 축제용 특별 맥주 비즌비어Wiesnbier는 보통 1리터들이 맥주잔Krüge에 담겨 나온다. 맥주잔으로는 원래 유약을 바른 도기를 사용했지만, 잔을 채우는 맥주의 양이 일정치 않다는 불평이 계속 나오자 지금은 모두 유리잔으로 바뀌었다. 예전과 마찬가지로 지금도, 방문객들의 갈증만은 채워지지 않은 채로 남아 있다. 최근 몇 년 동안 매년 6,000만 잔 이상의 맥주가 비워졌는데, 방문객 한 사람당 평균 열 잔씩 마셔댄 셈이다.

8장

소금 없는 감자와 무료급식소
빈곤의 시대 1815~1871년

소금도 넣지 않고 껍질째 삶은 감자, 검은 빵을 넣은 수프, 라드 약간, 이따금 생감자로 만든 '검은' 경단을 곁들이는 귀리죽… 감자가 없었으면 독일의 산업혁명은 일어나지 않았거나, 적어도 그처럼 빨리, 아니면 그처럼 철저하게 이루어지지 못했을 것이다. 노동자들의 주린 배를 채워준 감자는 노동인력의 급증을 뒷받침해주었다. 감자는 척박한 토양에서도 잘 자랐으며 땅에서 파내는 즉시 먹을 수 있었다. 곧 가난한 사람들은 빵을 포기했다. 그 변화는 급격하게 일어났다. 1800년 무렵만 해도 북부 독일에서 궁핍한 가정의 주식은 콩과 빵이었지만 40년이 지나자 감자가 하루에도 두세 번씩 식탁에 올랐다. 1842년 브라운슈바이크 구빈원의 식단계획은 1인당 한 끼에 감자 1킬로그램과 콩류 130그램을 권장했다. 하얀 콩과 감자가 일요일, 월요일에는 통보리와 감자, 화요일에는 당근과 감자, 수요일과 토요일에는 렌틸콩과 감자, 목요일에는 완두콩과 감자, 금요일에는 스웨덴순무와 감자가 나왔다. 일주일 중 세 번 야간에 한 번 더 감자를 먹을 때는 귀리를 곁들인 수프거나 단순히 껍질째 삶은 형태였다.[1]

이런 식의 반복은 두 가지 측면에서 폐해가 발생할 소지가 있었다. 하나는 한 가지 식품에만 지나치게 의존하면 병충해가 발생했을 때 큰 위험이 뒤따르며 결국은 식량난을 초래하게 된다는 것이다. 다른 하나는 노동력이 풍부해지면서 고용주들이 착취를 서슴지 않았다는 점인데, 이런 경향이 도덕적으로 여전히 용인되던 시대였다. 산업화 초기 단계에서 다른 경쟁국들에 비해 기술적 진보가 뒤처져 있던 독일에서 발전은 대부분 인간의 육체 노동력에 의존했다. 산업 부문의 작업 대부분이 비숙련 노동자들도 감당할 정도로 단순한 형태였는데, 특히 철도 건설이나 기차 제작, 기계류와 작업 도구 생산을 위한 필수적인 원자재를 공급하는 광업 부문에서 두드러졌다. 수많은 어린이들이 특히 암울한 상황에 처해 있었다. 아주 어린 나이에 직업전선에 뛰어든 아동들은 장시간의 작업을 끝낸 후 학교에 가야 했으며, 설탕을 넣지 않은 커피 대용품, 검은 빵, 감자, 소금 등으로 연명했다. 또한 그들의 일터는 대부분 집에서 멀리 떨어져 있었기 때문에 부모들은 아이를 동료 노동자 가정에서 지내게 했다. 1835년 귀족 집안에서 태어난 아이가 15세 생일을 맞이할 확률은 91퍼센트에 달했지만, 도시 빈민의 경우에는 58퍼센트에 불과했다. 이 문제에 대한 영국과 독일 고용주들의 태도에는 차이가 있었는데, 1846년 영국 의회에서 벌어진 한 토론에서 분명히 드러났다. 노동시간을 하루 10시간으로 제한하는 권고조항이 올라왔는데 부결된 것이다. 이때 반대론자들은 독일에서는 훨씬 장시간 노동을 한다는 논리를 내세웠다.[2]

19세기 독일은 격변의 시대였다. 개인의 자유, 보편적 법률과 법적 평등이 대규모 사유지, 특권, 봉건주의를 대체했고 이동과 속도가 시대적 강박관념이 되었다. 하지만 여기에는 지불해야만 할 비용이 뒤따랐다. 영국의 경제학자 토머스 맬서스Thomas Malthus가 1798년에 지적한 대로 식량 생산의 증가가 인구 증가 속도에 미치지 못했기 때문이다. 1850년 무렵이 되자 감자 생산에도 불구하고 식량 공급과 수요의 균형은 잘해야 불안정한 정도에 그쳤다. 농업 부문 총생산량 증가율은 40~50퍼센트에 달했음에도 말이다. 이러한 농업 부문의 생산 증가는 기술적 효율성에 기인한 것이 아니라 대부분 노동시간의 증가, 특히 여성의 노동시간이 늘어난 탓이 컸다. 이러한 불안정한 상황에 기후 요인까지 사회적·경제적 변화에 한몫했다. 동시대 논평자들에 의해 '사회적 빈곤 상태Pauperismus'라고 명명된 이 대대적인 빈곤 사태는 시대적 현상이 되었다.

1815년 인도네시아 탐보라 화산 분화는 이듬해 인류 역사상 가장 추운 여름으로 이어졌다. '여름이 없는 해'로 알려진 그해는 1816년에서 1817년으로 넘어가는 재앙 수준의 혹한으로 끝났다. 특히 아직 체계화되지 않은 식량 유통구조로 인해 기아가 뒤따랐다. 가격은 지역마다 천차만별이었으며 투기가 만연했다. 일부 시골지역 주민들은 빵값이 조금이라도 덜 비싼 도시로 가려고 몇 킬로미터씩 걸었으며, 절망적인 궁핍 상태에서 구할 수 있는 건 뭐든, 이끼 등 지의류, 나무껍질, 풀뿌리, 쐐기풀, 언 감자, 설익은 포도, 지푸라기, 톱밥, 대팻밥까지 최후의 수단으로 삼아 버텼다. 같은 상황이 1846년 겨울에도 반복되어 수확도 하기 전 곡물에 서리가 내리는 바람에 뿌리째 갈아엎고 그 자리에 감자를 대신 심었지만 병충해로 썩어들어갔다. 농업 관점에서만 보자면 재앙 수준은 아니었지만, 그 상황이 경제위기와 맞물리면서 교역 물량과 은행의 여신 능력에까지 영향을 미쳤으며, 영양실조와 이로 인한 질병이 확산되면서 사망률이 급등했다.[3]

일을 하건 하지 않건 많은 사람들에게 굶주림은 항시 존재했다. 이에 대해 남부 독일 출신의 진보적 혁명가 프리드리히 리스트 Friedrich List의 보고가 자주 인용되었다. 그는 가난한 집에서는 천장에 청어를 줄로 매달아 식탁에서 돌아가면서 감자에 양념처럼 문질러 먹었다고 언급했다. 방적과 직조 등의 수공업 노동자들의 처우는 영국 공장에서 생산된 값싼 수입품들이 유입됨에 따라 더욱 악화되었다. 슐레지엔의 경우, 방직공들의 고질적인 상황이 잘 알려져 있었음에도 관리들은 열악한 상황을 그 지역 삶의 한 방식으로 치부해버린 채 1800년대 초반 20년 내내 묵살했다. 1830년대에 이들의 상황이 더욱 악화되자 극빈자들에게 빵이 배급되고 민간단체들이 도움을 주기 위해 노력했지만, 그들의 노력을 합친다 해도 충분하지 않았다. 빈곤에 처한 가내노동자들이 반복적으로 봉기를 일으켰고 1844년에는 노동자들이 공장들을 파괴하기도 했다. 그러나 신문기사를 통해 계속 일방적인 정보만 얻은 일반 대중은 고용주의 편을 들며 분노를 터뜨렸다. 방직 노동자들은 곧 다시 비참한 처지에 몰렸으며, 1847년에는 슐레지엔 곳곳에 기아와 장티푸스가 만연했다. 1850대 초반에 작성된 보고서에 따르면, 이들 중 다수가 육류는 고사하고 빵조차 수년간 먹지 못했으며, 일부는 퍼런 감자 이파리, 묵은 콩과 양배추, 그리고 멀건 수프를 걸쭉하게 해주는 약간의 동물 기름으로 연명했다. 심지어는 소금마저 세금이 많이 부과된다는 이유로 사치로 여겨졌다.

수많은 농업 노동자들의 상황도 나을 것이 없었다. 인구 증가는 임금 하락으로 이어졌으며 작황이 좋지 않은 해에는 고용의 기회조차 주어지지 않았다. 상황이 특히 절망적이었던 뷔르템베르크, 바덴, 팔츠 지역의 의회는 결혼과 새로운 이주에 대해 엄격한 규제조치를 시행했으나 상황을 통제하겠다는 것은 공허한 노력의 일환에 지나지 않았다. '허기지다'라는 의미의 독일어 표현 '콜담프 쉬벤 Kohldampf schieben'은 일반적으로 생각하듯이 양배추Kohl에 지나치게 의존하는 식단과 관련된 것이 아니라 1830년대의 참담했던 시기에서 유래한 것이 분명하다. 당시 중부 유럽의 거리를 떠돌던 가난한 유목민들이 사용하던 예니셰Yeniche어에서 배고픔을 의미하는 두 단어인 '콜러Kohler'와 '담프Dampf'를 나란히 붙여 쓴 것이다.

혁명의 기운이 감돌기 시작하자 부유한 중산층마저 점차 빈곤상태에 의한 위협을 감지했다. 그들은 또한 음식에 관한 자신들의 정체성을 찾기 위해 여전히 분투하고 있었다. 비더마이어Biedermeier 양식*을 따른 '시민들의 식단Bürgerliche Küche'은 지나치게 호사스럽지 않으면서도 훌륭하고 든든한 식사였다. 이들은 예전 중산층의 롤모델이었던 귀족들로부터 벗어나는 것만큼이나 하층민과 거리두기에 전전긍긍했다. 죽과 관련된 요리들은 낙후된 시골을 상징했기에 노인이나 어린이에게만 적합한 것으로 여겼다. 중산층의 높은 소득은 음식의 다양성으로 표출되었으며, 치솟는 식품 가격에도 훨씬 덜 취약했다. 1850년대에 독일의 통계학자 엥겔Ernst Engel이 만든 법칙은 소득수준이 낮은 가계일수록 전체 생활비에서 식품에 지출하는 비중이 높음을 지적하는데, 이 엥겔지수가 70퍼센트라는 것은 비정상이 분명했다. 달걀, 우유, 버터, 육류의 가격은 곡물이나 감자보다는 훨씬 안정적이었음에도, 하층계급에게는 언제나 닿을 수 없는 거리에 있었다.

이 당시를 돌이켜보면, 상황을 분석하고 정치적 해석을 하는 일은 어렵지 않은데, 굶주린 국민들이 1789년의 프랑스인들처럼 케이크를 즐기는 상류층에 대해 폭력을 수반한 저항이라는 마지막 수단에 의존하지 않았다는 사실은 여전히 놀랍다. 한편으로는 감자로 배를 채울 수 있었기 때문이라고 주장할 수도 있지만, 다른 한편

---

* 부르주아적 생활양식을 의미하는 단어였으나 점차 19세기 전반부의 시대상, 특히 문화 및 예술 양식을 지칭하는 의미로 확대되었다. 간소하고 실용적인 면이 특징이다.

으로는 독일 산업화 과정에서 매우 중요한 약물이었던 설탕을 넣은 커피와 함께 슈납스Schnaps를 꼽을 수 있다. 예의 덩이줄기식물 덕분에 독한 술 슈납스 또한 독일 하층민들 사이에 널리 알려지게 되었다. 1800년 무렵까지 대부분 곡물로 만들던 증류주의 생산 원가는 매우 높았다. 이런 술들은 대부분 공공 여관에서 특별한 접대용으로 소비되었다. 감자로 증류주를 만드는 것은 저렴할 뿐 아니라, 곡물처럼 저장이 되지 않아 단시간 내에 사용해야 한다는 이 덩이줄기 식물의 특징을 이용했던 것이다. 일단 감자로 증류주를 만들기 시작하자 슈납스는 가난한 사람들의 일상 식단에 편입되었다.

커피와 슈납스는 시간에 쫓겨 요리할 시간이 없었던 여성 노동자들까지 바로 먹을 수 있었다. 노동자들을 늘 깨어 있게 하고 허기뿐만 아니라 무력감이나 분노까지 잊게 했기 때문에, 밭에서건 지하 광산에서건 그리고 후에는 공장에서까지 즐겨 마셨다. 상황이 이쯤 되자 특히 슈납스에 대해 기득권층에서 개탄의 목소리가 나오는 역설적인 현상이 나타났다. 분노한 중산층은 광산 노동자들이 월급날 돈을 집에 가져가지 않고 취하도록 마시는 데 써버린다고 비난했지만, 편안한 안락의자에 앉아 있는 그들은 구태여 현실로부터 도피할 필요가 없는 사람들이었다. 더욱 역설적인 것은 국가에서 독한 술을 손쉽게 구할 수 있도록 했다는 점이다.

감자 슈납스는 주로 엘베강 동쪽 대규모 농경지에서 생산되었다. 그곳 사람들은 생산된 곡물 잉여분을 수출하기가 어려워지자 토지의 상당 부분을 감자 경작지로 전환했다. 감자는 대규모 자본

투자가 필요 없는데다 팔리지 않으면 오래 저장할 수 있는 술로 만들거나, 삶아서 돼지 사료로 쓸 수도 있었다. 대지주들의 끈질긴 로비에 무릎을 꿇은 국가에서는 세율을 극히 낮게 적용함으로써 슈납스 시장의 규모를 보장해주었다. 또 하나의 역설적인 사실은 극도로 빈곤했던 슐레지엔의 가내 방직공들이 값비싼 진짜 커피를 마실 수 있었다는 점이다. 이들이 생산한 옷감이 상인들에 의해 중앙아메리카의 커피와 거래되었고 그 원두가 임금 대신 방직공들에게 지불되었기 때문이다. 한 형태의 노예제도가 다른 형태의 노예제도와 연결되었음을 보여주는 사례다.[4]

이처럼 가난한 사람들을 위한 마약이 있었음에도 기아 폭동이 일어났다. 감자 소비가 상대적으로 많지 않은 바이에른 지방에서는 곡물 값의 상승이 대부분 폭동으로 이어졌다. 땅이 없고 일감도 없어 절망에 빠진 일용 노동자들과 현장 작업자들은 곡물 수송을 가로막고 약탈하거나 상인, 제분업자, 제빵사들을 습격했다. 곡물시장에서의 혼란은 확실히 맥주 가격에 영향을 미쳤다. 특히 18세기 바이에른 지방에서는 기후 변화로 인해 포도 재배가 사실상 사라진 터라 맥주는 오랫동안 필수 식품으로 간주되었다. 맥주 양조업의 번창으로 양조업자들은 부와 사회적 지위를 축적했다. 이례적으로 다양한 사회계층이 함께 어울리던 야외 맥줏집의 긴 테이블에는 노동자들 바로 옆에 군인들이 앉고, 학생들이 중산층 가정과 뒤섞여 어울렸다. 그러나 1844년 맥주 가격이 20퍼센트 이상 오르자 술에 목마른 소비자들은 격렬하게 저항했다. 특히 뮌헨에서는 술집에서 벌어진 싸움이 길거리까지 번지곤 했는데, 도수가 높고 가격이 비싼 여름 맥주가 제공되고 새로운 시즌 가격이 공시되자 상황이 더욱 나빠졌다. 제대로 조직이 갖춰졌을 리 없었던 이 맥주 폭동은 바이에른의 시골 지역에서 일어난 곡물 폭동보다도 성과 없이 끝났다. 맥주란 것이 사재기해 집에다 쌓아놓을 수 없었기 때문이다. 같은 시기 뮌헨의 공장 노동자들이 벌였던 맥주 불매운동이 이 폭동보다 훨씬 혁신적이고 효과적이었다. 현대 소비자 불매운동의 효시라고 할 수 있는 이 불매운동은 1890년대에 베를린의 산업 노동자들에 의해 다시 한번 위력을 발휘하게 된다.[5]

많은 경우 사회적 관심을 가진 기득권층 구성원들이 지역 자선단체를 결성해 가능한 한 많은 도움을 주려 했다. 민간구호단체들은 장작과 빵을 배급하는 등 시의회의 노력에 동참했다. '럼퍼드의 수프급식소Rumfordsche Suppenanstalten'라고 불린 급식소가 독일 전역에 문을 열었다. 럼퍼드 백작 벤저민 톰슨의 원칙에 기반을 둔 급식소였다. 1790년대에 뮌헨의 구빈원 책임자이던 럼퍼드 백작은 가난한 사람들을 위해 그의 유명한 영양가 많은 수프의 레서피를 개발했다. 물을 베이스로 한 비싸지는 않지만 포만감을 주는 이 수프는 대량 제조가 가능했다. 들어가는 재료는 감자, 통보리, 오래된 흰빵, 소금, 식초나 신 맥주에 보리 낱알 크기로 잘게 썬 아주 적은 양의 소고기를 첨가했다.

1805년 오데르 지방의 괴를리츠에서 발행된 한 잡지는 중간 규모의 마을에 완벽한 재정 및 조직 계획까지 담은 럼퍼드의 수프급

L. 그라트만 L. Gradmann, 〈수프 배급 Suppen Austheilung〉, 1817년경, 애쿼틴트 오목판화. 럼퍼드의 아이디어를 따른 수프급식소. 단정한 차림의 수혜자들이 수프 값을 지불하고 있다.

식소 설립 제안을 게재했다. 이 제안이 나온 배경은 "지속적인 물가 상승으로 인해 모든 지역에서 가난한 사람들의 고통이 가중되었다. 따라서 그들의 어려움을 덜고 또한 마을 주민의 대다수를 차지하는 노동자들이 완전히 몰락하지 않도록 막을 최선의 방법을 진지하게 강구할 필요성 때문"이었다. 이 익명의 필자는 구호기금을 운용해 현금을 나누어주는 것으로는 충분하지 않으므로 네 방면으로 전략을 짜야 한다고 주장했다. 즉 근면을 독려하고, 농업을 지원하며, 관리들의 지원을 받아 대부분의 필수 식품 가격을 낮추고, 마지막으로 빈곤층에게 건강에 좋고 가격 부담이 없는 식사를 제공하는 것이었다. 나아가 그는 수프를 무료로 나눠줘서는 안 된다는 견해를 피력했는데 무료 급식은 그 가치를 적절하게 평가받지 못한다는 이유였다.[6]

이 시기 내내 인구과잉과 빈곤에 대한 해법으로 많은 사람들이 다양한 이유에서 이민을 고려했다. 당시의 자선행사는 종종 미국행 여행 경비를 감당할 수 없는 사람들을 위한 모금활동 형태로 이뤄졌다. 1816년 쾰른시 당국이 베를린에 보낸 보고서에 의하면 "최근 여권 미소지자들이 뗏목을 타고 라인강을 따라 네덜란드로 가는 일이 빈번하게 발생하고 있다. 거의 매일 육로나 수로를 통해 이곳에 도착하는 많은 사람들이 유사한 의도를 가지고 있다". 네덜란드의 항구들은 독일 이민자들로 북새통을 이루었는데, 바덴과 뷔르템베르크 출신이 특히 많았다. 지방정부가 빈곤에 대응하는 노력으로 이민을 장려했기 때문이다. 1830년대 이후 납세를 십일조 체제에 의한 현금징수제로 시행하고, 농부들의 토지 임대료도 같은 방식으로 부과하자 경제 상황은 더욱 악화되었다. 이러한 요구에 부응하기 위해 소농들은 땅을 팔아야 했는데, 그러면 그들의 지불능력은 더욱 감소했다. 산업은 아직 대체할 일자리를 제공할 만큼 발전하지 못했기 때문에, 궁핍한 사람들은 나라를 떠나는 것 외에는 다른 해결책이 없었다. 독일의 산업이 농촌 인구를 흡수할 정도로 성장한 1880년대에 이르기까지 이민은 계속 이어졌다. 이때부터 1차대전 때까지는 이민이 꾸준히 줄어들다가 전쟁 중 완전히 중단되었다.

초기에는 노동력 부족에 시달리던 프로이센이나 러시아도 인기 있는 목적지 중 하나였지만, 이 기간 내내 미국이 독일 이민의 절대다수를 받아들였으며 브라질과 오스트리아가 그 뒤를 이었다. 1820~1924년 미국의 경우, 독일인은 두 번째로 큰 이주 민족집단으로 전체 이민자의 약 15퍼센트를 차지했다(첫 번째로 많은 나라는 아일랜드까지 포함한 영국인이었는데, 아일랜드는 1920년에야 영국으로부터 독립했다). 독일인들 대부분은 자신을 불러들인 친척이나 동족들과 합류했고, 종종 그들에게서 여정에 드는 경비도 제공받았다. 고향에 남은 기득권층은 하층민 이민자들의 조야한 음식을 지적하며 그들과 거리를 두었다. 이 같은 반응은 영국에서도 마찬가지여서 1832년 프랜시스 트롤로프Frances Trollope의 책 《미국인의 가정예절Domestic Manners of the Americans》*이 출판된 이후에는 이러한 오만한 태도가 '트롤로프화trollopizing'라는 단어로 표현되었는데, 이 책은 3년 후 독일어로 번역 출판되었다.7

어쨌든 미국에서 독일인은 초보자가 아니었다. 독일어를 사용하는 첫 번째 이민자들은 일찌감치 1607년 미국에 상륙했다. 1683년 무렵에는 크레펠트 인근 출신의 열세 가구가 모여 펜실베이니아에 독일인마을을 세웠다. 그 후 여러 해 동안 독일을 떠나 미국으로 향한 이민자들의 물결이 꾸준히 이어졌다. 특히 끊임없이 계속된 프

---

* 미국을 여행한 트롤로프가 쓴 이 책은 미국의 가정생활이나 음식문화를 천박한 것으로 비난함으로써 유럽과 미국 양쪽에서 적잖은 소동을 일으켰다. 간소하고 실용적인 면이 특징이다.

랑스와의 전쟁으로 야기된 가난뿐만 아니라 종교적·정치적 박해를 피해 만하임 인근의 팔츠 출신 농부들이 많은 비용과 위험을 무릅쓰고 국경선 탈출을 감행했다. 이 이민자들은 처음에는 허드슨강 유역의 뉴팔츠에 정착했지만 곧 윌리엄 펜William Penn이 남쪽으로 이주하는 도전을 택할 새로운 정착민을 모집하자 그의 말에 귀를 기울였다. 펜실베이니아 더치Pennsylvania Dutch라고 부르는 조리 방식이 바로 이 동부 해안선 일대에 정착한 독일인들 사이에서 탄생했다. 이 단어는 네덜란드와 연관된 듯 보이지만, 실제로 그 이름은 '독일인'을 뜻하는 '도이치Deutsch'가 언어적 오류를 빚은 것이다. 슈니츠 운트 그넵Schnitz und Gnepp(얇게 썬 사과와 경단), 슈미어카에스Schmierkäs(크바르크), 그필더 자이마게Gfillder Seimaage(속을 채운 돼지 창자), 에벨쿠헤Ebbelkuche(사과파이) 등의 요리는 그 뿌리가 독일이라는 사실을 명백하게 보여준다.

대부분의 독일 이주민들은 새로운 환경에서 재빨리 제자리를 찾았으며, 그들의 음식들 역시 "애플파이처럼 미국화되었다". 1840년대 뉴욕 맨해튼의 독일 이민자들은 로어 이스트 사이드에 있는 벽돌로 지은 5, 6층짜리 공동주택에 몰려 살았다. 이 지역은 곧 '클라인 도이칠란트Kleindeutschland' 혹은 더치타운으로 알려졌으며 곧 14가에서 남쪽의 디비전 가로, 바워리 가에서 동쪽의 이스트리버로 확장되었다. 낮은 임금과 높은 임대료로 방들은 어둡고 답답하고 과밀화되었으며 주거조건이 도시 지역 이민자에게나 적합했다. 농촌 출신 이민자들은 미주리, 위스콘신, 일리노이 같은 농업지역으로 계속 옮겨가는 경향이 있었다.

뉴욕에서 많은 독일인이 재봉사, 인쇄업자, 목수로 생계를 꾸렸지만, 다수가 낙농업자, 식료품상, 도축업자로 일했다. 1850년대 후반에 이르면 독일의 가족사업이 제빵 분야를 장악했다. 놀라운 일은 아니지만, 그들이 만든 빵은 색이 진하고 신맛이 나는 편이었고, 이스트를 넣어 부풀린 케이크에는 쿠헨Kuchen이라는 독일어 단어를 그대로 사용했다. 독일 식료품점들은 (이들의 사업 범위는 종종 동유럽 출신 유대인 이민자들과 현대의 조리식품상점delicatessen과 겹치거나 합쳐졌다) 소금에 절인 청어까지 팔았으며, 빵집과 비슷한 소규모 가족회사였던 독일 맥주 제조업자들도 미국인들에게 독일식 저온 숙성 맥주를 소개했다. 이들이 만드는 라거 맥주는 이전까지 주를 이루던 영국식 에일 맥주보다 더 신선해 상당히 큰 인기를 누렸다.

미국에서 맥주와 함께 자우어크라우트는 '독일적인 것'과 동의어가 되었다. 남북전쟁이 끝날 때까지도 양배추 썰어주는 사람 Krauthobbler이 주로 10월 말에서 12월 초까지 이집 저집 돌아다니며 집에서 자우어크라우트를 담글 수 있도록 양배추를 채썰어주었다. 케첩으로 유명한 헨리 존 하인즈Henry John Heinz는 1869년 피즈버그에서 서양냉이 간 것으로 사업을 시작했다. 그는 가문의 뿌리에 걸맞게(그는 팔츠 지방의 칼슈타트에서 태어났다) 1890년대 롱아일랜드에 자우어크라우트 공장을 세웠다. 떠돌이 장사꾼들이 바나 살롱, 도시의 회의장 등을 돌아다니며 배고픈 사람들에게 감자샐러드를 팔면서 자우어크라우트와 프랑크푸르트 소시지도 팔았는데, 그들은

오늘날 전통적인 방식으로 자우어크라우트를 만들고 있는 슈투트가르트 인근 키미흐 공장.

목에 걸고 다니던 금속 용기에 소시지를 따뜻하게 보관했다.

놀랍게도 이민자들을 신세계로 실어 나르던 로이드 해운의 선박도 최소량의 자우어크라우트를 싣고 다녔다. 1878년에 마련된 공식 규정에 따르면 객실을 얻을 형편이 안 돼 갑판 사이에 머물던 승객들에게도 아침, 오후, 저녁시간에 우유와 설탕과 함께 커피나 차, 그리고 버터와 함께 흰 빵이나 호밀빵을 제공받을 권리가 있었다. 생채소나 건조 채소와 수프로 구성된 점심식사도 제공받았으며, 승객 한 사람당 일주일에 1.7킬로그램의 육류가 보장되었다. 육류는 세 번 중 두 번은 생고기, 한 번은 소금에 절인 것이었는데 순서는 원하는 대로 정할 수 있었다. 소금에 절인 육류의 경우는 베이컨과 감자를 곁들인 자우어크라우트 형태로 제공되었다. 그렇지만 이러한 규정은 현실과 달랐던 듯하다. 1939년 발표된 독일 역사가의 논문에서 "이민선에서도 경험 많은 요리사가 함께 승선해야 한다는 법령에 의해 제대로 된 요리를 보장했다"고 한 것처럼 낙관적인 추정이었던 듯싶다.[8]

흔히 독일어를 쓰는 사람들은 가족이 함께 모여 음식을 즐기는 것으로 유명했으며 대규모 모임이 열리는 경우도 종종 있었다. 또한 사격클럽이나 노래 모임에서 퍼레이드나 피크닉, 야외페스티벌 Volksfeste 같은 행사도 주최했다. 그중 일부는 청어샐러드, 자우어크라우트, 감자팬케이크, 프랑크푸르트 소시지, 맥주, 허니케이크 등을 제공하는 인상적인 행사였다. 독일인들이 일찌감치 정착한 바워리 지역에는 소시지나 브레첼 등 소박한 음식들을 푸짐하게 내놓는

당대의 식탁

베를린의 조리식품상점 로가키

오늘날 베를린의 샤를로텐부르크 지구에 있는 '로가키Rogacki'(www.rogacki.de)는 뭔가 유명한 뉴욕 조리식품상점의 분위기를 풍긴다. 호화로운 카데베KaDeWe 백화점 6층에서 여기저기 기웃거리는 일반 관광객들과는 달리 로가키 고객들은 물건을 사기 위해 온다. 신선한 과일과 채소를 제외한 모든 식품을 팔고 있는 이곳의 명성은 무엇보다도 생선에서 나온다. 1928년 루치아와 파울 로가키 부부는 베딩의 노동자 구역에서 훈제한 생선을 팔기 시작했다. 루치아가 가게를 보는 동안 파울은 여동생 마리와 함께 손수레를 끌고 알렉산더 광장에 있는 시장에 나갔다. 사업이 점차 번성하자 1932년 현재의 장소로 이전하여 생선을 직접 훈제하기 시작했다. 이 사업체는 이제 116명의 고용인을 거느리고 있으며 현재의 주인인 파울의 손자 디트마어는 지금까지도 상점 뒤편에서 이른바 알토나Altona라고 불리는 구식 오븐을 사용해 청어, 해덕, 연어 등 다양한 생선을 뜨거운 연기로 훈제하고 있다. 샐러드뿐 아니라 온갖 종류의 식초와 소금에 절인 청어, 오이도 직접 만든다. 즉석 케이터링 서비스Stadtküche도 가능한데, 주문 즉시 전통 스타일의 치즈로 만든 고슴도치와 돼지고기를 갈아 만든 돼지를 포함해 화려하게 장식된 요리가 커다란 접시에 담겨 나온다. 생선튀김, 송아지 커틀릿인 슈니첼Schnitzel, 잘게 간 소고기와 채소를 섞어 조리한 미트로프Leberkäse, 피와 간을 넣은 소시지, 삶은 돼지족발 햄Eisbein,

감자튀김, 감자와 오이 샐러드, 그리고 디저트로 세몰리나 푸딩까지 다양한 종류의 전통 독일 요리를 이 상점 안에서 먹을 수 있다. 이곳에서는 모피 코트를 입은 베를린 사람들이 서로 팔꿈치가 부딪힐 정도로 좁은 테이블에 바싹 붙어 서 있다. 어떠한 유행도 신경 쓰지 않고 누구의 눈치도 보지 않으며 옛날 방식 그대로 남아 있는 로가키는 20세기 초반 베를린을 대표했던 독일과 동유럽의 요소들이 혼합된 전쟁 전 음식세계와 우리를 이어준다.

널찍한 비어홀들이 줄지어 늘어섰다. 라츠켈러Rathskeller 혹은 포스트켈러Postkeller로 불리던 좀 더 세련된 식당들은 독일계가 아닌 미국인들까지 손님으로 끌어들였다. 1882년 독일 하노버 출신의 웨이터 아우구스트 뤼초브August Lüchow는 14번가 이스트 110번지에 있던 평범한 비어홀을 인수해 다수의 룸을 구비해 독일적인 안락함을 더한 어마어마한 규모의 호사스러운 궁전으로 개조했다. 뤼초브의 식당은 미국에서 문을 연 독일 식당 중 가장 성공적이었고, 아마도 가장 오랫동안 운영되었을 것이다. 이 식당은 미국 현지 식재료를 사용한 독일 및 오스트리아 전통음식과 함께 뷔르츠부르크와 필젠에서 수입한 맥주, 최고의 미국산 맥주, 최고급 라인와인을 제공했다. 손님들은 오페라나 브라스밴드가 라이브로 연주하는 세레나데를 즐겼으며, 크리스마스 시즌에는 식당 앞에 전설적인 높이의 크리스마스트리가 설치됐다. 뤼초브의 식당은 뉴욕 시어터 디스트릭트로 이전했는데 그로부터 2년 뒤인 1986년 문을 닫았다.[9]

뤼초브의 식당은 1830~1840년대 고국의 빈곤층 상황과 비교한다면 지상 낙원이었다. 독일에서는 절망적인 상황에서 사소한 범죄를 저지른 사람들조차 먹여준다는 이유로 교도소 복역을 자처하는 경우가 종종 있었다. 식료품 값이 오르면서 음식 관련 범죄가 기하급수적으로 늘어난 것은 두말할 필요도 없다. 쪼들리는 생활을 하던 슐레지엔의 가내수공업 노동자들과 비교할 때, 구빈원과 같은 시설 수감자들은 정말 호사스러운 삶을 살았다. 식사는 형편없었겠지만 최소한 끼니는 보장되었다. 당시 뮌헨 교도소의 식단은 주로 밀가루, 콩, 완두콩 또는 감자로 만든 수프와 빵이었으며, 육류가 일주일에 두 번씩 포함되었다.[10] 교도소의 음식은 언제나 논쟁거리였다. 당시 한창 부상하는 학문이었던 영양학 관계자들은 물과 빵만으로는 충분한 식사가 되지 못한다는 점을 분명히 했다. 그렇지만 대중은 수감자들에게는 굶어 죽지 않을 최소한의 음식이면 족하다고 생각했다. 새로운 과학적 발견들이 교도소 식사에 대해 재정의를 내리면서 지나치게 많은 음식은 수감자들의 성적 충동을 증가시킬 것이라는 두려움이 표출되었다. 그보다 진짜 문제는 다양한 연령층을 충족시키며 감당할 수 있는 수준의 비용으로 수감자들의 건

맨해튼 뤼초브 비어홀, 1938.

베를린 루멜스부르크의 구빈원에서 한 수용자가 식사를 배급받고 있다. 수프 한 그릇과 빵 한 조각이 전부다. 1900년경.

강을 적절히 유지시킬 수 있는 식단의 개발이었다.

18세기에 세워진 병원, 교도소, 구빈원, 노역장은 전형적인 자립 경제 기관으로 시작했기 때문에 대부분의 음식을 자체 생산했다. 이 기관들은 수감자들의 힘을 빌려 채소와 과일을 재배하고 젖소와 돼지를 길렀으며, 필요한 곡물과 육류를 가공했다. 그런데 19세기 초에 들어서면서 수용 인원이 더욱 늘어나게 되었다. 도시의 빠른 성장으로 인해 시골 지역이 도시화되면서 식품 생산이 가능했던 농장지대나 목장들이 사라졌다. 상황이 이렇다 보니, 해당 기관들 자체도 허리띠를 졸라매고 앞날에 대비하기 위해 식료품 비용을 면밀히 들여다봐야 했다. 일반적으로 외부에서 구입하는 것이 자체 생산보다 비용이 적게 들었다. 병원뿐 아니라 교도소에서도 재소자들을 훌륭한 시민의식으로 재교육하는 한편 신속하고 비용효율성이 높은 노동력으로 복귀시키는 것이 목표였다. 1850년까지만해도 병원의 역할이 의료 지원보다는 일반적 돌봄에 치중되어 있었다. 대부분의 환자들이 스스로를 돌볼 수 없는 일용직 노동자, 하인, 수공업자, 여행자들이었기 때문이다.

이 무렵까지 병원의 환자들은 통상적으로 금식 처방을 받았다. 금식이 몸에서 '독성 물질'을 제거하는 방법으로 널리 알려져 있었기 때문이다. 현대 의학이 발전하기 이전이던 당시의 의학적 기준은 괴테의 친구이자 프로이센의 루이제Louise 왕비의 개인 주치의였던 크리스토프 빌헬름 후펠란트Christoph Wilhelm Hufeland에 의해 세워졌다. 1797년 후펠란트는 질병이 아니라 하나의 완전체로서의 인간에 초점을 맞춘 《인간 생명의 연장 기술Kunst, das menschliche Leben zu verlängern》(훗날 《장수법Makrobiotik》이란 제목으로 개정, 출간)이라는 책을 발표해 대성공을 거두었다. 후펠란트는 모든 것에 균형과 조화를 권장했다. 이는 당시 모든 면에서 프랑스와 베르사유 궁전의 영향력이 지배적이었음에도 사실상 고전 의학적 사고방식으로의 회귀였으며, 과거의 영향이 잊히지 않고 남아 있었다는 증거였다. 괴테가 로마에 갔을 당시 이탈리아 그랜드 투어Grand Tour*가 유행이었는데, 괴테 역시 버진 올리브유, 아티초크, 스투파토(스튜), 파르메산 치즈에 대한 애정을 가지고 돌아왔다. 전인全人적 의료로의 회귀는 건강과 음식의 관계가 새롭게 정립되었다는 의미로 "제대로 먹는다면, 별 탈 없을 것이다"라는 논리였다. 이러한 확신은 비록 새로운 제도의 뒷받침이 있긴 했지만, 19세기 전반에 걸쳐 식품과학이라는 신생 분야에 의해 강화되었으며 독일 요리의 정신에 깊이 박혀 오늘날까지도 지속적으로 영향을 미치고 있다.

후펠란트는 자신의 식품 분류법과 조리방법을 토대로 요리책의 한 세대를 탄생시켰으며 요리사의 임무는 영양학적 원칙을 따르는 것이라고 밝혔다. 그의 권고는 채식주의자들과 생활개혁운동 '레벤스레포름Lebensreform'**의 기반이 되었다. 1791년 후펠란트의 동료

*   17세기 중반에서 19세기에 이르기까지 유럽 상류층 자제들이 그리스, 이탈리아, 파리 등을 여행하면서 과거 역사의 현장을 찾아 배운 것을 의미한다.
**   19세기 후반에서 20세기 초까지 유럽, 특히 독일과 스위스에서 시작되어 미국까지 번진 사회운동으로 자연적인 삶의 방식으로 회귀하려는 운동. 주로 건강식품의 섭취와 알코올과 담배를 배제하는 건전한 생활방식이 주를 이루었지

인 요한 크리스티안 라일Johann Christian Reil은 폭음·폭식으로 유명한 아피키우스식 탐식Apicische Lekkermäuler에 격렬하게 반대하는 비판서를 출판했다(자신과 비슷한 생각을 가진 동시대의 미식철학자 카를 프리드리히 폰 루모르의 반응에 대한 기대가 있었다). 같은 시기에 볼펜스뷔텔에서 활동하던 의사 요한 뷔킹Johann Bücking은 자신의 책《영양학 가정의Diätetischer Hausarzt》를 통해 같은 주제로 조리법들을 매우 정확하게 수록했다. 1820년대와 1830년대에는 동종요법Homöopathie의 원리에 기초한 수많은 저서들이 뒤를 이었다. 1796년 독일 의사 자무엘 하네만Samuel Hahnemann이 독은 독으로 제거한다는 신념을 기초로 이러한 가정을 최초로 발표했다. 이들은 치료제는 극도로 희석된 상태만 필요하다는 원칙을 따랐다. 이런 일련의 생각을 근거로 주방에서 향신료 사용이 극도로 줄었으며 치즈, 소시지, 생선과 함께 맥주와 커피 등 치료 효과를 저해할 가능성이 있는 모든 종류의 음식이 금지되었다.

일반적으로 의사들과 의료인들은 수용시설들을 차츰 연구를 위한 풍부한 자료의 원천으로 간주하기 시작했다. 이러한 사실은 한때 의학을 공부한 작가 게오르크 뷔히너Georg Büchner에 의해 대중에게도 알려지게 되었다. 1836년에 썼지만 사후인 1876년에 출판된 희곡《보이체크Woyzeck》는 빈곤에 대한 기득권층의 반응을 다뤘다. 절망에 빠진 가난한 주인공은 무자비한 의사에게 돈을 받고 음식

만, 극단적으로 나체주의nudism나 분방한 성 운동으로 번지기도 했다.

에 기반한 실험에 응하는데, 이는 영양학의 초기인 1820년대에 개를 대상으로 실제로 했던 먹이 주기 실험을 가리키는 것이었다. 의료진은 점차 병원 음식에 대한 절대적인 권위를 가지게 되었으며, 1880년 무렵에는 모든 시설에 표준 식단을 도입했다. 1800년경 일반적이었던 관행과 비교하면, 빵의 비중이 상대적으로 줄었으며 육류는 훨씬 많이 늘었다. 일부 생선도 제공되었지만 무엇보다 소화가 잘되고 영양가가 높으며 건강에도 좋은 것으로 간주되던 신선한 우유가 포함되었다. 그러나 감자는 19세기 초까지도 식단에 포함되지 않았으며, 포함된 후에도 상대적으로 적은 양만 권장되었다. 알코올은 점차 금지되었고, 19세기 말에야 도입된 커피는 의료적 이유로 각성제로 처방되었을 때만 허용되었다. 그럼에도 베를린 자선병원의 1819년 기록을 보면 간호사들은 커피에 열광했는데 야간 근무일 때 특히 심했다.

한편 19세기 후반에 들어서면서 병원 재정은 보험제도에 의한 지급액의 비중이 점차 커지면서 차차 안정을 찾아갔다. 주방 시설은 개선되고 직원들은 더 나은 훈련을 받았다. 그러나 병원 식사는 보통의 노동자들이 감당할 수 있는 수준을 넘지 않아야 한다는 것이 일반 여론이었는데, 실질적으로 노동자들이 무엇을 먹느냐 하는 문제에 대해서는 의견이 분분했다. 결국 시설을 운영하는 중산층 관리자들은 음식으로 상징되는 사회적 격차를 적절한 수준으로 유지하는 것을 중시했다. 노동자 가정에 대한 통계는 제한적이었지만, 일반적으로 시설들의 육류와 우유에 대한 지출이 더 많았고 빵,

독일 내 군소 국가들의 지도, 1864년.

감자, 채소에 대한 지출이 적었다는 정도는 드러났으며, 병원의 경우 평균적인 노동자 가정이 구입할 수 있는 음식보다는 영양가 있는 식사가 공급되었다. 그렇지만 1879년 베를린의 기록이 보여주는 또 다른 사실은 육류, 소시지, 생선, 버터, 치즈, 달걀, 빵, 감자, 채소, 과일, 설탕, 맥주 등 병원 소비품목 통계자료의 대부분을 의사들과 직원들이 소비했다는 점이다. 환자들에게는 약간의 우유, 롤빵, 콩만 돌아갔다. 이와 마찬가지로 교도소가 공식적으로 구입한 음식 중 상당량이 원치 않는다는 핑계로 반품되었거나 직원들의 부당한 거래 대상이 되었기 때문에, 실제로 수감자들에게 얼마큼 돌아갔는지는 파악하기 쉽지 않다.[11]

 통일 독일과 통일 헌법을 쟁취하기 위한 1848년 자유주의 혁명은 독일 주방에도 '하인요리Hausmannskost'의 형태로 혁명의 흔적을 오래 남겼다. '하인요리'란 어원이 중세 말기까지 거슬러 올라가는 단어를 직역한 것이다. 귀족들과 같은 상위계층의 지나친 호사와는 달리 이 요리법은 단순하고 현실적이며 일상적인 것이라 19세기의 정신에 잘 들어맞았다. 탐식보다는 단순한 식사가 더 좋은 것이라는 신념을 강력하게 옹호한 인물들 중 한 명이 바로 예술평론가이자 역사가 카를 프리드리히 폰 루모르였다. 그는 1822년 바이마르에서 자신의 요리사인 요제프 쾨니히Josef König의 이름을 빌려 《요리기술의 정수》를 출판했다. 매우 이성적이고 현실주의적인 경험론자였던 루모르의 걸작 요리책은 프랑스의 정치가이자 미식가인 브리야사바랭Brillat-Savarin의 저작 《미식예찬Physiologie du goût》(1826)보다 앞서 나왔으며, 프랑스인 그리모 드 라 레이니에르Grimod de la Reynière가 저서 《음식연감Almanach des Gourmands》(1803~1812)을 통해 처음 시도했던 '요리의 지성화' 작업을 대표하는 것이기도 했다. 루모르의 최우선 원칙은 "재료가 지닌 자연적 특성에 가장 적합한 먹거리를 만들어내는 것"이었다. 그는 이 점을 입증하기 위해 로마의 고전적 음식을 "혼합과 가공을 통해 요리의 원래 특성을 완전히 파괴한다"고 조롱했으며, 로마의 시인 호라티우스Horatius와 루소가 제시했던 철학적 원리에 찬사를 보냈다. 자신은 단순한 음식을 좋아한다고 선언하면서, 매일 (적당량을 넘지 않게) 잘 먹는 것이 이따금 지나치게 호사스러운 연회에서 탐식하는 것보다 훨씬 중요하다고 주장했다.

그의 의견에 따르면, 심지어 일반적으로 하위계층을 연상시켜 부유한 부르주아들은 손댈 생각을 하지 않는 수프 같은 음식도 성공적인 요리가 될 수 있었다. 그는 이러한 사례로 중세 음식이지만 당시에도 여전히 인기를 얻고 있던 올라 포드리다olla podrida*를 오래 살아남은 음식으로 제시했다. 스페인에서 유래된 이 요리는 식재료를 마구 뒤섞은 것인데도 경이로운 차원으로 올라섰다. 1581년에 공개된 마르크스 룸폴트의 레서피는 이 음식에 여러 페이지를 할애했으며 거세한 수탉이나 사냥한 고기에 내장과 마늘까지 넣었지만, 심지어 왕에게도 어울리는 요리라고 말했다. 그 시대의 중상류층 귀족들은 액체와 고체를 따로 서빙하는 홀리프로티덴Holiprotiden이

---

*   갖가지 종류의 육류와 채소를 넣고 끓이는 스페인식 잡탕 스튜.

라는 요리를 개발했다. 17세기 후반, 이 용어는 가재와 곰보버섯, 단맛을 내는 빵 등을 넣어 만드는 라구에도 사용되었는데, 오늘날 독일의 라이프치히식 채소볶음 Leipziger Allerlei을 연상시킨다. 프랑스 궁정에서는 17세기부터 포트 도이 pot d'oille*에 들어가는 모든 하급 재료들이 점차 사라졌는데, 양배추와 골파는 여린 햇채소로, 돼지고기는 훈제 햄으로 대체되었다. 이렇게 만든 요리는 값비싼 은제 접시에 담아냈는데, 이로써 예전에는 하찮은 요리였던 수프가 괜찮은 요리로 탈바꿈했으며 18세기에는 원기를 회복시켜주는 맑은 수프 콩소메의 기초가 되었다. 로마에 머물 때 건강에 문제가 생겼던 루모르는 지나치게 기름진 요리로 인한 부작용이라는 판단으로 올라 요리를 직접 재발견해 현대화했다고 주장했다. 이 음식의 궁정 버전은 합스부르크 왕가가 등장하면서 사라졌다. 빈의 궁정에는 왕실 요리사들이 일하는 스페인식 수프 주방이 있었기 때문이다. 당시 성대한 궁정 연회가 있는 날 한밤중에 작은 컵에 담아 제공하던 올리오 Oglio / Olio라는 맑은 수프가 있었다. 스페인의 원조 요리보다는 많이 단순화되었지만, 루모르의 입맛에는 지나치게 무거웠던 것이 분명하다. 1952년 처음 출판된 알프레트 발터슈필 Alfred Walterspiel의 고전인 《주방과 식당에서의 나의 기술 Meine Kunst in Küche und Restaurant》에까지 이 요리가 살아남아 실려 있었다. 여기에는 당근, 사보이양배추, 골파, 양파, 감자, 약간의 허브와 함께 베이컨, 양고기 어깨 부

* 올라 포드리다의 프랑스 버전.

위, 닭 한 마리와 함께 가능하다면 자고새 두 마리나 꿩 한 마리가 들어가며, 약간의 햄과 작은 소시지도 추가되었다. 이 재료들로 맑은 육수가 완성되면 병아리콩과 가늘게 썬 상추를 첨가했다.

루모르의 동시대인 중에는 식사시간의 지나친 사치를 못마땅하게 여기던 사람들이 있었다. 오이겐 폰 파에르스트Eugen von Vaerst는 1851년 《음식예찬Gastrosophie》을 출판했으며 구스타프 블룸뢰더Gustav Blumröder는 1838년 《식사기술에 대한 강의Vorlesungen über Esskunst》를 발표했다. 소설가 아달베르트 슈티프터Adalbert Stifter도 같은 주장을 하면서 동료 시민들의 "일반화된 심각한 타락"에 대해 격렬하게 비난했으며, 프랑스 요리를 열렬하게 찬양했던 하인리히 하이네 역시 독일 비더마이어 시대 부유층의 탐식을 비난하면서 요리의 악덕이나 미덕의 사례로 음식과 관련된 사건들을 자신의 저서에 빼곡히 채워넣었다.

중산층은 음악에서도 음식과 똑같은 딜레마에 빠져 있었다. 식사와 마찬가지로 상류층이 즐기는 음악의 과도함과 길거리 음악의 천박함 사이에서 자신들만의 길을 찾아야 했다. 요한 제바스티안 바흐는 교회에서 연주한 다음 날 커피하우스에서 연주하는 것을 아무렇지도 않게 생각했다. 하지만 식사 중 음악은 점차 저급한 장르로 간주되어 루모르뿐 아니라 진지한 음악가들은 이를 반대했는데, 특히 리하르트 바그너Richard Wagner는 일고의 가치도 없다는 듯 무시했다. 그럼에도 이 전통은 온천도시 같은 곳에서 가벼운 여흥의 형식으로, 도시의 카페에서는 볼거리로 지속되었다. 1825년 베를린의 카페 '크란츨러Kranzler'가 문을 열었을 때 이탈리아에서 온 밴드가 '막간의 여흥'으로 소개되었다. 이런 가벼운 음악은 드레스덴, 라이프치히, 베를린 등 대도시의 야외 술집에서는 명물로 자리 잡았다. 고객들에게는 인공 미네랄워터가 제공되었는데 1820년 의사인 프리드리히 아돌프 슈트루브Friedrich Adolf Struve가 약효가 있는 카를스바트의 샘물을 기반으로 개발한 것이었다.[12]

한편 소피아 빌헬미네 샤이블러Sophia Wilhelmine Scheibler가 지은 메뉴 제안 모음집《부엌-메모-책Küchen-Zettel-Buch》(1832) 같은 책들을 참고하고 따라 하던 가정에서 음악은 저녁식사의 의례적 측면에서 확고히 자리 잡았다. 식사 중에 음악이 연주되었으며 집에서 음악회를 열 경우 저녁식사 전과 후에 연주했다. 테오도어 폰타네의 소설에 묘사된 것처럼, 식사 도중에 갑자기 노래가 터져 나오는 것이 지극히 평범한 일로 여겨졌다. 1월의 화요일 저녁식사에서 샤이블러는 감자수프, 서양고추냉이와 버터를 곁들인 (식초를 넣어 조리해) 푸른색을 띤 강꼬치고기, 소를 채운 밀크 롤빵, 구운 자고새와 파이를 추천했다. 여기에 추가되는 곁들임 요리에는 안초비, 감자, 체리와 샐러드 드레싱을 뿌린 양배추 등이 포함되며, 후식은 사과, 머랭, 마카롱, 케이크 또는 버터와 치즈로 구성되었다.

사치에 탐닉하고 여가를 즐기는 귀족들의 생활방식과 거리를 두려는 노력의 일환으로, 부르주아 계급은 하인들에게 명령만 내리는 여자들을 질책했다. 대다수가 여성들이 가정을 적극적으로 운영할 뿐 아니라 부엌에서도 하인들과 함께 일하기를 원했다. 이러한 추세에 따라, 19세기 동안 요리책도 변모했다. 가령 이제는 도시의 가정에서 식자재를 직접 만들기보다는 구입에 더욱 의존하게 되었다는 사실을 고려했다. 식품 구입과 저장을 위해서는 특별한 지식과 근면성이 필요했다. 샤이블러는 《부엌-메모-책》에 어떤 요리든 만든 다음 하루 이상 두지 말라고 충고했는데 특히 여름에는 더욱 조심하라고 했다. 기술의 진보는 아직 냉각에까지 이르지 못했으며, 보다 효율적인 연료 사용을 가능하게 해주는 새로운 요리용 스토브 정도에 머물렀다. 그중에서 1860년대 이후 가장 널리 보급된 것은 럼퍼드 백작에 의해 처음 개발된 경제성이 뛰어난 스토브 슈파르헤르트Sparherd였다. 공기 유입량 조절 장치와 최대 다섯 개의 가열판이 부착된 이 스토브는 오븐과 뜨거운 물을 끓이는 수조가 분리된 폐쇄형 철제 조리대였다. 공장에서 대량생산된 이 스토브는 수송과 설치가 간편해, 전통적인 오븐 설치공들이 일자리를 잃게 되었다.

빈곤과 이로 인한 이민 사태는 한 세대에서 다음 세대로 자연스럽게 이어지던 요리 기술의 전수에 장애가 되었으며, 이에 따라 요리 조언에 대한 수요가 급증했다. 시골의 대가족 사이에서 자란 소녀들은 일할 나이가 되어 도시 가정의 하녀로 들어갈 때면 새로운 방식을 배워야 했다. 결혼할 나이가 되어 고향으로 돌아온 이 젊은 여성들은 가사와 주방에서 얻은 경험을 바탕으로 경제적 여건이 허락하는 한 자연스레 전 고용주의 생활방식을 모방하려 했는데, 이런 상황에 헨리에테 다비디스Henriette Davidis가 쓴 실용적인 요리책들이 큰 도움이 되었다.

다비디스는 베스트팔렌의 자우어란트 지역 출신으로 목사의 딸이었다. 그녀의 어머니는 네덜란드 출신의 도시 여자였는데, 자신에게는 시골에서 가정을 꾸리는 능력이 전무하다는 사실을 진작 깨달았다. 당황스러운 경우를 자주 겪은 그녀는 열세 명의 자녀가 이런 문제에 더 잘 대비할 수 있도록 가르쳤다. 일찌감치 산업화가 진행된 지역에서 살았던 어린 헨리에테는 하층계급의 삶의 방식이 낯설지 않았다. 그녀는 자신과 주변 사람들이 보다 나은 삶을 살게 하려는 종교적·사회적 동기를 가지고 학교 선생과 가정교사로 일했다. 하인을 두지 않고 빠듯한 가계 예산으로 살림을 꾸리려 애쓰는 많은 젊은 여성을 접한 이 미래의 요리책 저자는 그들에게 심정적인 동질감을 갖게 되었다. 이런 젊은 가정주부들에게 도움이 될 만한 친구 같은 역할을 목표로 1845년에 출판된 그녀의 책 《실용 요리 Praktisches Kochbuch》는 예전의 시골 가정에서 하던 일은 상당 부분 서서히 사라져가던 터라 요리에 관심의 초점을 맞추었다. 아주 쉽게 쓰인 이 책은 엄청난 성공을 거두었다. 저자가 살아 있는 동안 찍은 21판을 포함해 초판 후 1세기 만에 61판까지 인쇄되었다. 독일 출신 이민자들이 미국까지 가져간 이 책은 1879년 밀워키 소재의 한 독일 서점에서 첫 번째 미국판이, 이어서 1897년 영어 번역판이 출판되었다.[13] 이 책이 향한 관심 분야는 부엌에만 국한되지 않았다. 1891년 독일의 소설가 빌헬름 라베 Wilhelm Raabe는 19세기 중반 북부 독일의 한 마을을 무대로 수많은 아웃사이더들의 이야기를 다룬 소설 《슈토프쿠헨 Stopfkuchen》을 통해, 다른 세계를 꿈꿀 기회로서만이라도 다비디스의 요리책은 언제나 살펴볼 가치가 있다고 언급했다. 오늘날까지도 헨리에테 다비디스의 걸작이 여전히 식문화의 성경으로 간주된다는 사실은 노벨문학상 수상자인 귄터 그라스 Günter Grass의 1977년작 《넙치 Der Butt》에서도 드러난다. 여기에서 다비디스는 부르주아의 상징으로 쓰인다.

다비디스의 발자취를 좇은 여성 저자들이 급증했다. 그들 중 성공을 거두어 재판을 수없이 찍었던 저자들로는 소피 빌헬름 샤이블러, 마리 주자네 퀴블러 Marie Susanne Kübler, 마리 한 Mary Hahn, 카타리나 프라토 Katharina Prato 등이 있다. 이 저자들은 대부분 책 제목에 지역 명칭을 붙였지만, 지역에 초점을 맞추기보다는 특정 사회계층의 흥미를 끄는 내용이었다.

많은 책들이 제목에 '적당한 wohlfeil'이라는 단어를 넣었는데 중산층에 속한 저자와 독자 모두에게 호소력이 있었기 때문이다. 그중 가장 먼저 나온 것은 1815년 베를린에서 출판된 소피 샤이블러의 《부르주아 가정을 위한 보편적인 독일 요리책, 혹은 모든 종류의 요리나 빵을 사전 지식 없이 적당한 비용으로 맛있게 만드는 법에 대한 빈틈없는 조언 Allgemeines deutsches Kochbuch für bürgerliche Haushaltungen oder gründliche Anweisung wie man ohne Vorkenntnisse alle Arten Speisen und Backwerk auf die wohlfeilste und schmackhafteste Art zubereiten kann》이었다. 제목에서는 검소한 음식을 표방했지만, 실제 내용에는 초콜릿, 아스파라거스, 비둘기와 거세한 수탉, 사냥한 고기를 포함한 온갖 종류의 육류가 들어가 있으며, 공이 많이 드는 케이크와 얼린 디저트까지 실려 있었다.

헨리에테 다비디스, 《인형요리사 아나》, 1858년.

말고기를 둘러싸고도 비슷한 모순이 발생했다. 말고기는 다신교의 의식과 관련이 있어 기독교에서는 오랫동안 금기시되었지만, 19세기에 들어 다시 메뉴에 등장하기 시작했다. 말고기가 한편으로는 가난한 사람들을 연상시켰으나, 다른 한편으로 영양가가 높다는 말고기애호가협회Hippophagen-Vereine의 홍보 덕분이기도 했다. 1848년 헨리에테 다비디스는 《말고기 조리에 대한 실용적인 조언Praktische Anweisung zur Bereitung des Rossfleisches》이라는 책을 내기도 했다. 그렇지만 말의 도축이나 말고기 판매는 법률에 따라 설립된 별도의 기관으로부터 규제를 받았다(실제로 이 요건은 1991년까지 존속했다). 1860년 한 경제전문가는 넉넉지 않은 사람들을 위해 북부 독일의 몇몇 대도시에서 말고기 전문 정육점이 문을 열었다고 언급했다. 1868년 베를린에는 말고기 전문 정육점이 일곱 군데 있었고, 1863~1864년 1,300마리 정도의 말이 도축되었다. 공식적인 기록에 따르면, 말고기를 가장 많이 소비하는 곳으로 알려졌던 작센에서 1895년에 소비된 육류 전체 중 말고기는 1~2퍼센트를 차지했다. 오늘날 1인당 연간 소비량은 50그램 정도인데, 라인란트식 자우어브라텐이 원래는 말고기 요리였다는 주장도 있다.[14]

또 다른 새로운 카테고리는 그 무렵 하나의 사회적 집단으로 분류되었던 아동을 위한 요리책이었다. 크리스티네 샤를로테 리들Christine Charlotte Riedl과 율리 빔바흐Julie Bimbach가 각각 집필한 인형놀이 요리책은 두 권 모두 1854년에 나왔으며, 뒤를 이어 헨리에테 다비디스의 《인형요리사 아나Puppenköchin Anna》가 1858년에 출판되었다. 어린이들의 행복에 대한 어른들의 관심이 높아졌지만 엄격함이 배제되진 않았다. 다비디스의 저서에서는 전문가가 쓴 조리법 이외에 예의 바름, 감사, 절약, 청결을 강조하는 사감선생님의 목소리를 들을 수 있다. 어린이를 겨냥한 책 중에서 크게 성공한 또 다른 책 《더벅머리 페터Struwwelpeter》는 교육적 목적에 더욱 치중했다. 모두 열 개의 짧은 이야기로 구성된 이 책은 원래 프랑크푸르트 정신병원의 책임자로 일하던 의사가 1844년 세 살짜리 아들의 크리스마스 선물용으로 썼다. 음식역사학자의 관점에서 보았을 때, 이 중 가장 흥미로운 이야기는 카스파르라는 소년이 수프를 먹지 않으려다가 5일 만에 죽어버린다는 내용의 '주펜카스파르Suppenkaspar'였다. 이 이야기는 신경성 거식증이 문학에서 다루어진 첫 번째 사례인 한편, 빈곤상태라는 당시 상황에서 볼 때 특히 흥미로운 서술이 아닐 수 없다. 특히 제목 '주펜카스파르'는 오늘날에도 식탁에서 투정 부리는 어린이들을 꾸짖을 때 사용하는 단어다.

19세기 후반에도 식량난은 여전했지만, 상황은 훨씬 덜 심각했고 몇몇 지역에 국한되었다. 빈곤이 하룻밤 사이에 사라지지는 않았지만, 1846~1847년에 발생한 기근에도 불구하고 1850년에는 경제 상황이 개선되었으며 봉건주의의 잔재가 독일 전역에서 청산되었다. 고난을 더 이상 신이 내리는 것으로 보지 않게 되었고 보험회사나 은행이 부담을 나누어 지는 인구의 비율이 더 많아졌다. 일부 지역에서는 예전의 영주에게 농부들이 지급해야 하는 상환금을 정부에서 보조해주기도 했다. 장기적으로 볼 때, 산업화의 진전에 따라 궁핍한 빈민들에게 대안을 제공한 것은 도시의 공장들이었다. 빈곤층은 서서히 도시 프롤레타리아로 변해갔다.

농업사회에서 산업사회로의 전환이 이루어진 정확한 시기는 개인적인 견해에 따라서 달라질 수 있다. 1840년대에 농업 부문이 차지하는 비율은 내륙의 순생산량의 절반 이하로 떨어졌지만, 1870년대까지도 전체 노동인구의 절반이 농업에 종사했다(그 비율은 장기적으로는 감소 추세였지만, 농업 생산의 집약도가 높아지면서 농업 인구의 숫자는 유지되거나 오히려 약간 상승했다). 농업 부문의 산업화는 1870년대부터 겨우 시작된 후 근대적 기술이 도입된 1890년대에 들어서야 괄목할 만한 성장을 이루었다.

1840년 독일의 경제는 영국에 비해 50년 이상 뒤처져 있었지만, 19세기의 마지막 무렵 독일은 산업화를 선도하는 나라들 중 하나였다. 이러한 극적인 변화에는 두 가지 요인이 크게 작용했다. 첫 번째, 국내 무역관세의 철폐 조치로, 이 과정의 첫 단계는 프로이센의 주도 아래 설립된 '독일 관세동맹Deutscher Zollverein'을 통해 18개 연방국가와 2,300만 명의 인구가 프로이센의 리더십 아래 단일시장을 형성한 것이다. 두 번째, 무엇보다도 해운과 철도의 발달에 힘입은 빠르고 값싼 수송수단 개발로 원자재와 노동력을 필요로 하는 새로운 생산 거점인 도시로 신속하게 이동할 수 있게 된 점이다. 철강산업은 석탄 광산이 집중된 루르 지역이나 자르 지역, 슐레지엔의 고지대 등으로 이전해 증기력을 사용하기 시작했다. 최초의 근대식 농업용 기계들과 마찬가지로 초기의 기관차들도 영국에서 수입되었다. 하지만 1858년까지는 1,000여 개의 기관차 엔진이 독일 내에서 제작되었다.

공장 노동자들의 인구 대비 비율은 1850년 4퍼센트에서 1873년 10퍼센트로 증가했다. 이는 새로운 형식의 식문화가 형성되는 계기가 되었는데, 여권론자인 리나 모르겐슈테른Lina Morgenstern은 베를린에서 '국민주방Volksküchen'이라는 대규모 음식 사업을 시작했다. 이 주방에서는 가격이 적당하고 건강한 음식을 구입할 수 있었다. 1866년에 첫 번째 시설이 문을 연 후 3년 만에 10곳이 가동되어 매일 거의 1만 개의 포장 음식이 원가로 공급되었다. 매일 한 가지 음식만 만들었는데 그 목록을 보면 당시 베를린 시민들이 실제 먹었던 음식들을 알 수 있다. 이 목록에는 훈제 베이컨과 감자와 완두콩, 푹 삶은 고기와 쌀 푸딩, 새콤한 감자를 곁들인 돼지고기와 소고기, 콜라비, 감자와 소고기, 말린 과일과 베이컨을 곁들인 감자경단, 감자와 사과를 곁들인 돼지고기와 소고기, 찐 오이를 곁들인 베이컨과 감자, 시금치와 감자, 돼지고기와 소고기 혹은 미트로프 등이 있었다. 베를린의 경쟁 요식업소들이 이를 불공정 경쟁으로 보고 반발을 일으켰지만, 모르겐슈테른은 물러서지 않았음은 물론, 1868년 국민주방의 조리법들을 요리책 형식으로 출판했다. 이보다 더욱 중요한 사실은 1870~1871년의 프랑스-프로이센 전쟁 기간 동안 부상병과 포로들의 역경을 목격한 그녀가 위원회를 구성하여 베를린 기차역에 설치되었던 병영에 음식을 공급했으며, 이를 통해 전쟁 피해자들에 대한 보다 인간적인 대우의 선례를 세웠다는 점이다.

9장

고형 육수와 베이킹파우더
식품의 산업화 1871~1914년

고형 육수로 만든 수프, 마가린 바른 흰 빵, 베이킹파우더를 넣은 케이크, 디저트용 통조림 과일, 기차에서 스낵으로 먹는 포장 비스킷 등은 현대의 기술, 도시화와 빠른 수송수단이 만들어낸 새로운 시대의 산물이었으며, 독일인들은 예전의 식습관을 털어내고 근대화를 받아들였다. 1871년 독일 황제의 자리에 올라 통일된 독일을 선언한 프로이센의 왕 빌헬름 1세Wilhelm I가 지식, 기술, 에너지를 하나의 국가라는 지붕 아래로 결집시킴으로써 효율성이 높아짐과 동시에 다른 한편으로는 자유로운 이동이 가능해졌다. 도시의 공장 노동자들은 여유가 생기자마자 감자를 흰 빵으로, 소금에 절인 청어는 육류로 바꾸었다. 그러자 시민 계급은 노동자 계급과 거리를 두기 위한 노력을 배가했다. 일부 가정주부들은 빠듯한 살림을 꾸리기 위해 전전긍긍하면서도 호화로운 겉치레에 연연했으며 당시 필수로 여겨지던 온갖 복잡한 음식을 그릇그릇 담아냈다. 점차 최신 기술과 지식으로 무장한 식품산업은 이러한 추세에 기꺼이 부응했다. 이러한 상황에 발맞춰 독일의 기술자들은 철도 시스템 건설 때 보여주었던 것과 똑같은 효율성으로 식품의 규격화와 신제품 개발 및 경영 합리화를 꾀했다. 지금과 마찬가지로 당시 그들의 목표도 원자재와 노동력과 자본을 최적화해 믿을 만한 결과를 내는 것이었다. 이를 위해 노동자, 기계, 제품을 재편성해 생산과정의 능률화를 추구한 미국의 산업가 프레더릭 테일러Frederick Taylor의 선구적 작업방식을 모델로 삼았다. 보호무역주의자들의 경고에도 불구하고 식품의 국제교역은 활발하게 이루어졌다. 당시의 시간 인식으로는 식품이 거의 전 지구를 돌며 날아다니는 것처럼 보였다. 오늘날의 상황을 예상했던 것일까. 그렇지만, 변화에 대한 첫 수용이 그렇듯이 새로운 변화를 받아들이는 데는 한계가 있었다. 당시에 유행했던 '생활개혁운동'은 오늘날의 녹색운동과 같은 것이었다.

앞서 보았듯이, 독일의 현대식 식품기술은 1820년대 제분소의 증기기관 도입을 계기로 시작되었다. 그러나 인간과는 달리 기계에는 융통성이 없다는 한계 때문에 투입하는 재료의 표준화가 필요했다. 이에 따라 산업화된 제분소나 상업화된 제빵업체들은 단백질과 탄수화물 함유량을 분석하기 위한 연구실을 갖추게 되었는데, 그 비용은 '끝없는' 터널 오븐에 의한 대규모 생산을 하는 경우에만 타당했다.

현대식 식품과학의 기원은 19세기 초로 거슬러 올라가지만, 연구의 결과물들이 식품산업에 진짜 충격을 가한 것은 1870년대의 일이었다. 이 시기에는 엄격한 결정론에 대한 강한 믿음 때문에, 원칙적으로 모든 자연적인 과정에까지 결정론적 원리가 적용될 수 있다고 생각했다. 과학자들이 식품의 구성요소를 보다 정확하게 알아낼 수 있게 해준 현대적인 화학적 분석이나 생리학적 실험은 이런 믿음을 더욱 강화했다. 유스투스 폰 리비히Justus von Liebig, 카를 폰 포이트Carl von Voit, 막스 루브너Max Rubner 등이 이 분야에서 두각을 나타낸 인물들이었다. 이들은 해외 동료 학자들의 발견을 토대로 영양소를 분석하고, 급식실험을 실행했으며, 대변 분석을 통해 인간 신체의 음식물 흡수 능력을 평가했다. 이러한 세분화된 유기화학 연구의 결과 단백질, 탄수화물, 지방산을 식별하게 되었다. 화학자 리비히는 과학적 발견을 일관성 있는 체계로 발전시켰으며, 생리학자 포이트는 막스 페텐코퍼Max Pettenkofer와 함께 인간의 신진대사 연구를 진행함으로써 인체 영양학에 대해 한층 깊이 있는 이해가 가능해졌다.[1]

식품산업의 뿌리는, 최소한 부분적으로는, 군대를 먹일 새로운 방법을 찾아야 한다는 필요성으로 거슬러 올라간다. 보급품은 취약한 식품 가격에 큰 혼란을 초래할 수 있었다. 추가 수요로 식품의 원가를 올리거나 군대의 통제 불가능한 약탈로 식량부족 사태를 야기하기 때문이다. 프로이센에서는 18세기 중반 이후부터 육류의 보관과 수송을 좀 더 편하게 하기 위해 육류를 건조해 가루로 만든 후 이를 다시 조리하는 실험을 한 터였다. 또 다른 방식은 프랑스인 의사 드니 파팽Denis Papin이 고안한, 1681년 런던에서 최초로 소개된 고압 조리기인 스팀 다이제스터Steam Digester였다. 파팽은 뼈를 삶는 데 이 기구를 사용했다. 그 결과물인 젤라틴은 값이 저렴하고 영양소 파괴도 적어 수많은 단체 급식 시설에서 각광을 받았으며, 향후 휴대용 수프라고 할 수 있는 정제tablet 형 육수의 기본 재료가 되었다. 1756년 프로이센 육군은 병사들에게 '허기를 메우는 가루'를 제공했는데, 이것이 바로 그 유명한 완두콩소시지 에르브부어스트Erbswurst의 전신으로, 말린 완두콩을 잘게 빻아서 소시지 모양으로 뭉친 것이었다. 1870~1871년에 벌어진 프랑스-프로이센 전쟁 중

합리적으로 개선된 생산라인을 갖춘 비스킷 공장, 1938년경.

베를린의 한 주방장이 병사들을 위한 비상식량으로 개발했다고 하는데, 오늘날까지도 사용되고 있다.

그렇지만 1864년부터 시도된 노력들 중 진정한 스타는 리비히의 육류 진액으로, 독일 최초로 대량생산되고 브랜드화되어 판매된 제품이었다. 이 식품은 미국에서 게일 보든Gail Borden이 농축한 우유에 '이글Eagle'이라는 상표를 붙여 비슷한 성공을 거둔 후 몇 년 지나지 않아 독일 시장에 등장했다. 보든처럼 리비히 역시 생산과정을 발명한 것은 아니었지만, 그는 이 주제와 관련한 이전의 모든 연구를 집대성한 장본인이었다. 리비히가 세운 엑스트랙트 사Extract Company Ltd는 독일의 기술자와 벨기에(얼마 후에는 영국) 자본과 리비히가 보장하는 품질관리가 결합된 발명품이었다. 이 사업을 통해 남아메리카 초원지대에서 자라던 엄청난 수의 소떼가 유럽의 고객들과 연결되었다. 예전에는 수입품의 형태가 가죽, 뿔, 뼈, 소기름 등으로 제한되었지만, 고기의 진액을 얻을 수 있게 되자 이에 대한 관심이 폭발적이었다. 우루과이의 프라이벤토스에 있던 공장의 생산량이 매우 가파르게 증가했다. 이 대규모 처리공장에서 생산량이 정점에 달했을 때는 하루에 약 1,000마리의 소를 도축했는데 30킬로그램의 소고기에서 지방이 완전히 빠진 진액 1킬로그램 정도를 얻을 수 있었다. 1870년 한 해에만 478톤의 진액이 생산되었으며, 콘비프나 소금에 절인 육류도 함께 생산되었다. 1880년대에 이 회사는 사업 영역을 액상 육수로까지 확장했으며 '옥소Oxo'라는 상표로 최초의 상업용 고형 육수를 생산했다. 처음에는 군대 급식업체나 병원을 대상으로 판매했지만, 부유한 가정에서도 수프나 육수를 만들기 위해 고기를 끓이는 대신 차츰 리비히의 제품을 구입하면서 일반 시장으로 옮겨갔다. 이 상품의 가장 큰 장점은 회복기 환자를 위한 영양보충제나 가장을 위한 강장제로 이용할 수 있다는 점이었다. 요리책 저자들은 이 상품을 열광적으로 받아들였으며, 헨리에테 다비디스는 리비히의 제품을 추천하는 소책자를 발행하기도 했다. 하지만 육류 진액의 영양학적 가치는 리비히의 동료들 사이에서 자주 논쟁거리가 되었다. 마침내 그의 반대편에 섰던 사람들이 진액이 식품으로서의 가치는 거의 없으며 식욕을 북돋우고 소화를 도와주기만 한다고 전문가들과 일반 대중을 설득했다. 경쟁사들도 급속히 뒤를 이었다. 1880년대 스위스 켐프탈에 자리한 율리우스 마기 Julius Maggi(스위스 소재 독일 회사지만 거의 게르만 음식 계통이었다)와 뷔르템부르크 지방 하일브론의 카를 하인리히 크노르 Carl Heinrich Knorr는 주로 잘게 간 각종 콩류, 건채소, 사고*, 타피오카 등을 기반으로 한 제품들을 리비히의 진액의 대안으로 내놓았다. 리비히의 식품과 마찬가지로 바쁜 가정주부들이나 시간에 쫓기는 요리사들을 겨냥했지만 가격은 훨씬 저렴했다. 1897년 상업박람회에서 크노르는 건채소로 만든 사방 1미터 길이의 정육면체 고형 육수를 선보였는데, 약 7만 인분의 수프를 끓일 수 있는 양이었다. 진정한 상업적 성공은 1900년 대 초 선박에 의한 냉동 수송이 가능해지면서 도살 시점 육

* 야자나무의 한 종류인 사고나무에서 나오는 쌀알 모양의 전분.

류의 신선도를 보존한다는 리비히 방식의 이점이 무력화되면서 찾아왔다. 1차대전이 끝날 무렵 리비히 사는 독일 시장에서 주도권을 완전히 상실했다.²

마가린은 독일에서 개발되지는 않았지만, 1880년대에 네덜란드의 제조회사들이 보호주의에 의한 수입 관세를 피하기 위해 독일로 공장을 이전하면서 대중적이게 되었다. 1900년대 초 지방을 함유한 모든 액체를 고체화할 수 있는 신기술이 도입되면서 북부 독일의 항구 인근과 라인강을 따라 대규모 착유공장들이 세워져 야자기름, 아마기름, 참깨기름, 팜커널유, 콩기름, 땅콩기름, 목화씨기름 등을 가공하기 시작했다. 이 시기에 독일인들은 연간 약 47만 톤의 천연버터와 함께 약 20만 톤의 마가린Kunstbutter(인조버터)을 소비했다. 전 세계 마가린 생산량의 3분의 1이 넘는 이 소비량은 15세기 중반 발터 리프Walter Ryff가 '독일 뚱보'라고 했던 말을 상기시킨다. 1897년부터 마가린은 실험실 테스트에서 버터와의 차이를 느낄 수 있도록 참깨기름을 10퍼센트 포함해야 한다는 규정이 법률로 요구되었다. 그럼에도 파렴치한 생산자들은 광고에서 마가린을 버터와 계속 연관시켰다. 1905년 한 광고는 "아! 사넬라[대형 마가린회사 상표]! 맛있는 버터빵을 만들 수 있지!"라고 떠들면서 순식물성 야자유 마가린Pflanzenbutter-Margarine이라는 표시는 구석에 조그맣게 박아놓았다. 1932년에도 마가린이나 인공지방을 동물성 지방이나 동물성 제품과 관련시키는 어떤 암시도 금지한다는 새로운 법률이 제정되었지만, 인기 상표 '라마Rahma(독일어로 크림이 Ralm이므로 이 상표는 크레마로 해석될 수 있다)'는 상표명에서 철자만 살짝 바꿔 '라마Rama' 라는 이름으로 마케팅을 계속했다.³

캘리포니아의 골드러시로 인해 수요가 폭등한 미국과는 달리, 1900년경까지 독일에서 생산된 통조림 음식의 대부분은 육군이나 해군, 그리고 선박용 보급품으로 소비되었다. 몇몇 사치 품목을 제외하고는 통조림 음식이 일반 가정에서 중요한 자리를 차지하는 경우는 극히 드물었으며, 이는 깡통 자체의 가격이 비쌌던 탓이기도 했다(주석판을 영국에서 수입해야 했다). 그러나 통조림 복숭아는 선택받은 소수에게 한여름에나 맛볼 수 있는 즐거움을 엄동설한에도 즐길 수 있게 해주었다. 1840년대에 브라운슈바이크와 뤼베크에 세워진 첫 번째 소규모 통조림 공장들은 복숭아만큼 호사품이었던 아스파라거스에 집중되었다. 이는 농작물 품종을 제한하는 결과를 낳았지만 통조림으로 가공할 원재료를 공급하는 병행산업의 발전을 가져오기도 했다. 19세기 말 통조림 식품 시장은 백화점 덕분에 크게 진보했다. 백화점들은 자체 품질관리를 운영했고, 캔에 든 내용물을 진열장의 유리병에 옮겨 담아 고객들이 믿을 수 있게 한 덕이었다.

일반 가정에서는 식품 보존을 위해 깡통이 아니라 특수한 유리 용기를 사용했다. 1892년 화학자 루돌프 렘펠Rudolf Rempel이 발명해 특허를 획득한 이 용기의 뚜껑에는 고무패킹이 붙어 있었다. 살균용 특수 솥 안에 넣어 물에 끓일 수도 있는 이 유리 용기는 처음에는 뚜껑에 달린 추나 돌로 압력을 가했지만, 곧 금속제 클립으로 대체되었다. 얼마 후 사업가 요한 벡Johann Weck이 이 유리 용기의 특허를 사들여 시장을 지배했는데, 그의 이름인 '벡Weck'이 모든 용기에 또렷하게 붙어 있었기 때문에 1907년 발행된 《두덴Duden》어학사전에는 '보존하다'라는 의미로 '아인베켄einwecken'이라는 단어가 등재되어 지금까지도 사용되고 있다. 사과, 배, 체리, 자두의 경우는 대부분 건조시켜 보관했다. 이중 걸쭉하게 농축된 자두잼 플라우멘무스Pflaumenmus는 극소량의 설탕만 첨가해 만들기 때문에 설탕이 사치품이었던 시절부터 전해 내려왔다. 이 잼은 쓰이지 않는 데가 거의 없어 하인들의 불평을 사곤 했다. 최초의 상업적 잼 공장은 1843년 드레스덴, 그리고 1861년 브라운슈바이크에서 시작되었는데 규모가 작은 수공업 수준이었다. 20세기가 시작될 무렵까지 잼은 여전히 사치품에 속했으며 대부분 영국에서 수입되었다(반대로 영국의 잼 생산량은 독일에서 수입되는 과일 물량에 크게 의존했다).⁴ 독일의 잼 사업은 국내 생산된 사탕무에서 뽑아낸 설탕의 품질이 일정 수준에 도달한 1차대전 직전에 이르러서야 확장되었다. 철도 시스템으로 과일처럼 상하기 쉬운 식품의 광범위한 유통이 점차 용이해지면서 프로이센의 과수원 면적은 19세기의 마지막 4반세기 동안 두 배 이상 확장되었다. 또한 베스트팔렌의 농부들은 라인강변 도시들로 체리를 내보냈으며, 마인강변에서 생산된 마르멜로와 자두 판매는 이 지역 포도원들의 재정에 도움이 되었다.

콘비프 같은 육류 통조림은 1900년까지 미국에서 수입했다. 그런데 바로 그 시점에 1879년 이전의 지역 법령을 기반으로 해서 도입되었던 검사규정이 육류 전체를 포함하는 것으로 확대되었다.

벡 사의 식품보존용 용기 광고, 1930년대 초반으로 추정.

보호주의 관세 같은 역할을 하는 이 규정은 당초 돼지선모충증의 확산을 막기 위해 제정된 것이었다. 수입이 거의 중단되고, 국내 생산업자들은 휴대식량을 군납했을 뿐 아니라, 라구, 프리카세, 사슴고기 요리 등 호사스러운 음식 통조림을 고급 조리식품점 고객들에게 공급했다. 이 중 가장 성공한 품목은 뷔어스첸Würstchen 통조림으로, 문자적 의미는 오늘날의 프랑크푸르트소시지와 같은 '작은 소시지'인데 브라운슈바이크와 마그데부르크 사이에 있는 작은 마을 할버슈타트의 정육업자가 1896년에 개발한 것이다. 이때 통조림이란 소금을 적게 쓰면서도 더욱 섬세한 맛을 낼 수 있다는 의미이기도 했기 때문에 수많은 곳에서 이 방식을 빠르게 모방했다. 이어서 이름까지 따라하게 되었는데, 영어권 나라에서 식품과 관련해 지칭되는 '프랑크푸르트'란 이 방식을 뜻한다.

  도시 주부들의 경우 보관 문제로 인해 전통적인 방식으로 식품을 저장하기가 어렵거나 아예 불가능했다. 대다수의 아파트형 주거지에는 적당한 지하저장고나 식품창고가 없었기 때문이다. 있다 하더라도 화장실 옆에 자리 잡은 경우가 많았다. 냉장고를 일반 가정의 부엌에 들여놓기 시작한 것은 2차대전이 끝난 후부터였고, 심지어 아이스박스도 형편이 나은 집에서나 살 수 있었다. 이즈음의 아이스박스는 단열처리를 한 나무상자로, 얼음덩어리를 사서 채워넣어야 했다. 당시 식품 보존을 위한 대안들 중 가장 널리 사용되던 것이 살리실산이었는데, 원래는 버드나무 껍질이나 메도스위트 풀에 많이 함유된 물질로 곰팡이나 부패 방지용으로 사용했으며 버터

소시지 공장, 1915년경.

9장 | 고형 육수와 베이킹파우더 | 식품의 산업화 1871~1914년

나 우유와 혼합해 사용하기도 했다.5 1870년대에 개발된 냉동기술 들 중 카를 폰 린데Carl von Linde의 방식은 처음에는 맥주 양조장에서 사용되어 저온숙성 맥주의 상품화에 큰 도움을 주었다. 곧 산업계가 이 새로운 기술의 엄청난 이점을 인식하게 되었고, 상하기 쉬운 식품들이 이제 시장에서 새로운 지위를 얻게 되었다. 독일에서는 1882년 브레멘에 처음으로, 1883년에는 비스바덴에도 냉장육 상점들이 문을 열었다. 수산업계는 냉동 수송과 통조림 가공을 병행하면서 내륙 시장으로 사업 확장을 시작했다.

가축의 교배는 강화되었고, 사료 체계도 고기와 우유의 생산성 향상에 최적화되었다. 1847년 농학자이자 작가인 요제프 폰 슈라이

호르티취Hortitzsch, 〈드레스덴의 윌리 유장乳漿요법시설의 중앙홀〉, 잡지 《가르텐라우베 gartenlaube》, 1883년.

버스Josef von Schreibers가 이미 "주어진 사료를 최단 기간에 최소한의 공간에서 최대량의 우유로 바꾸기 위해서는 가축들도 어느 정도는 기계화되어야 한다"고 언급했듯이 근대 낙농업은 생산 효율이라는 한 방향으로만 움직였다. 매우 가치 있는 식품으로 널리 인식된 우유는 특히 병약자나 어린이에게 중요한 식품으로 여겨졌다. 1850년부터 전문적인 우유 판매원들이 새끼를 갓 출산한 암소들을 기르는 도심의 외양간인 압멜크비르트샤프텐Abmelkwirtschaften에서 우유를 팔았다. 이처럼 상대적으로 덜 상업화되었던 외양간 시설은 위생 기준을 충족시킬 만한 근대적 설비를 갖출 경제적 여유가 생기면서 대규모 목장이나 회사로 발전했다. 우유를 커피와 알코올을 대체하는 건강식품으로 홍보하는 일은 제한적인 성공을 거두었다. 이는 하층민이 럼퍼드 백작이 만든 수프 아르멘주페만큼 열광하지 않았고, 지나치게 비싸다고 생각했기 때문이다. 19세기 말까지 우유의 소비는 부유층에서 현저하게 높았던 반면, 하층계급에서는 치즈나 버터 형태의 유제품을 선호했다. 치즈는 지방이 많을수록 좋은 것으로 여겼으며 공장에서 제조된 레닛을 이용함으로써 생산이 용이해졌다. 분리기가 도입됨에 따라 이 두 제품의 가격이 점차 적당한 수준으로 떨어졌다. 1886년 드레스덴 소재의 푼즈 목장에서 독일에서 처음 상업적으로 생산된 농축우유는 특히 어린이들에게 좋은 천연제품이라고 광고했다.[6]

당시는 과학을 통한 진보라는 믿음이 정설이던 시대였다. 따라서 기근은 신이 내린다는 개념은 더 이상 용인되지 않았다. 1855년

헤르만 클렌케Hermann Klencke가《실용과학이라는 측면에서 독일 음식에 관한 질문Nahrungsmittelfrage in Deutschland vom Standpunkt der praktischen Naturwissenschaft》을 출판했다. 그의 목적은 19세기 초반에 드러났던 식량위기, 농산물 가격 상승 및 품귀 등의 문제에 대한 과학적 답변을 구하는 것이었다. 의학 관련 저술활동을 활발히 했던 이 저자는 자신의 책에서 '삶과 직결된 중요한 질문에 대한 대답'을 주려 했는데, 그 질문과 답은 오로지 남성 독자만을 향해 있었다. 이어서 1867년에는《화학적 요리와 가사에 관한 책 혹은 여성의 천직 속 과학Chemisches Koch- und Wirthschaftsbuch oder die Naturwissenschaft im weiblichen Berufe》을 썼다. 다소 길고 복잡한 제목의 이 책에는 '생각하는 여성들'에게 보내는 모토가 함께 실렸다. "교육받은 사람들이 그렇지 못한 사람들과 다른 점은 자신의 행동에 대한 이유를 항상 의식하고 있다는 사실이다. 화학은 남성들의 공장이나 작업실에서 이미 큰 혜택을 주고 있는데, 시대에 발맞춰 여성들의 작업실인 부엌에서도 계몽하지 못할 이유가 있는가?" 더 나아가 그동안 요리란 것이 순수하게 기계적인 행동이었기 때문에 성찰적 사고를 도입한다면 상당히 유익할 것이라고 주장했다. 클렌케는 공장에서 생산된 대용식 판매를 증진하려 한다는 비난에 맞서 비용 시간의 측면에서 더 높은 효율성을 약속했다.

한편 리비히, 포이트와 그들의 동료들도 연구실에서 분주하게 움직였다. 포이트의 생각은 영양학Ernährunslehre이라는 새로운 분야를 탄생시켰고, 항상 존재해온 사회적 문제에 관심이 있던 사람들에게 열렬한 호응을 얻었다. 1883년 의학자 막스 루브너는 새로운 아이디어로 칼로리라는 개념을 소개했으며 이는 앳워터 시스템Atwater System*의 기초가 되었다. 시간이 지나면서 사회시설의 식단은 개인의 나이, 직업, 건강 상태에 따라 세분화되었다.7 다양한 작업과 연령층을 위한 이상적 메뉴를 추천하는 식단표가 고안되었다. 충분한 단백질과 지방의 공급이 가장 중요했지만, 한 가지 음식만으로는 완벽한 영양분을 공급할 수 없기 때문에 좋은 식사는 다양하고 균형이 잡혀야 한다는 사실에 대한 이해가 높아졌다. 감자와 쌀의 과도한 소비는 영양부족과 무기력으로 이어지고, 육류와 적당량의 지방은 활기차고 건강한 노동자로 만들어준다고 믿었다. 콩은 적절한 가격으로 육류를 대체할 수 있는 식품으로 여겨졌다.

국가 차원의 조사로 얻은 통계자료들은 당시 독일인들이 실제로 무엇을 먹었는지를 보다 잘 이해하는 데 크게 기여했다. 육류 소비는 사회적인 조건과 뚜렷하게 연관되어 있었다. 특히 돼지고기 소비가 크게 증가했는데, 양조장이나 상업화된 낙농업계에서 삶은 곡물이나 유장 형태로 사료를 공급해 개체 수가 늘었기 때문이다. 어떤 종류든 소시지는 별다른 조리가 필요 없고 필요할 때마다 살 수 있어 노동자들의 유별난 사랑을 받았다. 그와 동시에 밀의 소비도 눈에 띄게 증가해 1910년에는 단일 곡물 소비량에서 호밀을 앞섰다. 1900년 이후에는 감자 소비량이 서서히 감소하기 시작한 반면,

* 음식으로부터 얻을 수 있는 에너지를 계산하는 방식으로 세계적인 산업 표준이 되었다. 연구를 주도한 윌버 올린 앳워터Wilbur Olin Atwater의 이름을 땄다.

우유, 버터, 치즈의 소비량은 급증해 유제품 소비량이 1860년 1인당 연간 6킬로그램에서 1910년 11.6킬로그램으로 증가했다.[8]

연구 결과에 따르면, 1880년대 중반 1인당 입원 횟수와 일수의 증가에도 불구하고 독일의 공중보건 수준은 전반적으로 향상되었다. 1877년부터 1910년 사이에 병원의 전체 병상 수가 세 배 이상으로 늘었는데, 1883년에 도입된 국가의료보험 제도가 적지 않은 영향을 미쳤다. 유아 사망률은 1900년부터 개선되기 시작했지만, 그럼에도 과거와 마찬가지로 사회적 계층이 높을수록 신생아 생존율이 높았다. 1880년대 중반부터 15~30세의 기대수명이 늘어난 것은 의학적 발전보다는 위생수준의 전반적인 향상으로 전염병 감염이 감소한 결과였다. 요컨대 1900년까지 하층계급은 형편이 훨씬 나아졌으며, 실질소득 중 식료품비가 차지하는 비중은 서서히 감소했다.[9] 지역의 시골 요리들은 대체로 진정한 민속 전통으로서 점차 이상화되었고, 본능적으로 자연스럽게 균형을 갖춘 것으로 존중받았다. 시간이라는 관점을 감안한다고 해도, 이러한 낭만적인 시각은 대부분 오류이다. 농작물 교역은 농부들이 자신이 재배한 것을 항상 먹지는 않는다는 의미이기 때문이다. 실제로 충분한 육류나 지방의 섭취는 보수가 꽤 좋은 노동자들이나, 자녀가 아주 적거나 아예 없는 가정, 아니면 자신들이 먹는 음식을 충분히 재배하며 돼지를 키우는 농가에만 해당되었다.[10]

새로운 식품과학은 교육을 받은 시민 계급 사이에서 받아들여졌을 뿐만 아니라 최첨단 유행이었다. 이후 새로운 발견들, 특히 비타민의 발견과 결합되면서, 식품과학은 의학과 식사의 관계에 대한 개념을 근본적으로 바꿔버렸다. 1890년대에 독일제국 보건국은 새로운 사고에 대한 자신들의 해석을 내놓았는데, 바로 건강 교육을 목적으로 영양학적 조언까지 포함한 〈건강 소책자Gesundheitsbüchlein〉였다. 이 책은 1940년대까지 새로운 판본이 수없이 나왔다. 당시 영국처럼, 식품에 포함된 불순물에 대한 경고는 히스테리의 경계선상에 있었다. 모든 요리책이 독자들에게 불법 첨가물이나 색소 등 온갖 것을 확인해보라고 권고했는데, 코코아에는 재가 첨가되었을 수 있고, 초콜릿에는 쌀가루가 들어갔을지 모르며, 커피콩이나 찻잎은 인공색소로 염색되었을 수 있었다. 심지어 밀가루나 소금까지 의혹의 대상이 되었으며, 생선은 커 보이게 하기 위해 공기를 주입하거나 무게가 더 나가도록 무언가로 속을 채웠을 수도 있었다.[11] 불순물 첨가가 광범위하게 퍼져 있던 우유의 경우, 물로 희석하거나 치즈를 빼낸 탈지우유를 섞기도 하고, 밀가루나 설탕뿐 아니라 부패를 늦추기 위해 온갖 화학물질을 넣기도 했다. 또한 우유는 채유장이나 수송 과정에서 제대로 관리되지 않아 대체로 청결하지 않았다. 1875년 이런 문제들에 대응해, 수의사들의 감독하에 특별히 잘 먹인 소에서 짠 파스퇴르 방식으로 저온살균한 고급 전지우유가 시장에 나왔다. 일반 우유보다 서너 배 비싸긴 했지만 말이다.

얼마 지나지 않아, 이런 숱한 경고에도 불구하고 소비자들이 식품의 품질을 스스로 확인한다는 것은 불가능함이 밝혀졌다. 1879년 5월 독일 최초의 식품 관련법이 제국 보건국의 승인하에 도입되었다. 이보다 3년 전에 제정된 것이었다. 당시의 공식적 공공보건 정책은 일반적인 건강관리와 사회적 지위·환경·영양 등을 모두 연계했다는 점에서 오늘날의 관점에서도 선진적으로 평가된다.

정기적인 검사를 시행하기 위한 연구소들이 세워졌다. 그런데 법률의 시행은 각 지방정부의 소관이었으며, 정품, 불순물이 첨가된 제품, 노골적인 모조품을 구분하는 각각의 범주에 대한 명확한 정의가 제대로 내려지지 않았다. 법률에 따르면 경찰은 사업장 안으로 들어가 견본품을 가지고 나오거나 위생상태를 조사할 수 있었지만, 법원의 최종 판단은 각 지역마다 큰 차이를 보였다. 작센 지방에서는 에그누들이 최소한의 달걀 성분을 함유해야 하지만, 프랑크푸르트에서는 그렇지 않았다. 감자에서 뽑아낸 포도당 시럽을 넣어 만든 꿀의 경우 드레스덴에서는 불법 첨가물을 넣은 것으로 간주되었지만 마그데부르크에서는 문제가 되지 않았다. 마가린이나 잼 등 새로운 상품에 대한 기준을 마련하는 작업을 백지상태에서 시작해야만 했다. 포도당 시럽이 대표적인 골칫거리였다. 1870년대부터 엘베강 동쪽의 농업지대에서 감자에서 대규모로 추출하던 포도당 시럽은 한창 성장세이던 제과업계에서 대량으로 사용하는 재료였다. 하지만 잼에 포도당 시럽을 첨가하는 것은 과일 함량을 낮추는 것으로 간주되어, 1910년 과일의 법정 최소 함유량을 도입하기에 이르렀다. 대중적 논의는 주로 방부제와 관련한 건강문제에 관심을 보였다. 산업계의 이해관계자들이 현대적 생산에 필수요소로 여겨졌던 특정 첨가물의 합법화를 위해 로비를 벌였기 때문이다.

모든 공적인 노력에도 불구하고 식품 관련 파동이 오늘날처럼 당시에도 간헐적으로 일어나곤 했다. 1884~1885년 바이에른에서 일어난 맥주 파동은 온갖 종류의 불법 첨가제들이 속속 발견되는 결과를 낳았다. 비록 첨가물들이 건강에 실질적인 위험을 초래하지는 않는다는 것이 밝혀지긴 했지만 말이다. 1910년 함부르크 내 몇몇 마가린 회사에서 지금의 스리랑카인 실론에서 수입된 카르다몸 기름을 영국에서 구입하여 제품에 사용했는데 그 제품에서 심각한 독성이 발견되었다. 요제프 쾨니히Joseph König가 주도하던 새로운 학문 분야인 식품화학은 인공향료 쿠마린이나 바닐린 등 끊임없이 개발되는 새로운 물질들의 분석에 거의 보조를 맞추지 못하고 있었다. 살리실산은 1902년에 불법으로 규정되었고, 이어서 붕산에 대한 긴 논쟁이 뒤를 이었다. 새우 산업과 같은 몇 가지 사례에서 방부제는 개탄스러운 위생상태에 대한 해결책으로 사용되는 것으로 드러났다. 이와는 반대로 브라운슈바이크의 아스파라거스 통조림 산업이나 독일의 초콜릿 산업 등은 생산자들이 법적 요구를 뛰어넘는 강력한 건강 관련 규제를 자율적으로 실시했다. 전반적으로 법적 규제는 철저하게 검증된 첨가제나 색소만을 허용하고, 최대 함유량을 정해 이를 포장에 표기하도록 함으로써 최종 결정은 소비자들에게 맡기는 형태로 발전했다. 1912년 통조림 업계에서는 표준화된 규격과 실중량을 포함한 표시사항 기준을 도입했다. 이와는 대조적으로 1878년에 개발된 인공감미료 사카린의 경우는 사탕무를 이용하는 설탕 제조업자들로부터 받아들여지지 않았지만, 곧 대중에게 긍정적으로 받아들여졌다. 사회가 점차 풍요로워지면서 비만이나 당뇨와 같은 현대적인 건강 문제가 대두되었기 때문이다.[12]

독일의 인구가 1871년 4,100만 명에서 1914년 6,770만 명으로 50퍼센트 이상 늘어나자 인구 2,000명 이상인 도시 거주자 숫자도 두 배 이상으로 급증해 전체 인구의 60퍼센트를 넘었다. 새롭게 도시가 형성된 지역은 주로 라인란트와 베스트팔렌 지방이었지만, 베를린만큼 빠르게 성장하던 도시는 없었다. 베를린은 당시 독일 전역에서 겪고 있던 엄청난 변화를 분명히 보여주었다. 이전까지는 약간 지방색이 강한 프로이센의 왕도王都 정도였지만, 독일 동부 지역에서 수많은 이주민이 유입되면서 인구가 세 배로 늘어났다. 새로운 이주민들은 독일에서 더 나은 기회를 꿈꾸로 시카고 같은 북아메리카의 산업도시들과 경쟁할 만한 속도로 성장하는 유럽의 유일한 도시로 만들겠다는 희망을 품고 있었다. 미국에 당도한 이민자들이 당면하는 불확실성과 마찬가지로 슐레지엔의 가난한 마을에서 베를린으로 이주한 사람들은 과감하고 위험한 일에 뛰어든 것이 틀림없었다. 많은 식구들이 살 장소를 임대할 수만 있다면, 설사 비좁고 조악할지라도 행복하다고 생각했다. 노동자 계급의 주거지역은 '임대 다세대 막사'라는 의미의 미츠카세르네Mietskaserne라고 불렸다. 1890년 베를린 주민의 40퍼센트가 3층 이상에서 살았으며, 1875년 건물 한 채당 거주자 수는 평균 72명에 달했다.[13] 물론 하수도, 전기, 가스뿐만 아니라 대중교통수단에 대한 접근성 등의 근대화 작업은 공장의 소음이나 오물로부터 멀리 떨어진 특권층 지역에 먼저 들어갔으며 노동자 거주지는 그 이후에나 이루어졌다. 노동자들의 막사에서 두 개 이상의 방을 얻는 사람들은 거의 없었으며, 한 방이 부엌·가족 거실·작업실뿐만 아니라 침실로 활용되었고, 화장실은 공용이며 중앙난방도 제공되지 않았다. 극빈층에게 사생활이란 거의 존재하지 않아 공유 공간을 최대한 많이 사용해야 했다. 부르주아적 이상과는 정반대 상황이었다. 모퉁이술집이란 의미의 '에크크나이페Eckkneipe'가 우후죽순처럼 생겨나자 베를린에는 "네 모퉁이에 다섯 개의 모퉁이술집이 있다"는 표현이 있을 정도였다. 가난한 가정일수록 여성들은 이웃에게 돈을 빌리거나 작은 가게에서 외상거래를 할 경우를 대비해 좋은 관계를 맺는 것이 중요했다. 이런 식으로 도움을 받는 것에 대해 중산층의 철없는 인도주의자들은 잘해야 시간 낭비이고 못하면 게으른 성향을 드러내는 증거라고 비난했다. 이 여성들이 생필품 구입에도 빠듯한 주급으로 온 가족의 요구를 충족시켜야 한다는 사실을 이해하는 사람은 거의 없었다.

베를린은 역사 초기부터 기본 식료품을 외부에서 들여와야 했지만, 1850년 이후 대도시로 팽창하면서 식품 관련 상황도 극적인 변화를 맞이했다. 국도와 1838년 베를린과 포츠담 간 최초로 건설된 철도는 기존의 수로와 함께 베를린에 식량을 공급하는 편리한 수송로가 되었다. 철도 건설 후 20년간 승객은 단 세 배 증가한 반면, 화물열차는 무려 20배나 증가했다. 식품 생산에서도 폭발적인 수요를 감당하기 위한 새로운 방식이 도입되었다. 1856년 베를린 최초의 제빵공장인 바크파브리크Backfabrik가 합자회사 형태로 문을 열었다.

이 공장에서는 매일 최대 250톤의 호밀가루로 베를린 전체 수요의 3분의 1에 해당하는 호밀빵을 만들 수 있었다. 더욱이 바크파브리크는 기계화를 통해 흰 롤빵 슈리펜Schrippen 같은 전통적인 제품들을 지역 빵집보다 싼값에 공급할 수 있었는데, 지역 빵집들은 고객을 잃을까 봐 걱정했다. 하지만 생산량이 엄청났음에도 수요가 생산을 앞질러 증가했다.

이때까지 육류는 주로 소규모 정육점이나 몇몇 개인 소유 도축장에서 구입했다. 그러나 1860년대 의사 루돌프 피르호Rudolf Virchow가 베를린 시의회에서 주장한 바와 같이, 이제는 가격이 적당할 뿐 아니라 건강한 육류가 필요하다는 사실이 명백해졌다. 시의회는 이러한 목적에 부합하도록 사회기반시설에 투자할 수밖에 없었다. 그러한 상황에서도 중앙 우시장과 도축장은 1881년이 되어서야 베를린 동부에 문을 열었다. 자체 철도로 연결된 이 시설은 면적이 38헥타르가 넘었고, 육류에 대한 검사 규정을 시행하는 데도 훨씬 용이했다.

베를린 시의회는 야외시장을 대체할 수 있는 건설 계획에 착수했다. 장날이 길어지면서 수요의 꾸준한 증가에 부응해 가판대들이 많이 생기면서 점차 위생 문제가 불거졌다. 1850년 베를린에는 총 14개의 시장에(젠다르멘마르크트 광장의 가장 규모가 큰 시장을 포함해) 6,000개의 가판대가 있었다. 1880년에는 20개의 시장에 가판대가 9,000개로 늘어났다. 1886년 알렉산더 광장에 도소매 거래가 함께 이루어지는, 지붕 덮인 중앙시장이 문을 열었다. 중앙 도축장과 마찬가지로 알렉산더 광장의 상설시장에도 자체 철도가 연결됨으로써, 거리를 달리는 마차가 현저히 줄어들고 한 시간에 최대 1만 5,000킬로그램의 수송이 가능해졌다. 육류는 중앙 건물의 지하에 있는 얼음 창고에 저장했다. 이로부터 6년 후, 14개의 지붕 덮인 소매시장이 베를린 전역에 생겨났으며 예전의 야외 시장들은 문을 닫았다.[14]

우유 거래 역시 근본적인 변화를 겪었다. 베를린의 우유 소비량은 1893년에서 1913년 사이에 네 배로 급증했다. 이미 존재하는 낙농업장 이외에도 철도를 통해 점차 먼 거리에서 우유를 들여와야 했다. 1879년 건축업자이자 사업가인 카를 볼레Carl Bolle는 티어가르텐 남쪽 뤼초부퍼에 우유 정원을 열어 베를린 시민들의 갈증을 해소하기로 결정했다. 2년 만에 그의 사업은 인근 지역 공급자들이 생산한 우유를 철도편으로 공급받아 병입해 배송까지 할 정도로 확장되었으며, 베를린에서는 최초로 증기력을 활용한 원심분리기를 써서 남은 신선한 우유를 버터나 치즈로 바꿨다. 신선한 우유는 위생적인 주석판 소재의 교유기에(회사의 작업장에서 직접 만든 것이었다) 담아 수송했으며 품질검사는 자체 연구실에서 실시했다. 볼레의 사업은 빠르게 성장해 유럽에서 가장 큰 우유 유통회사가 되었다. 1907년 볼레는 흰색 우유 마차 300대로 베를린의 총 우유 소비량 중 7분의 1 정도를 공급했다. 우유 마차들은 정해진 일정표에 따라 돌아다니면서 종을 울려 잠재 고객들의 주의를 끌었다. 당대의 한 전문가는 베를린의 그 어떤 식품 관련 법률이나 당국의 개입보

다 훨씬 높은 기준으로 우유의 품질을 보장했다고 주장했다.[15]

전반적으로, 커피와 식료품이나 담배 등의 전문 판매점들이 나타나면서 식품 소매업은 중요한 재편을 겪었다. 시간이 지나면서 일부 소매점들은 카이저 커피Kaiser's Kaffee나 훗날 일반 식품점으로 다각화된 볼레의 유제품 사업처럼 체인점 형태로 확대되기도 했다. 더불어 거리의 작은 식품점들의 수도 급격하게 늘어났다. 이 상점들은 대부분 여성이 운영했는데 온갖 종류의 일상 필수품들을 공급했다. 영업시간만큼이나 가격도 탄력적이었으며, 손쉽게 외상거래도 가능했다. 첫 번째 백화점은 가정주부들이 만든 구매협동조합에서 발전된 형태로, 원래는 예산이 빠듯한 사람들을 겨냥한 것이었다. 백화점은 이윤이 깎이는 소매업자들 사이에서는 당연히 인기가 없었는데, 열대과일이나 통조림 식품 같은 사치품뿐 아니라 화장지까지 일반 상점의 절반 가격이면 구입할 수 있었다. 그렇지만 시간이 흐르면서 역설적으로 일부 백화점은 특별한 목적으로 건립된 부지에 자리 잡은 사치의 전당으로 변모했다. 1897년, 라이프치히 광장에 문을 연 '베르트하임Wertheim'이나 1907년 비텐베르크 광장에 문을 연 '카우프하우스 데스 베스텐스Kaufhaus des Westens(약칭 카데베KaDeWe)'가 좋은 예다. 신선식품은 특히 보관에 문제가 많고 중간이윤이 매우 적었기 때문에 이러한 대형 백화점에서만 취급할 수 있었다. 신선식품 소매점은 전문화된 고급 조리식품의 영역으로 대부분 수준 높은 음식점에 딸려 있었다. 조리식품상점 겸 음식점들 중 가장 유명한 곳이 겐다르멘마르크트 광장 인근의 '보르하르트

Borchardt'였다. 발트해 인근 포메른 출신인 아우구스트 프리드리히 빌헬름 보르하르트August Friedrich Wilhelm Borchardt가 1853년에 시작한 이 식당은 곧 관료들과 상류층의 단골이 되었으며 1895년 웅장하고 눈길을 끄는 신축 건물로 이사했다.

'보르하르트'나 그곳의 가장 강력한 라이벌인 '율리우스 페헤르Julius Fehér'에서 음식을 주문하는 것은 사회적 우월성을 과시하는 확실한 수단이었다. 페헤르에서는 20세기가 시작된 첫 10년 간 함부르크와 베를린의 상점에서 판매하던 이국적인 과일과 채소로 만든 음식의 레서피들을 《세계의 요리Die internationale Küche》라는 제목으로 출간하면서 다음과 같이 썼다.

> 이전 시대의 낙후된 수송 기술로 인한 제한은 사라졌습니다. 오늘날에는 아무리 먼 외국 땅에서 나는 사냥한 고기며 과일과 채소라 해도 미식가들이 즐기지 못할 것은 없습니다.

실제로, 당시 이 식당 출장요리 사업에서 제안한 메뉴는 놀라울 정도로 현대적이다. 캘리포니아식 자몽, 닭고기와 오크라수프, 송아지 갈비와 한련샐러드, 그릴에서 구운 캥거루 꼬리를 곁들인 아티초크 뿌리 퓌레(실제로는 예루살렘 아티초크의 근연종인 해바라기 속 개똥딴지Helianthus strumosus의 덩이뿌리)를 제공했으며, 여기에 파리식 크레페와 치즈가 이어졌다.[16] 최소한 부유층은(봉건시대의 사회적 계층과는 전혀 다른 의미로) 이 세계가 제공해줄 수 있는 음식 중에서 자신이

당대의 식탁

프란최쥐셰 가Französische straße 베를린의 보르하르트

프란최쥐쉬 가에 있는 한 건물에 자리 잡은 이 식당은 예전에는 조리식품상점이었으며 지금까지도 영업 중이다. 1946년에도 손상을 거의 입지 않은 채 보전된 이 건물은 동독 체제하에서도 다채로운 역사를 이어갔다. 전하는 이야기에 따르면, 과거에 동독을 통치한 독일사회주의통일당Sozialistische Einheitspartei Deutschlands(SED)은 역설적이게도 바로 이곳에서 시작되었다고 한다. 공식적인 창당 행사는 인근의 아드미랄스팔라스트 극장에서 열렸지만 말이다. 1948년 11월 이 식당은 베를린에 있는 세 개의 국영Handelsorganisation(HO) 무료 식당 중 하나로 루쿨루스Lukullus라는 이름을 가지고 있었다. 그러다가 동독에서는 가스트말 데스 메어레스Gastmahl des Meeres라는 수산물 식당 체인점 중 한 곳으로 새롭게 태어났다. 훗날 젊은이들을 위한 댄스홀로 바뀌었다가 1980년대에 프리드리히 가街가 재개발되면서 건설 노동자들을 위한 구내식당으로 활용되었다. 1992년 다시 문을 열면서 또 한 번 기득권 정치인들의 회합 장소가 된 이곳의 높은 천장과 거대한 기둥들은 세기말 분위기를 풍기는 파리의 대중식당을 연상시킨다(www.borchardt-restaurant.de).

보르하르트 식당, 1902년.

원하는 식사를 선택할 수 있었으며 계절이나 거리는 단순히 수송상의 세부사항에 불과했다. 시간이 흐르면서 이러한 상황은 '언제나, 어디서나, 무엇이든'이라는 현대적인 슈퍼마켓의 기본 원리 중 하나로 발전했다.

당시 국가 차원의 무역 정책은 격렬한 공공 토론의 주제였다. 한쪽은 산업화를 통해서 경제성장이 방해받지 않도록 해야 한다는 반면, 다른 쪽에서는 최소한의 농업 자급자족은 지켜져야 한다고 호소했다. 산업화 속도가 지나치게 빠르다는 생각으로 후자를 지지하던 사람들은 식량을 전적으로 수입에 의존해야 하는 돌이킬 수 없는 상황을 염려했다. 호밀은 1852년, 보리와 귀리는 1867년, 그리

베를린의 페헤르 조리식품상점, 1910년경.

고 밀은 1876년부터 수입하고 있었다. 농업 부문은 주로 러시아나 미국산 값싼 수입 곡물에 좌우되는 세계시장의 일부로 편입되었다. 미국은 남북전쟁 종식 후 이민자의 대다수가 점차 중서부에 정착하면서 밀 생산량이 15년 만에 두 배가 된 터였다. 여기에 철도 시스템이 확장되고 유럽까지의 선박 수송비가 낮아진데다 주문도 전보를 통해 간편해졌다. 이런 현상은 독일에만 국한된 것이 아니었다. 1900년 영국 역시 곡물의 5분의 4, 유제품의 4분의 3, 육류의 절반가량을 수입했다.[17] 그러나 독일 엘베강 동쪽의 농업 엘리트들로 구시대의 지주계급이었던 융커Junker의 이익이 다양한 산업 정당들과 직접적으로 충돌했다. 그들은 경제적으로는 점차 힘을 잃어가는 중이었으나 정치적으로는 여전히 지배적 위치를 점하고 있었다. 1902년 그들에게 특혜를 주는 새로운 관세제도가 도입되면서 값싼 러시아산 곡물의 수입이 사실상 봉쇄되었고 빵값 폭등이라는 결과로 이어졌다.

국내에서 재배되는 가격이 적당하고 영양가 있는 대체 식품을 찾던 끝에 대두가 고려 대상으로 떠올랐다. 대두는 1875년 빈에서 최초로 실험적 규모로 재배되었으며, 독일은 2년 후 중국에서 종자를 수입했다. 대두는 영양가가 높을 뿐만 아니라 맛이 있으며 사람에게나 동물에게나 적합하다는 사실이 알려졌다. 옥수수보다 병충해에 더 강하고, 일 년 중 이른 시기에 수확이 가능했고, 중부 유럽의 기후에도 잘 적응하는 듯했다. 그럼에도 이 새 품종은 일반적으로 널리 보급되지 않은 채 농업 관련 시설들의 연구용 프로그램으로만 재배되다가 1904~1905년에 벌어진 러일전쟁 이후에 수입 대두가 들어오기 시작했다. 식용유와 마가린 생산을 위한 원재료로 쓰였고, 부산물은 동물의 사료로 만들었다. 다른 나라들은 각자의 식민지로부터 기름을 추출할 종자들을 도입할 수 있었던 반면, 식민지가 없고 과거에 기름을 짜던 아마 씨앗이나 유채 등의 국내 작물을 수익성이 나은 사탕무 등으로 바꾼 독일은 1910년 이후 유럽 최대의 대두 수입국이 되었다. 1913년 한 회사가 처음 대두로 만든 두유와 가루 형태의 식품을 선보였고, 율리우스 마기 사는 대중의 사랑을 받던 즉석 소스용 파우더의 재료로 대두를 도입했다. 하지만 끝내 독일 소비자들은 대두와 파생식품들을 전적으로 수용하지는 않았다.[18]

국민의 가처분소득이 증가하고 도시 가정들이 편의제품을 구입할 만한 재정적 여유가 생기면서 소비자들의 선택은 더 이상 경제적 제약만을 따르지 않게 되었다. 생산자와 소비자 사이의 거리도 멀어져 광고가 옛날 시장에서 들리던 고함소리를 대신했다. 이 새로운 판매 방식은 새로운 사치식품들이나 코코아, 커피 대용품, 마가린처럼 설명이 필요한 제품들에 우선적으로 도입되었다. 식품 마케팅은 판매자에게서 생산자의 책임으로 넘어갔다. 상표가 붙은 밀봉 포장된 제품들은 구매하기 전에는 맛을 볼 수 없었으며 정해진 크기와 양으로만 판매했기 때문에, 상점 주인의 역할을 현저하게 줄여주거나, 슈톨베르크Stollwerck 초콜릿 자동판매기류의 기계들처럼 역할을 아예 없애버리기도 했다. 포장 디자인이 매우 중요해졌으며, 제품들은 진열장에 놓인 외양에 따라 가치가 결정되었다. 주요 생산자들은 대대적인 광고를 집행했을 뿐만 아니라 상점 주인들에게 미리 만들어놓은 판촉물이나 조언을 제공하기도 했다.

베를린에서는 1860년대에 가스등이 상점의 진열장을 밝히기 시작했고, 1884년에는 가장 중요한 간선도로인 운터덴린덴 대로를 따라 전기 가로등이 설치되었다. 저녁시간의 산책은 새로운 여가활동이 되었으며, 아케이드에는 식당과 카페들이 들어서 상점이 늘어났다. 일요일에는 상점의 진열대를 덮어놓아야 한다는 강제 규정이 1914년에 폐지되었다. 곧이어 대도시들은 벽과 지붕이 전광판으로 (그때까지는 단순한 전구였으며, 네온사인은 아직 나타나지 않았다) 덮여 간판들의 배경막으로 변했다. 가장 눈길을 사로잡은 것은 움직임이었다. 동시대의 어떤 해설자가 이에 대해 열변을 토했다.

> 가상의 스파클링와인 병에서 전깃불이 스파크를 일으키며 터져나와 밑으로 갈수록 뾰족한 유리잔 속으로 보글보글 거품이 이는 샴페인을 자동으로 쉬지 않고 따른다. 이 스파클링와인 광고는 베를린을 샴페인에 목마른 도시, 스파클링와인과 위스키가 흘러넘치는 도시로 특징짓는다.[19]

1890년대에는 식품 제조업자와 백화점 사이에서 매스 커뮤니케이션 광고 기법이 자리를 잡았다. 표준화된 우편 시스템 덕분에 우편주문 회사들이 커피, 버터, 꿀, 심지어 가금류까지 취급하면서 수익을 올렸다. 부유한 가정에는 카탈로그나 특별주문서가 감당하지 못할 정도로 밀려들었다. 베를린 최초의 광고탑Litfasssäule은 1855년에 세워졌다. 광고 캠페인은 전시회나 행사에 쓰이는 것과 비슷한 전단이나 단순한 포스터 형식을 취했지만, 일부 사례는 예술의 경지에 이를 만큼 정교했다. 1880년대에 율리우스 마기는 특유의 밝은 노랑과 빨강 색상을 사용한 상표를 직접 디자인해 액상 양념에 부착했으며, 젊은 작가 프란츠 베데킨트Franz Wedekind를 고용해 광고 문안을 쓰도록 했다. 현대 기술은 디자인의 새로운 가능성을 열었다. 특별한 형태의 맥주병과 레모네이드 병, 비스킷·차·커피 등을 담는 인쇄된 양철통뿐만 아니라 온갖 종류의 포장 방식에 사용되는 화려한 인쇄기법들이 브랜드 구축에 중요한 부분이 되었다. 1891년 리비히의 성공에 뒤이어, 하노버 출신의 상인 헤르만 발젠Hermann Bahlsen이 여행자들의 허기를 달래며 휴대하기도 쉽게 하기 위해 작고 납작한 비스킷을 개발했다. 발젠은 글래스고에서 현대식 체인 오븐을 수입하고 포장도 광고만큼이나 눈에 띄게 디자인했다. 하노버 출신 철학자 고트프리트 빌헬름 라이프니츠Gottfried Wilhelm Leibniz와 영어 케이크Cakes에서 이름을 따 "라이프니츠-켁스Leibniz-Keks"라 불렸다. 1891년 빌레펠트의 약사 아우구스트 외트커August Oetker는 미국의 관행을 흉내 내어 베이킹파우더와 커스터드파우더를 규격화된 작은 봉지에 넣어 팔아 대성공을 거두었다. 그는 '닥터 외트커 Dr. Oetker'라는 로고를 만들어 브랜드화하고 제품의 품질을 보장하는 광고 캠페인을 전개했다. 외트커는 마케팅 전략의 일부로 학교

1920년대 마기 사의 광고 포스터.

1915년의 우편엽서. 발젠 사가 자사 제품을 판촉하기 위해 발행한 시리즈 중 하나로 비스킷의 독일식 이름 '켁스'를 보여주고 있다.

의 주방을 위한 요리책《학교 요리책*Schulkochbuch*》를 출판했으며, 훗날 텔레비전 식품 광고의 선구자 역할을 했다.

리비히, 발젠, 닥터 외트커 외에도 카트라이너스 말츠카페Kathreiners Malzkaffee, 헹켈Henkell, 슈톨베르크 등이 혁신적 기업으로 꼽히는데, 모두 미국이나 영국의 전문 지식이나 아이디어를 마케팅에 활용했다. 그들의 캠페인에는 전시회나 강의, 조리법 경연대회, 주문제작 잡지, 달력, 요리책과 극장에서 상영되는 짧은 영상들이 포함되었다. 포장되지 않은 제품들은 만져보거나 냄새 맡거나 심지어 직접 맛을 볼 수도 있지만, 이런 회사들의 제품은 포장지에 인쇄된 레서피나 서빙에 대한 제안을 통해 비포장 제품이 전달하는 감

닥터 외트커, 《어린이 요리책》, 1961년.

각적인 느낌을 대체했다. 시리즈로 만든 그림 카드들도 종종 제품에 추가되었으며 특별 제작한 앨범에 수집할 수 있었다. 1890년대에 슈톨베르크 사는 초콜릿을 판지로 만든 부활절 달걀 안에 넣어 포장한 적도 있으며, 1896년 베를린에서 개최된 산업박람회 같은 전시회장에서 광고용 우편엽서를 배포하기도 했는데, 이를 통해 시각적 정보에 대한 절대적인 중요성과 '눈으로도 먹는다Das Auge isst mit'는 독일 속담이 사실임을 확인해주었다.

이 시기 내내 철도 시스템의 도입 및 확장은 사람들의 이동뿐만 아니라 식품의 운송에도 결정적인 요인이었다. 이후 몇십 년 만에 사람들은 이 새로운 이동수단을 적극적으로 받아들였고, 상하기 쉬운 음식들의 유통 물량이 눈에 띄게 증가했다. 예전 우편물을 운송하던 도로상에 있던 대기실Postwartestuben 대신 대형 기차역 구내식당Bahnhofs-restaurants에서 여행자들에게 음식을 제공했다. 얼마 지나지 않아 특실 승객들은 역에서 주문한 따끈한 식사를 객실 좌석에서 받을 수 있었으며, 1880년 유럽 최초로 베를린과 프랑크푸르트를 연결하는 구간에 식당차가 도입되었다. 영국인 여행자들을 위한 안내서인 존 머리John Murray III의 '붉은 책'*의 독일어 버전에 해당하는 《배데커Baedeker》가 1835년 처음 출판되었으며, 곧바로 이 책에 '바쁜 여행자를 위한 안내서'라는 광고가 붙었다(또한 이 책은 1580년

* 여행자들이 휴대할 수 있도록 간편하게 만든 여행 안내서로 유럽 전역과 아시아, 아프리카 일부 지역에 관한 여행 정보가 담긴 시리즈. 1836년 처음 발행되었다.

대에 독일을 여행하던 몽테뉴의 코스를 따르되 그가 놓쳤던 것을 찾아내는 것이기도 했다). 문화관광이 대두한 것이다. 1816년 라인강에 처음 취항한 증기선은 영국 선박이었지만, 그로부터 11년 후에는 독일도 같은 선박을 띄웠다. 호기심에서 비롯된, 또는 휴식이나 즐거움을 찾기 위한 여행은 곧 독일인들의 관심을 끌었다. 1896년에 출간된 얇은 요리책《독신자와 여행자를 위한 요리책 *Junggesellen- und Touristen-Kochbuch*》은 독신자를 겨냥한 것이었지만, 제목에 여행자도 포함시켰다. 철도가 승객들을 실어 나르기 시작한 지 반세기 남짓 지나자, 야간 특급열차는 당연한 것이 되었다. 많은 도시와 마을에서 숙박을 원하는 수많은 여행객이 예전의 술집이나 여인숙이 아니라 호텔과 '궁정'을 뜻하는 회폐 *Höfe*를 찾았다. 이들 중 많은 곳들이 귀족적으로 보이는 이름을 내걸었으며, 처음에는 남자들만을 위한 것이었다. 19세기 말 무렵이 되면 미리 정해진 메뉴만을 제공하는 시설은 시대에 뒤떨어진 것이 되었고, 식당을 갖춘 주식회사 형태의 대형 호텔이 그 자리를 대신했다. 여행객들은 집에서 누릴 수 있는 것보다 훨씬 현대적인 편의를 제공하는 이런 사치스러운 시설들을 열광적으로 받아들였다.

1871년 이전에는 대부분의 장소, 이를테면 베를린 운터덴린덴로에 1779년 문을 연 게브뤼더 하벨 *Gebrüder Habel* 같은 식당은 노골적으로 호화로움을 드러내기보다 확고한 부르주아적 분위기였다. 그렇지만, 이후에는 식당업계의 환경이 근본적으로 변화했다. 프랑스인 요리사를 두었던 빌헬름 1세의 식탁은 상대적으로 검소한 편이었던 반면, 그의 수상 비스마르크Otto Eduard Leopold von Bismarck는 많은 양의 훌륭한 음식을 사랑한 미식가였다. 1878년 베를린 회의에 참가했던 영국 대표는 약간 경멸하는 어조로 언급했다. "비스마르크 공작은 한 손에는 체리를 가득 쥐고 다른 손에는 새우를 쥔 채 번갈아 먹으면서 잠을 제대로 잘 수 없어 [물을 마시러] 키싱엔*에 가야겠다고 투덜댔다."[20]

이른바 건국시대라고 하는 독일의 경제적 호황(주로 1870~1871년의 프랑스-프로이센전쟁 후 프랑스가 지불한 상당한 액수의 배상금에 기인한 것이다)과 빌헬름 2세Wilhelm II의 과시적 생활방식의 영향으로 다양한 유형의 새로운 호텔들과 식당들이 생겨났는데, 이는 1920년대의 물량과잉에 대한 예고편이기도 했다. 1877년 후반 베를린에서는 '카페 크란츨러Café Kranzler' 맞은편에 눈길을 끄는 빈 스타일의 '카페 바우어Café Bauer'가 문을 열었다. 유명 예술가들에 의해 화려하게 장식된 곳이었다. 7년 후, 이곳은 베를린에서 처음으로 전기 조명을 사용한 식당이 되었다. 이 카페에서는 600종의 신문과 잡지가 제공되었으며 혼자 온 여성들을 위한 별도의 공간도 준비되었다. 다양한 커피나 차 이외에도 아침식사로 달걀 요리가 포함되었으며, 갖가지 냉육, 맥주(흑맥주와 가장 값비싼 페일에일도 있었다), 증류주, 와인(독일·오스트리아·프랑스산), 샴페인 등도 메뉴에 있었다.[21] 한편 '루터운트베그너Lutter & Wegner' 같은 술집들도 와인을 파는 식당으로 전환했는데,

---

*   바이에른 지방에 있는 온천도시.

켐핀스키 식당에서의 저녁식사, 1910년경.

다른 맥줏집들과 경쟁하기 위해 호화로운 티볼리 스타일*의 여흥을 선보였다. 이러한 발전은 결코 베를린에 국한된 것이 아니었다. 와인 식당 중 독일에서 가장 규모가 큰 것은 뮌헨의 '님펜부르크 폴크스가르텐Nymphenburg Volksgarten'이었다. 1890년에 문을 연 이 식당은 코펜하겐의 티볼리 놀이공원과 빈의 프라터 공원을 모델로 수많은 방에 총 6,000개의 좌석을 갖췄으며 '알프스의 목장Almhütte' 등 다양한 여흥을 제공했다. 손님들이 좋은 음식과 술 이상을 기대하며

* 티볼리는 이탈리아 휴양도시. 로마 귀족들의 호화로운 별장들로 유명하다.

이곳에 왔기 때문이다.[22]

베를린의 미식생활에서 특별히 두각을 나타낸 이름은 '켐핀스키 Kempinski'였다. 켐핀스키 식당의 이야기는 전형적인 베를린 이야기이기도 하다. 베르톨트 켐핀스키 Berthold Kempinski는 당시 다른 많은 유대인들과 마찬가지로 1860년대 초 경제적으로 가장 낙후된 지역인 프로이센 동부의 포센에서 슐레지엔의 브레슬라우로 이주해 헝가리 와인 교역을 시작했다. 그로부터 10년 후 그는 베를린으로 이주해 프리드리히 가에 와인 회사를 차렸고, 그의 아내가 작은 와인 시음실에서 고객들에게 간단한 음식을 제공한 것이 시간이 지나면서 베를린에서 가장 규모가 크고 성공적인 미식사업으로 발전했다. 1907년 라이프치히 가의 새로운 건물로 옮겨 문을 연 켐핀스키는 그 시대의 특징이던 아르누보와 초기 아르데코 형식으로 식당을 장식했다. 새로운 건물에는 총 2,500명을 수용할 수 있는 식당이 여러 개 있었다. 이곳을 찾는 손님들에게 제공할 음식은 여러 개의 주방과 부속 빵집, 제과점, 정육점에서 준비했다. 뿐만 아니라 엄청난 수량의 은과 구리 제품, 유리 제품과 도자기 페인팅의 유지보수를 위한 작업장들과 스팀 세탁장, 소각로, 냉동실 등을 갖추고 있었다. 개업 초기부터 켐핀스키 식당의 특선 요리였던 굴은 놀라울 정도로 많은 양이 판매되었다. 1912년에는 조리식품상점과 출장요리 서비스가 이 건물 안에 들어섰다. 와인은 변함없이 켐핀스키 사업의 핵심이었기에 독일 내 많은 포도 재배지역의 포도원을 소유했다. 프리드리히 가의 대규모 저장고에 보관된 와인은 매일 수천 병이 팔려나갔다. 하지만 드레셀Dressel, 힐러Hiller, 보르하르트 같은 경쟁자들과 달리 켐핀스키가 두각을 나타낼 수 있었던 점은 다양한 사회 계층에게 식사를 제공한다는 사실이었다. 켐핀스키 식당의 와인은 최상위 계층부터 소시민들까지 모든 계층에게 매력적인 가격이 매겨져 있었다. 가재를 곁들인 멜론, 살짝 데친 연어, 사슴 허릿살, 크림을 얹은 딸기 요리에 돈을 물 쓰듯 쓸 수도 있지만, 똑같이 근사한 환경에서 느긋하게 앉아 우아한 웨이터들에게 서비스를 받으면서도 비싸지 않은 요리나, 양이 적은 요리를 절반 가격에 주문할 수도 있었다.

그와는 대조적으로 중앙 도로인 운터덴린덴 로에 위치한 명소 드레셀 식당과 힐러 식당은 둘다 유명했지만 가격이 비싸고 고압적이며 배타적이었다. 힐러 식당은 로렌츠 아들론Lorenz Adlon이 브란덴부르크 문 맞은편에 기념비적인 호텔을 개업하기 전까지 그의 소유였다. 마인츠 출신의 로렌츠 아들론은 원래는 목수 훈련을 받았다. 하지만 목수로 일하던 중 일찌감치 자신이 식당 운영에 재능이 있다는 사실을 깨닫고는 마인츠, 뒤셀도르프와 암스테르담을 거쳐 베를린에 입성해 결국 명성이 높던 힐러 식당을 사들였다. 1890년 동료 드레셀과 함께 프리드리히 가의 중앙역 바로 옆에 위치한 콘티넨털 호텔을 매입한 그는 1899년부터 동물원 안에 있던 호화로운 카페 겸 식당 '추테라센Zooterrassen'을 성공적으로 경영했다. 이 시기에 아들론은 와인 상인으로도 명성을 얻었다. 이 모든 것은 아들론이 마음속에 품고 있던 한 가지 야심, 아들론 호텔 건설로 귀결되었다. 마침내 대리석과 열대지방의 비싸고 단단한 목재, 그리고 최신 기술이 구현해낸 엘리베이터·난방·전화 등 현대식 편의시설로 가득한 아들론 호텔이 문을 열었다.

아들론 호텔을 둘러싼 많은 전설이 전해지고 있지만 진위 여부를 밝혀내기는 쉽지 않다. 막대한 비용이 들어 위험을 감수해야 했던 아들론의 사업들은 어떤 식으로든 황제 빌헬름 2세의 지원을 받았음이 분명하다. 그의 사업은 황제가 추구하던 새롭고 현대적이며 화려한 베를린이라는 이상에 잘 들어맞았다. 황제는 위대한 건축가 싱켈Karl Friedrich Schinkel이 설계한 유서 깊은 레데른 궁의 철거를 허락해 새로운 호텔을 지을 수 있게 해주었다. 황제가 했다는 말도 자주 인용되곤 한다. "애들아, 목욕을 하고 싶으면, [다른 버전에서는 '쉬고 싶으면'] 아들론에 가봐라!" 또 다른 소문은 황제가 자신의 손님들에게 여흥을 제공해준 대가로 매년 비용을 지급했으며, 필요한 경우에는 액수를 올려주기도 했다는 것이다. 또한 황제가 아들론 호텔을 상대적으로 덜 호화로운 왕궁의 비공식 별채로 사용했다는 소문도 있었다. 어쩌면 이런 소문들은 시간이 흐르면서 교묘하게 각색된 것일 수도 있다. 이는 마치 프랑스의 유명 요리사 오귀스트 에스코피에Auguste Escoffier가 한동안 아들론 호텔의 주방을 책임졌다는 소문처럼, 사실 여부를 밝혀줄 만한 증거는 전혀 남아 있지 않다.

에스코피에의 레서피들은 프랑스인들에게만큼이나 당시 독일의 미식가들에게도 중요했으며, 프랑스어는 곧 주방의 언어였다. 그러나 당시 만연했던 민족주의 역시 독일의 식단에 자리 잡을 방법을 찾아냈다. 1885년 브라운슈바이크에서 결성된 독일어협회 Allgemeiner Deutscher Sprachverein은 민족주의의 주요 선전기관이었다. 이 협회는 "독일어의 참된 정신과 진정한 본질을 유지하고… 따라서 독일인들 사이에서 국가적 정체성을 강화하고자"[23] 했다. 협회가 제시한 세 가지 목표는 언어 정화, 게르만 고유의 특성 보호, 마지막으로 독일의 국가적 전통 재확립이었다. 그 첫 번째 독일어화 지침서 Verdeutschungsheft는 협회가 1888년에 발행한 《독일어 식단 Die deutsche Speisekarte》이었다. 이 소책자에는 독일어 메뉴의(메뉴를 메뉘Menü 대신 티쉬카르텐Tischkarten으로 표기했다) 예시들과 소고기와 송아지고기의 정확한 부위별 어휘를 설명하는 두 개의 그림, 그리고 외국어로 표기된 용어들을 독일어 표현으로 대체한 가장 일반적인 요리사전이 포함되어 있었다. 또한 '독일어화'된 외국어 용어들을 대체할 독일어 철자법을 제안했고, 카카오cacao를 뜻하는 '카카오kakao', 쇼콜라chocolat를 뜻하는 '쇼콜라데schokolade' 같은 '대체불가한' 용어들은 그대로 받아들였다. 1900년에 발행된 4판에서, 저자는 특별히 '논란이 많은' 단어 '소스sauce'를 다뤘다. 초판에서 제시했던 독일어 표현인 '툰케Tunke' '바이구스Beiguss' '구스Guss' 혹은 '브뤼헤Brühe'가 모두 사용되지 않으니 어쩔 수 없이 '소스Soße'를 인정한다고 선언했다. 또한 그는 "대체된 단어가 달갑지 않은 사람도 독일 황제가 하는 대로 해야 한다며 소스에 대해 더 이상 특별히 언급하지 말라고" 했다. 앞서 1888년 빌헬름 2세는 황실의 모든 메뉴는 가능한 한 독일어로 적어야 한다는 칙령을 발표한 바 있다. 이 칙령에 따라 9월 10일 황실 식사에 참석한 관료들이 주문한 첫 번째 순수 독일어 메뉴가 신문에 실렸다.

Windsor-Suppe. Zander in Rheinwein gedämpft. Burgunder Schinken mit Gemüsen. Pasteten von Rebhühnern mit Trüffeln. Hummer nach Ostender Art. Pulardenbraten, Salat. Mehlspeise von Äpfeln. Butter und Käse. Gefrorenes. Nachtisch.
윈저 수프. 라인산 화이트와인으로 찐 민물농어. 채소를 곁들인 부르군트 햄. 송로버섯을 넣은 자고새 파이. 오스텐트식 바다가재. 닭고기 구이, 샐러드. 곡물 가루를 입힌 사과. 버터와 치즈. 아이스크림. 디저트.

독일에서 사용되던 프랑스 어휘(그리고 프랑스 요리의 영향)는 오래 전으로 거슬러 올라간다. 베를린 같은 지역에서는 프랑스의 영향이 사회의 최상층부에 작용했는데 17세기 중반부터 19세기 중반까지 프로이센 궁정도 다른 많은 궁정들이 그랬듯이 프랑스어를 사용했다. 뿐만 아니라 1685년 루이 14세가 신앙의 자유를 인정한 낭트 칙령을 무효화한 이후 브란덴부르크 선제후가 반갑게 맞이한 독일 망명 위그노 이민자들이 처음 프랑스어를 쓰기 시작하면서 하층 계급에도 영향을 미쳤다. 1698년 베를린에서 프랑스 이민자 구역은 인구의 4분의 1을 차지했다. 위그노들은 하류층에 재빨리 동화되었으며 언어도 뒤섞여버렸던(이 영향이 현재까지도 나타나고 있다) 반면,

엘리트 망명자들은 좀 더 오랫동안 고급 프랑스어에 집착했다. 또한 베를린은 1806~1808년과 1812~1813년에는 프랑스에 점령을 당하기도 했다. 영어와 프랑스어의 경쟁이 시작된 것은 대영제국의 위세가 정점에 올랐던 19세기 후반 이후였다.《독일어 식단》은 "프랑스어와 독일어의 놀라운 조합에 이제 영어 몇 개가 새로 들어와" 자리 잡았다면서 만찬Souper, 서비스Service, 식당Restaurant, 메뉴Menu 등을 예로 들었다.

> 부르주아 식단에서는 프랑스에서 유래하지 않은 단순한 중산층 요리에조차 프랑스어 표현이 사용된다… '삶은 소고기gekochtes Rindfleisch'는 너무나 평범한 요리임에도 '뵈프 부이boeuf bouilli'로 표기한다… ~풍이라는 의미로 역겨운 '아 라à la'를 쓰는 대신… '나흐nach'로 쓰는 편이 나을 것이다.

프랑스-프로이센 전쟁 이전에는 언어적 순수성을 얻기 위한 노력이 대체로 온건했으며 대중적 담론을 장려하면서 독일어에 대한 이해력을 보다 폭넓게 향상하는 수단으로 보았다. 하지만 독일 민족주의가 팽배해가던 빌헬름 2세의 통치기간 중 언어적 순수성은 그 자체로 목적이 되었고 적에 맞서 국가를 단결시키는 한 가지 방법으로 외래어에 대한 편집증적 사냥Fremdwörterjagd 사태가 촉발되었다. 20세기 초반 드레스덴 출신의 주방장이자 교사인 에른스트 뢰스니처Ernst Lössnitzer는 식당업계 독일어화운동을 배후에서 추동하는 세력의 일원이 되었다. 뢰스니처는 1888년 처음 출간된 《식단과 요리에 대한 독일어화 사전*Verdeutschungswörterbuch für Speisekarte und Küche*》의 서문을 통해 프랑스어의 우세를 비난했다. 그는 30년전쟁의 발발과 함께 유행하기 시작한 프랑스어가 독일어를 하인들의 언어로 격하하는 결과를 초래했다고 주장했다. 또한 그 이전에는 독일이 뚜렷한 국가적 음식을 가지고 있었던 반면, 이제는 독일 땅에서 독일인들에게 프랑스어 메뉴가 통용되고 있음을 개탄했다. 그는 독일이 이제는 심리적·경제적으로 완벽한 독립을 이룬 국가이기 때문에 치욕적인 상황을 끝내야 하며, 프랑스식 언어 사용은 여기서 끝내야 한다고 주장했다. 뢰스니처의 책은 독일의 직업 요리사들이 갖는 새로운 자의식의 신호이기도 했다. 독일 요리사들은 1896년 협회를 구성하고 1900년부터 프랑크푸르트에서 국제 전시회와 연례 요리 '올림픽'을 개최하기 시작했다. 그 이전인 1884년 5월에 이미 《뉴욕타임스*New York Times*》는 다음과 같이 보도했다.

> 얼마 전 독일 요리 개혁을 이루고자 베를린에서 시작된 운동은 상당한 성공을 거두었다. 개혁주의자들은 독일의 요리와 제빵, 제과 기술을 선보이는 대규모 공개 전시회를 8월 17일부터 8월 24일까지 베를린에서 개최하기로 결정했다. 기업들의 광고가 집중될 예정이며 경연 참가자들에게는 많은 경품이 마련되어 있다.[24]

1903년에 발행된 뢰스니처의 책 2판에는 황제 빌헬름 2세와 독일의 왕족들이 보낸 감사편지에 대한 언급이 추가되었다. 뢰스니처는 독일어협회의 출범 당시부터 강력한 반대파들이 있었다는 사실은 언급하지 않았다. 1889년 루돌프 피르호와 테오도어 폰타네를 포함한 41명의 작가, 언론인, 철학자와 학계 인사들이 협회에 반대하는 공개 선언문에 서명했다. 그들은 독일어를 '정화'할 필요성은 수용했지만, 엄격하게 정의된 규칙을 내세운 공식적인 강제집행에는 강력하게 반대했으며, 프랑스 한림원Académie Française을 본뜬 정부 기관의 설립에도 반대했다. 독일어화 운동은 1차대전 동안 더욱 거세졌지만, 그 이후에는 매력을 잃었다.

이 시기에 독일의 와인은 엄청난 국가적 자부심의 원천이었다. 독일의 와인 제조업체들은 19세기 내내 번창했으며, 1811년산 와인으로 국제적 명성을 얻게 되었다. '혜성이 충돌한 해 Kometenjahrgang'라는 이름이 붙은 이 와인은 괴테가 11이라는 숫자에서 착안해 '아일퍼Eifer(Elfer-wein)'라고 언급해 유명해졌다. 타이밍이 절묘했다. 1811년에는 처음으로 라인가우의 거의 모든 포도원들이 추수를 늦췄는데(1776년 슐로스 요하니스베르크에서 전년도에 우연히 추수가 늦어졌다가 좋은 와인이 만들어진 데 대한 반응으로 생긴 관습이었다) 덕분에 그해에 특별히 맛이 풍부하면서도 오래가는 와인이 생산된 것이다. 1845년에는 영국의 젊은 여왕 빅토리아Victoria와 그녀의 독일인 남편 앨버트 공Prince Albert이 독일의 화이트와인인 호크 와인의 근원을 탐사하기 위해 마인강 유역의 호흐하임을 방문했다. 라인 와인에 대한 수요는 새롭게 형성된 대도시에서 급증했는데, 더

1894년 음식박람회 광고 포스터. "요리, 제과, 제빵, 군부대 식사, 국민의 영양과 관련된 모든 거래"라고 적혀 있다.

훌륭하고 더 저렴한 수송수단 덕분이기도 했지만, 애국적인 열정도 한몫했다. 이런 요인들이 결합해 유명한 보르도산 샤토 와인보다 더 값비싼 최고급 독일 와인이 탄생했다. 1901년 식품 전반에 걸쳐 불순물에 대한 우려가 커지자, 단일한 포도원에서 단일 빈티지로 생산된 천연 알코올만을 함유한 와인을 지칭하는 '자연산 와인 Naturwein'이라는 법률적 용어가 도입되었다. 1913년 해외 고객들로부터 혼탁해진 와인에 대한 불평이 반복되자, 와인 위탁 매매상이었던 테오도어 자이츠 Theodor Seitz는 석면을(당시에는 무해한 것으로 여겨졌다) 이용한 무균여과 방식에 대한 특허를 냈다.

와인의 소비는 중산층과 상류층에 제한되어 있었기 때문에 사회계급을 드러내는 매우 의례적인 표지였다. 스파클링와인은 고급스러우면서도 현대적인 것으로 간주되어 큰 성공을 거두었는데, 초기 단계이던 광고산업이 적지 않은 역할을 했다. 스파클링와인은 맥주나 강한 증류주와는 대조적으로 목표 소비자층에 여성들과 젊은이들을 포함시켰다. 베를린에 소재한 루터운트베그너는 발포성 와인을 뜻하는 젝트 Sekt의 탄생과 관련된 스토리를 수없이 반복하는 것으로 명성과 성공을 쌓아올렸다. 작가 호프만 E. T. A. Hoffmann과 그의 친구인 배우 루트비히 드브리앙 Ludwig Devrient은 샴페인 애호가였는데, 1825년 어느 날 밤 함께 술을 마시다 셰익스피어 William Shakespeare의 작품 〈헨리 4세 Henry IV〉에 나오는 팔스타프의 대사를 외쳤다. "나에게 젝트 한 잔을 가져와 Bring er mir Sect." 여기서 젝트 sect는 고대 영어로 화이트와인을 의미하는데, 이 우연한 언급에서 독일산 스파클링와인을 지칭하는 새로운 단어가 탄생한 것이다. 1902년 해군성 장관 폰 티르피츠Alfred von Tirpitz 제독의 주도로 스파클링와인에 대한 세금 '젝트슈토이어Sektsteuer'가 도입되었는데, 국가적 자부심을 지키기 위해 독일의 해상무역 보호라는 표면적인 이유로 제국 함대를 확장하기 위해서였다. 식민지 쟁탈전에서 변변치 못한 후발주자였던 독일은 오래된 유럽의 식민세력들이 원주민을 상대로 자행하던 야만적인 착취를 답습할 뿐이었다. 태평양과 사하라 이남 아프리카에 집중된 식민지에서 들어오는 것이라고는 주로 농업지역에서 생산된 코프라*, 커피, 코코아 정도였다. 1900년대에 들어서자 해군의 군함 건조 비용의 급상승으로 인해 재정위기가 반복되었다. 이에 따라 1909년부터 스파클링와인에 붙는 세금에 가격별 차등제가 적용되어 값싼 와인의 소비를 늘리는 결과를 초래했다. 지금까지도 시행되는 이 세금은 750밀리리터 한 병에 1유로씩 부과되며, 병의 크기에 따라 다른 등급이 매겨진다.

    샴페인 관련 법률은 오늘날에 비하면 훨씬 느슨했고, 지역이나 이름이 심각하게 다른 경우가 많았다. 1922년 출판된 토마스 만Thomas Mann의 미완의 걸작 《사기꾼 펠릭스 크룰의 고백Die Bekenntnisse des Hochstaplers Felix Krull》은 18971년부터 10년간을 배경으로 한 작품이다. 그는 이 소설 속 악명 높은 사기꾼 주인공의 아버지를 라인강변의 저택에서 살고 있는 부패한 스파클링와인 생산자로 설정했다.

*   코코아 과육을 말린 것.

그가 만든 롤리 엑스트라 쿠베Lorley Extra Cuvée의 병들은 내용물의 맛보다는 외양이 훨씬 좋다고 표현된다. 쾌락을 추구하던 아버지는 파산에 직면하자 권총자살한다. 만은 작품 속 등장인물들을 종종 음식을 활용해 묘사했다. 1901년에 발표한 대하소설 《부덴브루크가의 사람들, 어느 한 가족의 몰락Buddenbrooks, Verfall einer Familie》에서 가족이 서서히 몰락해가는 가운데 젊은 주인공은 지나치게 호화롭고 거창한 식사에 역겨움을 느낀다.

사적인 영역과 마찬가지로 식당업계에서도 외양이 점차 중요해졌다. 빌헬름 2세는 사적으로는 사려 깊고 조용한 남자였지만, 그가 세상을 향해 내보인 얼굴은 제국의 전지전능한 통치자였다. 프리드리히 실러Friedrich Schiller는 의도했든 의도하지 않았든 1799년 발표한 시 〈종의 노래Die Glocke〉에서 왕의 그러한 이미지를 제공했고, 당대에 많이 인용되었다. "남자라면 밖으로 나가 험난한 삶에 뛰어들어야만 하지… 반대로 안에서는 온화한 주부, 아이들의 어머니가 다스린다네." 독일의 가정주부들은 그의 시적 표현을 본보기로 삼았다. 법률에 따르면, 남편이 중요한 경제적·재정적 결정권을 행사하는 동안 가정을 돌보는 일은 아내의 의무였다. 기혼 여성의 사회적 지위나 신용도는 전적으로 남편에 예속되었다(독일은 1977년에야 남편과 아내가 법률적으로 동등하다고 인정했다). 요리를 포함한 가정과 가족에 대한 여성의 책임에 당시 대부분의 사람들은 이것이 '자연적인' 성향과 일치한다고 생각했다. 공식적인 통계에서 '가정주부'는 별도의 직업으로 분류되지 않은 채 아동, 노숙자, 정신병자나 교

도소 수감자들과 함께 무임금 집단에 포함되었다.[25]

당대의 영국 등 서부 유럽 국가들과 마찬가지로, 일상적인 식사는 가능한 한 단순하고 비용이 적게 들면서도, 맛있고 다양하며 남편이 좋아하는 육류 요리를 포함해야 했다. 아내는 남편과 기호가 다를지라도 말이다. 대부분의 여성들은 적은 양의 육류에 만족하거나 육류를 아예 먹지 않았으며, 오빠나 남동생을 돌봐야 한다는 사실에 의문을 제기하지 않았다. 1881년생 학자 빅터 클렘페러Victor Klemperer는 아버지가 슈니첼을 먹는 동안 다른 가족들은 샌드위치로 만족해야만 했던 것을 회상했다. 가장만 사과스튜와 사과케이크를 매일 먹을 수 있었다. 가정을 부양하는 사람의 건강을 최상으로 유지하는 것은 가족 모두의 의무로 인식되었으며, 아내는 식사시간에 걱정거리를 남편에게 털어놓아 식사를 방해하지 말아야 했다.

교육을 받은 독립적인 여성들조차 오븐은 자신들의 몫임을 당연하게 받아들였는데, 이러한 사고방식은 당시 높이 평가받던 여배우 루이제 두몬트-린데만Luise Dumont-Lindemann이 쓴 요리책 《둘을 위한 하나의 냄비 Für Zwei in einem Topf》에도 잘 드러나 있다. 1912년 뒤셀도르프에서 출판된 이 책에 수록된 두 사람을 위한 레서피는 "매일 주방에서 한 시간 반에서 두 시간 이상을 보낼 수 없는 가정주부들"을 대상으로 했다. 두몬트-린데만은 남은 음식의 효율적인 활용법과 구입하기 어려운 재료들의 대용품도 제시했다.

검약은 예전과 다름없이 칭송을 받았지만, 이제 시민 계급 여성들에게 이 개념은 빠듯한 예산으로 세상 사람들에게 인상적인 겉모습을 내보일 임무까지 포함하게 되었다. 이 목적을 위해 가정주부들에게는 저렴한 재료로 인상적인 요리를 창조해내는 능력이 요구되었다. 가족들이 오랜만에 모이는 특별한 경우나 손님이 있는 경우에는 풍성한 식사를 위해 온갖 자원을 동원해 곡예를 부려야 했다. 또한 이런 경우에는 종종 도자기, 식기류, 유리 제품을 빌리고 남자 하인을 고용하곤 했다. 귀족적 방식을 흉내 내려는 노력의 일환인 셈이다. 최소한 두 가지 메인 코스가 포함된 이런 식사를 마련하려면, 대개 희귀하고 값비싼 식재료들로 수입품을 쓰는 경우가 많았다. 1900년에 작성된 중산층 가정의 메뉴를 예로 들어보자.

굴, 인도산 새둥지로 조리한 바타비아식 수프, 닭고기 볼로방vol-au-vent*, 사슴 허릿살과 송로버섯을 가미한 아티초크 속살, 바다가재샐러드와 마요네즈, 야생 오리 살미Salmis**, 치즈, 파인애플 아이스크림, 과일과 커피.

가정주부들에게는 정해진 예산으로 최대의 효과를 얻기 위해 지출내역을 가계부에 기록할 것을 장려했다. 검약에 대한 도덕적 압박은 《50페니히 레서피 혹은 저렴한 비용으로 좋은 요리를 만드는 기술50Pfennig-Küche oder die Kunst billig und gut zu kochen》(1894)이라는 책에

* 둥근 모양의 퍼프 페이스트리를 구워낸 다음 그 안에 소스로 버무린 어육이나 가금류 등을 채워 넣는 음식.
** 구운 새고기 스튜.

서 더욱 강화되었다. 형편이 넉넉지 못한 계층만이 아니라 모든 계층을 대상으로 한 이 책은 미트로프, 감자, 청어, 콩 등을 비중 있게 다루었다. 주부들에게 남은 재료를 잘 활용하도록 끊임없이 독려했고, 메인 코스를 절약하기 위해 첫 번째 코스는 배를 든든히 채울 수 있는 수프를 권장했다. 식품의 산업화로 식사 준비가 간편해졌지만 이것은 양날의 검이었다. 즉 영국이나 프랑스와는 달리, 여성들이 부엌에서 절약한 시간을 아내나 어머니의 임무로부터 잠시 벗어나는 데 사용하지 말고 집과 가정에 재투자하기를 기대했기 때문이다.[26]

주부의 가사노동이 어렵다는 생각이나 그런 생각을 공개적으로 발언하는 것은 상상조차 할 수 없었다. 가정에서는 주부들의 실상을 감추기 위해 갖은 노력을 했고, 오히려 할 일 없이 빈둥댄다는 환상을 만들어냈다. 하위 시민 계급 가운데 널리 퍼져 있던 사회적 욕구로 인해 하녀를 고용하는 일이 종종 있었는데, 재정 부담이 늘어나긴 했지만 일하지 않는다는 지극히 중요한 주부의 위상을 굳건히 할 필요가 있었다. 역설적으로, 같은 시기에 가장이 가족을 부양하기에 충분한 소득을 올리지 못하는 경우 가정주부가 추가소득을 벌어야 한다는 의무가 법제화되었다. 보다 부유한 가정에서는 손님 대접을 위한 특별한 식사 준비나 세탁을 위해 외부 인력을 고용했다. 당시 큰 아파트는 부엌이 집 뒤편에 자리 잡고 있어 별도의 하인 전용 출입구를 통해 출입이 가능했다. 집의 정면의 넓은 응접실과 달리, 세탁실을 포함한 부엌은 대부분 어둡고 답답하고 비좁았다. 이는 그 시대 여성들의 지위와 그들에게 주어진 일이 반영된 것이다. 단독주택이나 저택의 경우, 부엌은 항상 지하에 있었다. 하녀들은 보수 일부를 숙식의 형태로 받았다. 이론적으로는 하인고용규정Gesindeordnung에 따라 하녀들에게 제공되는 음식의 질과 양이 보장되었지만, 실제로 음식과 관련된 불평이 잦았다. 이런 법규가 있음에도 고용인들이 고용주에게 불평하기 어려웠던 이유는 대체 인력을 구하기가 아주 쉬웠기 때문이다.[27] 1902년 좌파 경제학자 오스

아돌프 멘첼Adolph Menzel, 〈무도회의 저녁식사〉, 1878년, 캔버스에 유화. 어떤 면에서 이러한 식사는 노동자들의 우울한 세계에서 보석과 같았다. 많은 사람들 속에서 허겁지겁 식사하는 이들의 모습이 보인다.

카 슈틸리히Oscar Stillich는 베를린의 하녀들에 대한 암울한 조사 결과를 발표했다. 그의 보고서에 따르면, 젊은 여성인 그들 대부분은 식사시간이 충분하지 않으며, 남은 음식을 다시 데워 먹거나, 때에 따라서는 허기를 달래기 위해 얼마 되지도 않는 수입을 쪼개 먹을 것을 별도로 사야만 했다. 주인들을 위해 당시 유행하던 수프인 부용bouillon을 만드느라 재탕 삼탕했던 고기를 재활용해 하인들이 먹는 미트로프를 만들었는데, 그 맛이 하인들의 커피Dienstbotenkaffee라고 불릴 만큼 도저히 마실 수 없는 정도라는 구체적인 불평도 있었다. 그렇지만 또 다른 출처에 따르면, 건강한 노동력이 고용주의 이익에 부합했으므로 하인들에게 주는 음식은 대체로 무난했다. 또한 젊은 하녀들 사이에서 그 집의 가장이 구두쇠라는 소문이 나면 사회적 신용도에 손상을 입으리라는 두려움도 있었다.

여성의 권리에 대한 논란은 풍족한 시민 계급 여성들이 결혼과 급여를 받는 일자리 사이의 선택을 놓고 목소리를 높이면서 격렬해졌고, 가정을 돌보는 일도 적절한 훈련이 필요한 직업으로 간주하라는 요구가 거세졌다. 1873년 최초의 도시 가정주부 협회가 결성되었으며, 1898년에는 독일 농촌여성협회Deutscher Landfrauenverband의 전신이 되는 조직이 뒤를 이었다. 그들은 수많은 목표의 조율을 시도했다. 그중에는 주부들을 여성운동에 합류하게 하려는 시도도 있었다. 당시 이 운동은 삶의 목표가 주부들과는 다른 독신 여성들을 주축으로 구성되었다. 그러나 협회들은 사실상 기존의 시스템하에서 주부들의 일을 용이하게 만드는 활동을 주로 벌였기 때문에 오래된 가부장적 사회구조를 옹호한 셈이었다. 20세기에 접어들 무렵 이 논란은 이미 진척을 보이고 있었다. 가장 급진적인 제안들 중에는 밖에 나가 일하는 주부들의 짐을 덜어주는 협동 주방이 포함되어 있었다. 진정한 여성해방을 이루기 위해서는 급여직이 필수적인 것으로 간주되었기 때문이다. 독일 사회주의운동의 지도자 아우구스트 베벨August Bebel이 선언한 '한 주방 협동조합Einküchenhäuser' 사업은 주요 쟁점에 대한 해결책이며, 모든 사람에게 채소와 고기로 구성된 영양이 풍부한 식사를 제공하는 방법이었다. 신기술을 이용해 영양분이 강화된 현대적 식재료를 사용했다. 이 아이디어는 당초 사회민주주의 여성운동가 릴리 브라운Lili Braun이 일찍이 1900년에 장기적인 생활개혁운동의 일환으로 추진했지만, 반혁명주의자

가사수업, 1900년경.

클라라 체트킨Clara Zetkin의 격렬한 반대에 부딪혔었다. 또 다른 제안은 남편 월급의 절반을 아내 가사노동에 대한 보수로 지급해 아내들이 경제적으로 독립하게 해야 한다는 것이었는데, 시대를 훨씬 앞서간 아이디어였지만 남성 위주의 경멸적 표현인 '전업주부 주제에Nurhausfrau'라는 반박만 받았을 뿐이었다. 그러나 보수적인 남성 기득권층의 필요에 따랐던, 여성이 있어야 할 자연스러운 장소는 가정이라는 개념은 1차대전 기간에 폐기되었다. 이때 갑자기 여성들이 부엌과 아이들로부터 벗어나 공장에서 남편들을 대신하는 것이 똑같이 자연스럽게 여겨졌다.[28]

선택에 의해서건 필요에 의해서건 직업을 가진 여성들은 늘 불리한 상황에 몰렸다. 상류층에서는 일하는 여성이 여성답지 않다고 여겨졌고, 하층계급에서는 여성들의 노동이 사회 구조의 위협으로 간주되었다. 1880년대 중반 대형 공장의 소유주들은 가사 학교들을 운영하기 시작했다. 위계질서가 공고한 사회에서 기득권층이 무엇보다 두려워하는 사회적 동요를 막기 위한 조치였다. 또한 남성을 위해 가정을 편안하고 아늑하게 만드는 방법에 대한 조언 등을 담은 《가정의 행복Das hausliche Glück》 등의 책도 출판했다. 이 책은 여러 번 재출간되었고 수많은 지역판과 해외판까지 나왔지만, 정작 대상 독자 대부분은 이런 책들과 학교들이 아무리 좋게 봐도 착취의 수단이며, 나쁘게 보면 개인적 삶에 대한 용납할 수 없는 침해라며 거부했다.

시민 계급의 주장에 따르면 정오에 따듯한 식사를 준비하는 것이 여성의 당연한 의무이며, 가사와 요리 솜씨가 부족한 것은 자녀들의 건강을 해치는데다 노동자들이 여가시간을 술집에서 보내며 술마시는 데 돈을 낭비하고 말썽을 일으키는 경향에 대한 주요 원인이었다. 정통한 학술지에서 노동자 계층의 식사를 다뤘는데 최신 영양학 이론에 따라 분석했을 때 영양이 부족한 것으로 나타났다. 가족을 먹이는 문제에 대해 대개 남성인 저자들이 제안한 해결책에는 이렇다 할 솔깃한 부분이 없었다. 1891년의 한 사례는 아침식사로 검은 빵, 탈지우유, 라드, 커피(반은 진짜 커피 반은 볶은 보리를 섞은), 소금을, 점심식사로는 렌틸콩 수프와 베이컨, 청어와 감자를 제안했다.[29] 콩류, 크바르크, 값싼 생선류가 값비싼 고기 대신 추천되는 경우가 흔했다. 또한 감자를 지나치게 많이 사용함으로써 영양학적으로 불균형한 단조로운 식사가 되기 십상이었다. 예산이 부족했지만 남자들은 월급을 다른 데 쓰지 않고 집에 곧장 가져다주었으니 토요일 저녁과 일요일 점심에는 여자들이 특별한 식사를 마련하기를 기대했다.

　중산층 여성들은 나라를 위해 어머니로서의 역할을 하층계급의 고통을 덜어주는 데도 종종 할애했다. 이러한 사례는 앞서 언급한 리나 모르겐슈테른과 그녀의 '국민주방'에서도 볼 수 있는데, 이 봉사활동은 1866년 오스트리아-프로이센 전쟁이 발발하자 프로이센 정부가 기능공, 농부, 노동자들을 가족들에게 아무런 보상도 없이 소집해 입대시킨 것이 계기가 되었다. 많은 부유한 중산층 여인들과 함께한 모르겐슈테른의 목표는 가난한 사람들이 굶지 않도록 함으로써 도시의 소요사태를 예방하는 것이었다. 베를린에 소재한 국민주방에서는 사람들의 자긍심을 지켜주기 위해 약간의 식대를 내게 함으로써, 시의회가 빈곤층을 위해 운영하던 무료급식소와 차별화했다. 또한 모르겐슈테른은 급속한 산업화를 도시가 겪는 어려움을 가중시키는 요인으로 보고, 당초 포장음식 가게들을 단순한 형태의 식당으로 대체했다. 이렇게 되자 국민주방은 기능공, 하급 공무원, 군인과 하인뿐만 아니라 학교 교사, 그리고 생계를 잇기 위해 애쓰는 모든 가정에 인기 있는 장소가 되었다.

헤트비히 하일Hedwig Heyl은 이 분야에서 주목할 만한 또 다른 인물이었다. 그녀는 1889년 남편이 죽자 실질적인 공장 경영자 자리를 계승했을 뿐만 아니라 베를린의 여성운동에 성심을 다해 헌신함으로써 '베를린 최고의 가정주부'라는 별명을 얻었다. 모르겐슈테른과 마찬가지로 그녀는 여성의 역할이 산업화와 함께 나타난 어려움에 대응하는 것이라고 확신했다. 또한 그녀가 보기에 훌륭한 가사는 단지 여성의 본능에 따르는 것이 아니라 정보와 조직, 다시 말해 가정경제학에 달린 것이었다. 최신 과학적 발견에 기반을 두었던 그녀의 요리 수업은 1885년 상위계층 여성들 사이에서 먼저 자리 잡은 후 곧바로 모든 계층의 일하는 젊은 여성들에게로 확산되었다.

모성애적 돌봄에 관심이 많았던 부르주아 여성들은 도덕이나 사회적 윤리에도 관심이 많았다. 모르겐슈테른은 자신의 국민주방에서 알코올과 담배는 허용하지 않았다. 시민 계급 사이에서 술집이나 선술집은 사회주의자들의 회합과 동의어였다. 과도한 알코올 소비의 주요 원인 중 하나는 주인들이 음주규칙Trinkzwang을 정해놓은 술집이나 선술집의 높은 대중적 인기를 통해 알 수 있다. 그 규칙이란 알코올을, 흔히 주된 수익원인 맥주를 주문하지 않으면 음식도 제공하지 않는다는 것이었는데, 대개 술집을 맥주 제조업자들이 소유했기 때문이다. 예산이 빠듯할수록 사교와 가벼운 식사에 대한 선택 폭은 줄어들기 마련이다. 그렇지만 대가족이 북적대는 주거환경을 감안한다면 노동자들이 모여서 함께 식사할 장소로 '양머리Hammelkopf'만큼 인기 있는 곳이 없었다. 새로 지은 베를린의 중앙 도축장 근처에 위치한 이 소박한 술집은 원래는 도축업자들이나 고기를 사러 오는 손님들에게 식사를 제공하던 곳으로, 미트볼Bouletten(위그노들의 영향을 받은 것이 명백하다), 돼지 정강이 요리, 차가운 포크촙, 감자샐러드 등을 제공했다. 이러한 음식들은 집에서 먹는 것보다 맛이 좋다고 정평이 나 있었으며, 맥주, 슈납스, 카드게임과 친절한 서비스가 더해져 인기를 얻었다.

비슷한 맥락에서 '아싱어Aschinger' 식당 역시 대단한 성공을 거두었으며 재빨리 체인으로 확장되었다. 베를린에 국한되기는 했지만 이 패스트푸드 직판점은 현대의 국제적 패스트푸드 체인의 선구자로 볼 수 있다. 아싱어의 체제는 높고 정확한 기준을 적용해 중앙집중식으로 생산된 음식을 기반으로 했다. 뷔르템베르크 출신으로 한 명은 요리사였고 한 명은 웨이터였던 아싱어 형제는 1892년부터 1900년 사이에 베를린 전역에 스무 개가 넘는 지점을 차렸다. 아싱

알렉산더 광장에 있던 아싱어 식당의 내부, 1935년경.

어의 신규 업소가 문을 열 때 대개 이 형제는 건물을 통째로 사서 2층을 직원용 숙소로 개조함으로써 대부분 베를린 이외의 지역에서 온 (대개 여성인) 노동자들을 끌어들였다. 또한 직원들에게는 식사를 반값으로 제공함으로써 그들을 효율적으로 회사에 결속시켰다. 이 술집의 파란색과 흰색 실내장식은 바이에른 스타일의 저온숙성 라거 맥주를 제공한다는 표시였으며, 이는 젖산 때문에 신맛이 나는 베를린의 전통적인 상온숙성 방식의 밀맥주(베를리너 바이세 비어 Berliner Weisse Bier)보다 훨씬 세련되고 현대적으로 보였다. 하지만 아싱어에서 제공되는 음식들은 맥주와는 달리 실제로는 베를린 스타일이었으며 가난한 티를 내지 않고도 감당할 수 있는 가격이었다. 처음에는 샌드위치 벨레그테 슈리페belegte Schrippe를 마치 새로 생긴 백화점의 상품들처럼 유리 진열장 안에 전시했다. 가장 인기 있던 음식은 양파를 넣어 간 생돼지고기 하케페터Hackepeter였다. 얼마 지나지 않아 메뉴가 다양해져 노란색 말린 완두콩 수프 뢰펠에르브센Löffelerbsen과 샐러드를 곁들인 소시지 비어부어스트Bierwurst가 추가되었으며 사과소스를 얹은 구운 거위 등 값비싼 요리들도 포함되었다. 아싱어 본점의 빵집에서는 어떤 음식을 주문하든 갓 구운 신선한 롤빵이 공짜로 무한 제공되었다. 베를린의 다른 모퉁이 선술집 에크크나이페들과는 달리, 아싱어 식당은 믿을 수 있는 좋은 음식이 적절한 가격에 제공되었고 건물은 현대적이고 깨끗하며 우아하기까지 했기 때문에 다양한 사회계층이 애용했다. 1900년대 초기 이 기업그룹은 사업 범위를 확대해 수많은 제과점과 구경거리가 볼 만했던 와인 식당Weinhaus Rheingold뿐만 아니라 몇 개의 호텔까지 거느리게 되었다. 켐핀스키 식당과 마찬가지로 아싱어 역시 이반 골Yvan Goll, 엘리아스 카네티Elias Canetti, 알프레트 되블린Alfred Döblin 등 많은 작가가 언급하는 베를린의 명소가 되었다.[30]

일요일에는 많은 베를린 시민들이 도시를 빠져나가 공원이나 야외 맥줏집, 야외 카페를 찾았다. 야외 카페는 개인 정원처럼 운영되면서 가벼운 식사나 음료를 찾는 여행객을 맞이했다. 도시의 커피하우스나 식당과는 달리, 이곳에서는 여성들과 가족 단위 손님들도 받았다. 1830년 무렵 트렙토브 교외의 체너는 '여기에서는 가족이

한스 발루셰크Hans Baluschek, 〈여기에서는 가족이 직접 커피를 만들 수 있습니다〉, 1895년, 종이에 혼합기법.

직접 커피를 만들 수 있습니다Hier können Familien Kaffee kochen'라는 간판을 최초로 내걸었다. 이는 도시 경계선 밖에 있는 수많은 미식 사업체를 겨냥해 가벼운 식사나 음료의 판매를 금지하는 왕실 칙령을 공포한 결과였다. 베를린 시민들은 머리를 짜내 이 칙령을 우회하는 방법을 찾아냈던 것이다. 이후로 개인 술집에서는 즉석 커피 대신 뜨거운 물을 팔았다. 그렇지만 살림이 빠듯한 가정에서는 그 이후로도 오랫동안 집에서 커피와 케이크를 가지고 왔다. 많은 사람들이 넉넉한 크기의 넙적한 슈트로이젤쿠헨Streuselkuchen을 가져왔는데 이스트를 넣은 흰 밀가루 반죽에 과일, 주로 체리나 사과를 한 층 덮은 다음 형편이 닿는 한 많은 버터와 설탕을 넣은 버터 크럼블

crumble을 펴 바른 것이었다. 이런 많은 음식들의 원산지인 동부 지방에서는 커다랗고 넓적한 반죽을 제빵사에게 보내면 빵을 구운 다음 오븐에서 구워주었다. 오늘날에는 조금 작게 만들거나 빵집에서 사는 것이 일반적이다. 양귀비 씨앗을 갈아 아몬드, 건포도, 우유, 설탕 등을 케이크 위에 토핑으로 얹는 것은 특히 전형적인 슐레지엔 방식이었다. 크리스마스에는 요리를 하지 않고 얇게 썬 슈리펜으로 만든 음식인 몬필렌Mohnpielen을 준비했다. 이는 우유에 적신 흰 롤빵을 건포도와 곱게 간 푸른 양귀비 씨앗과 함께 반죽한 다음 경단 모양으로 만들어 접시에 담아 먹었다. 전통적으로 크리스마스이브 늦은 시각 교회 예배에 다녀온 다음에 먹었지만 일부 가정에서는 신년 전야에 먹기도 했다. 이에 반해 상류층의 특별식에는 더욱 호사스러운 과자류가 포함되었다. 독일식 초콜릿케이크 슈바르츠벨더 키르쉬토르테Schwarzwälder Kirschtorte는 케이크에 초콜릿, 체리, 크림을 채워넣은 것이다. 언제 어디에서 처음 만들어졌는지 정확하게 알기는 어렵지만, 이 케이크는 그 시대의 호사스러움을 구현했다.

   도시 노동자 계층의 일상생활은 지속적으로 증가하는 석탄 수요를 감당하고 있던 광산촌과 마찬가지로 스트레스로 가득 찼으며, 이러한 상황이 베를린에 국한된 것은 분명 아니었다. 1890년 신학자 파울 괴레Paul Göhre는 학교를 졸업한 후 석 달간 직장도 없고 돈도 없는 필경사로 신분을 위장해 산 적이 있었다. 또한 노동자들이 어떻게 살아가는지 직접 경험해보기 위해 작센 지방의 쳄니츠에 소

슈바르츠벨더 키르쉬토르테.

재한 금속 공장에 취업하기도 했다. 그가 깨달은 것을 담아 출판한 소책자는 계몽적인 통찰로 가득 차 있다. 대다수가 작센 지역 출신이었던 괴레의 동료 노동자들은 작은 숙소에서 여러 명이 합숙을 하며 지냈다. 그들에게 사생활이란 존재하지 않았으며 한 사람이 한 침대를 쓴다는 건 상상조차 할 수 없는 일이었다. 괴레의 보고서에 따르면 노동자들의 봉급은 생활에 매우 빠듯한 편이었다. 그래서 위급한 상황이나 사치 혹은 군복무를 위한 장기간의 휴직을 대비할 수는 없었다. 괴레가 일하던 공장은 오래된 가옥들과 새로 지은 간소한 2~3층 다세대주택이 뒤섞인 산업화된 교외지역에 있었다. 대부분의 가정은 방만 한두 개 있고 부엌이 따로 없었기 때문이 방 한쪽 구석에 놓인 오븐에서 조리를 해야 했다. 괴레는 공장 일이 육체적으로 탈진시킨다고 묘사했다. 주중에는 오전 6시에 시작된 작업이 거의 열한 시간 동안 계속되었는데, 오전 8시에 아침식사를 위한 20분의 휴식시간이 주어졌고 점심시간은 한 시간이 허용되었다. 어린 수습직원들에게만 오후 4시에 30분의 휴식시간이 더 주어지긴 했지만, 조금이라도 작업을 일찍 끝내기 위해 쉼 없이 일하곤 했다. 대부분의 사람들은 집에서 아침식사를 준비해 왔으며 날씨가 좋으면 밖으로 나가 마당에 앉아 먹거나 간소한 식당에서 먹었다. 다들 먹기에 급급해 손을 씻는 경우는 드물었다. 그들이 싸 오는 음식은 보통 빵과 버터에 소시지 혹은 고기나 치즈로 구성되었으며 때때로 삶은 달걀이나 오이 피클도 있었다. 필요한 물품은 공장 내 매점에서 구매할 수 있었다. 겨울에는 금속 용기에 커피를 담아 왔으며 여름에는 커피 대신 버터우유를 가져오기도 했다. 괴레에 따르면, 그 무렵 돌려서 따는 병마개가 도입되면서 흑맥주가 슈납스보다 점점 더 많이 소비되었다.

공장에서 먼 곳에 사는 일부 노동자들은 정오에 식당으로 왔지만, 그 밖의 사람들은 12시를 알리는 호각을 불기 무섭게 점심을 먹으러 집으로 갔다. 괴레의 글에는 그가 이 식사를 얼마나 중요하게 생각했는지 뚜렷하게 나타나 있다. 음식의 질은 예산이 아니라 주부의 근면함과 솜씨에 달려 있었다. 점심식사는 가정의 일과 중 핵심이었기 때문에 그 절대적 중요성 측면에서 밤에 내는 비슷한 식

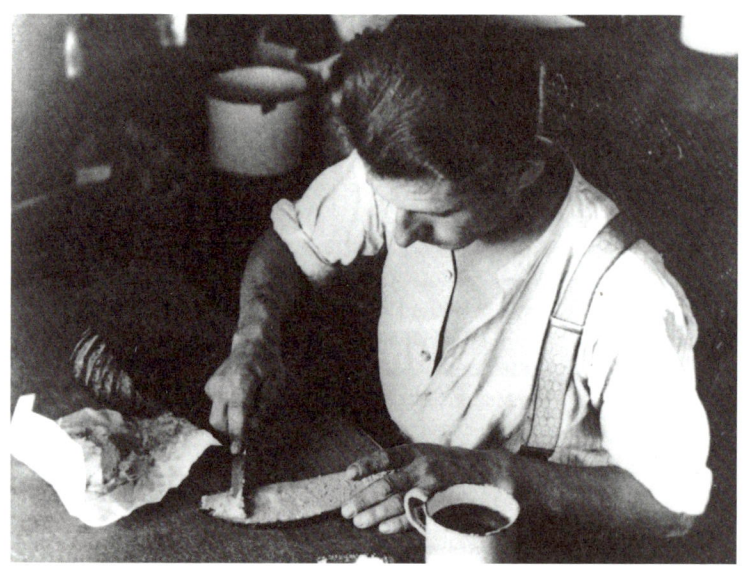

노동자의 아침식사, 1920년경.

사로 대체할 수 없었다. 괴례처럼 가족이 없는 노동자들은 음식의 양도 많고 그런대로 먹을 만한 근처의 간소한 식당으로 갔다. 채소, 감자, 빵이 곁들여진 구운 고기와 삶은 고기가 번갈아 나오고 흑맥주도 한 잔 나왔다. 자치단체에서 운영하는 급식소에서는 훨씬 더 적은 예산으로 조촐하지만 먹을 만한 식사를 제공했다.[31]

긴 노동시간은 식사습관에 근본적인 영향을 미쳤다. 노동자들은 걸어서든, 여유가 있다면 대중교통을 이용해서든, 언제나 집으로 돌아가 점심을 먹었다. 그렇지만 퇴근을 빨리 하기 위해 점심시간이 짧은 것을 좋아했다. 그들은 일하러 오면서 샌드위치, 커피포트, 헹켈만Henkelmann에 담은 수프나 스튜를 가져왔다. 헹켈만은 인도의 티핀박스tiffin box를 닮은 찬합 형태의 금속 용기로 공장에서 제공하는 뜨거운 물 수조에 넣어 다시 덥힐 수 있었다. 그렇지 않은 경우에는 부인이나 딸이 점심시간에 맞춰 무엇이든 요깃거리를 가져다주기도 했다. 휴대용 술병Flachmann을 가지고 다니면서 조금씩 홀짝거리는 것으로 식사를 대신하는 경우도 흔했다. 수많은 금주기관이 여성운동 등 다른 목적을 가진 세력들과 함께 노동자들이 이러한 행동을 하지 않도록 교육하는 데 많은 노력을 기울였다. 여성의 알코올중독은 이들이 술집이나 식당 출입이 제한되었기 때문에 대체로 부차적인 문제로 취급되었다. 대신 가정주부들은 술을 마시느라 집을 비우거나 술에 취해 곯아떨어진 남편들뿐만 아니라 그로 인해 가계 예산에 미치는 파급효과까지 전적으로 감당해야 했다. 오틸리에 호프만Ottilie Hoffmann 등 여성운동가들이 북부 독일에서 운영한 식당들은 술을 팔지 않는 대신 저녁때 여흥을 제공했으며, 1918년에 설립된 어른들을 위한 교육시설인 '시민학교Volkshochschule'의 기

이러한 시설은 노동자들이 집에서 헹켈만 용기에 담아 가져온 점심식사를 데우도록 공장 측에서 제공했다.

원이 되었다.[32]

1900년경부터 공장들은 구내식당에서 뜨거운 식사를 제공하기 시작했다. 이 방식을 시작한 선두주자들은 점심식사를 공장까지 배달하기 시작했다. 뷔템베르크에 소재한 대규모 금속가공 회사인 WMF는 마차로 노동자들의 집에서 주부들이 준비한 헹켈만 용기를 모아 공장으로 날랐다. 이 서비스는 집에서 만드는 인기 있는 면 요리의 이름을 따서 '크뇌플레스포스트Knöpflespost'로 불렸으며, 1891년부터 1927년까지 운영되었다. 대규모 공장의 구내식당은 원래는 슈파이제안슈탈트Speiseanstalt, 베르크스퀴헤Werksküche, 메나제Menage 등으로 불렸는데, 모두 미혼 노동자들에게 식사를 제공했다. 그렇지만 작업장과 집 사이의 거리가 점점 늘어나면서 점심시간에 집에 갈 수 있는 노동자의 수는 점점 적어졌다. 1750년에 걸어서 함부르크를 통과하는 데는 20분 정도가 걸렸지만, 1850년에는 30분으로 늘어났으며, 1900년에 이르면 한 시간이 통째로 소요되었는데, 점심시간이 점점 짧아지는 경향으로 인해 상황은 더욱 악화되었다. 고용주들은 여전히 가정식을 이상적인 것으로 홍보하면서도, 효율성을 위해 노동자들이 알코올 섭취를 줄이고 잘 먹기를 바랐다. 구내식당은 애초에 고용주가 자신의 이익을 위해 생색을 내는 조치로 불신을 산데다 고위직들이 더욱 안락한 자신들만의 공간에서 더 질 좋은 음식을 제공받는다는 사실로 인해 불신이 더 강화되었다. 2차대전이 끝난 이후에야 이러한 격차가 사라지면서 노동자들을 위한 구내식당이 거부감 없이 받아들여졌다.[33]

도덕적 측면에서 정오의 가정 식사를 강조한 근저에는 아이들이 평생 급식소에 의존해 살아갈지도 모른다는 공포심도 있었다. 당시에는 학교의 수업시간이 오후까지 계속되는 경우가 극히 드물었다. 영국이나 프랑스와 달리 음식이 가정에서 직접 제공되는 경우가 많았기 때문에 엄마들이 집에서 요리를 함으로써 전통적 가족구조를 지켜갈 수 있었다. 1883년 베를린의 아그네스 블루멘펠트Agnes Blumenfeld가 주도한 자선기관이 학교에서 굶는 아이들을 위해 아침

1891~1927년 WMF 사는 노동자들의 집에서 점심식사를 모아 수송하기 위해 이른바 '크뇌플레스포스트'를 운영했다.

식사를 배급하는 모험을 시도했다. 아이들의 필요와 돌봄 상황을 엄격하게 조사한 다음 아이들이 직접 교장실로 찾아가 자신이 먹을 아침식사를 가져가게 했다. 이러한 무상 급식의 구성은 지역에 따라 큰 차이가 났는데, 노동자 구역인 노이쾰른의 경우는 빵 한 조각과 코코아 한 잔이 전부였지만 상위층이 거주하는 빌머스도르프에서는 우유 1리터, 롤빵과 버터가 제공되었다. 또한 이 기관은 가정에 음식을 공급할 때 장작, 담요와 다른 필수품도 함께 전달함으로써 각 가정에 실질적인 도움을 주었다.

다수의 노동자들은 재량껏 쓸 여윳돈이 없었으며, 식품 가격 폭등은 순식간에 대규모 시위를 촉발할 수 있었다. 이 사실을 정부 관리들도 잘 알고 있었다. 발화점은 육류 가격이었다. 1차대전이 발발

한스 발루셰크, 〈점심시간〉, 1894년, 캔버스에 유화.

하기 몇 해 전에도 빵과 우유 값이 급등했지만 이에 대한 대중의 반응은 훨씬 덜 폭력적이었다. 이는 사람들의 우선순위가 어디 있는지에 대한 확실한 신호였다. 1912년 보호주의적인 수입제한 조치로 육류 가격이 오르자 베를린의 관리들은 폴란드산 육류를 저렴한 가격에 공급했다. 이 육류는 상설시장의 일반 정육점에서 이윤을 붙이지 않고 판매하기로 되어 있었다. 그런데 노동자 구역인 베딩의 정육점들은 평소에 취급하는 상품을 정상 가격에 팔기를 원했다. 그들은 이 '러시아' 육류의 품질이 떨어진다고 주장하면서 판매를 거부하는 한편 부유한 교외에 있는 동료들이 마치 좋은 부위를 공급해주는 척했다. 그 결과 당시의 신문기사들에서 볼 수 있듯이, 값싼 육류를 기대하고 시장에 모였던 여성들이 도축업자들에게 직접 폭력을 행사하거나 과일과 채소를 던졌다. 경찰이 시장을 봉쇄했지만 분노한 가정주부들의 폭동은 인근의 정육점으로 번졌다. 다음 날 지역의 선동가들이 가세하면서 사태는 더욱 악화되어 경찰들은 상점 주인들과 다른 손님들을 보호하기 위해 무력까지 사용했다. 그렇지만 이틀 후 여성들이 최종적으로 승리를 거두었다. 상설시장의 거의 모든 정육점들이 어쩔 수 없이 값싼 육류를 판매하게 되었다.[34]

불평등이나 과도한 사생활침해로 인식되는 것에 맞서 분노를 표출하는 이런 종류의 조절장치는 중산층에게는 가능하지 않았다. 그들 중 다수는 스스로 만들어낸 숨막힘, 끝없이 반복되는 의례적인 식단, 안전한 천국이었던 자신들의 가정을 둘러싼 급격한 변화에 점점 더 고통스러워했다. 테오도어 폰타네는(분명 음식을 즐겼고 종종 자신의 작품 속에서도 이에 대해 구체적으로 묘사함으로써 스스로 미식가임을 고백했던) 미완성 시 〈거슬러 올라가Retrorsum〉를 통해 부르주아 계층이 사회적 진보에 스스로를 조화시키면서 경험한 도덕적인 딜레마를 조명했는데, 이 시에서 자동판매기 식당Automatenrestaurants에 대해 언급하기도 했다. 초현대식인 철저한 셀프서비스 자동판매기 식당은 1897년 베를린의 라이프치히 가에 문을 열었다. 시가, 향수, 초콜릿이나 다른 종류의 단 음식을 판매하는 공공 자동판매기를 본떠

아돌프 멘첼, 〈압연 제철공장〉, 1872~1875년, 캔버스에 유화. 우측 하단에 허겁지겁 먹고 있는 노동자들이 보인다.

서 만든 이 식당의 내부장식은 '팁은 사양, 서비스는 직접, 간편하고 빠르고 좋습니다'라는 슬로건 아래 내세운 속도, 사회적 자유, 즉각적인 접근성 같은 새로운 이상에 걸맞게 기능적이었고 깨끗했다. 1914년 무렵에는 이 자동판매기 식당이 독일의 모든 주요 도시에 등장했다.[35]

부르주아 계층의 일부는 이런 변화에 귀족적인 방식을 채택하는 것으로 반응했다. 예비역 장교단에 입단하거나 귀족들의 음주 및 결투습관을 받아들이는 것이었다. 그들과는 정반대 성향의 사람들은 1890년대 베를린에서 시작된 청년도보운동 반더푀겔Wandervögel의 이상을 받아들여 기존 질서에 의한 제약을 내던져버렸다. 반더푀겔과 그 밖의 운동들은 물질주의나 인간이 자연을 무한정 지배할 수 있다는 주제넘은 생각에 반대했다. 산업화 이전의 건강한 생활 방식으로 돌아가자는 이들의 주장은 곧바로 생활 전반으로 확대되어 '자연의 순수함으로 돌아가자'라는 슬로건으로 요약되었다. 시간이 흘러 생활개혁운동 레벤스레포름은 일종의 세속적인 종교로 승화했으며, 훼손되지 않은 자연은 되찾은 현대의 낙원처럼 숭배되었다. 보수주의와 산업화에 반대하는 이러한 도덕적 경향은 여러 측면에서 현대의 녹색운동과 많이 닮았다.

그렇지만, 건강을 의식하고 젊음을 지향하는 이 운동의 온건한 추종자들은 모든 알코올뿐만 아니라 담배와 커피까지 유해한 약물이라고 선언했다. 새로이 무알코올이며 단맛이 나고 거품이 이는 음료가 열광적으로 홍보되었다. 그중에서 오늘날까지 팔리고 있는,

1904년 발행된 우편엽서. 뒤편으로 브란덴부르크 문이 보이는 가운데 베를린 시내 프리드리히 가와 라이프치히 가에 있는 자동판매기 식당을 홍보하면서 담배와 코냑을 함께 광고하고 있다.

9장 | 고형 육수와 베이킹파우더 | 식품의 산업화 1871~1914년

라틴어로 '무알코올'을 뜻하는 '시날코Sinalco'라는 감귤류 레모네이드 생산 공장이 바로 그 시기인 1908년에 세워졌다. 게다가 처음으로 알코올이 들어가지 않은 와인과 맥주도 생산되었다.36 또한 나체주의Freikörper Kultur만큼이나 수입 면직물 대신 국내 생산된 리넨이나 모직물을 옹호하는 신개념 개량 의상 클라이더레포름Kleiderreform도 열렬한 지지를 얻었다. 부르주아 계층에서는 늘어난 허리선이 의지력 부족과 개인적인 무지를 드러내는 것으로 간주되고, 날씬한 근육질 몸매가 젊음의 에너지, 자기 통제, 높은 기대감의 증거로 받아들여졌다. 지금과 마찬가지로 그 시대에도 비만 관련 문제를 다루는 방법에 대한 조언은 각양각색이었지만, 금식과 함께 육류를 삼가고 가공하지 않은 음식을 먹는 방법이 가장 대중적이었다. 신경성 거식증이 최초로 보고된 시기는 1920년대였는데, 이때부터 여성들이 끈으로 묶는 코르셋을 벗어던지고 치맛단이 짧고 겹겹이 껴입지 않아도 되는, 구조가 복잡하지 않은 패션을 선택했다.37 예방접종을 거부하는 단체가 결성되었고, 노동자들이 즐겨 먹는 흰 롤빵에 대한 구매력이 점차 증가했던 것과는 대조적으로 통밀빵Vollkornbrot이 슈퍼푸드로 여겨졌다. 가톨릭 신부 세바스티안 크나이프Sebastian Kneipp는 맥아보리로 만든 커피 대용품 크나이프커피Kneippkaffee를 개발했다. 또한 그는 맨발로 축축한 목초지를 걷는 것을 포함한 물치료 요법을 개발하기도 했으며, 수입 향신료 대신 토종 허브의 사용을 권장했다. 그의 가르침에 기반을 둔 요리책이 1897년 출판되었는데 세이지, 쐐기풀, 선갈퀴아재비, 참나무 잎, 딸

기 잎과 이와 유사한 재료들로 만든 분말 형태의 수프도 포함되었다.[38]

오늘날과 마찬가지로, 다양한 모습의 채식주의는 자연에 반하는 것으로 인식된 문명에 대한 완벽한 답 같았다. 오르페우스Orpheus와 피타고라스Pythagoras에서 찾을 수 있는 고대 그리스 채식주의의 이상은 계몽주의의 시작과 함께 식자층에서 대두되었으며, 채소류, 과일과 허브가 도덕적 이유뿐만 아니라 치료법으로도 추천되었는데, 주로 프랑스 철학자 장자크 루소의 영향이었다. 루소는 자신의 저작, 특히 《에밀Emile》(1762)을 통해 자연을 실질적인 종교로 숭배했는데, 순수한 아이들과 대조적으로 문명에 의해 타락한 어른들을 비난하면서 평화를 사랑하는 초식동물에 반해 야만적이고 부자연스러운 육식동물이라고 표현했다.

독일에서는 구스타프 슈트루페Gustav Struve가 채식주의의 가장 중요한 선구자들 중 한 명이었다. 1832년 루소의 저서를 읽고 채식주의자가 된 슈트루페는 이듬해 독일 최초로 채식주의자를 주제로 다룬 소설 《만다라의 여행Mandaras Wanderungen》을 발표했다. 이 소설은 인도의 한 젊은이가 유럽을 여행하면서 쓴 편지를 상세히 서술하고 있는데, 기독교 사회가 육식으로 인해 도덕적으로 타락했다면서 고국 인도의 채식주의 생활방식을 옹호하는 것이었다(독일 독자들 입장에서는 머나먼 인도의 풀들이 확실히 더 짙은 녹색을 띠었을 것이다). 1869년 슈트루페는 같은 주제로 《새로운 인생철학의 근거로서의 식물성 식이요법Pflanzenkost–die Grundlage einer neuen Weltanschauung》을 발표해 채식주의 운동에 필요한 이론적 기초를 제공했다. 당시 건강·의학·영양에 대한 새로운 과학적 접근방식에 따라 육류가 가장 완벽한 슈퍼푸드로 권장되고 있던 것과는 반대로, 그는 채식주의를 사람들의 건강을 위한 전체론적 접근방식이자 시대의 사회적 문제들을 해결할 수 있는 전반적인 생활개혁 수단으로 제안했다. 1866년에 채식주의자로 전향한 신학자 겸 철학자이자 인류학자인 에두아르트 발처Eduard Baltzer는 또 한 명의 열렬하고 영향력 있는 독일인 채식주의자였다. 그는 이듬해 유럽 대륙 최초의 채식주의자 조직인 '자연의 삶을 추구하는 자연인 협회Deutscher Verein für natürliche Lebensweise'를 설립했으며, 훗날 단체의 이름을 '자연적 본성을 추구하는 자연인 독일협회 Deutscher Verein für naturgemässe Lebensweise'로 바꾸었다. 3년 후에는 국가의 후원을 받는 조직인 '독일 채식주의자연맹Deutscher Vegetarierbund'이 설립됐다. 이후 온갖 종류의 채식주의 요리책이 수도 없이 쏟아졌는데, 대부분 건강과 생활 전반에 대한 보편적인 조언이 함께 수록되었다.

　채식주의는 농촌 생활 전반에서 일고 있던 낭만화의 일환으로 생활개혁운동을 이끌었다. 한편 전원에 대한 광적 열망의 초기 형태는 귀부인이 우유 짜는 여인을 흉내 내는 정도였던 반면, 새로운 유행에는 훨씬 많은 인구가 참여했다. 도시 노동자 계층 가정들은 다양한 방법을 통해 자연으로 돌아가 시골의 진가를 느껴보라는 권유를 받았다. 이러한 추세 중 하나로 나타난 것이 영국의 아이디어에 기반한 전원도시Gartenstädte였다. 이러한 전원도시들의 협동

구조는 이상적으로 보이긴 했지만 거의 실현되진 않았는데, 드레스덴 인근 헬레라우는 주목할 만한 예외 사례였다. 라이프치히의 의사 다니엘 모리츠 슈레버Daniel Moritz Schreber의 이름을 딴 시민농장, 슈레버가르텐Schrebergarten 같은 교외 정원들이 대도시 주변에 나타나기 시작했다. 슈레버는 인쇄물을 통해 아이들의 건강과 도시과밀화가 빚어내는 사회적인 결과 등에 대해 논하고, 시골에서의 육체적 활동을 권유했다. 시에서 대여하는 시민농장은 여가활동뿐만 아니라 실질적인 식품 생산 목적으로도 활용되었다. 아직도 존재하는 최대 규모의 정원프로젝트인 '에덴Eden'은 과일 재배를 위한 정착지로 1893년 베를린 인근의 오라니엔부르크에 조성되었다. 초반 7년 동안은 참가 자격이 채식주의자들로 엄격하게 제한되었다가 이후에는 규정이 완화되었다. 이 정원에서는 매우 다양한 종류의 혁신식품Reformwaren이 생산되었는데, 과일 및 채소 주스, 식물성 마가린과 오늘날 두부소시지의 선조 격인 소시지처럼 생긴 채식주의자용 고기 크라프트나룽Kraftnahrung 등이 포함되었다. 혁신적인 자연적 생활방식을 위해 고안된 이러한 식품들과 함께 유사한 식품들이 레포름하우스Reformhaus라는 특수상점에서 판매되었다. 1887년에 최초로 문을 연 이 상점은 1980년대 초 이후로 합류한 유기농 상점의 모태가 되었다. 채식주의자 운동선수들의 강인함을 입증하기 위한 달리기경주 같은 스포츠 행사들이 엄청난 인기를 끌었다.

유익한 식품을 건강의 근원이자 삶의 방식으로 보는 원리는 훗날 인지학anthroposophy*의 창시자 루돌프 슈타이너Rudolf Steiner에 의해 분명히 표현되었다. 그는 1924년 슐레지엔의 브레슬라우 인근 도시 코베르니츠에서 한 '농학의 진로Landwirtschaftlicher Kurs'라는 제목의 강연에서 생체역학적 농업 원리의 개요를 설명했다. 인지학의 전체론적 접근방식을 기반으로, 슈타이너는 농업을 더 광범위한 우주적 맥락에 놓고 농업공동체를 위한 이상적인 구조로 독립적인 자급자족 형태를 강조했다. 그는 새로운 인공비료와 화학제품의 대안으로 광물, 허브, 동물 성분으로 만든 자연적인 제품을 추천했다. 동시에 토양의 비옥도를 높이는 한편 병충해와 질병을 줄이기 위해 소의 분뇨를 사용할 것을 권했다.

슈타이너는 영적인 힘이 지구상의 모든 생명을 가능하게 하며 식물의 성장에 영향을 미치기 위해 인간과 우주가 협력해야 한다고 확신했다. 그는 인간의 입맛을 식품에 내재된 특질을 밝혀내고 음식의 생산 방식, 지리적 위치, 식품의 종류별 특징 사이의 연결고리를 이해하는 핵심적 요소로 간주했다.

유스투스 폰 리비히와 새로운 영양학자들의 가장 강력한 반대편에 서 있었던 독일계 스위스인 의사 막시밀리안 비르허베너 Maximilian Bircher-Benner는 생활개혁운동에서 식문화를 주도한 인물들 중 한 명이었다. 당시 유행하는 하이드로테라피Hydrotherapie(물치료법)을 공부한 그는 생활개혁운동 동료 하인리히 라흐만Heinrich Lahmann이 운영하던 드레스덴의 유명한 요양원을 방문한 후 취리히

* 인간 내면의 개발을 통해 초자연적인 영적 세계에 도달하려는 정신과학의 한 분야.

에 요양원을 열었다. '활력Lebendige Kraft'이라는 이름의 이 요양원은 경제적 호황이 부추겼던 과식에 기인한 만성질병으로 고통 받던 부유층을 대상으로 했다. 이 구상은 큰 성공을 거두어 전 세계에서 많은 사업가, 작가, 예술가들이 이 요양원을 찾아왔다. 그중 한 명이었던 토마스 만은 1909년의 편지에 자기가 마치 "공기욕*을 위해 네 발로 기어 다니며 풀을 먹는 네부카드네자르Nebuchadnezzar**"같다고 썼다. 그에 따르면, 이 요양원은 위생적인 감옥이었다. 이곳에서는 누구나 아침 6시에 일어나야 했고 저녁 9시면 소등했다. 치료 요법에는 인근 숲에서의 긴 산책, 충분한 수면, 체조, 대체로 가공하지 않은 소박한 채식주의 식사 등이 포함되었으며, 수용된 환자들은 가능한 한 스트레스나 자극을 피하도록 했는데, 오늘날의 값비싼 온천 휴양시설과 대단히 유사했다. 비르허베너의 동료들은 비르허베너의 방식에 경악하며 이단적이라며 거부했다. 그렇지만 그는 열역학 분야의 과학적 발견에 근거해 조리과정에서 음식의 영양학적 가치가 감소한다는 신념에서 한 발도 물러서지 않았다. 그는 식물이 태양에너지를 탄수화물로 전환시킨다는 사실의 근본적인 중요성에 대해 확신했다. 또한 푸른잎채소와 과일은 '태양의 식품'이라는 입장을 고수했다. 다른 많은 선구자들과 마찬가지로 비르허베

---

* 온몸을 대기중에 노출시켜 일정한 시간 동안 공기를 쐬는 일.
** 바빌론의 왕으로 앗수르, 유다 왕국, 이집트 등을 정복했지만 정신병을 앓아 7년 동안 소처럼 풀밭에서 풀을 뜯어 먹었다. 구약성서에 나오는 이름은 느부갓네살이다.

당대의 식탁

호프마리엔회어 Hof Marienhöhe

베를린에서 남동쪽으로 자동차로 한 시간 정도 거리의 바트자로브 인근 호프마리엔회어에 독일 최초의 생물역학Biodynamics* 경작지 중 하나가 조성되었다. 1928년 슈타이너의 제자인 에르하르트 바르치Erhart Bartsch가 이 지역에 도착했을 때 토양은 건조하고 모래가 많았으며 잡초로 뒤덮인, 아카시아나무 몇 그루만 덜렁 서 있는 황무지였다. 한마디로 농경에는 철저하게 쓸모없는 땅이었다. 그렇지만 바르치는 극한상황에서 슈타이너의 방식을 시험해볼 생각으로 가장 먼저 4킬로미터에 이르는 산울타리를 심었다. 그때부터 마리엔회어에 경작이 시작되어 오늘날까지 이어지고 있다. 지금은 작은 경작지들로 이루어진 120헥타르의 땅이 울창한 숲으로 둘러싸여 있다. 곡물, 감자, 뿌리채소, 푸른잎채소가 풍성하게 자라고, 7년이나 9년 주기로 농장에서 키우는 돼지나 소를 위한 사료용 작물과 콩류를 번갈아 경작한다. 젖소에서 나오는 우유는 수가공해 치즈로 만든다. 독일의 새로운 치즈 문화는 대부분 유기농·생물역학 농장에서 이루어지는 작업 덕분이다. 1992년 60군데의 낙농 농가들과 치즈 생산자들이 참여해 수가공우유생산자협회Verband für handwerkliche Milchverarbeitung(www.milchhandwerk.info)를 결성했으며 현재 회원은 600명이 넘는다.

* 농사나 채소 재배·음식·영양에 대한 전체론적·생태적·윤리적 접근방식.

9장 | 고형 육수와 베이킹파우더 | 식품의 산업화 1871~1914년

너 역시 자신의 생각을 극단까지 끌고 갔는데, 그에게 요리란 가능한 한 피해야만 하는 일종의 타협이었다. 당시 육류를 선호하던 계층에서는 육류가 문화적·사회적 우월성과 같은 의미를 가졌기 때문에 특히 남자들에게 중요했던 반면, 비르허베너는 살코기를 소비하는 것은 더럽고 비효율적인 에너지원이라고 주장했다. 그러나 요양원의 주방을 책임지고 있던 그의 여동생은 육류를 메뉴에서 완전히 배제하지 않았는데, 부유한 고객들을 최대한 많이 수용하기 위한 조치였을 것이다. 1월의 어느 일요일 식단에는 송아지 가슴살로 속을 채운 자색 양배추, 잘게 간 치즈를 곁들인 마카로니, 양상추, 라즈베리소스를 얹은 터키식 쌀 푸딩, 과일이 나왔으며, 다음 날은 토마토소스를 얹은 서양우엉, 녹색 콩, 감자팬케이크, 마타리상추, 치즈케이크와 과일이 제공되었다. 그렇지만 비르허베너의 유명한 옥수수죽 뮈슬리Müesli(독일어로 '죽'을 뜻하는 무스Mus에서 파생된 스위스식 표현)는 아침식사로 변함없이 제공되었다. 뮈슬리는 신선한 과일로 만들어지는데, 껍질과 씨까지 강판에 간 사과, 불린 귀리, 강판에 간 헤이즐넛 약간, 아몬드 등을 레몬주스와 설탕을 넣은 농축우유에 섞어 먹었다. 농축우유는 가공식품이지만, 비르허베너가 위생 측면에서 신선한 우유보다 선호했기 때문에 포함되었다.

10장

희망과 굶주림, 통밀빵과 스웨덴순무
1914~1949년

뒤돌아보면 이 시기에 자유무역주의자들과 전제적 보호무역주의자들 사이에 벌어졌던 드잡이는 조만간 닥쳐올 일에 대한 조짐으로 보인다. 전 세계가 제공하는 모든 새롭고 이국적인 맛과 향을 확신을 가지고 여유롭게 받아들이는 쪽과 신뢰할 수 있는 익숙함을 보장한, 훨씬 신중한 로컬푸드 신봉자들로 분열하게 된 것이다. 이 같은 양극단의 갈등은 20세기 동안 독일 식단에 여러 차례 심각한 흔적을 남겼으며 다른 양상을 띠며 되풀이되었다. 사실 생활개혁운동 역시 그중 하나로, 빈곤이 절반쯤 극복되어 사회 전반에서 모든 사람이 고기와 흰 빵을 먹는 미래를 확신하게 되면서, 회의적인 목소리가 개혁을 부르짖었다. 통밀빵과 채소를 먹었던 과거가 훨씬 더 좋다면서 그때로 돌아가자고 했던 것이다. 그렇지만 진정한 충격은 그 이후에 들이닥쳤다. 대부분의 사람들이 기대했거나 혹은 그런 기대를 갖도록 이끌었던 대로 1871년의 영광이 재현되기는커녕, 1914년 전쟁이 발발하면서 독일인들은 배급 체제와 식품부족의 기나긴 고통 속으로 끌려 들어갔다. 마침내 그들은 소먹이로 알려졌던 스웨덴순무를 먹는 지경까지 이르렀으며 심지어 그 순무마저 공급이 모자랐다. 특히 여성들의 운명이 사회전반의 딜레마를 반영했다. 그들은 여성다움을 요구받았지만 이제는 자신을 지키면서 전면에 나서서 가정을 꾸려가야 했다. 빈 찬장과 선반을 마주하고도 시민으로서 복종할 것인가 하는 도덕적 갈등에서 답을 찾아야 했다. 그렇지만 법령과 정치적 선전과 굶주림, 그리고 하루에 필요한 최소한의 배급품을 구하기 위한 자율적인 행동 (필요하다면 법령을 무시하더라도) 사이에서 오래 망설일 사람이 누가 있겠는가? 음식을 중심으로 롤러코스터를 타는 듯한 혼란스러운 감정과 의문, 쟁점 등이 독일인들의 머릿속을 끊임없이 지배하면서 그들의 요리 DNA 속에 그 흔적을 남겼다.

아이러니하게도 모든 독일인이 전쟁 전 그토록 집착했던 해군 함대는 1차대전 동안 완전히 배치된 적이 한 번도 없었다. 그러나 독일이 영국과 충돌하게 된 것은 해군 함대 건설 계획 때문이었다. 라이벌 해군력의 등장에 대해 영국이 보인 반응은 과격했다. 외국의 식량 공급원으로부터 독일을 고립시킨 것이다. 이러한 경제봉쇄는 해전에서 우선순위가 군사적 측면에서 경제적 측면으로 옮겨간 역사적인 사건인데, 교역금지 품목의 목록이 늘어나고 중립국에 대한 압력이 가해지면서 영국이 취한 대부분의 조치가 국제법 위반으로 간주되었다. 당시 해군 장관이었던 윈스턴 처칠Winston Churchill이 개전과 동시에 그의 의도를 공개적으로 선언했다. "남자와 여자, 어린이와 노인과 젊은이, 부상자와 건강한 자 가릴 것 없이 모든 국민들을 굶주리게 할 것이다, 항복할 때까지."[1] 전쟁의 결과는 더 이상 군사적인 계획이나 장비에 의존하지 않게 되었으며 국민들이 굶주림과 고통을 얼마 동안이나 감내할 수 있는가에 달려 있었다. 식량이 전쟁터의 결정적 요소 중 하나가 된 것이다.

공식적인 추산에 따르면, 전쟁 전 식량 수입량은 직접 수입량과 그 못지않게 중요한 동물 사료 형태의 간접 수입량을 합쳐 독일 전체 소비량의 약 3분의 1에 달했다. 당시 이 수치는 결코 예외적인 것이 아니었다. 1913년 식품은 전 세계 수출 물량의 27퍼센트를 차지했기 때문이다.[2] 전체 인구의 6분의 1에 달했던 군인들과 3분의 1 정도를 차지했던 농촌 주민에 공급하는 식량은 전쟁 전 수준보다 크게 줄일 수가 없었다. 결과적으로 수입 식량이 없다면 이들을 제외한 나머지인 전체 인구의 절반에게 통상적 공급량의 약 6분의 1만을 공급해야 하는 상황이 된 것이다. 중앙통제식 분배 방식은 가능성은 미미했지만 최소한 일시적으로는 작동할 수도 있었다. 그렇지만 농촌의 생산자들은 중개인을 통해 도시나 산업지역에 식량을 공급하는 데 관심이 없었다. 따라서 식량에 관한 한 독일은 1917년에 일찌감치 전쟁에서 진 셈이었다.

전쟁 이전의 농업 생산량은 대부분 수입품이었던 비료 덕분에 꾸준하게 증가했으며 초기에는 비축량과 미래 생산량에 대해 낙관적이었다. 독일은 국제 식량시장에서 소를 통해 사료용 곡물을 육류, 지방과 우유로 전환하는 등 주로 원재료를 가공하는 역할로 입지를 구축한 터였다. 전쟁이 벌어지자 이로 인해 치명적인 수입 의존이 드러나게 되었다. 점차 중립국에서조차 식량을 구하기가 어려워지거나 불가능하게 되었다. 또한 식량 생산이 가장 필요한 순간 여러 요인이 동시다발적으로 작용함으로써 생산량을 감소시켰다. 징집으로 인해 농촌의 노동력이 부족해지고, 공장들이 점차 무기 생산에 더욱 치중하게 되면서 농업용 기계 생산도 어려워졌으며, 말馬을 이용한 동력도 문제로 떠올랐다. 전선에서 필요했기 때문이다. 칠레산 질산염 같은 비료는 더 이상 수입할 수 없게 되었다. 비료 문제는 암모니아를 합성해 비료를 생산하는 화학적 방법을 개발한 프리츠 하버Fritz Haber가 이미 다룬 터였다. 이 방식은 카를 보슈Carl Bosch에 의해 상업화가 가능해져 그가 몸담은 루트비히샤펜 지역의 바스프BASF 사에서 화학비료를 생산하고 있었다. 그렇지만 이 방식은 여전히 많은 비용이 들었고, 전쟁이 터지자 비료가 아니라 화약을 만드는 데 주로 사용되었다. 하버는 불행히도 독가스전 추진에 결정적인 역할을 한 셈이다.

이러한 요인들이 작용한 결과, 곡물 생산은 감소했으며 경작 면적을 확장하려는 시도 역시 실패로 끝났다. 충분할 것 같던 감자나 설탕 역시 금세 부족해졌는데, 지방이나 육류의 부족분을 녹말과 당분의 소비를 늘려 상쇄하려고 했기 때문이다. 독일의 관리들은 식량부족 사태에 미리 대비하지 못했으며 이로 인해 거센 비난을 받았다. 하지만 그들의 업무는 방대했을 뿐만 아니라 전례가 없었기 때문에 만족스러운 결과를 내놓기란 애초에 불가능했던 듯하다. 전쟁이 시작될 때부터 식량부족 문제를 다루는 공식적인 전략은 사실상 존재하지 않았다. 그도 그럴 것이 상점과 창고는 가득 차 있었고 초반에 잠시 사재기 열풍이 휩쓸고 지나간 다음에는 어떠한 문제점도 눈에 띄지 않았기 때문이다. 정부는 필요한 법규의 의회 통과가 어렵다는 이유로 식량 비축을 위한 시도조차 하지 않았다. 심리적인 관점에서 보아도 전쟁 준비는 철저하지 못했다. 그렇지만 곧 국가는 주요 식품에 대한 수출금지 조치를 내리고 이어서 수입관세를 면제함으로써 중립국에서 식량 구입을 위한 시도를 했다. 그러나 보수적인 농업 압력단체들은 정치적 차원에서 전쟁을 위한 노력에 참여하기를 거부하면서 효율적인 중앙통제식 식량 분배를 방해했다. 한편 소규모 생산자들은 자신들의 소중한 생산물을 정부가 정한 의도적으로 낮게 책정된 상한가에 넘기기를 꺼렸다. 이와 동시에 철도와 도로를 주로 군대가 사용하면서 상하기 쉬운 식품, 특히 감자의 수송이 문제로 대두되었다. 전쟁이 조기에 끝나지 않을 것이라는 사실이 분명해지자 정부는 식량 생산과 분배에 더욱 깊숙이 개입하는 방법 이외에는 다른 해결책이 없었다. 1915년 1월부터 곡물 생산이 국유화되고 분배가 중앙통제식으로 바뀌었다. 신설된 정부 부처와 사무실은 필요한 모든 행정적인 수단을 총동원하여 감자, 육류, 달걀에서 콩류, 소금에 절인 청어, 자우어크라우트에 이르기까지 모든 식품에 대해 가격 상한선을 정했으며, 할당과 배급으로 공급을 관리했다.

빵은 상당 부분 감자로 대체되었지만, 시민들의 소요를 막기 위해서는 여전히 빵 공급이 필수적인 것으로 여겨졌다. 부족한 곡물 재고를 최대한 확보하려는 정부는 감자를 빵으로 '위장'하는(어느 정도만이라도) 방법을 모색했다. 1914년 10월부터 이미 모든 호밀빵에는 5퍼센트의 감자 가공물이 의무적으로 들어가야 했다. 감자는 대개 말린 플레이크 형태로 첨가되었다. 감자의 함량을 최대 20퍼센트까지 대폭 높인 빵이 K-빵, 즉 카브로트K-Brot라는 이름으로 판매되었는데, 그것이 전시용빵Kriegsbrot인지 감자빵Kartoffelbrot인지는 소비자의 판단에 맡겼다. 게다가 독일의 주요 곡물 생산 지역인 동부는 밀 재배에 적합하지 않았으므로, 1915년 1월부터는 제분소에서 밀을 제분할 때 일정한 비율의 호밀을 섞는 것이 의무화되었으며 최소 도정 비율을 높였다. 아침의 사치로 인기 있었던 밀가루 롤빵의 소비를 줄이기 위해, 밤중에 빵을 굽는 행위는 불법으로 선포되었다. 당시 빵집에서 구할 수 있었던 국내산 곡물은 이전에 사용되던 수입 곡물보다 수분 함량이 높았기 때문에 모든 빵이 전쟁 이전보다 무거워졌으며 K-빵에 포함된 감자 역시 빵 무게를 더했다. 1915년 6월부터는 빵 배급제가 시행되었다. 전쟁이 지속되자 상황이 더욱 악화되었고, 감자마저 부족해지자 K-빵에는 다른 재료들이 추가되었다. 그때그때 사용할 수 있는 대로 옥수수, 완두콩과 강낭콩, 대두, 카사바, 타피오카, 도토리, 스웨덴순무, 심지어 동물의 피까지 첨가되었다. 그럼에도 식자층에서는 이 새로운 국가적인 음식을 애국적인 열정으로 지지했으며 이에 대해 영국 수상 로이드 조지Lloyd George는 독일의 군국주의보다도 '감자빵 정신'이 더욱 위험하다고 언급하기에 이르렀다.[3] 맥주 공급 역시 빵과 유사하게 미묘한 문제로 여겨졌다. 전쟁이 발발하기 전까지 독일은 미국 다음가는 세계 2위 맥주 생산국이었다. 곡물이 부족한 상황에서도 맥주 양조장은 계속 돌아갔지만, 국가 전체의 생산량은 전해의 3분의 1 수준으로 떨어졌으며, 맥주 도수가 낮아지고 싱거워지면서 마침내 영세 맥주 양조장 중 다수가 문을 닫고 말았다.

배급표 도입은 유례없는 사태였고 이 계획이 제대로 수행되기 위해서는 복잡한 제도적 장치가 필요했다. 새로운 형태의 국가사회주의였지만 이 체제는 자치 방식을 선호했다. 국가의 결정을 수행할 책임이 있는 지방 정부들은 엄청난 양의 실질적인 행정 업무를 감당해야만 했다. 그들은 공식적인 식량 할당량을 달성하기 위해 자체적으로 식량을 생산했을 뿐 아니라 저장 및 통제와 관련된 문제도 해결해야 했다. 그 와중에 분노하고 절망에 빠진 사람들이 토해내는 불만까지 감당해야 했다. 시행 초기, 특히 가격 인상에 직면한 노동자 계층 여성들이 주저함 없이 분노를 터뜨리며 폭동이나 약탈을 벌이곤 했다.

공식적인 결정 중 일부는 근시안적이거나 공황상태로 인한 것이었는데 이른바 돼지학살Schweinemord 사태가 대표적이다. 1914년 12월 감자와 곡물의 비축량이 급격히 소진되자 충격을 받은 관리들은 귀한 식량을 놓고 돼지가 인간들과 경쟁을 벌이고 있다며 동물 사료 소비량을 줄일 방법을 모색했다. 그 결과 이듬해 봄 도축 물량을 늘릴 것을 요구하는 정부의 명령이 발표되었다. 도축 물량을 산정하는 근거는 저마다 크게 달랐지만, 시장은 고기와 지방으로 넘쳐났다. 아주 어린 돼지들까지 마구잡이로 도축되는 경우가 빈번해 많은 지역사회의 관리들이 돼지고기 보관 대책을 마련할 수 없었기 때문이다. 가격은 일시적으로 폭락했지만 곧바로 그해 후반부터 가파르게 치솟았다. 더욱이 그때까지 육류의 주공급원이었던(그뿐 아니라 우유, 지방, 비료의 공급원이기도 했던) 소까지 부족해지자 목축업도 점차 쇠퇴했다. 근본적인 문제를 해결하지 않은 채 시장의 한 부분에서 어떤 조치를 취하면 다른 쪽에서 심각한 부족 현상으로 이어지곤 했다. 1915년 11월 돼지 가격 상한가제도가 도입되자 거래는 거의 완벽하게 암시장으로 옮겨갔으며, 그때부터 모든 규제가 시행될 때마다 이와 유사한 결과가 나타났다. 1916년 3월 소가격 상한가제도가 뒤따랐으며, 규제를 받지 않고 남은 식품이 거의 없었던 5월에 이러한 정책들을 조정하는 기관으로 '전쟁식량국 Kriegsernährungsamt(KEA)'이 발족했다. 각 지역과 단체의 이익 충돌에도 불구하고 중앙통제식 구조를 정립하려던 당국의 시도는 이런 조치에서 저런 조치로 갈지자행보를 계속하는 것 말고는 다른 선택지가 없는 듯 보였다. 식량부족을 해결하려는 시도는 사태가 더 이상 간과할 수 없을 정도로 심각한 경우에만 실행되었다. 정부의 정책 입안자들이 무엇을 하든, 어떤 말을 하든, 현실은 공급량이 부족하다는 것이었다.

배급 제도는 독일 국민들을 사회적·재정적 위치에 따라 구분하지는 않았지만, 전시 경제와의 연관성이나 중요성에 따라 배급의 우선순위가 결정되었다. 군대와 군수산업이 최우선순위였다. 군수산업에서는 수입이 봉쇄된 글리세린 대신 지방과 설탕을 사용했으며(폭약의 원료인 니트로글리세린을 생산하려면 글리세린이 필요했지만 설탕에 아황산나트륨을 넣어 발효시키는 방법으로도 가능했다).[4] 공장에서 필요한 원자재와 교환하기 위해 설탕, 감자, 석탄 등을 중립국에 수출하기까지 했다. 오래전인 1873년에 제정된 법률에 의거하여 군대에 식량을 공급하던 정부는 그동안 이루어진 도시화와 산업화의 여파로 상황이 근본적으로 바뀌었다는 사실을 깨달았다. 과거처럼 지역별 공급을 요구할 수 없었기 때문에 중앙정부가 자유시장에서 구입해야만 했다. 1917년 봄, 사용 가능한 식량 중 70퍼센트가 군대에서 소비된 것으로 추산된다. 군인들을 위한 식량은 여전히 1909년 제정된 황제의 칙령에 명시되어 있었지만, 조만간 이것이 단지 이론에 지나지 않게 되리라는 데는 의심의 여지가 없었다. 그 칙령에 따르면 군인 1인당 매일 빵 750그램, 로스팅한 커피 원두 10그램, 가공되지 않은 육류 180그램과 소기름(혹은 다른 종류의 동물성 지방) 40그램, 콩류 250그램(쌀 125그램이나 감자 1.5킬로그램으로 대체 가능), 소금 25그램과 함께 '다른 필요한 식품들'이 공급되어야 했다.[5]

1916년 마지막 몇 달 즈음엔 일반 시민들에게 공식적인 하루치 배급으로 빵 271그램, 감자 357그램, 마가린과 버터 11.4그램, 육류 36그램, 달걀 10분의 1개 이하, 설탕 26그램, 통보리 9.8그램이나 다른 종류의 탄수화물 등을 배급하여 약 1,344킬로칼로리의 열량을 제공하도록 규정했다.6 공급량이 너무 적어서, 직접 재배하거나 불법 경로로 구한 추가 공급이 있었으리라고 가정하더라도, 요리책에서 레시피로 다루기에는 터무니없는 양이었다. 이처럼 끊임없이 변하는 상황에서는 어떠한 요리책보다도 소책자들이 오히려 더 적합했다. 일간지에서도 배급표나 일상적이지 않은 식재료, 대체식품을 다루는 방식에 대한 정기적인 안내문을 게재했으며, 공급부족 상태인 다양한 식재료, 특히 지방, 우유, 달걀 없이도 요리하는 방법을 소개했다.

    모든 종류의 대용품 시장이 호황을 누려 1916년 4월에는 전체 식비의 8분의 1 정도가 이곳에서 소비되었다. 대체식품 중 일부는 마가린이나 고형 육수, 분말겨자같이 친숙한 현대식 상품이었지만, 다른 것들은 품질이나 원산지가 의심스럽거나, 스웨덴순무나 도토리, 헤더로 만든 커피 대용품 부류였다. 일부 제품들은 부당이득을 노리는 사람들이 만든 아무 가치도 없는 것으로, 노란색 채소 성분으로 만든 가짜 샐러드기름, 달걀가루처럼 보이는 염색한 옥수숫가루나 전분, 재로 만든 후추 등도 있었다. '영양가 많은 이스트를 넣은 밀가루Nährhefekraftmehl'로 판매되었던 토폴Topol이라는 상표는 이것 하나로 지방, 육류와 우유를 대체한다고 장담하기도 했다. 대용식품 시장은 물류와 유통에 엄청난 어려움을 겪던 와중에 정부의 규제를 받았으며 1919년 7월까지 모두 837종의 소시지 대용품, 1,000종 이상의 고형 육수 대용품, 커피 대용품이라고 주장하는 511개 상표가 판매 금지 조치를 당했다.[7]

1892년 발행된 다비디스의 요리책 편집자였던 루이제 홀레Luise Holle가 쓴 《전시 요리책Kriegskochbuch》은 아침저녁으로 수프를 먹자는 조언을 담은 선의에서 출간된 책임을 부정할 수 없다. 홀레는 배급 재료가 아니었던 내장을 이용해 만드는 고기 요리, 저지방 요리, 값싼 디저트와 내핍 생활에 어울리는 빵의 레서피를 실었다. 그럼에도 일부 레서피의 재료에는 15페니히짜리인 설탕에 절인 레몬껍질, 곱게 간 아몬드 200그램, 달걀 4개, 초콜릿 250그램 같은 구할 수 없는 식재료들이 포함되어 있었다.

상대적으로 빈약한 시민용 배급량을 보충하기 위해, 대중은 열량이 있는 것이면 뭐든 수집해서 먹고, 그와 함께 야생에서도 먹을 것을 구하는 강력한 권고가 내려졌다. 특히 학생들에게 뼈나 과일 씨앗, 감자껍질부터 너도밤나무 열매 등 각종 야생 식물까지 눈에 띄는 것은 모두 수집해서 먹도록 했다. 또한 그들에게 양배추에 붙은 애벌레 같은 해충을 잡는 법까지 가르쳤다. 일부 지역에서는 무분별한 채집으로 훼손된 자연이 회복할 시간을 벌기 위해 일정 기간 숲의 출입을 금지해야만 하는 상황도 벌어졌다. 1916년 후반이 되자 수많은 자선기관의 활동에도 불구하고 기아를 막기 위해서는 더 많은 조치가 필요하다는 사실이 자명해졌다. 식량부족으로 인한 최악의 영향은 피하기 위해 베를린에서 시행했던 '굴라시 대포

Goulaschkanonen'*라고 알려진 실험적인 노력에 이어 전시식량국은 문자 그대로 '대중을 위한 식사시설Massenspeiseanstalten'이라는 공동 급식소를 더 많이 더 광범위하게 만들 것을 요구했다. 이런 시설이 식품을 보다 효율적으로 사용할 수 있게 한다는 주장이었다. 정부는 시민들을 대상으로 하는 이러한 급식소가 병사들을 위한 야전 급식소와 같은 것이라고 선전했다. 이러한 급식 시설은 처음에는 군인 가족들과 실업자들에게 식사를 제공하기 위해 고안되었지만 곧바로 거의 모든 도시에 만들어졌으며 점차 누구나 이용할 수 있게 되었다. 베를린에서는 지역 여성운동의 선구자이자 정력적인 가정경제학자 헤트비히 하일의 주도하에 이 계획이 실행되었다. '대중을 위한 식사 시설'에서는 보통 점심시간에 간단한 스튜가 제공되었으며 테이크아웃도 가능했다. 어느 시점에는 당국에서 도시 주민들의 식당 이용을 강제하려는 논의도 있었다. 요리와 식사의 공유화라는 유토피아적 발상이었지만 실현되지는 못했다. 오히려 이곳에서 끼니를 해결하는 것은 종종 수치로 인식되었다. 배급표 없이도 식사를 제공받을 수 있었던 초기에만 잠시 인기를 끌었을 뿐이었다. 특히 여성들은 가격 대비 제공되는 식사의 질과 양을 비난했을 뿐만 아니라 자신들의 사적 영역을 침해당한 것으로 여겨 분개했다. 지방정부의 많은 관리들은 급식소가 부족한 식품을 활용하는 데 실

---

* 굴라시는 고기와 파프리카로 만드는 헝가리식 스튜이며, 원래 굴라시 대포는 야전에서 이동하는 병력에게 따뜻한 음식을 공급하기 위해 개발된 급식용 마차였다.

베를린 중앙 무료급식소에서 감자껍질을 벗기는 모습. 매일 9,000명의 실업자에게 식사를 제공했다.

질적으로 더 효과적인 방식이 아니라는 사실을 인지했다. 그럼에도 전쟁이 끝나갈 무렵, 미미한 공공 식량 공급량을 이런 방식으로 밀어붙인 결과 많은 사람들에게 급식소는 마지막으로 기댈 수 있는 곳이 되었다.

가사는 거의 조현병 상태에 이르렀다. 각 가정마다 나름의 생존 기술을 터득해야만 했다. 식재료의 질이 낮아지면 낮아질수록 먹을 만한 음식을 만들기 위해서는 더 많은 노력과 창의력이 요구되었다. 가정주부단체들은 정부의 선전에 동참해 간담회나 요리 시연회를 열어 절약 정신과 기발한 재주를 장려했다. 발코니며 창턱, 공원이든 시민농장이든 한 뼘의 땅이라도 있으면 식물을 재배했다. 이런 곳에 감자, 채소, 과일나무를 심고, 우유나 고기 또는 알을 얻기 위해 염소, 토끼, 가금류를 사육했다. 이러한 맥락에서 자주 '발코니의 돼지Balkon-Schweine'가 언급되었는데, 여기서 말하는 돼지란 토끼를 의미했지만, 도시의 가정에서 돼지를 키우고 싶다는 필사적인 욕망을 드러내는 것이었다.

다른 측면에서 보면, 공식적으로 거래되는 모든 식품의 소비는 철저하게 규제되었으며 공유화되었다. 식량의 비축이나 과소비를 막기 위해 개별 가정 전체가 감시를 받았으며, 귀한 저장품은 압류 대상이었다. 식품 공급은 완전히 예측불허였고, 따라서 앞날을 위한 계획은 불가능했다. 배급품을 받기 위한 행렬이 때로는 밤새도록 이어지기도 했는데, 이 끝도 없는 줄을 가리켜 사람들은 '식량 폴로네즈Lebensmittel-Polonäsen'라고 말했다. 이 모든 것보다 더욱 큰 문제는 설사 여성들이 공식적인 배급품만으로 살림을 잘 꾸려나간다 해도 음식의 맛을 좋게 해 이기적으로 자신의 가족만 '지나치게 돌본다'는 비난을 끊임없이 받았다는 사실이다. 요리는 애국적 요구에 따라야 했으며 즐거움과 탐닉을 피하는 것이 목표였다.

식량부족과 함께, 부족한 물량의 불평등한 분배에 대해서도 많은 불만이 표출되어 시위, 폭동이나 파업으로 이어지곤 했다. 도시 주민들과 농촌 주민들 간 격차가 커지고, 뒤를 이어 농촌 주민들과 연결고리를 가지고 있는 도시 주민들과 그렇지 않은 주민들 사이의 격차도 부유층과 빈곤층의 격차만큼 벌어졌다. 부유한 소수는 여전히 식량을 구할 수 있었으며, 이런 현실이 조제식품점, 식당이나 호텔에서 가슴 아프게도 분명히 드러났다. 공식적으로 이러한 상점들의 위상은 급식소와 같았다. 필수품 배급표로 배급 음식만을 제공한다는 규제에 따라야 했다. 그렇지만 돈만 있으면 대부분의 장소에서 상대적으로 호사스러운 식사를 할 수 있었으며, 특히 배급품이 아닌 사냥한 고기나 가금류가 식당의 주방까지 들어가는 경우가 종종 있었다. 1916년 도입된 공식적인 '육류 없는 날'에도 이런 식당에서는 고기가 포함된 요리를 '토핑을 얹은 빵'이라는 이름으로 제공했다.

식량 상황은 '순무의 겨울Kohlrübenwinter'(더 정확하게는 일반 순무가 아니라 사료용 스웨덴순무였다)로 알려진 1916~1917년 겨울에 절정으로 치달았다. 그해에는 감자 농사가 부진했던데다가 유별나게 추운 겨울이 닥쳤다. 1917년 여름까지 스웨덴순무는 주식으로서 감자를 대체하는 동시에 잼, 빵, 소시지 등의 형태로 먹기도 했다. 이전까지 스웨덴순무는 소먹이로 취급되었던 터라 생존을 위해 이것에 의존해야만 한다는 사실은 독일인의 사기에 큰 타격을 가했다. 빈곤층이 감자에 의존해야 하는 것보다 더 나쁜 상황이었다. 사람들은 전선의 살육현장으로 보내지는 상황을 은유적으로 반영해 자신들이 소들과 같은 처지로 전락했다는 느낌을 받았다. 게다가 돈으로도 해결하기 어려운 상황이 이어졌다. 당시 평균 배급량은 1인당 하루 1,150킬로칼로리 이하로 떨어졌다. 그 결과로 나타난 기아가 널리 확산되어 1840년대 아일랜드의 상황과 비교되곤 했다.

만약 독일인들이 연합국의 상선들을 상대로 잠수함전을 재개하고 확대한다는 결정을 하지 않았더라면, 기아가 종전의 결정적 요인이 되었을 것이다. "굶주림은 솜씨 나쁜 요리사일 뿐만 아니라 나쁜 조언자이기도 하다"는 독일의 속담처럼 독일의 결정은 미국이 연합국 진영에 가담하는 데 결정적 구실을 제공했으며, 무역봉쇄는 더욱 강화되었다. 좀처럼 수그러들지 않는 독일 정부의 음식 관련 선전은 애국적 의무라는 명목으로 규제와 희생을 받아들이라고 소비자들을 종용했다. 생활개혁운동의 슬로건을 따라 예전의 자연식으로 돌아가자고 역설했고, 포스터와 소책자와 강연을 통해 국민들의 책임감에 호소했다. 그럼에도 전쟁이 오래 지속될수록 식품 정책에 대한 공식적인 견해를 지지하는 사람들의 숫자는 점차 줄어들었다. 전쟁이 막바지로 치닫자 농업지역에서 중앙통제식 식량분배 체제로 가는 공식적인 물량은 최저량으로 감소했으며, 공식적인 배급은 전쟁 이전 소비량의 일부에 지나지 않을 정도로 축소되었다. 1916~1917년의 겨울을 제외한다면 감자가 유일하게 전쟁 전 수준에 가까운 공급량을 줄곧 유지했던 반면, 1918년 후반 육류 배급량은 전쟁 이전 소비량의 11.8퍼센트, 달걀은 13.3퍼센트, 버터는 28.1퍼센트 수준으로 감소했다. 이 수치는 도시의 경우 '평균적인' 어른에게 필요한 단백질의 절반, 지방의 4분의 1, 탄수화물의 5분의 3 수준에 불과하며 칼로리로 환산하면 절반이 약간 넘는 정도였다.[8]

상황이 점점 악화되자 불신과 은폐와 온갖 범법 사례들이 눈에 띄게 증가했다. 지방정부는 식량의 할당량을 늘리기 위해 인구수를 과장했고, 농부들은 도시의 소비자들에게 더 비싼 값을 받았으며, 공장들은 '자체' 조달한 식량을 노동자들에게 지급하는, 다시 말해 불법 물물교환으로 제도를 피해가는 편법을 사용했다. 도시 주민들은 농장 입구에서 직접 식량을 구입해 비축했는데, 불법활동이었던 이런 행위는 많은 지역에서 기차의 공식적인 운행일정과 별도로 특별열차를 편성하는 편의를 제공했기에 가능했다. 식품 공급에 대한 정부의 금지 조치가 유야무야되면서 의류, 신발, 연료 등과 함께 식량 불법거래의 중요성이 점점 더 커져갔다. 공식적인 추산에 따르면 모든 배급 식품 중 절반 정도만이 합법적으로 유통되었다. 정부는 이러한 실상을 용인하는 것으로 보였는데, 이는 불법거래가 국가가 생존할 수 있는 유일한 방법이라는 단순한 이유 때문이었을 것이다(불법거래를 직업 활동으로 하는 경우 범법행위로 간주해 징역형에 처한다는 선언은 1918년 3월에야 나왔다). 여성들은 공식적인 배급 물자가 부족하다는 사실과 전선에 나가 있는 군인들의 신체 상태가 집에 있는 가족들보다 훨씬 낫다는 사실을 아주 잘 알고 있었다. 여성들은 가족들의 생존을 위해서라면 망설이지 않고 '자급자족'으로 돌아서서 불법적인 행위를 감행했다. 가정전선Heimatfront은 국민 대 정부의 전투로 변했다. 정부가 식품 공급을 점차 보장할 수 없게 되자 불법거래가 성황을 이루었다(독일에는 2차대전 기간에야 암시장 Schwarzmarkt이라는 단어가 도입되었으며 그전에는 불법거래Schleichhandel라는 단어만을 사용했다).[9]

도시와 산업지역에서는 사람들이 기아와 연관된 부종, 결핵, 구루병 같은 질병에 시달리기 시작했으며, 기관에 수용되어 일찌감치 엄격한 공식 배급만 받은 사람들도 같은 운명을 맞이했다. 학생, 청년, 노인과 만성질환자들이 가장 큰 피해를 입었지만, 식량이 부족하고 초콜릿, 향신료, 커피, 차, 담배와 같은 기호식품이 전무했기 때문에 사회 전반적으로 우울증과 무관심이 팽배했다. 모든 연령층에서 사망률이 상승했으며 특히 1918년 독감이 유행하자 대도시들이 심각한 피해를 입었다. 전사자 수가 190만~240만 명으로 집계되었는데, 70만~80만 명의 시민이 기아와 관련된 질병으로 사망했다. 그렇지만 이러한 상황은 공식적으로는 존재하지 않았다. 정부의 선전선동은 새로운 광고 기법에서 많은 것을 배운 듯했다. 1918년 봄까지도 병원 대기실에는 이런 선전 포스터가 붙어 있었다.

> 우리는 견뎌내야 한다. 우리는 견뎌낼 수 있다. 우리의 영양은 충분히 보장되고 있다. 이제 곧 상황이 개선될 것으로 예상된다. 전반적인 건강 상태는 만족스러운 수준이다. 우리는 전염병을 이겨냈다. 류머티즘과 통풍은 완전히 사라졌다.[10]

이 포스터를 본 사람들은 누구나 이것이 거짓임을 알았으며, 참호 속에서건 집에서건 점점 더 그들 뒤에 있는 이른바 '당국'을 위해 싸우려 하지 않게 되었다(당시 영국의 상황도 이와 유사했다는 점이 주목할 만하다).[11] 1918년 드디어 독일은 항복을 선언하며 미국과 휴전조약을 맺는다. 이때 독일은 상선 함대뿐만 아니라 기관차와 화물

열차 등의 철도 차량까지 포기해야만 했다. 그렇지만 최소한의 식품을 보급하기 위해서라도 운행이 가능한 화물열차 몇 대는 필요했다. 독일의 정부 관리들은 기아로 인한 무정부주의의 위험 속에서 자국에 굶주림과 기아가 지속될 것임을 명시한 문서에 서명하기를 주저했다. 하지만 전쟁 중 자국의 식량부족 사태를 해결하기 위해 많은 부채를 졌던 프랑스가 독일의 금 보유고를 식량 구입이 아니라 전쟁 배상금에 사용해야 한다고 줄기차게 주장했다. 결과적으로 봉쇄 조치가 발트해까지 확대되면서 이곳 어장에서 독일의 어업까지 중단되었다. 독일의 산업 기반은 원자재 부족과 함께 노동자들을 부양할 능력을 상실함으로써 거의 완전히 멈췄다. 전쟁 후의 암울함과 절망감은 전쟁기간보다 더욱 심화되었으며 도덕적 붕괴의 위협까지 대두했다. 1919년 영국의 한 장관은 조사차 독일을 방문한 후 감자의 끔찍한 품질에 대해 보고했다. "내가 받은 이 감자를 사람이 먹을 수 있다는 사실을 믿기 어려웠다. 오직 극심한 굶주림의 고통만이 그들이 그것을 먹을 수 있게 했을 것이다."[12]

1918년 이후로 지속된 인플레이션은 1923년을 기점으로 더욱 악화 일로를 걸었다. 한편 이러한 역경은 베르사유조약에 대한 독일의 인식에 부정적인 영향을 미쳤다. 또한 1차대전 당시의 식량난으로 입은 정신적 외상이 나치의 전략을 형성했다는 사실에도 의심의 여지가 없었다. 일부 역사학자들은 그때의 경험이 당시 학생이었던 한 세대 전체가 광적인 나치 신봉자들로 변하게 했다고 주장했다. 1890년대에 프리드리히 라첼Friedrich Ratzel에 의해 처음 형성된 개념인 생활권 '레벤스라움Lebensraum'을 확보하기 위해 독일의 경제를 동쪽으로 확장시켜야 한다는 나치의 이론에 확신을 더해주었던 것이다.[13] 마침내 1919년 3월 독일 대표단은 상선 함대로부터 손을 떼는 데 합의했다. 그 후 몇 주 동안 독일의 항구에 식량이 도착했다. 대부분은 미국 구호위원회의 주선에 따라 식량이 도착했다. 그럼에도 1919년 6월 말 평화조약에 공식적으로 서명하면서 봉쇄가 풀릴 때까지 규제는 계속되었다.

1919년, 지역에 따라 편차가 컸지만 전체 인구의 대략 20~40퍼센트가 실업상태였으며, 인플레이션 상승으로 정부 보조금은 지속적으로 잠식당했다. 1920년 이후부터는 미국과 영국의 퀘이커교도들이 보급식량을 준비해 가능한 한 많은 수의 굶주린 독일 어린이들에게 제공했는데, 그 대상이 1907~1919년 출생 아동의 25퍼센트에 달했다. 당시 퀘이커교도들이 시민들이나 전쟁기간 프랑스와 벨기에에 수용된 독일 전쟁포로들에게 준 도움을 감안하면 그들에게 정치적 이해관계나 사심은 없는 것으로 보였다. 그들은 가족구조에 대한 독일인들의 생각을 방해하지 않으려고 조심했으며 도움을 줄 때도 대단히 신중한 태도를 견지했다. 아이들에게 제공한 식량에 대해서도 그들은 다음과 같이 설명했다.

> 보충식이다. 우리는 부모의 어깨로부터 필요 이상으로 부양의 짐을 덜어내려는 게 아니다. 식사는 집에서의 식사와 시간이 겹치지 않도록 아침 10시 아니면 오후 2시나 3시에 제공된다.

1925년 퀘이커교도들이 돈과 음식 지원을 중단했을 때, 학교급식의 필요성이 절박했음에도 어쩌면 이런 예민한 이유로 정부 당국에서 직접 나서서 보충식을 제공하기를 주저했는지도 모른다. 1922년 대도시의 전체 학생 중 60퍼센트 이상이 영양실조 상태였다. 1924년 미국의 한 여행자는 다음과 같이 기록했다.

그들의 얼굴을 보고 나이를 어림할 수 없는데, 나이에 비해 체구가 얼마나 작은지 모른다. 표정이나 안색뿐만 아니라 깊은 주름과 잔주름 때문에 도저히 아이의 얼굴이라고 생각할 수 없다.

한 무리의 가난한 실업자들이 점심시간에 벤치에 앉아 있다. 1920~1929년.

또다시 대도시의 굶주린 아이들을 돌보는 일은 민간이나 자선단체가 떠맡게 되었다. 한편 당국에서는 다시 가정주부들에게로 눈을 돌려 적은 돈으로 먹을 만한 음식을 만들 것을 종용했다. 1930년대 경제침체기 내내 당국은 지원보다는 권고 사항만 지속적으로 쏟아냈다.[14]

1922년 육류 소비량은 전시 수준을 유지했다. 1인당 한 해에 22킬로그램 정도로, 1913년 52킬로그램의 절반에도 미치지 못했다.[15] 수입의 절반까지 식비로 지출해야 하는 도시 중산층은 어쩔 수 없이 사회·경제적 수준이 하층민에 가깝게 떨어졌다는 느낌을 받아들여야 했다. 1차대전이 사회적 동질성의 증가, 다시 말해 결핍을 통한 '사회주의화'를 가져왔다고 말하는 경우가 가끔 있다. 그렇지만 돌이켜보면 전반적인 자신감의 저하와 적자생존이라는 사고에 기인한 자기중심적인 원칙이 1차대전과 전후 시대를 구분하는 보다 선명한 특성이었다. 전쟁기간 중에 자라난 무정부주의적인 자급자족 정신은 식량 폭동으로 이어지곤 했다. 평화가 전쟁 전의 생활양식을 회복시켜주지 못한다는 사실에 좌절하고 환상에서 깨어난 빈곤층은 사리사욕과 부당한 가격을 받아들일 준비가 전혀 되어 있지 않았다. 일자리가 있는 사람들과는 달리, 이들은 파업을 통해 자신의 감정을 표현할 길도 없었다. 상점이 약탈당하는 것을 막기 위해 경찰을 불러야 했지만, 대부분 헛수고였다.

1923년 11월 5일 지폐가 모자라는 바람에 베를린 시 당국이 실업수당을 지불하지 못하게 되자 상황은 새로운 클라이맥스를 향해 치달았다. 점점 고조되던 반유대주의에 불꽃이 튀면서 수만 명이 베를린 중심부 빈민촌 쇼이넨피어텔Scheunenviertel의 유대인 구역으로 몰려들어 상점을 약탈했으며, 그 거리를 지나던 사람은 유대인이든 독일인이든 가릴 것 없이 약탈하고 두들겨 팼고 발가벗겼다. 군중 속에 있던 대부분의 사람들은 단지 배고픔, 빈곤, 좌절만 알았을 뿐이어서, 이러한 집단행동만이 자신들의 힘을 과시할 수 있는 유일한 수단이라고 보았다. 아주 다양한 사회계층의 사람들이 이보다는 덜했지만 마찬가지로 폭력적인 무법적인 사건에 휘말렸으며, 상점의 진열장에서 음식을 훔친 사람들은 대개 상점 주인들에게 미안해하는 마음을 갖기도 했다. 이러는 동안 화폐개혁을 예상한 농부들과 도매상인들은 자신들의 상품을 꼭꼭 숨겨두었으며 1923년 11월 15일 화폐개혁이 단행되면서 비로소 긴장이 해소되었다.[16]

마침내, 거의 10년이 지나서야 독일인의 삶에 차차 빛이 들기 시작했다. 상당 부분은 미국의 도스 계획Dawes Plan*에 의한 배상금 지급 조건 완화와 더불어 독일의 정치적·경제적 역할에 대한 인정이 확대된 덕분이었다. 문화 예술 전반에 이른바 '황금시대'라 불리는 1920년대 동안 최소한 일부 도시 중산층은 보다 편안한 생활방식을 추구하고, 현대성을 기꺼이 포용했다. 기저에 깔려 있던 현실

---

* 미국의 배상위원회 위원장 찰스 도스Charles Gates Dawes가 주도한 독일의 전쟁배상금 재편성 계획. 독일의 부담을 덜어주고 경제회복 기회를 주기 위한 것이었다.

도피 욕구는 사람들이 오락거리를 찾아 나서게, 때로는 거의 필사적으로 찾아 헤매게 만들었는데, 이유야 어쨌건 오락산업이 호황을 누린 것은 분명했다. 베를린 쿠어퓌어스텐담 거리에 있는 카페, 바, 식당은 린덴 대로보다 오히려 더 많은 사람들로 붐볐으며, 시간에 상관없이 어떤 음식이든 맛볼 수 있었다.

야외 카페에 앉아 지나가는 사람들을 구경하는 것도 일 년 내내 즐길 수 있는 일 중 하나였다. 겨울에는 군데군데 오늘날의 옥외용 가스난방기와 아주 비슷하게 생긴 높직한 코크스 난로를 설치해 '파리 분위기'를 더하기도 했다.[17] 전쟁 전의 커피농원들은 미국의 코니아일랜드를 본뜬 미국식 놀이공원 '루나파크Luna-Parks'로 대체되었다. 와인과 맥주를 파는 식당들은 규모가 더 커지고, 더 소란스러워졌으며, 다채로운 미식 체험을 제공했다. 이러한 장소들 중 가장 유명한 곳에 속하는 포츠담 광장에 위치한 '카페 피카딜리Café Piccadilly'는 2개 층에 2,000개의 좌석을 보유하고 있었다.[18] 1912년에 문을 연 이 카페는 1914년 '카페 파터란트Kaffee Vaterland', 즉 '조국카페'로 이름을 바꾸었다. 그리고 다시 1928년 켐핀스키 일가가 '하우스 파터란트Haus Vaterland'라는 이름으로 재오픈했는데, 최대 3,500명까지 앉을 수 있었던 그곳에서는 음식과 음료뿐만 아니라 오락거리까지 제공했다. 음악과 각종 여흥은 점심시간부터 시작되었으며 테마 식당과 바의 종류가 워낙 다양해서 세계일주를 방불케 했다. 가벼운 식사뿐만 아니라 여흥까지 즐기던 이러한 장소들 중에서 가장 유명한 곳은 라인강의 경치를 포도밭과 저 멀리 어렴

풋하게 보이는 성까지 재현한 '라인테라쎄Rheinterrasse'로, 손님들이 라인강의 '진짜' 천둥소리가 주기적으로 울려 퍼지는 것을 체험할 수 있었다. 또한 '빈'은 오스트리아 그린칭에서 생산되는 호이리겐 와인을 파는 와인 바였는데, 손님들은 오스트리아 수도의 전경을 내다보면서 감상적인 바이올린 연주를 들을 수 있었다. '무어인의 궁전'이라는 곳에는 지평선을 따라 모스크들과 첨탑들이 보이는 가운데 골든혼(금각만)과 콘스탄티노플을 재현해놓았는데, 터키식 테이블에 터키식 물담뱃대가 놓여 있었다. 구리로 만든 주전자에 담긴 터키식 커피가 제공되었으며 제대로 만든 터키식 증류주 라키를 즐길 수 있었다. 일본 바에서는 쌀로 만든 술, 사케를 즐길 수 있었고, '와일드 웨스트Wild West'에서는 텍사스에서 온 밴드가 음악을 연주했다. 셰리주는 스페인식 술집 보데가에서, 토카이 와인은 헝가리식 '차르다시 상점Csárdás-Stube'에서 구할 수 있었다. 물론 바이에른식 뢰벤브로이Löwenbräu 맥줏집에는 엄청난 양의 맥주와 소시지가 준비되어 있었으며, 전통적인 베를린식 맥줏집Altberliner Bierstube 한 군데는 약삭빠르게 가게의 이름을 '텔토브순무Teltower Rübchen'로 개명했다.

   아들론 호텔의 경우 '황금의 20년대'는 정말 황금시대였다. 풍부한 와인을 갖춘 와인 저장고를 갖추고 있던 이 호텔은 극심한 인플레이션에도 재정적으로 안정되어 있었으며, 점점 더 늘어난 외국 투숙객들은 오히려 베를린 시민들보다도 호텔의 분위기를 더욱 높이 평가했다. 1928년 저녁식사 메뉴에는 국제적 요리가 자연스럽게

1920년대 서베를린 쿠어퓌어스텐담 거리 카페에서는 영업기간을 늘리기 위해 '파리 식을 따라' 코크스를 연료로 하는 난로를 사용했다. 현재는 한겨울에도 가스난방기를 사용해 영업을 계속한다.

로디지아[*] 등지에서 온 재료로 수바로프Souvarof^{**}, 스트로가노프 Stroganoff^{***} 등의 요리를 만들었다.

　이와는 대조적으로 여성들은 가정 내 헌신을 더더욱 강요받았다. 하인을 고용할 수 있는 중산층 가정의 수는 점점 줄어들었다. 또한 미국의 영향을 받은 가정경제협회에서는 현대적인 기술의 이점을 강조하려 노력을 기울였다. 이런 주제를 다룬 많은 미국의 출판물 중 크리스티안 프레더릭Christiane Frederick이 1913년에 발간한 《새로운 가사: 가정관리의 효율성 연구 The Housekeeping: Efficiency Studies in Home Management》가 1920년에 독일어로 번역, 출간되었다. 단조롭고 고된 가사노동을 해결하기 위해 독일만이 가사 경영의 합리화 작업에 뛰어든 것은 물론 아니지만, 이것이 특히 독일인들에게 강력한 호소로 다가온 것만은 확실하다.[19] 이에 덧붙여 전쟁은 경제적 가치로서 가사노동의 중요성을 입증했다. 미국에서와 달리 독일식 합리주의에는 소비나 여가활동, 혹은 사치 등을 촉진하려는 목표가 없었다. 집안일 역시 경제회복을 돕고 국가의 전쟁배상금 지급에 도움이 되고자 했으며, 같은 이유로 수입품을 구매하는 행위는 비애국적인 것으로 간주되었다. 이런 의미에서 전쟁은 아무것도 바꿔놓지 않았다. 적어도 여성들의 삶에서만큼은 말이다. 아내와 어머니로서 의

---

[*]　현재의 짐바브웨.
^{**}　푸아그라와 송로버섯으로 속을 채워 지진 가금류에 특제 소스를 붓고 코코트 냄비에 넣은 다음 밀가루 반죽으로 뚜껑 둘레를 밀봉해 오븐에 굽는 요리.
^{***}　볶은 소고기에 러시아식 사워크림인 스메타나소스를 곁들인 요리.

무를 다하는 것이 여성의 삶에서 주된 과업으로 간주되었다. 여성이 집안일보다 다른 활동에 더 많은 시간을 쓰는 것은, 남편과 아이들이 아내와 어머니와 함께 시간을 보낼 권리를 기만하는 행위였다.

바우하우스Bauhaus*의 건축가, 기업가, 사회민주주의자, 여성운동가들이 일치단결하여 여성들이 일상적으로 하는 허드렛일을 합리화할 필요성에 대해 피력했다. 1926년 이 불편한 관계의 동반자들이 힘을 합쳐 제국생산성위원회Reichskuratorium für Wirtschaftlichkeit(RKW)의 가정경제분과를 결성했는데, 이것이 '독일 합리화 및 혁신 경제센터Rationalisierungs- und Innovationszentrum der Deutschen Wirtschaft'의 전신이었다. 이 조직은 일부 사람들에게는 하층계급의 소비습관을 통제하는 편리한 수단을 제공하고 따라서 임금 요구를 제한하는 것으로 보였고, 다른 사람들에게는 과학적인 이유로 프롤레타리아 생활방식을 비판할 기회로 여겨질 수도 있었다. 가령 하층계급의 주부들이 자질구레한 물건들을 주방에 늘어놓거나, 이웃과 수다를 떨거나, 계획 없이 자주 쇼핑하러 다니는 것이, 그렇지 않은 사람들에게 골칫거리라고 개탄할 구실이 되었던 것이다. 요리와 청소, 빨래도 낭비 요소를 제거함으로써 최소의 투입으로 최대의 성과를 올리는 산업노동력의 관리과정을 똑같이 따라야 한다는 생각이었다.

독일의 가정경제학자들은 스테인리스 스틸의 일종인 크로마간

* 독일 바이마르에서 1920년대에 출발한 건축학교이자 여기에서 확장된 건축의 시대적 경향으로, 전반적으로 예술과 기술의 조화를 추구했다.

Cromargan 혹은 불연유리 두락스Durax나 예나Jena 같은 신소재뿐 아니라 알루미늄과 에나멜을 이용해 더 싸고 설거지하기 쉬운 식기류도 쉬지 않고 개발했다. 보다 효과적인 기구와 방법을 찾기 위해 부엌에서 쓰이는 모든 도구와 작업을 관찰하고 검토함으로써 주방집기, 가전제품, 주방용품 등에 대한 표준화의 필요성을 이끌어냈다. 위원회에서는 심지어 감자껍질 벗기기 같은 일까지 실험을 통해 이상적인 도구와 방법을 찾기 위해 많은 노력을 기울였지만 결론을 내지 못했다. 또한 잘못된 자세나 열악한 작업여건으로 인한 피로를 줄이고 에너지를 절약하기 위한 조언에도 초점이 맞춰졌다. 기업가들이나 자선단체, 정부 기관에서는 위원회의 아이디어를 학교에서 교육시키고 소책자를 발간해 전 국민에게 홍보했다. 이러한 캠페인의 최전선에는 전동 다용도 푸드프로세서가 있었으며, 이를 통해 기술적 혁명을 집 안으로 끌어들임으로써 개별 부엌의 산업화를 확실히 했다. 그렇지만 캠페인의 대상인 가정의 대다수는 요리할 때 석탄이나 장작을 사용했으며, 2차대전이 끝난 후까지도 대부분은 집에서 전기를 사용할 만한 경제적 여유가 없었다. 전쟁 선전선동가들과 마찬가지로 합리화주의자들 역시 언제나 사건을 자신들에게 유리하게 이용했던 것이다. 이 캠페인에서 주도적인 역할을 한 에르나 마이어Erna Meyer는 1927년에 이렇게 썼다. "먼지가 쌓일 틈이 없는 가정이라면 진공청소기가 쓸모없을 것이다."

1924년 경제회복에 뒤이어 신규주택건설 프로젝트로 가정에 현대적인 개념의 도입이 가능해졌다. 그렇지만 그 시대에 부엌에서 합리화된 작업을 가능하게 하는 수도 시설과 가스나 전기를 열원으로 하는 설비를 갖춘 기능적인 배치가 대부분의 노동자 계층 가정에게는 가격이 너무 높았다는 점을 유념하는 것이 중요하다. 이러한 새로운 공간에서 부엌은 가정 한가운데 자리를 잡았지만 단지 요리 및 관련 활동을 위한 공간으로 국한되어 면적이 크게 줄었다. 생활과 식사가 한 공간에서 이루어지는 것은 비위생적으로 간주되었고, 방 하나를 통째로 할애하는 것도 합리적인 노동을 하기에는 지나치게 넓다고 생각했기 때문이다. 아주 작은 아파트에서만 한 곳에서 요리와 식사를 하는 것이 받아들여졌다. 신형 부엌의 이상적인 위치는 거실이나 식당 바로 옆이었다. 규모가 작고 환기가 잘되었으며 햇볕이 잘 들었다. 몇몇 신형 부엌 모델 중 가장 잘 알려진 것은 1926년 빈의 건축가 마르가레테 쉬테리호츠키Margarete Schütte-Lihotzky가 디자인한 프랑크푸르트 부엌Frankfurter Küche이었다. 프랑크푸르트 시위원회의 위탁을 받아 설계된 이 부엌은 증기선이나 열차 식당칸에 설치되는 주방의 모델이 되었으며, 가정관리의 효율성 연구와도 부합하는 것이었다.

 프랑크푸르트 부엌 프로젝트는 중산층 가정을 대상으로 총 세 가지 모델을 개발했다. 하인이 두 명인 가정, 하인이 한 명인 가정, 하인 없는 가정으로 구분된 세 모델 모두에는 벽에서 꺼내 사용할 수 있는 다림질 판과 이동할 수 있는 램프, 밀가루와 설탕이나 다른 식재료를 넣을 수 있는 작은 알루미늄 서랍 쉬텐Schütten이 있었다. 가장 작은 모델은 6.5평방미터 정도의 좁고 긴 형태로 짧은 면에 한

쪽짜리 창문이 설치되었다. 이 주방에는 푸른색으로 페인트칠을 한 목재 캐비닛이 있었는데, 이 색깔은 당시 '파리를 쫓는' 위생적인 색깔로 여겨졌다. 쉬테리호츠키가 미학적인 이유에서 단순함에 가치를 두었는지에 대해서는 논쟁의 여지가 있을 수 있다. 그 시대에조차 그녀의 디자인은 가정주부들을 고립시킨다는 비난을 받았기 때

마르가레테 쉬테리호츠키의 프랑크푸르트 부엌.

문이다. 그런 비난에 맞서 쉬테리호츠키는 거실이나 식당을 마주 보는 유리벽을 설치한 모델을 추가했는데, 주부들의 고립을 해소했다기보다는 미학적으로 승화한 것이었다. 1928년 베를린에서 〈영양Die Ernährung〉이란 주제로 현대 부엌 박람회가 개최되었다. 이 박람회의 목적은 전시되어 있는 새롭고 현대적이며 합리적인 부엌 덕분에 굶주리는 사태는 결코 다시 오지 않을 것임을 과시하고, 가사나 주부의 일이 경제 전반의 중심이라는 사실을 방문객들에게 확인시켜주는 작업이었다.

1923년 정권을 장악한 나치는 생활개혁운동의 진보적 방식과 현대식 가사 기술을 적극 장려했다. 그들은 베를린 올림픽경기장의 잔디를 생체역학적인 원리에 따라 유지했을 뿐만 아니라, 다카우에 건설한 강제수용소에서 150헥타르에 달하는 농장을 운영했다. 이 농장에서는 루돌프 슈타이너의 아이디어에 따라 광범위한 종류의 허브들을 재배했으며 단지 내 상점에서 판매하기도 했다.[20] 또한 '순수'한, 그래서 건강한 신체라는 채식주의들의 이상과 연결된 신종 이교도적 컬트 문화인 신체문화Körperkultur는 '아리안화Arisierung' 하는 것이었다. 동시에 나치는 채식주의운동 자체에 대해서는 심각하게 회의적이었다. 채식주의를 평화주의이자 종파주의로 간주했기 때문이었다. 요하네스 하우슬라이터Johannes Haussleiter가《고대 채식주의의 역사Der Vegetarismus in der Antike》를 발행한 해인 1935년, 채식주의협회Vegetarierbund는 나치가 설립한 독일 생활개혁협회Deutsche Gesellschaft für Lebensreform에 강제 흡수되는 것을 피하기 위해 해산했다.

당대의 식탁

무스터하우스 암 호른

독일에서 붙박이 가구를 갖춘 부엌은 최초의 바우하우스 축제가 열렸던 1923년 바이마르의 바우하우스 모델하우스였던 무스터하우스 암 호른 Musterhaus am Horn에 처음 설치되었다. 바우하우스는 예술과 기술이 융합된 생활방식을 표방했다. 이 모델하우스의 주방은 전체가 흰색으로 우윳빛 유리 타일이 깔려 있었다. 이 주방의 용도는 요리와 설거지로 국한되었다. 외양뿐 아니라 기능적으로도 전통적인 하층계급의 부엌 겸 거실인 본퀴헤Wohnküche와는 현저하게 대조되었다. 프랑크푸르트 부엌과도 다르게, 오늘날까지도 대량생산이 계속되고 있는 도자기 용기에 밀가루나 설탕 등의 식재료를 넣도록 되어 있었다. 무스터하우스는 신개념 건물의 모델로 인식되었지만 단발에 그쳤다. 계급 없는 사회라는 이상이 인플레이션, 대량실업과 정치적 불안을 극복할 수 없었듯이, 사회의 모든 조건이 여성해방에 역행하고 있었다. 또한 바우하우스가 제안한 생활공간의 표준화를 통한 민주화라는 개념은 보수주의자들의 강력한 반대에 부딪혔다. 이들은 자신들에게 우호적인 사회적 지위를 제공해주었던 전통을 고수하기를 원했다. 무스터하우스 암 호른은 1938년까지 실제로 사람들이 거주했으며, 1996년 복원된 후 세계문화유산으로 지정되면서 대중에 공개되었다(www.hausamhorn.de).

나치의 이념에 따라 농부들은 삶의 원천을 제공하며 '피와 땅Blut und Boden'을 잇는 상징으로서, 아리아 인종의 중추로 이상화되었다. 농업 부문은 일찍이 1933년부터 '제국식량국Reichsnährstand'의 직접적인 통제를 받았다. 나치 정권은 식량의 수입에서 벗어나 자립을 향한 자급자족을 달성하기 위해 전방위적 캠페인을 전개했다. 이는 1차대전에서 얻은 교훈 중 하나였음이 명백했는데, 전쟁 준비를 하는 국가에서 식량 자급자족은 필수 요소로 간주되었던 것이다. 19세기 후반부터 시작된 습지나 해안지대를 좀 더 쓸모 있는 토지로 만들기 위한 계획이 토지개간민중운동Landeskulturmassnahmen이라는 이름으로 재개되어 초원이 경작지로 변모하기 시작했다.[21] 그런데 농업 생산성은 다른 산업 부문에 비해 한참 뒤처져 있었다. 그제야 화학비료의 대량 생산이 가능해졌으나 여전히 값이 비싼데다 얼마 지나지 않아 원자재를 놓고 군수산업과 경쟁하게 되면서 물량도 부족해질 터였다. 농장은 규모도 작은데다 널리 흩어져 있었고, 나폴레옹 시대에 만들어진 상속법의 결과로 일부 지역에서는 토지 소유권 역시 널리 분산되어 있었다. 나치는 효율성을 높이기 위해 농장들의 합병을 추진했다. 말이나 황소를 트랙터로 대체하기 위해 전제되어야 할 필수 조건이었기 때문이다. 이러한 새로운 농장들의 모델은 이른바 '선조들의 땅Erbhöfe'으로, (순수한 아리아 인종의 후예여야만 하는) 그 땅의 소유주는 농장이 분할되어 효율성을 잃지 않도록 농장을 보호해야 했다. 그렇지만 당시 대부분의 규제와 마찬가지로 이 정책 역시 보다 강력한 국가 통제라는 궁극적인 목표를 가지고 있었다(대규모 토지의 재분배Flurbereinigung라는 목표는 2차대전이 끝난 이후에야 달성되었다). 동쪽의 '레벤스라움'은 독일 민족이 마땅히 차지해야 할 영토이자 자원으로 간주되었다. 동부 지역이 정복되자 이전의 주민들은 강제이주를 당하거나 살해되었으며, 과대망상적인 환상에 빠진 독일의 농학자들은 이전 유럽의 열대지역 식민지화 정책뿐 아니라 미국 중서부를 모델로 삼아 농업제국을 건설하고자 했다.

애초부터 독일의 '식량을 위한 전투'는 평균 이하의 곡물 생산량과 관료주의적인 비효율성으로 인해 심각한 문제를 안고 있었다. 게다가 농촌을 떠나는 이주민들은 수확기의 노동력 부족이라는 근본적인 문제를 만들어냈다. 1935~1936년 겨울에 몰아닥친 빵 위기는 가까스로 최악은 피했지만, 이듬해 더욱 엄격한 농업 규제의 계기가 되었다. 몰수된 경기장이나 댄스홀이 전쟁에 대비한 국가적 곡물저장소가 되었으며, 사일로나 저장시설 건설에 국가 보조금이 지급되었다. 군수산업에 이주노동자들이 필요해지자 공식적으로 농장 기계화가 독려되었다. 이와 동시에 나치 소년단은 경험이 부족한 단원들을 지방으로 보내 마구간이나 경작지에서 값싼 노동력으로 활용했다.[22]

나치 정권은 통밀빵 홍보에 적극 나섰다. 그렇지만 이 빵은 그들이 개발한 것이 아니었으며, 실제로 그 개념과 용어가 일부 사람들의 바람대로 시대를 초월하는 것도 아니었다. 밀의 겉껍질만 빼고 알곡 전체로 만드는 통밀빵의 역사는 1890년대로 거슬러 올라간다. 당시 빵에 대한 개혁을 주장하던 사람들이 겨와 눈을 쉽게 분리해낼 수 있는 현대식 제분소에서 생산된 밀가루로 만든 상업적인 흰 빵을 반대하며 로비를 벌였다. 통밀이라는 단어가 처음 기록된 시기는 1910년이다. 그때도 어느 정도는 지금과 마찬가지로 이 단어를 단지 통밀을 빻아 만든 밀가루에만 쓴 것이 아니라, 다시 자연과 연결시켜주는, (문자 그대로 '통'이란 뜻의) '완전한voll' 알곡이라는 의미이기도 했다. 물론 그 이전에도 희지 않은 빵들이 있었으며, 특히 중부나 남부에 비해 호밀을 많이 먹었던 북부 지방에서 그랬다. 그중 가장 색깔이 검고 무거우면서도 영양소 파괴가 적은 것이 베스트팔렌 지역의 품퍼니켈Pumpernickel 빵이다. 원래는 검은 빵Schwattbraut으로 알려져 있던 이 빵 이름의 유래에 대해서는 학자들의 주장이 엇갈리고 있지만 이미 17세기 초엽부터 이에 관한 많은 이야기가 전해졌다. 지금까지도 품퍼니켈은 통곡물을 거칠게 빻은 가루에 물과 소금을 넣고 잘 치대서 직사각형의 길고 큰 덩어리를 빚어서 만드는데, 24시간 동안 밀폐한 오븐 안에서 굽는 방식이 아니라 증기로 쪄서 달짝지근한 시럽 같은 풍미를 낸다. 개혁적인 제빵사들은 1890년 이래로 갖가지 형태의 새로운 통밀빵을 만들어낸 터였다. 초기에 이런 빵들은 간츠멜브로트Ganzmehlbrot*라고 통칭했다. 그중에 호밀로 만든 슈타인메츠Steinmetz, 시몬스Simons, 슐뤼터Schlüter 빵과 밀로 만든 그라함Graham 등이 있었는데, 이 이름은 모두 '개발자'의 이름을 딴 것이다. 이는 식품은 순수하고 '자연적이며'

* 독일어 문자 그대로 통밀빵.

완전해야만 한다는 생각을 고쳐시키는 새로운 과학적 발견에 의해 권장되었다. 지방을 제거하지 않은 전유Vollmilch라는 어휘 역시 이 시기에 만들어졌는데, 1899년 지방의 함량을 규정하면서 이 우유에 대한 법률적인 정의가 내려졌다.

그렇지만 1차대전 시기에 역경을 겪은 이후로 겨를 넣어 만든 짙은 색의 빵은 실생활에서는 부정적인 의미를 내포하고 있었다. 소화가 더 잘되는 흰 빵은 사람이 먹고, 겨는 고기와 우유를 생산하는 동물에게 먹이는 것이 타당하다는 확신이 널리 퍼져 있었다. 1923년 극심한 인플레이션이 어느 정도 통제되자 상대적으로 풍요롭던 19세기 말과 20세기 초처럼 소비가 호밀빵에서 밀로 만든 빵으로 옮겨갔다. 자유무역과 밀 수입을 옹호하는 사람들과 호밀빵을 선호하는 보수적 캠페인의 지지자들 사이에서 다시 한번 정치적 논쟁이 벌어졌다. 보수주의자들은 '밀가루 없는 날'을 지정하고 미국산 밀 수입에 규제를 시행하기를 원했다. 1929년 독일에 불황이 닥치자 국내에서 재배된 호밀이 다시 유리한 위치를 차지했으며 통밀빵을 국내 생산된 소중한 영양소들을 활용하는 알뜰하고 지속가능한 방법으로 여겼을 뿐 아니라 새로 발견되어 이미 인기를 누리고 있던 비타민의 공급원으로서도 높게 평가했다.

나치당은 독일인의 우월성을 탐색하는 과정에서 이러한 추세에 올라타 적극 활용했다. 그들은 국가경제와 건강, 특히 충치예방을 근거로 통밀빵을 권장하는 인상적인 캠페인을 체계적으로 이끌었다. 캠페인의 요지는 '지배자 민족Herrenrasse'은 국내에서 생산된 '자연적이고 완전한' 음식을 섭취함으로써 번성하고 번창한다는 것이었다. 1936년에 실시한 빵 소비 조사에 따르면, 검은 빵 혹은 통밀빵이 전체 소비의 6퍼센트, 호밀빵이 50퍼센트였던 반면, 지금까지도 가장 인기 있는 호밀과 밀을 혼합한 빵이 20퍼센트였으며, 밀가루만으로 만든 빵이 24퍼센트였다. 같은 해, 식량의 자급자족과 군사적 자립이 중요한 정치적 목표라는 나치의 공식적인 선언과 더불어 독일의 동진정책에 대한 전주곡으로 독일경제 전체를 전시상황으로 이동시키는 일이 시작되었다. 통밀빵은 이러한 전쟁 준비를 위한 가장 중요한 요소 중 하나였다. 1차대전에서 얻은 교훈을 통해, 정부는 전반적인 빵 생산 표준화를 시도하지 않았다. 그 대신 독일 전역에 널리 퍼져 있던 지역의 가족경영 제빵회사들에게(대규모의 산업화된 생산자들이 이미 제빵 산업을 지배하고 있던 영국과는 정반대였다) 통밀빵 제조 원칙을 기반으로 자체적 통밀빵을 생산하도록 요구했다. 유치원과 학교, 치과를 위한 포스터나 소책자, 교육 자료를 이용한 광고 캠페인은 무조건 먹어야 한다는 '강권' 대신 정보와 확신을 주는 것을 추구했다. 이후에는 영역을 확장해 극장에서 '빵을 얻기 위한 전투Kampf ums Brot'를 상세히 다룬 단편영화를 상영하기도 했다.

 1939년에는 전체 빵 소비량에서 통밀빵의 비중을 30~50퍼센트로 높이는 것을 목표로 제국통밀위원회Reichsvollkornausschuss가 설립되었다. 품질 관리를 위해 제빵업체는 관련 제품 샘플을 위원회에 보내라는 요구를 받았다. 소정의 수수료를 내고 승인을 받은 후, 광고용 자료들과 일반보건위원회의 로고가 인쇄된 스티커를 발부받았다. 스티커에는 생명을 상징하는 옛 룬 문자로 된 서명과(공식적으로 건강한 식품으로 분류된 150종에 사용되었다) '통밀빵이 더 좋고 더 건강하다Vollkornbrot ist besser und gesunder'라는 문구가 들어가 있었다. 위원회에서는 제빵사들에게 품질 최적화를 위한 교육을 했으며, 통밀로 된 롤빵과 페이스트리의 생산을 독려하기도 했다. 이러한 통밀 식품의 공식 가격은 일반적인 제품보다 약간 높게 책정되었는데, 높은 마진이 생산 확대를 위한 장려책으로 작용하기를 희망했기 때문이다. 생산량은 정책 전반에서 중요한 문제점 중 하나였다.

통밀빵은 국가적 상징이 되었다. 학교의 교과과정에 들어갔으며 무료급식소, 구내식당, 음식점, 병원에서는 의무품목이 되었다. 통밀가루로 만든 유아용 인스턴트식품도 도입되었다. 소화 능력에 관한 다소 예민한 주제를 놓고 속이 부글거리는 증상을 불평하는 사람들에게 관료들은 악화된 소화기관이 점차 온전한 기능을 회복할 때까지 시간과 훈련이 필요할 뿐이라고 안심시켰다. 통계상으로 이 캠페인은 성공적이었다. 1937~1939년 검은 빵과 통밀빵의 소비는 전국 각지에서 꾸준히 증가했다. 그렇지만, 엄청난 선전활동을 벌였음에도 통밀빵은 전쟁과 궁핍과의 연관성을 완전히 떨쳐내지 못했으며, 마치 마가린에 첨가된 비타민A 같은 것으로 보았다.

1939년 9월 초 독일군이 폴란드로 진격해 들어가자마자 전체주의적인 식량 체제가 배급 제도를 통해 위력을 발휘했다. 다시 한번 예전의 교훈을 되새겼고, 1914년과는 대조적으로 모든 것이 잘 준비된 듯 보였다. 소위 인종적으로 순수한 독일인들만이 통밀빵을 먹을 자격이 있다는 주장은 단지 나치의 논리일 뿐이었다. 1942년 이후 적절한 품질과 물량을 유지할 수 없었던 통밀빵 대신 죽 종류가 점차 권장되었다. 피점령국에서의 악랄한 비인간적 착취에도 불구하고 수확이 저조했던 것도 부분적인 이유였다. 역설적으로 이 실패는 독일인들이 고유의 식문화로 돌아가도록 이끌었다. 전쟁이 끝난 후 다시 흰 빵을 구할 수 있게 되자마자 국민적 선호가 다시 대두되었던 것이다. 비록 1970년대에 환경에 대한 관심이 높아지면서 통밀빵이 재등장하기는 했지만 다행히도 이 시기에는 암울한 이념과는 상관이 없었다.[23]

보다 심리적인 차원에서, 아인토프Eintopf라는 음식은 나치가 전 국민을 전쟁에 동원하고 개입시키려 시도한 또 다른 요소였다. '하나의 냄비'라는 의미의 아인토프는 문자 그대로 전체 식사에 단 하나의 용기만 사용하는 것이었다. 통밀빵처럼 이 역시 새로 고안된 요리는 아니었으며, 스튜나 뜨거운 냄비 요리는 보편적인 기원을 가지고 있어 특정 시기나 장소를 잘라 말할 수 없다. 아인토프라는 단어는 젊은 도보여행자들이나 보이스카우트 대원들을 들뜨게 만드는 야외활동에 대한 낭만을 악용하려는 나치의 시도였다. 불 위에 냄비를 거는 데 쓰이는 간단한 접이식 삼각대는 단체로 노래를 부를 때 분위기를 띄우기 위해 쓰는 기타만큼이나 필수적인 장비였다. 몇몇 집단에서는 개인용 접시조차 공동체정신이 결여된 증거라며 타락한 것으로 보았다. 나치는 스스로를 정직하고 견실한 조직으로 자리매김했고, 관료들은 고의적으로 소박한 입맛을 가진 양 행동했다. 2차대전 중 작가 베르톨트 브레히트 Bertolt Brecht 는 아인토 프에 대해 다음과 같이 평했다.

> 저 위에 있는 사람들이 말하기를
> 군대에서 우리 모두는 같은 사람이라지.
> 우리의 심장은 똑같은 용기로 가득 차 있다고.
> 그러나 그릇 안에 든 음식은 두 종류라네.[24]

1933년 10월부터 공동체정신을 함양하기 위해 '아인토프 일요일 Eintopf-Sonntage'이 도입되었다. 모든 독일인은 10월부터 3월까지 매월 첫 번째 일요일 점심식사에는 평소 먹는 구이요리 대신 간단한 스튜를 먹어야 했다. 그렇게 해서 절약된 돈은 실업자들을 돕고 연대감을 보여주기 위해 새로 설립된 겨울구호협회 Winterhilfswerk 에 기부했다. 돈은 당원들이 거뒀으며, 기부는 공식적으로는 개인의 선택이라고 단언했지만 엄연한 사회적·정치적 압력이 작용했다. 전형적인 나치 전략이었다. 이런 일요일에 적합한 레서피를 담은 특별한 요리책이 제공되었으며 달력에는 공휴일과 마찬가지로 첫 번째 일요일도 표시가 되었다. 또한 레서피들이 히틀러가 아인토프를 먹는 사진과 함께 신문에도 실렸다. 1935년 1월 아들론 호텔의 메뉴에는 가정식 스튜 혹은 부르주아식 소금에 절인 돼지고기와 당근이 2.2마르크에 제공된다고 쓰여 있는데, 이 중 음식 값은 0.8마르크였

"우리는 아인토프를 먹는다. 누구도 배가 고파서는 안 된다." 1933~1945년 전시 겨울구호협회의 선전.

고 겨울구호 기부금이 1.2마르크, 팁이 0.2마르크였다.

 금 보유고와 외환 보유고가 낮은데다 군수산업을 위한 원자재 수입의 긴급한 필요성 때문에 나치 정권은 심각한 재정적 제약을 겪고 있었다. 이와 동시에 경제가 회복되면서 구매력이 증가하자 인플레이션의 위험도 대두했다. 관료들은 식품 소비를 올바른 방향으로 이끌어가는 것이 중요하다고 생각했다. 처음에는 건강과 관련된 사안이 논란을 주도했다. 1930년대에 제작된 포스터는 다음과 같은 메시지를 분명하고 이해하기 쉽게 전달했다. "생선을 먹으면 날씬하고 건강한 몸을 유지할 수 있다." 그 결과 1인당 생선 소비량은 1932년 8.9킬로그램에서 1938년 12.5킬로그램으로 증가했다.[25] 불과 얼마 전까지도 경제적·정치적 필요성이 보다 직접적인 개입을 요구했지만 나치 당국은 언제나처럼 진짜 동기를 감추기 위해 주의를 기울였다. 1934년 이후 신규 어선의 건조에는 정부 보조금이 지급되었는데, 필요한 경우 법규에 따라 개인 소유 선박들을 군용으로 전환하도록 되어 있었기 때문에 일자리 창출과 재무장 노력을 교묘하게 연결한 셈이었다. 같은 해인 1934년 개별 수요를 보다 직접적으로 파악하려는 노력의 일환으로 최초의 현대적 시장조사 기관인 '소비자연구회Gesellschaft für Konsumforschung(GfK)'가 민간자금으로 세워져 출범했다. 1937년 GfK는 매달 적절한 음식들로 구성된 국가권장식단Reichsspeisekarte을 발표했는데 대체로 감자, 크바르크(고대부터 널리 선호되던), 저지방 치즈, 과일, 생선 등의 더 많은 소비를 권장했다. 모두 국내 생산되는 식품들로 생산량도 풍부하다고 알려진 것들이었다. 버터, 라드, 베이컨, 마가린, 오일 등은 줄여야 했지만, 빵에 발라 먹는 대체식품으로 잼이 추천되었다. 정부 보조금 덕분에 잼의 생산은 1933년과 1937년 사이에 세 배로 증가했다. 많은 회사들이 여성 근로자들에게 제공하는 가정관리 과정에 GfK의 추천식단을 포함시키는 등 당국의 이런 노력을 지원했다.[26]

이제 빵집은 법에 따라 통밀빵을 의무적으로 판매하게 되었다. 식량의 자급률을 높이고 유채 같은 단백질과 지방의 함량이 높은 식물('독일 최초의 유채씨 기름Erstes Deutsches Rapsfett'은 광고를 통해 홍보되었다)을 개발하기 위한 다양한 연구에 국가자금이 지원되었다. 또한 대두의 경작과 활용이 다시 한번 대대적으로 홍보되었다(그렇지만 우크라이나 점령지를 제외한 다른 지역에서는 여러 요인으로 인해 이 캠페인이 성공을 거두지 못했다). 이와 함께 고래잡이 산업이 부활했으며 양어장이 조성되었고, 농부들에게는 곡물을 대체해 가축에게 사료로 먹일 수 있는 뿌리 작물을 심도록 장려했다. 유제품은 민감한 문제가 되었다. 1938년 10월 제정된 법령에 따라 액상 크림과 관련 제품의 생산과 유통이 매년 9월 15일부터 이듬해 5월 14일까지 금지되자, 대부분 달걀흰자나 와인크림과 유사한 종류의 대용품을 이용한 수많은 레서피가 개발되었다. 전쟁이 발발한 이후에는 오직 저지방 우유만 유통되었다. 단 1그램의 유지방이라도 색출하기 위해 1940년에 공포된 법령에 따라 심지어 농부들이 가진 버터 생산용 기구들까지 압류하도록 했지만, 실제로 이 법령이 어느 정도까지 집행되었는지는 알 수 없다. 나치 정권이 내세운 "버터 대신 대포Kanonen statt Butter"라는 모토는 처칠의 유명한 "피, 수고, 눈물, 땀"에 대략 상응하는 것이었다. 버터는 삶의 질과 관련한 국민적 정서에 기여하는 요인으로서 그 중요성은 과장이 아니었다. 버터는 1937년부터 배급이 시작되어 1942년 봄까지는 물량이 그런대로 유지되었지만 이 시기에 정기 배급량이 일주일에 150그램에서 125그램으로 줄어들었다. 1943년 독일에서 소비되는 버터의 60퍼센트 정도가 국내에서 생산되었는데, 이는 1939년에 대비해 30퍼센트 증가한 수치였다. 그렇지만 이 전시戰時 버터의 질이 형편없었기 때문에 '좋은 버터gute Butter,' 다시 말해 진짜 버터라는 단어가 이때 생겨났다.

1938년 독일군이 오스트리아를 병합한 후, 케이크 즉 토르테Torte나 휘핑크림 슐락자네Schlagsahne 같은 별미에 몹시 굶주렸던 많은 독일인 관광객들이 떼를 지어 오스트리아의 커피하우스에 몰려간 것은 분명하다. 나치 친위대의 기관지에서는 다음과 같이 논평했다. "대독일국이 만들어진 것이 단지 이런 광기 어린 속물들의 무리가 거품을 낸 크림을 허겁지겁 먹어치울 수 있도록 하기 위해서였다는 생각이 들 정도다." 당연히, 이 글을 쓴 친위대원은 독일인들이 휘핑크림을 실컷 먹는 동안 바로 그 앞의 거리에서 오스트리아의 나치 당원들이 유대인들에게 린치를 가하고 있었다는 사실은 언급하지 않았다.[27]

공식적인 선전은 수입 열대과일 구매를 비애국적 행위로 선언하고 독일산 사과를 장려하며, 대황을 레몬을 대신할 애국적인 대체 식품으로 제시했다. 그러나 이런 시도는 (그리고 광고를 통해 사람들을 통제하려는 다른 시도들은) 한계가 있었다. 가정주부협회의 후신인 나치 여성국Frauenwerk의 지도자들이 요리 강습, 소책자, 라디오 프로그램, 일간지에 레서피를 게재하는 등 최선의 노력을 기울였음에도 소비 패턴에 영구적인 변화를 일으키는 것이 얼마나 어려운 일인지 인정할 수밖에 없는 상황이 자주 발생했다. 1937년 10월 여성국에서 추천한 음식 목록에는 '생선, 양배추, 잼, 크바르크, 탈지우유, 포도, 귀리죽'이 들어 있었다.[28] 그렇지만 많은 여성들이 스스로의 자부심과 정체성을 지키기 위해 지역적 혹은 개인적으로 선호하는 식품을 고수했다는 사실은 그리 놀랄 일이 아니다. 특히 버터 바른 빵과 냉육 위주의 차가운 저녁식사를 따뜻한 요리로 대체하려는 여성국의 제안은 유난히 거센 저항에 부딪혔다. 지방과 육류의 공급부족에 대처할 수 있는 보다 탄력적이고, 따라서 훨씬 상황에 적합한 것임에도 말이다. 예전 부르주아 계층의 이상이었던 절약 정신은 쩨쩨함의 수준까지 올라갔다. 식당들은 남은 음식을 공식적인 지침에 따라 처리해야 했고, 가정주부들은 귀중한 지방이 배어들지 않도록 나무숟가락을 사용하지 말고, 버터나 잼이 접시에 남지 않도록 덜지 말고 빵에 직접 바르라는 충고를 받았다. 같은 맥락에서, 충동구매를 피하기 위해 여성들에게 백화점 쇼핑을 자제하게 했다.[29]

음식이나 요리법에 대한 이러한 권장사항들 중 일부는 더없이 친숙하고 합리적인 것처럼 들린다. 문제는 야만적인 제국주의적 목표만으로 대안 없이 사회적 압력과 제약을 가하는 정치적 배경이다. 이는 역사적 맥락에서 이러한 노력들에 회의를 가질 수밖에 없게 한다. 껍질째 삶은 감자 펠카르토펠른Pellkartoffeln은 누구에게나 맛있는 음식이고 특히 버터의 공식 대체식품인 크바르크와 함께 먹으면 특히 맛이 좋다. 인종차별적 이념이나 독재라는 이해하기 어려운 배경 없이 자유롭게 선택했을 때는 그렇다. 이 점은 1936년 국가사회주의여성동맹NS Frauenschaft이 낸 보고서의 한 단락에서 잘 그려지고 있다. 음식의 낭비에 반대한 나치 캠페인은 현대인의 귀에도 아주 익숙하게 들린다. "도시 여성들은 자기 주변의 자연환경의 발전이나 순환을 실질적으로 무시하는 지경에 이르렀다. 이제는 겨울에 먹는 신선한 딸기를 단순히 별미로 여긴다."30

과일의 전반적인 소비량은 감소했지만, 1938년 독일인들은 여전히 1인당 7킬로그램의 비애국적인 수입 열대과일을 소비했는데, 이는 1930년의 10킬로그램에서 감소한 수치이기는 했다. 알코올과 담배가 건강에 해롭다는 (특히 여성에게) 사실에도 불구하고 1932년과 1940년 사이에 담배의 소비는 거의 두 배로 뛰었다. 이는 담배 광고에서 젊고 우아한 여성을 묘사한 결과로, 그 광고 자체가 의심할 여지 없이 소비자들의 욕망을 드러낸 것이었다. 성인의 브랜디 소비는 1930년과 1937년 사이에 40퍼센트 증가했으며, 커피는 수요가 공급 물량을 훨씬 상회했기 때문에 논란의 대상이 되었다. 커피 암시장은 일찌감치 호황을 누렸는데 1939년 선전부 장관은 이 불필요한 수요에 대해 격렬하게 비판했다.

우리는 '선무기, 후커피'라는 극단적인 구호를 적용하는 데까지 나아가기를 원하지는 않지만, 우리의 커피 마시며 수다나 떠는 여성들에게 충분한 커피를 공급하는 것보다는 어려운 세계 정세에 직면해서 독일의 긴박한 재무장이 더욱 중요하고 시급하다는 판단을 내린다.[31]

나치의 철학은 모순으로 가득 차 있었다. 농경사회가 지닌 낭만주의에 대한 그 모든 향수에도 불구하고 나치 체제는 가정에는 현대식 기술을, 식량 생산에는 선진적인 새로운 방식을 장려했다. 개별 가정과 중소기업의 전기 소비량은 1933년과 1940년 사이에 38퍼센트가 증가했다. 낭비를 줄이려는 노력의 일환으로 또한 전쟁용 비축 물자를 확보하기 위해 간이식품이 국가지원 연구의 우선순위를 차지했다. 각 가정을 대상으로는 또 다른 캠페인 '부패와의 투쟁Kampf dem Verderb도 전개했다. 식품 포장의 새로운 유형도 개발되었다. 과일과 채소의 보존 수단인 통조림 생산은 1933년과 1937년 사이에 두 배가 되었으며 1938년부터는 냉동식품의 대량생산이 시작되었다. 그렇지만 정부에서 냉동식품의 이점을 홍보하는 한편, 야생 식재료 채집과 텃밭 채소 재배 또한 동시에 강력히 장려되었다. 이후에는 지역 돼지 사육 농가를 위해 감자나 채소의 껍질을 수집했는데 보상으로 귀족 우유adelige Milch'를 주었다. 문자 그대로 '귀족' 또는 '푸른 피'를 뜻하는 이 우유는 자연적으로 푸른색을 띠는 탈지우유로 낙농장에서 돼지 농가에 먹이로 주었던 것이다.

인기 있는 사치품에 대한 일시적 규제는 보다 나은 미래에 대한 약속이 있기에 좀 더 쉽게 받아들일 수 있었다. 히틀러Adolf Hitler에게는 집집마다 냉장고, 라디오, 세탁기를 갖추고 휴가를 즐기면서 승용차도 한 대씩 굴리는, 미국의 생활방식을 모델로 한 현대 소비사회에 대한 비전이 있었다. 폴크스바겐Volkswagen의 비틀Beetle 프로젝트 또한 가정마다 각종 가재도구와 가전제품을 공급하겠다고 한 히틀러의 약속만큼이나 비현실적이었다. 개인 고객에게 첫 번째 비틀이 인도된 시기는 전쟁 후인 1946년이었다. 그럼에도 그러한 약속은 한동안은 국민들을 행복하게 만들었다. 많은 노동자 계급의 가정은 1935년~1939년을 '좋았던 시절'로 기억했는데, 당시 그들은 1932년 경제불황 이전보다 풍족하고 잘산다고 느꼈는데, 실제로 생활수준이 나아졌다기보다는 나아질 거라는 기대와 관련이 있었다. 1930년대 말에 독일인은 소득의 45퍼센트를 먹는 데 썼지만 육류의 소비는 불황기보다 겨우 8분의 1 정도 높아진 1인당 연간 48.6킬로그램에 지나지 않았다. 1937년 1월 《프랑크푸르터 차이퉁 *Frankfurter Zeitung*》은 다음과 같은 기사를 실었다. "식당, 야외 맥줏집이나 옥외 카페에서 대중이 느끼는 즐거움은 강한 인상을 남겼다. 소비자들은 커피 한 잔이나 맥주 한 잔 이상 살 수 없는 경우가 다반사였음에도 말이다."[32]

나치가 권력을 잡은 후, 독일언어학회Allgemeine Deutsche Sprachverein는 자신들이 공식적인 당의 노선을 따르고 있다고 보고 스스로 '모국어의 SA(나치의 준군사조직인 돌격대Sturmabteilung)'라고 불렀다.[33] 그렇지만 언어학회 회원들은 나치의 정책을 제대로 이해하지 못했다. 이 파시스트 정당은 특정 외국어를 의도적으로 완곡

한 표현으로 자주 사용하곤 했는데, 예컨대 '불임'이나 '피임'이라는 의미로 널리 이해되며 언어학회의 제안도 있는 독일어 단어는 'Unfruchtbarmachung'이었지만 나치는 '소독', '살균'이라는 뉘앙스를 지닌 'Sterilisation'을 훨씬 선호했다. 1940년 11월 이해하기 어려운 외국어 단어에 대한 대중의 환상을 잘 알고 있던 히틀러는 칙령을 발표했다.

> 총통은 어떠한 종류의 강압적인 독일어화도 원하지 않으며, 독일 언어의 정신에 기인하지 않지만 독일어 단어로 편입된 지 오래되었거나 외국어라는 느낌이 과도하게 느껴지지 않는 외국어 단어들을 인위적으로 대체하는 것을 찬성하지 않는다.[34]

그럼에도 1939년 6월 아들론 호텔 식당의 메뉴판에는 대단히 독일적인 어휘 몇 개가 등장했는데, 그중에는 소스Sauce, 샹피뇽 버섯Champignons, 부야베스Bouillabaisse를 대신해 사용된 툰케Tunke, 고귀한 버섯Edelpilze, 마르세유 생선수프Marseiller Fischsuppe 같은 단어들이 있었다. 그러나 전반적으로 그 메뉴들은 여전히 꽤 세계시민적인 것으로 들렸는데, 라구팽ragout fin*, 스카치 우드콕, 웰시 레어빗Welsh rarebit** 등이 그랬다. 또한 손님들에게는 와인을 많이 권했는데, "와인이 없는 식사는 햇빛이 없는 날과 같다"라는 말이 독일어와 영어

---

* 파이 또는 조개껍데기에 담아낸 스튜.
** 치즈를 발라서 구운 토스트.

로 인쇄되어 있었다.

나치가 점차 선전 목적으로 언어를 도구화하면서 공적인 영역에서 엄격하게 규제하자, 언어학회의 활동은 중단되었다. 앞서 언급했던 악명 높은 '일요일의 아인토프'를 제외하고 그 시대의 언어 연구에서는 음식이 거의 언급되지 않았다. 참고문헌들은 일반적으로 직설적이기보다 암시적이었다. 당시 독일인 기자가 1941년 베를린의 한 여성의 이야기를 썼다.

> 그녀는 고객들에게 제공되는 저지방우유Magermilch의 품질에 관해 칭찬을 하지 않았다는 이유로 석 달 동안 매일 경찰서에 불려 가 "탈지우유란 것은 없고 탈지한 신선한 우유entrahmte Frischmilch만 있을 뿐이다"라고 되뇌야 했다.

조지 오웰George Orwell의 《1984》에 나오는 뉴스피크Newspeak가 자연스럽게 떠오른다.

> 뉴스피크의 전반적인 목적은 사고의 폭을 좁히는 것이다. 마지막에 우리는 표현할 만한 마땅한 단어가 존재하지 않기 때문에 문자 그대로 '사고 범죄'를 저지르기가 불가능해진다… 혁명은 언어가 완벽할 때 비로소 완성되는 것이다.[35]

'아리안화'는 나치 정권의 또 다른 대표적인 완곡어법이다. 이는

1939년 아들론 호텔 식당의 메뉴 표지.

유대인 사업체 강제 매각, 그리고 훗날의 강탈을 감추기 위한 표현으로, 많은 경우 매입자의 신규 사업 기반을 탄탄하게 해주었으며 '선량한' 독일인들에게 엄청난, 그리고 종종 부끄러운 줄 모르는 개인적 이익을 가져다주었다. 가장 두드러진 사례가 1937년 켐핀스키 그룹을 아싱어에게 매각한 사건이었다. 불황이 1920년대 후반의 쾌락적 도피주의를 종식시키면서 접객업계 종사자들 모두가 힘겨운 상황을 맞이했다. 그렇지만 켐핀스키는 여전히 부채가 없었고, 심지어 상당한 수익을 올리고 있었다. 반면 아싱어는 그 전설적 명성의 흔적이 오늘날까지 남아 있지만, 지나치게 큰 야심 탓에 1930년대에 이 미식의 제국은 심각한 재정 위기에 봉착한 터였다. 그들은 공짜 롤빵 제공을 중단했고, 당국에 도움을 청했다. 그리고 1936년 베를린올림픽을 포함한 모든 대규모 행사에서 나치의 주된 외식업자가 되었다.

1933년 나치가 정권을 잡자마자 시작된 공격적인 반反 유대인 캠페인 기간 동안, 유대인 소유의 상점에 대한 불매운동이 일어났다. 준군사조직인 돌격대 SA의 감시하에 고객들의 상점 출입이 적극적으로 제한되었다. 다른 유대인 소유의 상점이나 호텔과 마찬가지로 켐핀스키가 소유한 매장 역시 스스로 유대인 소유임을 알리는 팻말을 부착해야만 했다. 산업이 전반적으로 회복되어 경제위기를 벗어난 시기에도 켐핀스키의 사업은 심각한 어려움을 겪으면서 1933년 이후 더 이상 수익을 내지 못했다. 그 후로 몇 년 동안 경영진은 주식의 일부를 처분해 회사 규모를 줄이려고 했다. 켐핀스키는 독일 여러 지역에 보유한 포도원에서 포도를 재배해 와인을 전 세계로 수출했었지만 더 이상 자신들이 만든 와인을 병에 담을 수 없게 되었으며 다른 유대인 회사와 마찬가지로 나치가 지정한 아리아인 관리자를 받아들여야만 했다. 뿐만 아니라 사회적인 비난과 함께 식당의 명성이 나빠지면서 켐핀스키 일가는 모든 공식 위원회에서 강제로 물러나게 되었다. 올림픽 경기 이후 반 유대인 공세가 더욱 공공연하게 이루어지자 켐핀스키의 재정상태는 더욱 악화되었다. 다른 많은 유대인 소유 회사들이 당한 것처럼, 적절한 시점이 되자 시장에서 자연스럽게 밀려나 파산해 매각을 강요당했다. 원래 아싱어와 켐핀스키는 긴밀하게 연결된 이 산업의 여러 단계에서 서로 협력하던 파트너였다. 1937년 긴 협상 끝에 아싱어는 켐핀스키를 '대단히 우호적인 조건'으로 인수했다. 인수 과정은 당시의 지배적인 제도하에서는 법률적으로 하자가 없는 것으로 간주되었지만, 이 거래를 통해 아싱어는 단박에 재정위기에서 벗어났다. 아싱어의 생산 시설은 어찌 되었든 규모가 지나치게 방대해진 상태로 매장 부족으로 고전하던 터라, 새로운 체제하에서 두 회사가 효율적으로 하나가 되어 자원을 합리화할 수 있게 되었다.

아싱어는 광고를 통해 이제부터 켐핀스키 식당이 사회적으로 용인됨을 알렸으며, 이 인수는 아싱어에게 철저하게 이익이 되었음이 입증되었다. 1941년 유대식 회사명이 불법이라고 공표되자, 아싱어는 큰 명성을 얻고 있던 식당 겸 조리식품상점 보르하르트 인수에 성공한 후 보르하르트라는 이름을 전 업소에 내세웠다. 그 결과, 1936년과 1943년 사이에 아싱어의 매출은 두 배로 뛰었다. 당시 사람들이 전쟁으로 야기되는 일상적 문제들로부터 일시적으로나마 도피처를 찾으면서 식당과 술집들은 바빠졌다. 전쟁 동안 아싱어는 배급 카드를 요구하지 않고 감자와 채소 요리를 제공할 수 있었으며 1942년에는 독일계 유대인 여성들을 비롯해 26개국 출신의 강제노동자들을 고용했다. 노동조건은 노예에 가까웠다. 보수는 아주 낮았으며, 외국 출신 노동자들은 막사에서 지냈다.

    1939년 9월 전쟁이 시작됨과 동시에 등화관제 조치로 인해 일몰 후에는 칠흑같이 깜깜해진 거리를 공습 감시원이 순찰했다. 도시의 술집은 캄캄한 바깥세상으로부터 피난처를 제공해 큰 수익을 얻었다. 켐핀스키의 식당이었다가 아싱어에 인수된 '하우스 파터란트'는 건물 일부가 폭격을 당한 1943년 11월까지 계속 여흥과 식사를 제공했다. 그해 10월의 메뉴에는 독일식 통보리수프, 어육 완자, 샐러드, 뭉근하게 끓인 과일을 곁들인 팬케이크 등과 함께 세게드*식 자우어크라우트와 감자경단, 그리고 화이트와인으로 조리한 새우와 홍합에 채소와 기름에 볶은 감자를 곁들인 고급 요리도 제공되었다. 감자는 원하면 두 접시를 제공했으며 마지막 줄의 문장은 모두가 통밀빵을 먹게끔 상기시켜주었다. "통밀빵을 먹자, 건강에도 좋다Esst Vollkornbrot, es ist gesünder!" 정부 관리들은 군대와 시민들의 사기를 유지하는 데 식량이 결정적인 요인임을 잘 알고 있었다. 또한

---

*   헝가리 촌그라드주의 주도.

모든 전략적인 준비에도 불구하고 공급이 그리 오래 지속될 수 없다는 사실도 알았기에 전쟁을 빨리 끝내고자 했다. 통밀빵 권장 같은 캠페인들은 초과 수요를 억제하고 국내 생산량과 소비량을 맞추기 위해 분투했을 뿐 아니라, 전쟁 동안의 각종 제약을 견뎌낼 수 있는 보다 건강한 국민들을 목표로 했다. 밀가루로 만든 흰 빵은 빈혈을 유발하기 때문에 '인종적 적합성'에 반대되는 것으로 맹렬히 비난받았다. 예전에는 여성들이 가족의 행복과 안녕을 위해서 '올바른' 일을 하라는 이야기를 들었던 반면, 이제는 반대로 가정의 의무에서 벗어나는 것이 국익을 위해 올바른 일로 그려졌다.

3주 동안의 기습적인 공격(이 기간 동안 아싱어의 트럭들은 사람과 무기를 전선으로 실어 날랐다) 이후 폴란드는 분할되었고 슬라브인 가정들은 독일 국경선 밖에 사는 게르만인들에게 공간을 내어주기 위해 살던 곳에서 쫓겨났다. 1938년 도입된 의무복무 제도에 따라 젊은 여성들은 1년의 복무기간 Pflichtjahr 동안 이곳으로 보내져 이민자들이 '적절한' 독일식 생활방식에 적응하도록 돕는 역할을 했다. 여기에는 질서, 청결과 함께 크리스마스 의식을 치르는 것도 포함되었다. 19세기 후반부터 큰 인기를 끌기 시작한 이 의식은 이제 독일의 국가적 정체성에 굳게 자리 잡고 있었다.

고국의 공급부족 문제를 점령지역에서의 체계적이고 부도덕한 약탈로 해결했는데, 약탈 대상에는 외국의 노동력도 포함되었다. 처음에는 자원을 받았지만 나중에는 강제로 소집했다. 1943년 여름을 기준으로 약 650만 명의 외국인 노동자가 독일에 살았으며, 여러 면에서 노예노동에 상응하는 노동시장을 이루고 있었다. 동쪽 국가들 출신 사람들은 특히 적은 양의 열악한 식품을 배급받았는데, 주로 순무수프와 약간의 빵조각이 전부였으며 이따금 주간 할당으로 극소량의 마가린이나 육류를 받았다. 전쟁포로들의 음식도 이보다 못하지 않았다. 위쪽 슐레지엔*의 수용소에 수감되었던 어떤 영국군 병사는 하루 12시간의 육체적 중노동 후 식사에 대해 다음과 같이 적어놓았다.

> 대개 사료용 사탕무나 자우어크라우트로 만든 멀건 채소수프 0.5리터 정도… 껍질째 삶은 감자 세 개, 남자 열두 명당 검은 빵 한 덩어리, 그리고 가끔 작은 가짜 마가린 한 조각.

아침식사로는 빵과 마가린에 커피 대용품 한 잔이 제공되었다. 수용소 안에서 생존은 종종 적십자사에서 제공하는 식품꾸러미에 달려 있었다. 민간 교도소의 식량 배급량은 그보다도 더 낮은 수준으로 정해져 있었기 때문에 모든 수감자들은 사실상 사형선고를 받은 것과 마찬가지였다.[36]

폴란드를 침공하기 전인 1939년 8월 말부터 시작된 연료, 옷, 식량의 배급과 함께 식품 할당량은 평시의 기준 아래로 떨어졌다. 물을 긷거나 직장이나 상점까지 걸어가는 등의 추가적인 신체 활동으

---

* 슐레지엔의 남동부 지역으로 주로 폴란드와 체코 일부 지역.

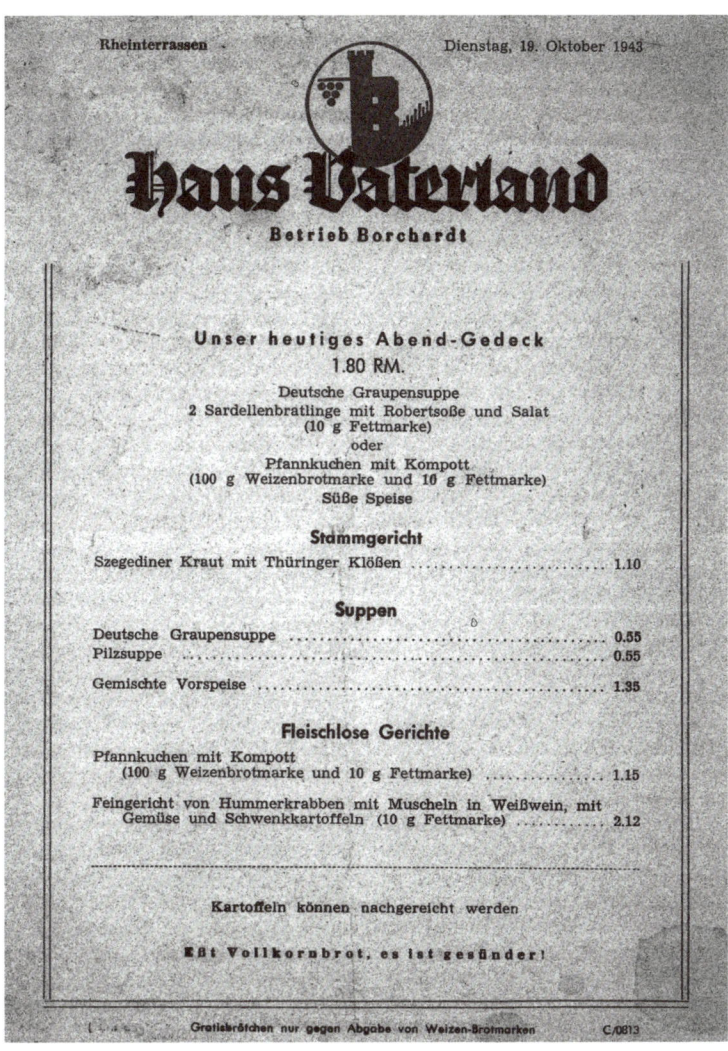

1943년 10월 하우스 파터란트의 메뉴는 감자를 두 번 먹을 수 있다고 약속하지만 무료 롤빵은 밀가루 쿠폰이 있을 때만 가능하다고 표시되어 있다. 이는 공식적인 캠페인 "통밀빵을 먹자. 건강에도 좋다"를 따르기 위해서였다.

10장 | 희망과 굶주림, 통밀빵과 스웨덴순무 | 1914~1949년

로 인해 필요한 열량은 늘어났음에도 말이다. 지방 공급량은 통밀 빵과 감자 같은 기본 식품에 들어 있는 탄수화물과는 거의 균형을 맞추지 못했다. 매일 먹는 감자요리 중 감자채소Kartoffelgemüse가 특히 인기가 높았다. 얇게 저민 감자에 밀가루를 기반으로 한 소스를 얹은 요리인데 식초나 작은 소시지, 피클이나 소금에 절인 청어 또는 신선한 허브를 추가해 수많은 방식으로 변화를 줄 수 있었다. 사용할 수 있는 지방이 전혀 없는 경우, 감자를 차가운 커피 대용품을 발라 '구워서', 감자 껍질로 '미트볼'이나 빵에 발라 먹는 '미트스프레드'를 만들었다. 영국과는 달리, 독일의 배급 체제는 자격요건에 따라 배급량이 다르고 체계도 매우 복잡해 1차대전 당시의 배급 체제를 연상시켰다. 군대의 보급량은 1인당 하루에 4,100킬로칼로리, 중노동을 하는 사람들에게는 3,600킬로칼로리, 일반인들에게는 2,400킬로칼로리가 공급되었다. 어린이, 임신했거나 수유 중인 여성에게는 지배자 민족의 미래를 보장하기 위해 우유, 버터, 설탕의 배급이 추가되었다. 배급 카드는 색깔로 구분되었으며 지방 당국에서 한 번에 4주 단위로 발행했고 지속적으로 조정되었다.[37]

    1940년대에는 영양학적 학술 연구를 통해 다양한 직업군에 따라 요구되는 정확한 칼로리의 양, 그리고 하루 중 언제 따뜻한 음식을 먹는 것이 생산성 향상에 가장 효율적인가에 대한 조사가 진행되었다. 제국식량국의 국내 경제 담당 부서에서는 교육에 대한 노력을 다시 한번 배가했는데, 1940년에는 돼지 도축과 소시지 제조에 대한 지침을 담은 《도축 소책자Einschlachtheft》 개정판을 출간하면서 부록으로《도축에 적용되는 전시 절약방법*Kriegs-Sparmassnahmen beim Schlachten*》을 실었다. 같은 시리즈의 다른 책자들에는 달걀, 야생 과일, 크바르크 등에 대한 권장사항을 담았다. 여성들은 감자로 녹말을 만들거나 사탕무로 시럽을 만드는 자신만의 방법을 개발해냈다. 요리에 독창성을 발휘해 삶은 양배추로 잘게 썬 고기를 흉내 내거나, 간 감자나 세몰리나에 설탕과 쓴 아몬드 맛이 나는 인공향료를 첨가해 마르치판처럼 보이는 것을 만들기도 했다(인공향료에는 레몬, 바닐라, 럼맛을 내는 것도 있었다).

하지만 1차대전 기간과 마찬가지로, 1인당 하루 배급량이라는 형태의 이론적인 수급 자격이 전부가 아니었다. 실제로 얻을 수 있는 것과는 상당한 격차가 있었다. 이전 수년 동안 정부에서 지속적으로 음식 관련 선전을 퍼부은 결과, 많은 가정이 초기에는 잘 준비된 것 같았다. 기본적인 식품을 비축해두는 한편 주부들은 겨울이나 어려운 시기에 대비해 과일과 채소를 보관하는 습관을 유지했다. 그렇지만 1941년 이후부터는 물자부족 현상이 구두끈, 양초, 화장지 같은 일상적인 품목으로까지 확대되었다. 배급을 받기 위한 줄서기는 의무가 되었으며 대부분의 공급물품은 진품을 흉내낸 모조품이었다. 또다시 돼지는 곡물, 감자, 순무 같은 식량을 두고 인간들과 경쟁하게 되었는데 이 역시 1차대전을 상기시켰다. 1944년의 육류 공급량은 1933년의 절반 수준으로 떨어졌으며, 전반적인 식량부족으로 인해 돼지 역시 개체수가 줄어들고 체중도 감소했다. 1939년과 비교했을 때 1943년과 1944년 일반 소비자들은 지방 40

퍼센트, 육류 60퍼센트, 빵 20퍼센트를 덜 소비했는데, 이 수준은 여전히 1차대전보다는 훨씬 많은 양이었으며 같은 시기 독일이 침공했던 나라들보다도 훨씬 많아 실질적인 기아상태로 이어지지는 않았다.

곡물에 대한 나치의 계획은 우크라이나에 크게 의존했다. 이는 러시아의 도시들에 대한 공급 중단을 의미했으며 나치의 공식적인 기아계획Hungerplan으로 이 도시들은 30년전쟁 이후 가장 높은 사망률을 기록했다. 독일군이 레닌그라드로 진격해 포위공격 준비를 마친 것이 분명해지자 스탈린Iosif Stalin이 주민 대다수를 철수시키고 도시를 포기하는 대신 그들이 굶주리도록 내버려두었던 것과 똑같은 계획이었다. 일반적으로 독일군은 모든 보급을 현지에서 해결하도록 되어 있어 필요한 모든 물자를 무자비하게 징발했다. 독일군은 우크라이나인들로부터 약탈과 강탈을 일삼고 심지어 이듬해의 곡물 생산에 필수적인 수단까지 파괴해버렸다. 1941년의 수확량은 예상보다 훨씬 낮았으며, 와중에 운송도 차질을 빚어 군용 식량이 엉뚱한 곳으로 수송되는 경우가 다반사였다. 게다가 경찰들은 우크라이나의 민가를 샅샅이 뒤져 숨겨놓은 식량마저 압류했다. 그러나 이러한 악랄한 술책으로도 당초의 계획처럼 동부의 점령지에서 독일군 전체를 먹일 만큼 충분한 양의 식량을 짜낼 수는 없었다.

그렇지만 심지어 동부전선에서도 병사들이 암시장에서 상품을 빼돌릴 수 있었다. 1940년 문자 그대로 끌고 가는 것을 뜻하는 법령인 '운반 법령Schleppererlass'이 발효되어 독일군 병사에게 직접 실어나를 수 있는만큼 약탈을 허용했다. 특히 프랑스에서 독일군은 파리의 식당에서 식사를 했으며 버터, 커피, 와인, 샴페인, 코냑과 다른 사치품은 물론 심지어 돼지나 양까지 고국으로 보내거나 가져가는 등 호화로운 생활을 했다. 이 물품들 중 일부는 약탈한, 즉 '뒷거래'한 것들이었지만 일부는 현지 통화를 주고 구입한 것들도 있었다. 독일군은 다른 나라의 병사들에 비해 봉급이 많았는데 고국에 돌아간 후의 인플레이션을 방지하기 위해 가급적이면 현지에서 봉급 전액을 소비할 것을 권유받았다. 또한 점령군 중 다수는 점령지의 별미나 사치품에 쓸 돈을 가족들에게 별도로 받기도 했다. 1942년 5월 병사 개개인에게 일반적인 소포 이외에 각자의 집으로 추가 20킬로그램의 소포 발송이 허용되었고, 세관원들은 내용물을 검사하지 말라는 지시를 받았다. 파리에서 가족들의 품으로 돌아온 한 독일 병사는 다음과 같은 물품을 가져왔다고 기록되어 있다.

의류용 원단, 스타킹, 말린 콩, 필기용지, 간빠으로 만든 소시지, 미트 소스에 버무린 당근, 장갑, 내의용 원단, 허리띠, 신발, 비누, 가루비누, 배, 아몬드, 계피, 후추. 테이블은 〔이 물건들로〕 가득 찼고 이제는 〔이러한 행동이〕 독일의 관습이 되었다. 남자들은 네덜란드, 벨기에, 프랑스, 그리스, 발칸반도, 노르웨이 등 가는 곳마다 사들였다.

이는 고국에 적당한 연줄이 있는 병사들에게는 생활이 매우 편안해질 수도 있음을 의미했다. 건축가 율리우스 포제너 Julius Posener

는 1945년 4월 이탈리아에서 쾰른으로 돌아왔을 때 사람들이 굶주림으로 죽어가는 폐허가 된 거리에서 흰옷을 입은 젊은 여인들을 보고 충격을 받았다. "그 사람들은 이 파괴된 폐허에 어울리지 않았다. 장밋빛 혈색에 건강하고 생기가 넘치고 보살핌을 잘 받은 듯 보이고, 옷을 상당히 잘 입고 있었다."[38]

전쟁이 진행되는 동안 독일의 농업 생산성은 농업용 기계와 노동력, 농사용 가축의 부족으로 인해 저하되었다. 많은 농장을 여성들이 운영했는데, 강제노동자나 전쟁포로들의 도움을 받았다. 그들 중 일부는 노예 취급을 받았지만 일부는 가족과 같은 대우를 받았는데, 후자의 경우는 예외적이며 공식 규정에도 위배되었다. 독일 농부들을 동쪽의 새로운 영토에 있는 유럽의 캘리포니아로 대거 이주시키려던 계획은(이 계획에서 '하위 인간'인 슬라브인은 미국 원주민에 해당되었다) 결코 실현되지 못했다. 기대에 가득 차 이 계획에 부응했던 농부들은 대체로 새로운 기후나 토양 조건에 적응하지 못했으며, 대부분 이전의 농장 소유주들인 게릴라군의 습격을 자주 받았다.

나치는 독일의 배급품이 줄어들기 전에 다른 민족들이 먼저 고통을 감내해야 하며 유럽 점령지들은 독일을 위해 완벽하게 합법적인 식량공급원으로 여겨질 수 있음을 주문처럼 외었다. 이로써 굶주림은 모든 점령지로 가혹하게 퍼져 심각한 기아와 영양실조 사태를 초래했다. 점령지의 일부는 식량을 다른 나라, 특히 그리스나 이탈리아로부터의 수입에 의존했는데 이 나라들의 생산 역시 격감했기 때문이다. 전쟁 중 독일에서 빵 생산에 사용된 곡물의 45퍼센트와 모든 지방과 육류의 42퍼센트 정도가 독일 이외의 지역에서 공급되었던 것으로 추정되는데, 대부분은 강제노동의 산물이었다.[39] 프랑스의 농업은 농부들이 자급자족 수준으로 후퇴하거나 생계를 위한 수단으로 암시장에 들어가자 노동력 부족으로 어려움을 겪게 되었다. 도시의 주민들은 농촌과의 적절한 교류와 충분한 재정적 수단이 있어야만 생존할 수 있었다. 독일은 이탈리아와 노르웨이 역시 쥐어짤 대로 쥐어짰다. 엄청난 양의 육류와 곡물이 프랑스, 네덜란드, 덴마크로부터 수입되는 등 실제로는 서부 유럽이 소련의 점령지보다 독일의 식량 확보에 더 많이 기여했다. 독일과 마찬가지로 아리아 인종으로 분류된 덴마크는 특별 취급을 받아 처음에는 내정간섭에서 다소 자유로웠다. 암시장이 거의 존재하지 않는 덴마크의 가격 정책은 농업 생산을 증진시켰으며, 독일인 전체가 한 달 정도 먹을 수 있는 양의 버터, 돼지고기, 소고기를 공급했다(네덜란드는 1940~1943년 약 20만 톤의 버터를 독일에 공급했는데 이는 같은 기간 프랑스의 공급량 4만 9,000톤과 비교하면 엄청난 물량이었다). 독일과는 달리 네덜란드와 덴마크의 농업은 매우 효율적이었으며 최신 과학적 지식에 기반을 두고 있었다.[40]

1차대전 때와 마찬가지로, 전쟁기간 중 독일의 식량 상황은 도시와 농촌 간 큰 차이가 났다. 특히 동부의 넓은 농경지대는 여전히 식량이 풍부했던 반면, 서부의 산업지대에서는 대부분 빵, 감자, 콩류인 도시의 단조로운 공급 물량만으로 식사를 만들기 위해 많은 노력이 필요했다. 요리는 다시 한번 무에서 유를 창조하는 기술이 되었다. 1차대전 때처럼 많은 도시민들은 배급받은 식품에 우유, 버터, 달걀, 채소, 과일 등을 보충하기 위해 인근 농촌으로의 '햄스터 여행'에 의존했다. 농촌지역의 연줄이 과거의 사회적 계급구조를 대체했다.

1942년에 이르자 또다시 도시의 공터는 모두 채소밭으로 바뀌었으며 나무들은 베어 땔감으로 사용되었다. 교외의 정원과 발코니에서는 토끼와 닭을 키웠다. 1943년 가을, 연합군의 폭격으로 베를린 동물원이 파괴되자 사람들은 악어 꼬리, 사슴, 들소, 영양 등으로 포식을 했으며, 뒤이어 곰고기로 만든 햄과 소시지도 등장했다. 전쟁의 막바지 단계에서는 독일 전역에서 길에서 죽은 말을 즉흥적이고 야만적으로 해체한다는 보도가 지속적으로 전해졌다. 물물교환이나 담배를(혹은 담배 쿠폰을) 대체화폐로 쓰는 거래가 증가하면서 암시장은 그 어느 때보다도 중요해졌으며 종종 복잡한 거래망으로 이어졌다. 또다시 여성들이 추가 부담을 지게 되었다. 당시 나치 선전물에서는 불법거래가 평균 가정 소비의 10퍼센트 이상을 차지한다고 추정했지만, 대도시에서는 그보다 훨씬 더 중요한 역할을 했을 것으로 추측된다.[41]

소규모 농업인들 대다수가 나치의 정책에 실망했다. 그들은 정해진 가격으로 이루어지는 중앙집중식 구매와 분배를 못마땅해하며 자급자족과 이익 추구 쪽으로 선회했다. 그로 인해 공식적인 배급품 이상을 원하는 도시 주민들에게는 좋은 친분관계를 찾는 것이 훨씬 중요해졌다. 상황이 이렇게 되자 불법거래에 관여한 사람들을

"햄스터 여인, 부끄러운 줄 알아." 1939년 12월의 포스터. 이 선전은 보이는 것처럼 마카로니, 아마씨유, 올리브유, 팜 지방, 소시지 같은 음식뿐만 아니라 신발과 양모까지 사재기하는 데 대한 경고다.

처리하기 위한 특별 법정이 열려 종종 엄벌이 내려졌다(공습 이후 약탈을 저지른 자들이 종종 사형에 처해졌듯이 말이다). 하지만 관료들을 포함한 다수가 잘못을 저지르고 있다는 사실을 전혀 의식 하지 않은 채 어떤 식으로든 위험을 감수했던 듯하다. 1943년 베를린의 조리식품점 상인인 아우구스트 뇌틀링August Nöthling은 많은 양의 사치품과 식료품, 가령 햄, 사슴고기, 버터, 지방, 가금류, 차, 코코아, 설탕, 오일, 사탕류, 꿀, 과일 등의 배급품을 물밑으로 베를린 경찰서장을 포함해 나치 최고 엘리트들에게 공급하다 발각되었다. 그는 감방에서 자살했다.[42]

1943년 초 스탈린그라드 공방전에서 패배한 후 전면전이 선언됨에 따라 대부분의 식당들이(그뿐 아니라 극장, 댄스클럽 등도) 문을 닫아야 했지만, 베를린의 호르셰Horcher 식당 같은 곳에서는 여전히 금전적 여유가 있던 선택된 소수를 위한 제대로 된 연회가 열렸다. 웨이터가 관련 쿠폰을 확인하긴 했지만, 굴, 바다가재, 샴페인, 생선, 가금류, 파스타 등 배급품이 아닌 온갖 종류의 사치스러운 음식들도 메뉴에 있었다. 그러나 전쟁이 진행되면 될수록 실제로 제공되는 음식은 쿠폰에 인쇄된 내역과는 점점 더 멀어져갔다. 명성이 좀 떨어지는 곳에서는 고객들로부터 쿠폰을 받고서도 해당 식재료를 사용하지 않아 기만행위로 고발되기도 했다. 나치 정권의 많은 인사들은 자신들이 만든 지침을 엄격하게 준수할 것을 원칙으로 삼았지만, 일부는 공개적으로 탐닉에 빠졌다. 히틀러의 식탁에 대해서는 소문의 출처마다 주장이 달라 선전과 현실을 구분하기 어려웠다.

검소한 채식주의 식단이었다는 주장이 있는가 하면 구운 비둘기 요리에 이어 환상적인 케이크가 나왔다는 소문도 들리곤 해 전반적인 나치 정권의 모순을 그대로 드러냈다.

영국은 또다시 독일과 그 동맹국, 독일의 점령지에 대한 대대적인 봉쇄를 단행해 대부분의 유럽 대륙을 세계의 식량 공급으로부터 단절시켰다. 독일 관료들은 '불필요한 입', 즉 노예 노동자, 점령지 국민, 기타 가치 없다고 여기는 사람들에 허비되는 칼로리를 절약할 구실이면 뭐든 환영했다. 기관에 수용된 사람들 중에서도 특히 정신질환이나 장애가 있는 사람들에게는 공식적인 식사로 감자, 순무, 삶은 양배추만 공급하고 단백질을 추가하지 않음으로써 '체계적으로' 굶어 죽도록 만들었다. 비非아리안 시민들은 배급량이 현저히 낮게 책정된데다 선택의 여지도 거의 없어 점차 아사상태가 되었다. 유대인을 공공의 생활로부터 축출하는 체계적인 조치는 구매 시간을 제한하는 방식으로도 이루어졌다. 1940년 7월부터 베를린에서 유대인은 오후 4시부터 5시 사이에만 음식을 살 수 있었는데 이때마저 아리안들에게 구매 우선권이 있었다. 상점 주인들에게는 유대인을 대상으로 한 모든 상품의 보관이나 배달이 금지되었다. 유대인의 배급 카드에는 대문자 'J'가 인쇄되어 있었으며, 유대인에게는 쌀, 설탕, 오렌지, 페이스트리, 신선한 채소, 냉동식품, 아몬드, 견과류, 심지어 소금에 절인 청어, 달걀, 치즈, 농축된 우유 등 특정 상품의 구매가 금지되는 일이 흔했다. 1942년 10월, 그때까지 베를린에 남아 있던 유대인들은 일주일에 단 한 번만 신선한 채소를 살 수 있었는데, 그나마 흰 양배추, 스웨덴순무, 비트 뿌리로 품목이 제한되었다. 같은 해에 배급이 아닌 식품들도 판매한다고 선언되었지만, 유대인만은 모두가 원하는 것을 산 후에야 구매할 수 있었다.

유별나게 춥고 길었던 1941~1942년 겨울, 감자가 수송 도중 얼어붙으면서 식량부족이 발생했다. 석탄 공급도 부족해지자 상황이 더욱 악화되어 학교, 극장, 술집, 전쟁 수행에 관련이 없는 공장은 난방 부족으로 문을 닫았다. 항상 유럽 내 유대인 말살을 원했던 히틀러와 일부 나치 지도자들은 이제 실제로 행동으로 옮길 '합리적인' 명분을 갖게 되었다. '불필요한 입'을 더욱더 줄인다는 것이었다. 유대인 강제수용소의 식량 배급 상황은 상상 이하로 낮은 수준이었으며, 빵과 멀건 죽 이외에 지방은 전혀 공급되지 않았기 때문에 수용소 내 많은 유대인들이 영양실조로 인한 각종 질병과 전염병으로 죽어나갔다. 개개인의 식품 상황은 수용소 상황, 수감자의 국적이나 범주에 따라 달랐다. 일반적으로 친위대 감독관들은 수감자들에게 고통을 주기 위한 수단으로 음식에 대한 특권을 이용해 위계를 만들었다. 음식과 관련된 일에 대한 수요가 명백하게 많았다. 한 보고서에 따르면, 1944년 7월 베르겐벨젠 강제수용소의 식당에서 일한다는 것은 담배, 신선한 채소, 고기 육수, 설탕을 넣은 뜨거운 커피에 접근할 수 있다는 것을 의미했다. 마찬가지로 아우슈비츠의 죽음의 수용소 내 '병원' 구역에서 일한다는 건 의식 없는 아픈 동료 수감자들의 배급 식량을 대신 먹을 수 있다는 것을 의미했다. 일반적으로 지속적인 굶주림은 인간을 자기중심적으로 만들고 연대감을 훼손시켜 반란을 일으키지 못하게 한다. 굶주림은 종종 음식에 대한 집착, 식사와 조리법, 진탕 먹고 마시는 것에 대한 환상을 만들어냈다. 또 다른 보고서에는 이를 '위장의 자위행위 Magen-Onanie'라고 불렀다. 이탈리아 출신 작가이자 죽음의 수용소 생존자인 프리모 레비Primo Levi는 아우슈비츠에 대해 다음과 같이 썼다.

> 더 큰 의미에서 [수용소]는 굶주림이다. 우리 자체가 굶주림이다. 살아 있는 굶주림 … 우리의 육체는 얼마나 약한지! 나는 이런 굶주림이 주는 환상이 얼마나 헛된 것인지 완벽하게 알고 있지만 눈앞에 방금 만든 스파게티가 춤을 추는 것이 보인다… 임시수용소에서 느닷없이 다음 날 이곳으로 출발할 것이라는 이야기를 들었을 때 바로 그것을 먹고 있었는데(맛있었고 노르스름했고 한 그릇 듬뿍 있었지만) 우리는 먹는 것을 멈추었다. 바보, 얼마나 어리석었던가. 이럴 줄 미리 알았더라면!… 이런 식으로 일어선 채 허겁지겁 입과 목구멍을 데어가며, 숨 쉴 틈도 없이, 정말 동물들이 '먹이를 먹는fressen' 방식으로 먹을 줄 알았더라면, 식탁 앞에 앉아 인간들이 먹는 방식으로 경건하게 '식사하는essen' 것이 아닐 줄 알았더라면. 지금 우리의 행위는 '먹이를 먹는'다는 것이 정확한 표현이다.[43]

1940년 영국 공군은 독일의 전투 의지를 꺾기 위해 국제법 위반을 불사하며 공개적으로 시민들의 '사기를 떨어뜨리기 위한 폭격'

을 시작했다. 윈스턴 처칠은 다시 한번 '훈족'을 굶기거나 살해하거나 아니면 치유하기로 작정했던 것이다. 그는 독일인 전체를 훈족으로 불렀다. 초기에 독일 정부는 집이나 재산을 잃은 사람들에게 돈이나 배급 쿠폰의 형태로 후하게 보상했으며 때때로 흰 빵, 육류, 슈납스, 와인, 담배 등을 추가로 배급했다. 가격은 고정되어 있었고 물건을 구매하려면 배급표가 필요했는데, 이는 암시장 활성화에 불을 지핀 꼴이 되었다. 피난처나 대규모 방공호의 설비 및 안락함은 장소마다 천차만별이었다. 폭격이 주기적으로 행해지는 곳에서는 사람들이 옷을 입은 채 잠자리에 들고 가방에 귀중품과 음식을 넣어두었다. 그럼에도 삶은 멈추지 않았다. 가장 원초적인 환경에서도 아이들은 태어나고 피난처에서는 생일과 휴일을 축하했다. 신생아를 먹이는 것이 특히 문제였는데, 많은 여성이 수유를 할 만큼 충분한 모유를 생산하지 못했다. 신경성 스트레스와 영양 부족에다 아이에게 젖을 물리는 시간이 불규칙했기 때문이다. 대규모 공중폭격의 영향은 지진과 비슷했으며 가끔은 불꽃 폭풍을 동반해 온도가 1,000도까지 치솟는 불타오르는 지옥을 만들어냈다. 수천 명의 사람들이 문자 그대로 익어버리거나, 불에 타 죽거나 완전히 재가 되거나, 질식사했다. 연합국의 공중폭격은 식품의 생산과 유통에 심각한 영향을 끼치기 시작했으며 특히 도시에서 더욱 심각했다. 배급도 크게 줄어 폭격으로 집을 잃은 사람들에게 돌아갈 배급량도 줄 수밖에 없었다. 많은 공장에서는 구내식당이 최후의 안식처였다. 공포 속에서 사는 삶과 잠 못 드는 밤이 지속되는 데 따른 장기적 영향과 식량과 약품 부족이 합쳐져 전반적인 국민들의 건강에 큰 상처를 남겼다. 가정전선의 사기가 곤두박질치고 생활여건은 피폐해졌다.

공식적으로 독일의 식량 공급 체제는 전쟁의 마지막 달까지도 붕괴되지 않았다. 나치의 선전은 식품의 원산지와 도의적 가격이 알려지지 않거나 무시되도록 했을 뿐 아니라 끊임없는 세뇌를 통해서 부족하다는 인상을 부분적으로 줄이기도 했다. 독일 시민들의 집단기억 속에서 그들은 전쟁이 끝날 때까지 굶주리지 않았으며 정권의 행위는 위기관리 모델로 인식되었다. 그들에게 히틀러는 기아를 막아주는 보호자였으며 굶주림은 폭격과 마찬가지로 연합국의 또 다른 무기였을 뿐이었다. 역사가들은 실제 전시 식단이 얼마나 많은 제약을 받았는지를 밝히고, 또한 사람들을 충분히 먹이기 위해 여성들이 매일 얼마나 많은 노력을 기울였는지, 남편과 아이들을 위해 자신들은 얼마나 자주 굶어야 했는지 보여주려 노력해왔다.[44] 비교적 최근인 1960년대까지만 해도 대중은 마지막 몇 달만 제외하면 2차대전 중의 식량 공급은 성공적으로 관리되었다고 말했다. 국내 생산량이 완벽한 자급자족을 이룰 수 있는 이상적인 수준에 도달하지 못했을 뿐 최소로 요구되는 배급량을 크게 상회하는 수준으로 유지될 만큼 충분히 증가했다며, 점령지까지 이전되었던 굶주림과 '달갑지 않은 입'에 대한 대량학살은 언급하지 않았다.[45] 실제로 1942년 이후 그리스와 벨기에 국민들은 극심한 영양부족에 시달렸으며 프랑스, 노르웨이, 네덜란드 역시 심각한 어려움을 겪었다.

1945년 봄이 되자 가장 광신적인 나치를 제외한 모든 사람들이 전쟁에서 졌다는 사실을 분명히 알게 되었다. 대부분의 사람들, 특히 도시에 남은 사람들과 수많은 난민에게는 생존이 가장 중대한 일이었다. 1945년 3월자 기사는 텅 빈 식품점과 그때까지 살아남은 소수의 사람들 그리고 암담한 소식으로 손님을 맞는 한 여성 점원에 관해 이야기한다. "무엇을 찾으시든, 여기에는 없어요."[46] 마침내 나치가 식량 상황을 통제하고 있다는 근거 없는 믿음은 그들의 또 다른 거짓말임이 드러났다. 엄청난 수의 피난민이 동쪽에서 밀려들어 임시수용소에서 하룻밤 몸을 피할 곳과 음식을 찾는 데 어려움을 겪었다. 일부 사람들은 식량을 챙겼지만, 아무것도 없이 떠날 수밖에 없었던 사람들도 있었다. 아이들에게 먹일 우유는 유례없이 귀한 자원이 되었고 엄마들은 아이들을 굶기지 않기 위해 가능한 모든 술수를 동원했다. 1945년 5월 초 독일은 무조건 항복을 선언했으며 연합국이 모든 권력을 갖게 되었다. 천년제국이라는 것이 불과 12년 만에 사라진 것이다. 배고픔은 양쪽 진영 모두가 사용한 대량살상무기였으며 신체적으로나 심리적으로나 끔찍한 손상을 초래했다. 총 7,000만 명 이상이 죽었는데 다른 어떤 사인보다도 아사가 가장 많았으며 숫자가 너무 엄청나 그것이 의미하는 비참함을 이해하는 것조차 불가능해 보인다. 나치의 정책은 독일 문화에서 유대적 요소를 모두 털어버렸다. 독일의 젊은 세대는 게필테 피시 Gefilte Fish*, 찰라 Challah**,

*　송어나 잉어에 달걀과 양파 등을 섞어 둥글게 빚어 끓인 유대식 요리.
**　유대인이 안식일에 먹는 빵.

촐렌트Cholent*, 쿠겔Kugel** 같은 음식을 전혀 모르는 채 성장하게 되었다.

각각의 점령군이 관할 점령지역과 합의를 보게 되면서 즉각 그들 사이의 차이점이 분명해졌다. 가장 급격한 변화가 일어난 곳은 소련 점령지역이었다. 1945~1946년 토지개혁은 100헥타르 이상의 농장과 이전에 나치 당원이 소유했던 토지 전체를 작은 구획들로 쪼갰다. 이러한 구획들의 일부는 소농들, 토지를 소유하지 않은 노동자들, 난민들에게 재분배되었지만 나머지는 모두 국가에 귀속되었다. 서부 지역의 최우선 관심사는 순수한 물질적 생존이었다. 식량 생산이나 분배 시스템은 붕괴 직전이었다. 상황을 더욱 혼란스럽게 만든 것은 각 점령지의 경계선이 이전의 경제구역을 가로질러 뻗어 있다는 사실이었다. 농장과 농업용 장비들이 전투기간 중 파괴되어 농경지의 상당 부분을 활용할 수 없었기 때문에 1946년과 1947년의 곡물 생산량은 평균 수준을 훨씬 밑돌았다. 게다가 농업 소출이 풍부했던 동부 지역의 영토가 이제는 폴란드와 소련의 통치하로 들어갔다. 전쟁기간에도 그랬던 것처럼 각계각층에서 겪은 시련의 정도는 천차만별이었다. 어떤 가정에는 기본적인 생필품조차 부족했지만, 다른 가정에서는 어린이들의 장난감 등 사치품이나 소중한 목재 마루를 보호하는 일에 여념이 없었다. 특히 집중적인 폭격을 당한 도시와 비교적 피해가 적었던 농촌 지역의 격차는 극단

---

*   유대인이 안식일에 먹는 고기와 채소 요리.
**   푸딩과 비슷한 유대식 요리.

적이었다. 1945년 가을, 괴테를 포함한 독일의 감식가들이 칭송해 마지않았던 라인가우 지역의 슐로스 요하니스베르크 포도원에서는 최고의 빈티지 와인을 병에 담았지만, 프랑크푸르트 인근에 있던 바로 그 괴테의 부모님 집은 도시의 대부분과 마찬가지로 거의 돌무더기가 되었다.

　배급 식량의 분배는 항복 직후에 즉시 재개되었다. 분배는 점령군이 시행했지만 기본적으로 전시와 똑같은 구조와 체제를 사용했다. 할당량이 약간 달라지고 배급 카드는 고용을 위한 등록과 연계되었다. 생존 전략은 기본적으로 전쟁 막바지와 유사했지만, 조건은 극적으로 악화되었다. 임시 무료급식소가 많은 도시에 세워졌다. 어디서나 줄서기는 필수였으며 재고품에 대한 정보는 입에서 입으로 전해졌다. 공공기관이나 군대의 창고들은 전쟁 막바지에 이미 개방되었고, 그 안의 모든 집기와 물품 등은 대부분 다 약탈되었다. 쌍을 이루는 '뒷거래'와 '사재기'는 생존을 위한 필수요건이었다. 가족이 없는 나이 든 사람, 독신 여성, 어린아이를 키우는 전쟁미망인 대다수는 가장 큰 타격을 입었다. 도시와 시골 간의 여건 차이는 극단적으로 벌어졌다. 당시 많은 보고서들이 농부들을 폭리를 취하는 인색한 사람들로 묘사했지만 농부들의 밭도 때때로 굶주린 난민들에 의해 약탈되곤 했다.

　이 시기에 살아남은 시민들의 대부분은 여성이었으며 상당수가 미혼이거나 전쟁미망인이었다. 그들 대부분은 다음 끼니를 식탁에 올리기 위해 혼신의 힘을 다해 일했고, 능력이 닿는 한 최선을 다해 아이들을 돌봤으며, 동쪽에서 고향을 향해 긴 행렬을 지어 돌아오는 난민들을 간호사처럼 돌보거나 이끌어주었다. 아버지나 남편이 나치 당원이었던 여성들은 처음에는 무보수 강제노동에 동원되어 '돌무더기(잔해) 여인'이라는 의미의 트뤼머프라우엔Trümmerfrauen으로 불리며 폐허를 치웠다. 다른 사람들은 돌무더기에서 재사용될 수 있는 것들을 골라내는 일을 했는데, 이 일은 직업으로 환영받지는 못했지만 식품 할당량이 약간 늘어나는 혜택이 있었다. 배고픔의 강도가 나치의 수용소에 비할 만큼은 아니었지만, 이제는 국민 전체가 굶주림에 시달렸다. 영양실조이거나 탈진한 여성들은 폐허를 치우다 그대로 쓰러져 죽어갔다. 1945년 여름 함부르크에서 한

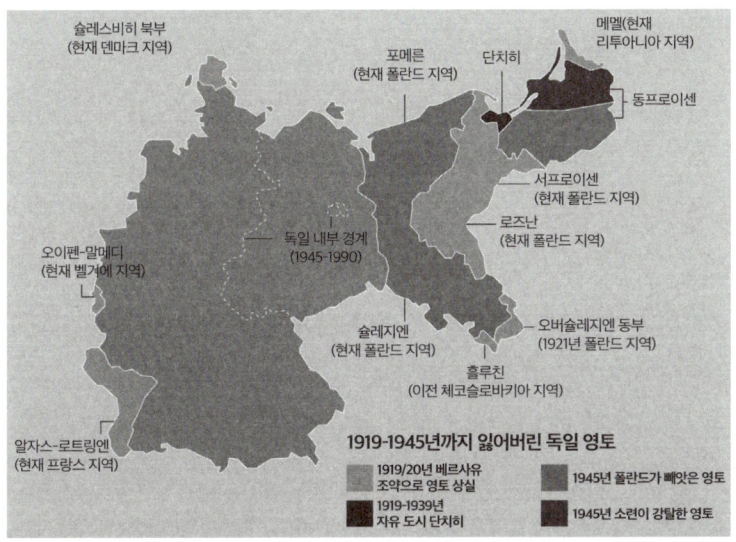

1차대전과 2차대전 이후 조정된 독일의 국경선.

여인은 다음과 같이 보고했다.

지친다 너무 지친다! 올여름은 지난여름보다 훨씬 힘들다. 모든 것이 너무 부족하고 생각이 온통 음식에 집중되고 있다! 지방이 부족하니까 갈망은 점점 심해지고 환상은 더욱 흥분으로 몰아넣는다. 소시지, 비프스테이크, 케이크, 휘핑크림, 커다란 그릇에 담긴 과일, 각양각색의 채소가 가득 담긴 우아한 접시에서 갓 딴 완두콩, 강낭콩, 붉은 토마토, 여린 녹색 오이, 색이 옅은 콜리플라워, 먹음직스러운 두툼한 아스파라거스 줄기가 눈앞에서 춤을 추며 짓궂게 놀려대며 유혹하고 있다! 미켈젠Michelsen〔조리식품상점〕에서 주는 손가락만 한 고기 한 점과 말라붙은 채소(지푸라기를 그럭저럭 먹을 수 있게 만든 것 같다!) 감자도 없고 뒤따라 나오는 정체 모를 수프를 보면 이것은 탄탈로스의 고통이다.* 차라리 먹는 것을 아예 포기할 수 있다면 좋을 것을![47]

식량 배급은 열흘에 한 번씩이었지만, 많은 사람들은 한꺼번에 전부 먹어치운 다음 비트나 주운 채소로 연명하곤 했다. 일부 여성들은 멀건 수프를 먹으면서 요리책에 실린 사진들을 들여다본다는 보고도 있었다. 실질적으로 모든 것이 모조품이었다. '거위기름'은 마조람향을 더한 세몰리나에 물과 아주 적은 양의 지방을 넣어 부

---

* 고대 그리스 신화에 등장하는 리디아의 왕 탄탈로스는 신들의 노여움을 받아 타르타로스로 추방되어 눈앞에 물이 있고 먹을 것이 잔뜩 있는데도 먹거나 마실 수 없는 채로 영원히 살아야만 했다.

돌무더기와 잔해 속에서도 삶은 계속된다. 고급 식품점이 다시 문을 열었다는 광고문이 내걸려 있다.

드럽게 한 것이었으며, 초콜릿케이크는 치커리 뿌리를 볶아 만든 가짜 커피를 곱게 갈아서 색을 냈다. 양질의 식품이란 존재하지 않았다. 감자는 대부분 반쯤 썩어 냄새가 고약했으며, 겨로 만든 빵의 딱딱한 껍질 속은 거의 비어 있었다. 직업은 없지만 아직 집이 있는 사람들은 에너지를 절약하기 위해 하루 종일 침대에 누워 있는 경

유서 깊은 와인 식당인 베를린의 '루터운트베그너', 1946년.

우가 많았다. 일부는 직접 뭔가를 길러서 연명했고, 많은 아이들이 구걸에 나섰다. 개나 고양이들은 요리냄비 안에서 생을 마감했다. 도토리를 빻아서 만든 가루로 밀가루나 호밀가루를 대신했다. 1945년에는 너도밤나무 열매가 풍작을 이루자 다들 게걸스럽게 이 열매를 수집해 빵에 넣거나 식용유와 교환했다. 전쟁이 끝난 후 몇 년 동안의 기억은 빵에 대한 끝임없는 허기로 그려진다. 그런 갈망은 하인리히 뵐Heinrich Böll의 소설 《그해의 빵Das Brot der frühen Jahre》(1955년)[48]에 잘 묘사되어 있다.

그때까지도 많은 사람들이 예전의 방공호나 와인 저장고에서 살고 있었다. 여러 번의 폭격으로 창문도 없고 햇볕도 들지 않아 지하

구덩이에 지나지 않는 곳이었다. 돌무더기와 잔해 속에는 쥐들에게 뜯어먹히며 썩어가는 시체들의 냄새가 여전히 남아 있었다. 땔감은 너무나 귀했고 분배는 믿을 수 없었다. 전기와 가스를 사용할 수 있는 지역에서조차 전쟁 동안 이어진 엄청난 폭격으로 인해 공급이 자주 끊겼다. 비좁은 주거공간은 여전히 석탄 화덕을 쓰던 가정에서 적절한 위생시설과 조리시설을 공유해야 함을 뜻했다. 가장 기본적인 조리시설조차 갖추지 못한 가정에서는 발코니나 현관에 벽돌로 임시 화덕을 만들어 나뭇가지만으로 불을 피웠다. 많은 사람들이 조리용 냄비 같은 것만 손에 넣어도 행운이라고 생각했으며 그렇지 못한 사람들은 무료급식소에서 끼니를 때워야 했다. 불가능할 것 같은 갖가지 용기들이 전쟁 중에 잃어버렸거나 도둑맞았거나 불에 타버린 것들을 대체해 조리도구로 변신했다.

1945년 9월 영국 역시 전쟁으로 인해 파산 위기에 몰려 있었지만 점령지역 내에서 대량 기아사태의 발생을 피하기 위해 자국이 보유하고 있던 금과 달러로 식량을 구입했다. 많은 영국 비영리단체들이 이전에 독일이 점령했던 유럽 각국에서 시작된 정부의 인도적인 노력을 지원했던 반면, 영국의 일반 대중은 그런 도움에 분개했다. 특히 1946년 6월부터 영국 전역에서 빵과 밀가루의 배급이 시작되자 불만의 목소리가 더욱 높아졌다. 그 결과 독일에 개인적으로 음식 소포를 보내는 것은 불법으로 선언되었다. 독일인들은 영국이 감내하는 희생에 대해 감사할 줄도 모르고 알지도 못한다고 묘사되었다. 그러나 정작 독일의 일반 국민들은 무엇을 기대할지조차 모르는 것 같았으며 고개를 떨군 채 생존을 위해 이전처럼 삶을 이어갈 뿐이었다.

모든 영국인들이 용서하지 않은 것은 아니었다. 독일 내 식량 봉쇄와 시민들에 대한 '융단 폭격'에 반대하는 목소리가 있었다. 그중 영국의 폭격규제위원회Bombing Restriction Committee와 식량구호운동Food Relief Campaign 같은 단체들이 소량의 특별식을 독일 점령지의 어린이들과 어머니들, 그리고 병약자들에게 전달하도록 영국 정부를 설득했다. 런던에서 출판으로 성공한 유대인인 빅터 골란츠Victor Gollancz는 과거의 적에게 보다 인도적인 태도를 견지하자는 캠페인을 끈질기게 벌이던 사람들 중 한 명이었다. 골란츠는 1946년 가을 6주 동안 영국 주둔지를 방문했고, 돌아오자마자 모든 주요 일간지에 독일의 심각한 생활여건에 대한 수많은 기고문을 보냈다.

나의 가장 끔찍한 경험은 벨젠 수용소 방문이었다. 그곳에서 유대인 생존자의 팔에 새겨진 문신을 보았다. 나는 나치가 저지른 말로 표현할 수 없는 범죄의 사악함을 잊지 않으려고 한다. 그렇지만 내가 목격한… 소년 소녀들은 아침식사로 먹을 말라빠진 빵 한 조각도 없이 수업을 들으러 학교에 왔다. 방 한 칸짜리 지하실로 내려가자 그곳에는 고군분투하는 한 어머니가 있었다. 그녀는 남편과 네댓 명의 아이들을 위해서 최선을 다하기 위해 힘겹게 싸우고 있었다. 그때부터 나는 독일인에 대해서는 생각하지 않는다. 다만 남자들과 여자들에 대해서만 생각할 뿐이다.

필자의 고조할머니가 전쟁 직후에 사용했던 고철로 만든 냄비.

같은 해 11월 초 골란츠는 뒤셀도르프의 상황을 묘사했다.

일반 주민들의 배급량은 하루에 1,550킬로칼로리 정도인데 우리 영국의 절반 정도다. 그러나 이번 주에는 이 허위 숫자의 대부분을 차지하는 네 가지 품목인 빵, 곡물, 탈지우유, 심지어 채소까지 실제로는 없거나 극심한 공급부족 상태였다. 이런 상황은 정도 차이만 있을 뿐 어디나 똑같았다.

특히 그는 빵의 부족 상태를 설명하며 몇 시간이나 줄을 섰는데도 결국 빈손으로 돌아가게 되는 암담한 상황을 전하면서, 암시장에서 배급량을 보충할 수 없는 사람들은 매일 부족한 400~1,000킬로칼로리를 채우기 위해 무슨 일이든 해야만 할 것이라고 덧붙였다. 결론적으로 그는 다음과 같이 지적했다.

> 젊은이들은 유해한 영향을 받아 다시 나치화되어가고 있다. 평화가 거의 사라질 위기에 놓여 있다. 내가 상황을 과소평가하고 있을까 오히려 두려울 정도다.

종전 이후 몇 년 동안 혹독한 겨울을 겪으면서 수많은 사람이 굶어죽거나 얼어 죽었다. 특히 고령자와 갓난아이, 그리고 도시로 들어온 난민 아이들이 심각한 영향을 받았는데, 특정 지역과 특정 시점의 유아사망률이 극도로 높아졌다. 굶주림과 연관이 있는 질병들, 결핵, 기아 부종, 장티푸스, 신체 쇠약, 그리고 영양결핍으로 인한 여타 영향들이 빠르게 확산되었다. 영양실조가 보통이었기에 표준체중보다 30퍼센트 정도 적은 것은 전혀 비정상으로 간주되지 않았으며, 어지럼증이나 위경련은 평범한 일상이 되었다.⁴⁹

주둔군과의 연줄이 있으면 연명할 음식을 살 수 있었다. 특히 1945년 10월 점령군과 독일인의 접촉을 금지한 친교금지법이 폐기되면서 상황이 변했다. 강간은 흔히 생각하듯이 소련군 주둔 지역에서만 일어난 특별한 사건이 아니었다. 여성의 삶 속 잔인한 사실이었다. 한편으로는 매춘과 친밀한 관계의 구분이 점차 어려워졌다.

독일인 생존자들. 빅터 골란츠의 사진 설명에 따르면, "여섯 식구가 이 방에서 모든 일을 다 하고 있다. 나무판자로 만든 벽, 나무와 종이로 만든 물이 새는 지붕, 약 15제곱미터. 노인은 84세, 한 아이는 결핵 증세가 있다."

미국 병사들은 사치품을 특히 많이 공급받고 있었는데, 독일 어린이들은 그들에게 남은 음식, 사탕, 껌뿐만 아니라 미군 공식 소다수 납품업체였던 코카콜라 사의 음료까지 구걸했다. 1929년부터 독일에 병입 공장을 둔 코카콜라 사는 베를린올림픽 홍보와 관련된 활동에 적극적으로 개입한 전력이 있었다. 1940년 전쟁 중 물자부족 사태를 해결하기 위해 코카콜라 사는 환타Fanta 브랜드를 만들었다. 이 음료는 원래 우유에서 지방과 단백질을 빼고 남은 유장을 기반으로 한 것으로, '환타'라는 이름도 반미주의 경향이 미칠 경제적

젊은 부부가 미국의 유럽구호협회(CARE)가 보낸 구호품의 내용물을 살펴보고 있다.
1948~1960년.

영향을 피하기 위해 영화 〈판타지아Fantasia〉 또는 환상적인이라는 의미의 '판타스틱'에서 따온 것이었다.

1946년 이후 유럽구호협회Cooperative for American Remittances to Europe(CARE)가 보낸 식품 소포가 도착하기 시작했다. 이 단체는 2차대전의 여파로 유럽에 팽배한 고통과 굶주림을 덜어주기 위해 미국에서 민간기금으로 결성되었다. 그 밖에 미국에 살고 있던 먼 친척들과 친구들도 물품을 보냈다. CARE가 보낸 소포에는 보존처리된 고기와 지방, 통조림 혹은 말린 과일, 꿀, 초콜릿, 설탕, 분말달걀, 우유와 커피 등과 함께 절실히 필요했던 의료용 물품들이 포함되었다. 발트해 소국 출신이 많았던 난민들에게 특히 넉넉한 양의 CARE 구호품이 지급되었는데, 이는 번창하던 암시장을 더욱 부추겼다. 소련 주둔지에서도 그에 상응하는 구호활동이 있었는데 한편으로는 솔리파케트Soli-Paket가 스위스를 경유해 구호품을 보냈으며, 다른 한편으로는 좀 더 이념적인 소비에트 파요크Soviet Pajok가 구호품을 예술가, 기술자와 지식인들에게 분배했다. 독일에서 암시장은 아무런 통제도 받지 않은 채 번성했다. 이에 대해 1946년 가을 빅터 골란츠는 다음과 같이 썼다.

점차 커져가는 절망과 재정적 혼돈의 영향으로 공중도덕이 전반적으로 무너졌다. 그곳에는 회색 또는 검은색 경제 부문이 계속해서 합법적 부문으로 파고들고 있으며 마르크화는 점점 의미가 없어지고 있다. 기술적으로는 불법거래지만 너무도 공공연하게 이뤄지기 때문에

이를 두고 '암시장'이라고 부르는 것은 부적절한 표현이다.[50]

1947년 베를린의 암시장에서 미국 담배 7~8개로 설탕 1킬로그램, 23~25개로는 지방 1킬로그램을 얻을 수 있었다. 대규모 거래는 주로 남자들 사이에서 이뤄졌는데, 많은 회사들이 이들을 이용해 식량 확보에 열을 올렸다. 심지어는 정부 관리들까지 화폐를 사용하지 않는 이 대체경제에 참여했다. 1947년 루르의 광산 노동자들이 함부르크에 필요한 에너지를 공급하기 위해 연장근무를 했다. 이에 대한 보답으로 함부르크의 극단들이 공연을 했는데, 이것이 훗날 루르 페스티벌Ruhrfestspiele로 발전되었다.[51]

나치가 독일의 점령국들에게 얼마나 큰 고통을 가했는지 아는 독일인은 거의 없었으며, 오히려 그들은 독일 내 주둔군들 때문에 자신들이 비참해졌다고 믿었다. 1947년 2월 유난히 추운 겨울 날씨로 인해 식품의 배급이 극도로 어려워지자 루르와 라인란트, 베스트팔렌 지역에서 기아로 인한 폭동이 발생했으며 곧 함부르크와 바이에른 지역까지 번졌다. 1947년 런던에서 영국 왕실의 결혼식이 거행되었을 때, 뒤셀도르프의 청년노동자연맹은 결혼 선물로 신혼부부에게 하루치 배급품을 보냈는데, 그 내용물은 빵 300그램, 고기 12.5그램, 치즈 2그램과 탄수화물(세몰리나, 파스타 또는 오트밀이었을 것이다) 40그램이 전부였다.[52]

그 와중에 인플레이션과 이를 막기 위한 가격 통제로 인해 농부들이나 공장에는 식량이나 상품을 생산할 동기가 부여되지 않았다.

1948년 4월 이후 마셜 플랜Marshall Plan이 시행되자 서유럽 국가들도 외환시장에 접근할 수 있게 되어 외화의 대부분을 미국으로부터 식량, 사료, 비료, 건축용 자재 등을 구입하는 데 사용했는데, 이는 미국식 생활을 선전하는 역할까지 수행했다. 1948년 6월부터 통용되기 시작한 새로운 화폐 도이치마르크DM는 당시 독일인들에게 심리적으로 대단히 중요한 것이었다. 이 마르크화는 독일의 전후 경제 기적인 '라인강의 기적Wirtschaftswunder'이 자라날 씨앗을 뿌린 셈이었다. 순식간에 상점의 진열장과 선반에 많은 상품들이 정상적으로 깔렸다. 비록 많은 사람들이 1페니히도 허투루 쓸 수 없는 사정이긴 했지만 말이다. 한편으로 오랜 부자들과 신흥 부자들(기업가들, 정치인들, 암시장에서 수익을 올린 사람들, 통화개혁을 기다리며 불법 상품을 사재기했던 사람들)과 대체로 전쟁 직후보다는 상황이 약간 나아졌지만 갑자기 진열되기 시작한 사치품에 숨이 턱 막힐 뿐인 넓은 독일 서부 지역 대다수 주민들 사이의 격차가 급속히 크게 벌어졌다. 암시장은 즉시 사라지지 않았지만 배급표는 곧바로 소용없게 되었다. 1949년 독일 농부들의 작황은 아주 좋았다. 배급 제도는 서방 연합군 주둔지에서 1950년에 공식적으로 폐지되었으며 소련 주둔지에서는 1958년에 끝났다. 이 무렵에 이미 사람들은 더 이상 배급 카드를 모으려 애쓰지 않았으며, 상점들도 더 이상 이를 요구하지 않았다.[54] 돌이켜보면 이렇게 빠른 속도로 경제회복이 이루어진 것이 놀라울 뿐이다.

냉전이 진행되면서 식량 공급은 곧바로 결정적인 무기가 되었

당대의 식탁

쿠어퓌르스텐담의 켐핀스키 식당

1952년 서베를린 쿠어퓌르스텐담(쿠담 거리)에 재오픈한 켐핀스키 호텔은 미국의 마셜 플랜에 의해 재정적 후원을 받은 복구 사례 중 하나다. 2차대전 말, 켐핀스키/보르하르트 호텔들과 상점들은 폭격을 맞아 라이프치히 가에 있던 원래의 건물은 완전히 파괴되었다. 소련 주둔지역에 있던 아싱어 사의 자산은 모두 압류되어 국영 소매점 및 식당 체인점인 한델스Handels-Organisation(HO)의 기반이 되었다. 프리츠 아싱어는 서베를린에 머물면서 1945년과 1946년 사이에 모두 열 개의 아싱어 술집과 식당을 다시 열었다. 그는 유대인 사업을 매각하는 아리안화 정책에 개입한 적이 없다고 부인했으나 이후 전범으로 기소되자 1949년 자살을 선택했다. 서베를린 동물원역 근처에 있던 마지막 아싱어 비어홀Aschinger Bierquelle은 1976년에 문을 닫았다. 아싱어의 핵심 사업파트너가 1952년 쿠어퓌르스텐담의 켐핀스키 호텔 개업을 주관했다. 켐핀스키 일가 대부분은 영국과 미국으로 이주한 상태였다. 창업자의 조카손자 발터 웅어Walter Unger만 일가의 재산을 지키겠다는 일념으로 독일에 끝까지 남았지만 그는 소유한 재산 전체를 강제매각해야 했으며 매각 시 상당한 액수의 '유대인 재산세'를 물었고, 사망 시에는 모든 권리를 포기하겠다고 선언했다. 그러고는 강제추방되어 1944년 10월 아우슈비츠에서 살해되었다.[53]

다. 1948년 6월 소련은 소비에트 주둔지역 내에 들어가 있던 독일의 이전 수도 베를린과 서방 연합군의 연계를 끊으려는 시도로, 베를린으로 향하는 육상과 해상 접근로를 모두 봉쇄했다. 서방 연합군은 이 봉쇄에 대응해 전례 없는 공수작전Luftbrücke을 펼쳤다. 모든 생활필수품을 공급함으로써, 오랫동안 프로이센의 국수주의와 나치의 군국주의의 상징이었던 도시 자체를 서방의 자유와 민주주의의 상징으로 바꿔놓았다. 1949년 5월까지 거의 일 년 동안 일명 '건포도폭격기Rosinenbomber'들이 이 도시에 있는 세 개의 공군기지에 평균 3분에 한 대꼴로 착륙했다. 몇 년 전 죽음과 파괴를 가져왔던 바로 그 항공기들이 생명을 구할 식량을 '퍼부었던' 것이다. 가장 양이 많았던 날은 896대의 비행기가 7,716톤의 물품을 날랐으며 총 27만 4,718회의 비행을 통해 220만 톤에 이르는 보급 물자를 실어 날랐는데, 대부분은 식량, 석탄, 의약품이었다. 육류 통조림 이외에도 감자, 채소, 과일, 우유, 달걀, 대두 등 대부분의 식품은 조리된 형태로 제공되어 공간과 무게를 절약할 수 있었다. 가족들을 먹여야 하는 사람들에게는 이런 상황에 대처할 새로운 주방 전략이 필요했다. 1949년 '봉쇄된 서베를린의 미국여성' 협회가 편찬한 《먹거리 작전 요리책Operation Vittles Cook Book》에는 무슨 이유에서인지 식품 부족에 대한 언급이 없는 대신, 독일의 요리사들이 검고 무거운 빵에 집착하는 것으로 악명 높은, 시대에 뒤처진 무지하며 투박한 사람들로 묘사되었다. 전쟁과 봉쇄는 서베를린 시민들의 마음속에 계속 살아 있었다. 1970년대까지도 많은 사람들이 여전히 비상식량을 집

2차대전이 끝난 직후 여성 농부가 뉘른베르크에서 채소를 팔고 있다.

한구석에 쌓아놓고 살았다.
 봉쇄가 풀린 이후에도 베를린의 상황은 불안정한 채로 남아 있었다. 1934년 서베를린에서 태어나 그곳에서 직장에 다니며 1950

년대를 보낸 한 여성은 다른 베를린 시민들과 마찬가지로 매일 점심시간에 동베를린에서 식품 쇼핑을 함으로써 수입과 지출의 균형을 맞췄다. 당시에 서독의 화폐는 동독에서 4대 1, 심지어는 5대 1로 교환되었기 때문이다. 그녀는 그 시기를 이렇게 회상했다.

> 진심으로 슬펐던 것은 우리 모두가 그곳에서 쇼핑을 했기 때문에 때때로 동베를린 사람들이 먹을 것이 없었다는 사실이다. 동베를린 사람들은 일을 끝내고 저녁에 집에 와서야 서베를린 사람들이 이미 모든 것을 사 갔다는 것을 알았다… 우리에게는 1950년대 내내 이것이 살아갈 유일한 방법이었지만, 다른 사람들에게는 슬픈 이야기였다.[55]

공식적으로 동독 정권도 이 이야기에 동의했지만, 내부의 문서들은 상반되는 입장을 취했다. 동베를린의 식량부족은 서베를린에 가서 쇼핑했던 동베를린 사람들에 의해 보상이 되었다는 것이다.[56]

20세기 초반의 발전으로 인해 독일의 식습관은 다양한 측면에서 변화했다. 그중 하나가 길거리 음식이 널리 보급되었다는 점이다. 2차대전 때까지도 급하게 먹는 것, 그것도 길거리에서 먹는 것은 집에 화덕이 없거나 집이 없는 경우 필요에 의한 행위였다. 부르주아들은 이러한 습관을 하층계급과 연관지었다. 그렇지만 궁핍, 배고픔, 폐허로 변한 도시 전체는 예전의 행동패턴을 쉽사리 극복하고 임시변통이 가능하게 했다. 음료 매점 트링크할레Trinkhalle는 원래 프랑크푸르트에서는 지역 고유의 것으로 간주해 '워터하우스'라는 의미의 바서호이셴Wasser-häuschen으로 불렸는데, 19세기 후반부터 다른 산업지역에도 생겨나기 시작했다.57 이것은 최근에 발명된 탄산수나 다른 종류의 무알코올음료를 판매함으로써 맥주나 슈납스에 대한 노동자들의 갈증을 해결하려는 도시들의 시도였다. 훗날에는 담배까지 팔게 되었을 뿐 아니라, 원래의 좋은 취지와는 달리 맥주와 슈납스까지 포함되었다. 음식은 가끔 쿠키나 비스킷 형태만 취급했다. 시간이 흐르면서 영업 종료시간의 규제를 받지 않는 이런 매점들은 점차 사람들의 약속 장소나 식품점으로 발전했다. 신문과 음식을 팔고 복권 판매 대리점 역할까지 하는 경우가 종종 있었다. 2차대전 직후 몇 년 동안 이 음료 매점들은 폭격당한 장소에 임시로 세워진 오두막과 더불어 어떤 음식이든 살 수 있는 상점으로 활용됨으로써 새로운 종류의 패스트푸드 가게의 모델이 되었다. 예를 들어 쾰른의 경우 몇몇 가게에서 퐁당과자, 감자튀김, 튀긴 고기완자 등을 팔았다. 화폐개혁 직후에는 굴라시나 뜨거운 소시지 등 더욱 다양한 음식을 취급했다. 베를린의 트레이드마크인 길거리 음식 카레소시지, 즉 커리부어스트Currywurst의 '발명'에 대해서는 1949년 9월에 시작되었다는 데 일반적으로 동의한다. 헤르타 호이버Herta Heuwer라는 여성이 서베를린의 칸트 가에 있던 판매대에서 그때 처음 이 음식을 소개했다. 그녀의 창작품은 미리 초벌구이를 한 육질 좋은 돼지고기 소시지를 그릴에 한 번 더 구운 후 토마토퓌레와 카레가루, 우스터소스로 만든 소스와 함께 서빙했다. 1959년 호이버는 칠업Chillup이라는 이름으로 이 음식을 특별소스Spezial-Sosse로 특허 등록했다. 하지만 그에 대적하는 주장으로 커리부어스트는 그보다 2년 전에 함부르크에서 발명되었으며 케첩과 커리는 한 여성이 미군에게 받은 기초식량이라는 설이 있다.[58]

베를린의 트레이드마크인 길거리 음식 커리부어스트.

11장

캐서롤과 하와이토스트
동독과 서독, 전후의 탐식 1949~1990년

끔찍한 굶주림에 이어 먹을 수 있는 것은 모두 사냥하고 채취했고, 무엇을 먹어야 하는지, 심지어 무엇을 갈망해야 하는지까지 지시를 받으며 국내산 식재료에 대한 12년에 걸친 긴 훈련(비록 속수무책인 희생자들의 무차별적 약탈에 의해 지속되긴 했어도)을 한 후에 독일인들은 탐식에 빠질 준비를 갖추게 되었다. 돌무더기가 치워지고 집, 마을과 도시 전체가 재건되고 수송과 산업이 또다시 궤도에 올라서고 마침내 경제상황이 상승세를 타면서 독일인들의 허리둘레가 빠르게 늘어났다. 그러나 상황은 그리 단순하지 않았다. 예전에 죽을 먹던 시절부터 형성되어왔던 식탁의 복잡성에 더해질 새로운 층위가 기다리고 있었다. 그것은 독일인들을 둘로 나누어 상반된 정치체제에 속하게 하는 거대한 실험이었다. 그들은 어떻게 반응했을까? 정치와 마찬가지로 식단도 상반된 방향으로 발전했을까? 서독인들이 미국식 소비지상주의와 멋진 신세계의 유혹에 굴복하는 반면, 동독 동포들은 러시아의 조리법을 채택하고 보드카를 마시면서 공산주의 원칙에 따라 저장실을 채울까?

짐작할 수 있듯이 실제로 그들 서로는 어느 선까지 상반된 방향으로 움직였다. 그러나 1990년 통일 이후 나중에 드러난 차이점들은 많은 측면에서 그보다 훨씬 과거의 지역적 선호와 고유성에 기인한 것이었다. 하지만 두 개의 독일이 속해 있던 상이한 정치체제는 또 다른 영향을 미쳤다. 서독 주민들은 (국내에서든 외국 여행을 통해서든) 자신들의 요리에 자유롭게 서구세계를 접목했다. 반면, 동독 주민들은 예외적 소수를 제외하면, 선택의 폭이 훨씬 좁았으며 요리 영역에서도 (여행과 마찬가지로) 고국을 벗어나지 못했다. 동독의 식문화는 서독과 완전히 동떨어진 세계에 머물지는 않았지만 경제적 문제로 인해 일종의 시간왜곡 상태에 빠져 있었다. 서독 사람들은 동독을 방문했을 때 경험한 향수에 관해 종종 언급하곤 한다. 그곳 음식이 산업화가 덜 진행된 탓에 좀 더 집에서 만든 것처럼 보였으며, 요리 방식도 훨씬 견실해 보였다는 것이다.

1950년대는 동독과 서독 양측 모두 재건의 시기였으며 동독의 배급 체제는 서독보다 훨씬 늦은 1958년까지 지속되었다. 당시 매우 낙관적이었던 공산당 정치국은 1961년까지 동독의 식량 소비량이 서독을 앞지를 것이라고 선언했다. 동독의 관료들은 식품 수입에서 벗어나 지역 생산을 확대하기 위해서는 민간 농부들이 완전히 없어지고 소비에트 모델에 따른 중앙에서 계획하는 국영 농업으로 대체되어야 한다고 확신했다. 1950년대 후반에 집단농장 Landwirtschaftliche Produktionsgenossenschaften(LPg)이 강제로 설립되었다. 농부들의 반응은 단순한 경작 포기에서 이민이나 자살까지 다양했으며 그로 인해 전문 지식과 동기부여가 심각하게 손실된 것만은 확실했다. 1960년 곡물 농사의 실패와 가축을 위한 개방 축사 실험이 성공하지 못하면서 식품 생산이 거의 붕괴 직전에 이르렀다. 육류, 빵뿐만 아니라 다른 식품들까지 부족해지자 국민들은 공황에 빠져 사재기에 나섰고 분노로 인한 폭동과 파업의 위험이 커졌다.

이 사태로 공산정권이 1961년 8월 동·서독 국경선의 완전 폐쇄를 명령함에 따라 공산주의의 경험이 또 다른 차원으로 옮겨갔다. 이 조치에 뒤이어 경제적·사회적 안정 정책이 실시되었다. 서독의 자유시장과 단절하자, 가격 안정과 실업률 0퍼센트라는 평등주의적 이상이 손에 잡히는 듯했다. 1963년에 이르자 식품 공급이 점차 정상화되었다. 고품질 육류와 햄은 여전히 부족했지만 기본적인 식품 공급은 신뢰할 수준이었다. 그 누구도 양식이 부족해 굶지는 않게 되었다. 오히려 그 반대 상황이었다. 일상적인 양이 넉넉해졌다. 특히 버터와 돼지고기 소비량이 눈에 띌 만큼 증가했다. 고기 없는 식사는 아예 제대로 된 식사가 아니라고 여겼다. 잘게 다진 고기, 돼지고기를 물에 데쳐 훈제한 소시지의 일종인 야그트부어스트Jagdwurst, 소금에 절인 돼지 목살을 쪄낸 캐서롤Kasslerrolle 요리 등이 많은 사랑을 받은 표준 요리였다. 얇은 초콜릿을 켜켜이 바른 빵

뼈를 발라내 소금에 절인 돼지고기 캐서롤. 동독의 요리책 《코헨》.

'칼터훈트Kalter Hund'는 '차가운 개'라는 의미로* 지방과 설탕이 듬뿍 들어간, 어린이들이 가장 좋아하는 케이크였다.

그렇지만 이 평등주의에 문제가 있었다는 사실은 그리 놀라운 일도 아니다. 시민 다수를 차지하는 노동자나 농민은 먹는 데 있어서는 국가로부터 덜 배제되었을 뿐, 정치국 소속의 소수 엘리트들은 일반인들과는 매우 동떨어진 사치스러운 삶을 살았다. 호젓하고 치안이 좋은 그들의 주거지는 베를린에서 북쪽으로 자동차로 달리면 금방 닿는 곳으로, 처음에는 판코브, 나중에는 반들리츠에 자리잡았다. 그 안에 별도의 여가시설과 병원, 대피소까지 갖추고 있었으며 서방에서 수입한 상품을 풍족하게 공급받았다. 예상대로, 이 최상층의 격리된 그룹은 자신들의 한적한 왕궁 밖의 현실세계와 단절되어 의사결정 시 점차 전문가들의 견해를 무시했다. 그들은 지역 특성에 부적합한 채소류 생산을 늘릴 것을 고집하는가 하면 드물게 나가는 바깥나들이에서 각설탕 공급이 수요에 미치지 못한다는 사실을 알고는 어리둥절해하기도 했다. 물품 부족에 대한 불만을 두고 늘 지역 하급 관리들 탓을 했으며 대부분의 경우 근본적인 개혁보다는 단순히 분배를 재조정하는 것으로 대처했다. 그러나 시민들이 올린 청원 중 정권 차원에서 민감한 정치적 이슈라고 생각하는 경우, 최고위층의 정치적 행동이 이어지기도 했다. 그래서 1977년 커피부족 사태로 최초의 미쉬카페Mischkaffee가 도입되었

* 미국식 핫도그hot dog에 대항한다는 의식도 다분히 깔려 있었다.

다. 당시 커피는 경화로 수입해야 하는 품목이었다. 미쉬카페는 커피 대용 혼합물로 치커리나 호밀 또는 기타 곡물에 진짜 원두 최소량을 섞은 것이었다. 그래도 더 많은 불만이 제기되자(이번에는 커피 대용품이 맛이 없다는 것이었다) 동독 정권은 커피 원두를 확보하기 위해 에티오피아, 앙골라, 그리고 다른 '신생국'인 베트남, 라오스, 필리핀과 비밀무기거래에까지 참여했다. 마침내 1978년 치보Tchibo나 야콥스Jacobs 같은 서방의 커피 브랜드가 도입되어 델리카트Delikat 매장에서 독점으로 팔리기 시작했다. 끔찍할 정도로 비싸긴 했지만 말이다.[1]

실질적으로 1948년부터 배급품들이 국영단체인 한델스HO 직영 상점들에서 판매되었다. 가격은 일반 상점에 비해 훨씬 비쌌다. 이런 '정부가 운영하는 암시장'은 민간 상점에서 쇼핑객들을 빼돌리려는 동시에 과잉통화를 흡수하려는 목적이었다. 사람들이 상점에서 구매할 수 있는 물건보다 손에 쥐고 있는 돈이 많았던 것이다. 관료들은 국영 상점들을 칭송했다.

> 정부가 운영하는 식품점에서 당신은 열대과일부터 훈제 청어까지 무엇이든 원하는 것을 구할 수 있다. 여기에서 여러분이 만나는 사람들은 당신처럼 단골상점에서 쇼핑을 하는 보통 사람들이다. 국영 소매상에서 파는 모든 물건에 이익을 남기는 사람은 아무도 없다.[2]

1958년 배급 제도가 철폐되자 한델스 그룹은 일반적인 소매업을 계속하면서 식당과 호텔, 그리고 대규모 백화점Centrum Warenhauser으로 사업 영역을 넓혔다. 또한 개인이 운영하는 식당들에도 한델스 그룹의 취급품목인 특별한 음식이나 수입 음료들을 제공했다. 장기적으로 보아 한델스 그룹은 지속적으로 엄청난 적자를 기록함으로써 정부 예산에 부담을 가중시켰다. 수년에 걸쳐 원자재와 에너지 비용이 상승했지만 식품 가격이 고정되어 있어 국가가 지급하는 식품보조금이 엄청난 규모로 증가했다. 관료들은 감히 가격을 조정할 엄두를 내지 못했는데 가격을 동일하게 유지하는 것을 위태로운 정치적 균형을 보호하는 데 필수적이라고 생각했기 때문이다. 대신 정부는 많은 사람들이 탐내는 귀한 상품을 특별 상점에서만 아주 비싼 값에 공급하는 방식을 선택했는데, 1961년 여름 최초의 고급품 판매 체인인 엑스퀴지트Exquisit 상점들을 개장해 최신 유행의 옷과 신발을 팔기 시작했으며, 이어서 1966년에는 새로운 사치 식품 체인 델리카트가 문을 열었다. 1980년대에 들어서자 엑스퀴지트와 델리카트는 대다수 국민들에게 일상적인 상품 공급원이 되었다. 델리카트에서는 가장 기본적인 상품보다 약간 세련된 물건들을 판매했다. 품목은 와인, 증류주, 생선, 치즈, 초콜릿(초콜릿이라고 하지만 동독 정부의 일반적인 품질 규정은 카카오 함유량이 7퍼센트밖에 되지 않았다)에서부터 육류, 소시지, 고급 빵, 수출용 맥주 등에 이르기까지 다양했으며 포장 방식도 거의 서방 수준이었다. 델리카트의 이런 특수한 상품들은 농촌의 일반 상점들에서도 찾을 수 있게 되었다. 그런데 어떤 면에서 델리카트 상점들의 성공은 일반 공급선을 약화시

컸다. 수요가 공급을 초과했기 때문에 일반적인 식품들은 델리카트급으로 올라가고 일반 상점의 선반에는 질 낮은 상품들이 쌓여갔다. 소시지에 들어가는 고기에는 감자전분, 혈장, 탈지분유, 액상달걀 등의 재료가 첨가되어 맛과 극도로 짧은 유통기한에 대한 불만이 쏟아졌다. 1988년 품질이 우수하다고 여겨지는 델리카트 버터가 일반 버터의 세 배에 육박하는 가격으로 판매되자 대소동이 일어났다. 이에 대해 한 연금생활자가 쓴 내용이 있다.

> 이제 버터도 델리카트에서 판다. 250그램짜리 한 조각에 6.8마르크. 도대체 이게 뭐란 말인가? 우리가 먹고 있는 2.4 마르크짜리 버터는 뭔가? 내 말은 도대체 무슨 일이 벌어지고 있냐는 것이다. 지금 연금생활자로 살고 있는 우리가 얼마나 피땀 흘려 세운 공화국인가? 수백 시간이 넘는 자원 노동이 겨우 5마르크도 안 되는 쿠폰 가치밖에 안 된다는 말인가? 우리가 만들어낸 가치는 아무것도 아닌 것인가?[3]

델리카트와 엑스퀴지트 이전에도 이미 유사한 고급 상점인 인터숍Intershop이 있었다. 인터숍은 1955년 발트해의 항구 도시 로스토크에 첫 번째 상점을 열었는데 원래는 뱃사람들과 여행자들의 현금을 노렸다. 인터숍 상점들은 대단한 성공을 거두어 곧바로 연락선, 공항, 대형 호텔 등으로 확장해나갔으며 주로 주류, 담배, 사탕류, 커피 등을 취급했다. 인터숍은 1961년 베를린장벽이 설치된 후 더욱 중요한 위치를 차지했다. 서독과 서베를린을 잇는 통로를 따라 상점들을 열었을 뿐만 아니라 모든 검문소와 철도역에도 들어섰기 때문이다. 1967년부터는 동독 주민들 중 외교관이나 예술가와 같은 선택된 소수도 이 상점을 이용할 수 있게 되었다. 1974년부터는 판매 품목이 늘어나 식품까지 취급하게 되었으며 공식적으로 모든 동독 주민들에게 개방되었다. 이는 정부가 국민들이 보유한 현금을, 그 돈이 친구와 가족에게 받은 것이든 불법 교역을 통해서 번 것이든 상관없이 거둬들이려는 노력의 일환이었다. 1976년 인터숍 상점 매출액 중 85퍼센트는 동독 주민들로부터 나왔다. 이와 관련된 숙박업 체인(동일한 원칙으로 운영되었다) 인터호텔Interhotel도 고객의 80퍼센트가 동독인이었다.[4]

'서쪽'에서 온 식품 소포는 많은 동독 주민들에게 생활의 일부였는데, 결코 크리스마스에 국한된 일이 아니었다. 어느 시점에는, 이런 식으로 개인적으로 들여온 초콜릿, 커피, 옷과 신발의 물량이 동독의 자체생산량을 능가하기도 했다.[5] 선물을 받은 사람들은 고마워하며 보통 슈톨렌을 답례로 보냈다. 역설적이게도, 드레스덴과 관련이 있는 이 풍부한 맛의 크리스마스 케이크에는 아몬드, 건포도, 설탕에 절인 과일껍질 등의 재료가 들어가는데, 대부분 동독에서는 귀한 것들이어서 수입 시 현금 결제만 가능했다. 이러한 맥락에서 동독 영양연구원은 1981년 국내산 녹색 토마토를 설탕에 절이는 방법을 새로 개발했다고 자랑스럽게 발표하면서 그 결과물이 일반적인 감귤류 껍질을 설탕에 절인 것과 거의 동일하다고 주장했다.[6]

서독 화폐에 대한 접근 가능성이나 특별한 연줄은 별개의 소비계층을 만들어냈으며 이는 사회주의적 집단체제를 서서히 무너뜨리고 있었다. 1970년대 말 동독 시민들은 네 부류로 구분될 수 있었다. 첫 번째 가장 낮은 계층은 노동자, 연금생활자, 그리고 저임금을 받으면서 현금 구하기가 어려운 사람들(따라서 인터숍에서 커피를 살 수 없는 사람들)이었다. 다음이 엑스퀴지트에서 상품을 살 수 있을 정도로 충분한 수입을 올리는 사람들이었다. 그 위에는 서독 화폐를 취득할 수 있어 인터숍에서 원하는 것을 마음대로 살 수 있는 사람들이 있었다. 그리고 마지막으로, 최고 특권층인 정부 고위관료는 '특수 상점'을 이용하고, 값비싼 서독제 자동차를 굴렸다. 이들은 어떤 불황에도 전혀 영향을 받지 않았다. 동독인들은 누구나 시스템이 실제로 이런 식으로 돌아가고 있다는 사실을 알았다. 그럼에도 1977년, 언제나 낙관적이었던 동독 정권은 "물론 [인터숍] 상점은 사회주의의 영원한 동반자가 아니다"라고 선언했다.[7]

당시 동독은 기본적인 식량은 거의 자급자족에 근접한 상태였지만, 그 이상의 소비자의 선택은 종종 제한적이었으며 품질도 일정하지 않았다. 평등주의적 이상이 항상 유연성이나 질 좋은 서비스를 의미하는 것은 아니다. 정부가 설정한 목표가 개인의 생산 계획과 일치하기 어려운 것과 마찬가지다. 식품 분배 역시 잘못 세운 계획과 조정력 부족뿐만 아니라 무관심에서 오는 부주의로 인해 어려움을 겪었다. 발트해에서는 풍부한 양의 생선이 잡혔지만 냉동수송 장비가 부족해 내륙까지 제대로 운반되기란 불가능했다. 연장근무를 하지 않으려는 노동자들 때문에 토마토와 체리, 심지어는 값비싼 수입 포도와 복숭아까지 썩어나가기 일쑤였다. 단단한 붉은 양배추나 흰 양배추, 사과 정도만 품질을 믿을 만한 수준에서 공급되었다. 한델스 그룹 상점들과 콘숨Konsum 사의 매장들은 청결함, 제품 선택, 진열 방식에서 평판이 나빴다. 고객서비스는 들어본 적도 없었다. 오늘날에는 당시 동독의 식문화에 대한 향수를 많이 느끼지만(다음 장에서 상세하게 다룰 것이다), 동독의 건국 30주년 기념식이 열린 1979년에는 의문과 불평이 가득 담긴 청원이 제기되었을 정도로 불만이 팽배했다. 선거 후 육류 배급제가 도입된다는 것이 사실인가? 왜 고급 제품들 중 상당수가 수출만 되거나 일반인은 살 수 없는 엑스퀴지트 상점에서만 팔리는 것인가? 침구와 자동차, 채소 부족 현상은 왜 일어나는가? 선거도 없고 건국기념식도 없는 내년에는 상황이 더욱 나빠지는 것 아닌가? 1986년 동독 정부 자체의 시장조사기관은 전체 식품 중 40퍼센트 정도가 1980년에 비해서 품질이 낮아졌음을 밝혀냈다.[8]

동독 정부는 선전 슬로건을 통해, 국민들을 팔지 않는 상품에 대해 군말하지 않고 판매 중인 상품만 순종적으로 사는 정치적·사회적으로 책임 있는 소비자로 바꾸기 위해 노력했다. 그렇지만 1987년의 청원에 "물건 구매가 지금처럼 걱정스럽고 고생스러웠던 적이 없었다"라는 내용이 있을 정도였다. 자본주의 서독을 향한 사회주의의 진열장으로 인식되었던 동독의 수도만은 식품 공급을 포함한 모든 것에서 절대적인 우선권을 가지고 있었다. 세간의 평에 의하면, 베를린의 가정주부들은 쇼핑을 하지만 공화국의 나머지 지역

주부들은 음식을 찾아다녔다. 스스로를 서독인으로 느꼈던 일부 동베를린 시민들은 등한시되고 있는 다른 지역 동포들에게 부족한 상품들을 보내주기도 했다. 통계자료에 따르면, 1970년대와 1980년대에는 분명히 생활수준이 높아졌다. 점차 많은 가정이 (상품을 수령하기까지 대기시간이 길긴 했지만) 텔레비전, 냉장고, 세탁기, 자동차를 살 수 있게 되었다. 줄이 있으면 그 줄이 무엇을 위한 것인지도 모른 채 줄을 섰다가 그 노력을 보상받기 위해 필요 이상으로 물건을 사들이는 일도 빈번했다. 심지어는 값비싼 델리카트 상점의 보조원들이 단골고객을 위해 가장 인기 있는 상품들을 카운터 아래에 숨겨놓는 경우가 종종 있었다. 한편 굉장한 인기를 끈 시민농장 Schrebergärten 형태로 각 가정에서 과일이나 채소를 재배하고 보존하는 가정생산이 널리 퍼졌는데, 이후에는 냉동보존이 일반적인 형태가 되었다. 이러한 민간업체의 생산품 중 일부를 정부가 정가보다 비싸게 구매한 후 한델스 그룹 상점에서 손해를 보면서까지 판매함으로써 경제체제의 불합리성을 드러냈다.

동독 정부는 여성 노동인력을 절실히 필요로 했는데, 이는 2차대전으로 성비 불균형이 생긴데다, 뒤이어 베를린장벽이 세워진 1961년 8월 이전까지 수많은 귀중한 젊은 남성이 서독으로 유출되었기 때문이었다. 취업연령 여성 중 직업을 가진 여성의 비율이 1964년에 66.5퍼센트에서 1976년 82.6퍼센트로 늘어났다.[9] 1970년대의 출생률 저하는 보육 체제가 널리 보급되고 출산휴가 규정이 관대하게 개정되자 증가세로 돌아섰다. 학교와 공장의 집단 급식 프로그램은

1980년 1월 동독 오베어슈바이스바흐에 있는 한 유치원의 점심시간. 젊은 여성이 어린이들과 함께 식사를 하지 않고 그들을 관리·감독하는 듯 보인다.

동독 사회주의의 핵심이었다. 이는 전통적인 독일 식문화의 급격한 변환을 필요로 했다. 집에서 직접 만드는 요리는 간단한 저녁식사(전통적으로 찬 음식 위주)와 일요일 점심으로 축소되었다. 1978년 동독 주민 두 명 중 한 명이 주중에는 모든 식사를 학교나 직장의 구내식당에서 해결했다. 직장 구내식당에서는 집으로 가져갈 수 있도록 반조리 음식이나 다듬어진 채소, 껍질 벗긴 감자 등을 공급했으며, 구내상점은 농축우유, 돼지 등심, 딸기, 고급 맥주 같은 귀한 상품도 구비할 수 있었다. 정부에서 매일 700만 명 몫의 저녁식사를 생산했는데, 이는 사람들의 식습관을 긍정적으로 바꾸는 기회가 될 수 있었지만 먹는 것에 관해서는 다시 한번 공식적인 이론과 식탁

위의 현실 사이에 엄청난 간극이 생겼다. 한편으로 건강한 영양 섭취에 대한 캠페인이 있었지만, 다른 한편으로 그것을 공동 식단에 구현할 계획이 결여되었던 것이다.[10]

　1970년대 동독 여성들은 (서독과는 대조적으로) 남성의 일을 할 수 있다는 사실에 자부심을 갖긴 했으나, 여성이 이중의 부담을 지고 살기를 기대하는 여전히 불평등하고 성차별적인 사회에 살고 있다는 사실을 그 모든 선전에도 불구하고 곧 깨달았다. 집안일에 대한 과거의 롤모델, 직장에서의 위계구조, 정치적·사회적 위원회 내의 여성 대의권에는 큰 변화가 없었다. 남성의 역할에 대한 사회적 이해가 변하지 않았기 때문이다. 1970년에 발표된 연구 결과에 따르면, 한 가정에서 평균적으로 가사에 할애하는 시간은 일주일에 47.1시간이었는데, 여성이 37.1시간, 남성이 6.1시간, 나머지 '다른 사람들'(주로 할머니)이 3.9시간이었다. 국영 한델스 그룹 식당 체인은 1960년 성년식Jugendweihe 기념일(열네 살이 되는 해를 기념하는 옛 기독교 의례를 대체한 기념일로, 늦은 봄 일요일에 치렀다)에 맞춘 출장요리 서비스 광고에서 일하는 어머니들에게 "많은 가정에서 한 해 전부터 내내 의논하고 준비해온 그날"에 "어머니와 할머니도 다른 사람들처럼 축하만 하면 되는 이점"을 보장했다. 찬요리, 따뜻한 요리, 심지어 접시와 식기까지 포함된 식사 전체를 한델스 그룹 중앙주방에 주문할 수 있었다. 그러나 얼마나 많은 가정이 실제로 주방장을 불러 버섯수프, 채소와 감자경단을 곁들인 레드와인소스의 소혀 요리, 디저트로 레몬크림을 만들게 하고, 필요한 조리도구도 모두 가

져왔다가 식사 후에는 더러운 접시까지 도로 가져가는 서비스를 신청했는지는 알 수 없다.[11]

모든 공적 계획이 파국을 맞이했던 것은 아니다. 구운 닭고기를 파는 식당 체인 골드브로일러Goldbroiler는 대성공을 거두었다. 최초의 아이디어는 소련이 식량 수송을 줄이겠다고 위협했던 1964년에 나왔다. 동독 정권은 언제나 정치적 동요를 두려워했기 때문에 국내 생산량으로 '육류의 격차'를 해소할 방안을 찾고 있었다. 이를 이루기 위해서라면 서방의 기술을 수입할 용의도 있었다. 1965년부터 가금류의 현대적 대량생산 방식을 구축할 책임을 맡은 특별위원회가 구성되었는데 동독의 농업 발전을 한 단계 끌어올린 사례가 되었다. 네덜란드, 서독, 영국의 기술이 유고슬라비아를 통해 수입되어 1966년부터 가축 대량 사육 국영 기업 연합인 콤비나트Kombinate für Industrielle Mast가 설립되었다. 골드브로일러는 공산당 지도부로부터 직접 예외적인 권한을 위임받았음에도 재정적으로 불안정했다. 그렇지만 이 사업이 버틸 수 있었던 주된 이유는 정치적으로 중요하다고 인식된 덕분이었다. 그리고 책임자들은 결국 대단한 성공을 거둔 서독의 음식점 체인 비너발트Wienerwald(1955년 창업했으며 주로 구운 닭고기를 판매한다)를 모델로 삼았다는 정치적으로 민감한 사실을 인정했다. 1967년 말 최초의 골드브로일러 식당이 문을 열었을 때, 여전히 구이용 설비는 '자본주의자 적들'에게서 수입해야 했다. 당시에는 가금류가 일종의 사치로 받아들여졌던데다가 이곳이 진정한 가족용 공간으로 자리매김한 덕분에 골드브로일러는 대단한

성공을 거두었다. 닭을 생산하는 콤비나트는 수요를 감당하느라 엄청난 압력을 받게 되었다.[12]

골드브로일러라는 영어 이름은 모순으로 보인다. 동독의 언어정책은 여러 측면에서 1870년대의 독일을 닮았기 때문이다. 그렇지만 공식적인 책자에서는 브로일러의 기원이 미국이라는 사실을 편의대로 무시하고 특별히 살이 많은 품종을 생산하는 불가리아 회사의 이름을 채택한 것이라고 주장했다. 대부분의 길거리 음식들은 독일어화해 서방 자본주의자들이 원조라는 사실을 감추고자 했다. 특제 빵에 오이 케첩을 얹은 핫도그에는 '케트부어스트Ketwurst'라는 새로운 이름이 붙었다. 1980년대 초반에 들어온 색이 짙은 호밀빵 비슷한 반죽으로 만든 사각형 피자는 '크루스타Krusta'라고 불렸다. 이 피자의 토핑은 이국적인 흑해에서 들여온 것부터 국내의 슈프레발트에서 생산된 것까지 다양했다. 햄버거는 '그릴레타Grilletta'로 불렸는데 바삭바삭한 번빵에 돼지고기를 끼운 샌드위치 형태였으며, 달고 신 처트니소스를 뿌렸다. 하지만 곱게 간 치즈와 채소를 얹었다고 기억하는 사람들도 있다. 이 모든 고급 패스트푸드들은 처음에는 대부분 베를린 알렉산더 광장에 모여드는 군중을 대상으로 했다. 수도가 누리고 있던 많은 특권에 하나가 더 추가되었던 셈이다.

골드브로일러와 거의 동시에 또 하나의 성공적인 식당 체인이 사업을 시작했다. 이 식당은 수산물에 기반을 두었으며 '바다의 향연'이라는 의미인 가스트말 데스 메어레스라고 불렸다. 이즈음 생선류는 비교적 풍족한 편이었는데, 동독의 어선단 규모가 컸기 때

동독에서 개발한 케트부어스트 광고

문이다. 이 사업 아이디어는 발트해 로스토크시에 있던 VVB 심해 어업협동조합연합VVB Hochseefischerei의 영업책임자였던 루돌프 크로보트Rudolf Kroboth가 처음 생각해냈다. 가스트말 데스 메어레스 1호점은 1966년 바이마르에 문을 열었는데 곧바로 전국에 열다섯 개 매장이 더 생겼다. 모든 매장의 메뉴와 디자인(푸른색과 흰색)을 동일하게 했는데, 미국의 패밀리레스토랑을 모방한 것이었다고 한다. 마찬가지로 이 식당들은 잡지와 영화뿐만 아니라 1961년부터 1972년까지 매주 크로보트가 진행한 텔레비전 요리 쇼 〈생선요리 주방장의 비결Der Tip des Fischkochs〉에도 광고를 했다. 독학으로 요리를 배운 크로보트는 정기적으로 수석 셰프들을 로스토크로 불러 교육했다. 가스트말 데스 메어레스는 100종에 이르는 요리를 제공했지만 대부분은 감자샐러드, 구운 생선, 삶은 감자를 곁들인 튀긴 청어같이 단순하면서 내실 있는 음식이었다. 청어, 명태, 대구 등이 주를 이루었지만, 고객들은 러시아산 연어 알도 즐길 수 있었다.

동독에는 요리 잡지나 식당평가 안내서 같은 것은 없었지만 많은 신문과 잡지들이 레서피나 영양학적 조언에 지면을 할애했다. 그런 지면들 중 하나가 농업 관련 저술가이자 기자인 우어줄라 비닝톤Ursula Winnington이 인기 월간지 《마가진Das Magazin》에 연재한 '사랑, 환상, 그리고 조리기술Liebe, Phantasie und Kochkunst'이었다. 그녀는 밀라노식 아스파라거스Asparagi alla milanese, 중국의 닭요리인 깐바오Gangbao, 터키식 속을 채운 가지요리 이맘 바일디Imam bayildi 등 외국 요리에 대한 문헌 자료를 샅샅이 훑었으며, 자유로이 해외 취재

여행을 다니며 여행지에서 레서피를 수집하기 위한 허가까지 받았다.[13] 서독의 식당평가 안내서 《Vif 식당 안내 *Vif Restaurantführer*》는 1983년판에 동독의 식당들을 추가했다. 서독의 한 요리비평가가 동독 정부의 주선으로 두 차례 여행에서 55개의 식당과 호텔을 방문했다. 그가 마음에 든 몇 군데를 추천하고 그중 베를린 남부의 관광명소 뮈겔제 페를레 *Müggelsee-Perle* 를 최고로 언급했음에도 동독 정부는 그의 노력에 감사하기는커녕 함부르크의 출판업자가 책에 소개된 주방장들에게 보낸 증정본들을 압수했다. 1982년 11월 서독의 시사주간지 《슈피겔 *Der Spiegel*》에 실린 기사를 보면 이런 일이 일어난 이유를 명확하게 알 수 있다.

> 유럽에서 영국의 식문화보다 더 나쁜 평판을 얻고 있는 곳은 동독밖에 없다. 긴 대기시간, 착석에 대한 규정, 무례한 서비스, 형편없는 음식, 고객들이 포크를 내려놓기 무섭게 접시들을 치워버리는 '접시사냥', 이러한 것들이 동독의 일상생활 중 일부다.[14]

식당 안내서에는 라우지츠 갈비구이 *Lausitzer Hochrippe* 와 튀링엔 감자경단 같은 지역 음식이 최고라고 언급했지만 이러한 요리들이 완전히 살코기로 만든 요리는 아니라는 사실을 인정했다. 1984년 동독에서 발행한 《미식의 발견 *Gastronomische Entdeckungen*》은 이러한 서독의 무례함에 대한 답변이라고 할 수 있다. 이 안내서에는 동독 전역의 식당과 지역 특선 요리들이 실려 있었다. 저자인 만프레트 오토

Manfred Otto는 튀링엔 지역에 대한 동독의 설문조사를 인용해 3분의 1이 넘는 동독 주민들이 바이마르와 에어푸르트 대표 음식으로 생감자에 크루통을 채워 만드는 유명한 튀링엔 감자경단을 연상했으며, 나머지는 튀링엔 로스트브라트부어스트, 즉 돼지고기소시지를 생각했다고 서술했다. 그는 튀링엔 사람들을 진정한 미식가로 선언하며, 그들이 좋은 음식, 특히 돼지고기를 좋아하지만 에어푸르트와 아이제나흐 사이에 있는 시내와 강가에서 자라던(지금도 자라고 있는) 야생 미나리도 좋아한다고 썼다.[15]

동독에 있는 2만 6,000개의 식당 전체가 다섯 개의 공식적인 가격집단으로 분류되었다. 이 중 최하위 두 개 집단에 70퍼센트가 넘는 식당들이 속했는데, 이는 식품 공급 우선순위에서도 가장 낮은 위치에 있음을 의미했다. 많은 동독인들이 당시의 미식이 제한적이고 예측 불가능했지만, 솔랸카Soljanka와 렛초Letscho만은 어디서라도 먹을 만했다고 회상했다. 솔랸카는 러시아 혹은 우크라이나에서 유래한 수프로 절인 버섯, 오이나 다른 채소들, 토마토, 레몬에 사워크림을 넣어 만들었다. 양념 맛이 강한 헝가리 음식인 렛초는 이탈리아 페페로나타peperonata* 방식을 약간 가미하여 벨후추, 토마토, 양파로 만들었다. 동독의 식당에서 제공되던 음식들은 대부분 원조 음식들을 공급되는 식재료에 따라 매우 자유롭게 변형한 것들이었다. 라구의 일종인 뷔르츠플라이쉬Würzfleisch 역시 다수의 식당에서 빼

---

* 피망, 양파, 토마토, 올리브유를 섞어 조리한 스튜이자 소스.

놓을 수 없는 메뉴였다. 당시 웨이터들은 좋게 말하면 퉁명스러웠고 나쁘게 말하면 무례했던 것으로 기억되었다. 또한 당시 식당에서는 같은 시기의 서독인들은 들어보지도 못했을 착석 규정이 적용되어 빈 테이블이 있어도 손님들에게 줄을 서게 했다. 직원들은 테이블 치우는 일이 대체로 느렸으며 야외 테이블에 서빙하는 것을 너무 귀찮다며 거부했다. 사회주의적인 평등의 이상에 충실하게, 그 누구도 다른 사람에게 어떤 형태의 서비스도 기대하지 않았던 것이다.

그렇지만 예외도 있었는데 특히 개인이 소유하고 운영하는 식당들이 그랬다. 1972년, 그때까지 남아 있던 개인 수공업자들이나 소규모 회사들 다수가 정부에 매각하라는(1930년대 유대인들에 대한 재산 박탈을 다소 연상시키는 패턴에 따라) 강요를 받았지만 개인 소유의 상점과 식당들이 국영 업체보다 훨씬 효율적이라는 사실이 드러나자, 나중에는 암묵적으로 장려되었다. 1989년에는 이런 식당들이 전체의 43퍼센트를 차지했다.[16] 야심만만한 셰프들 중에는 1987년 베를린에서 문을 연 이탈리아 테마 식당 '피오렐로Fiorello'의 도리스 부르넬라이트Doris Burneleit도 포함되었다. 부르넬라이트처럼 독학으로 셰프가 된 롤프 안쉬츠Rolf Anschütz는 1966년부터 튀링엔주 줄Suhl에 있던 병기고Waffenschmied를 지극히 전통적인 일본 식당으로 서서히 개조해 목욕 의식, 기모노, 젓가락, 사케 등을 완벽하게 갖추었다. 두 사람 모두 구할 수 있는 문헌은 무엇이든 찾아 자신이 선택한 외국 요리를 공부했고 주방에서 손에 넣을 수 있는 것으로 임시변통을 했다. 즉흥적인 조리가 필요한 경우가 잦았다. 부르넬라이트는 구할 수 없는 파르메산 치즈 대신, 화이트와인에 재워두었다가 바람이 잘 통하는 굴뚝에 말린 에담 치즈를 사용했다. 안쉬츠는 운이 좋았다. 일본 손님들이 큰 감명을 받고 돌아가 원래의 식재료들을 그에게 소포로 보내주었기 때문이다. 그의 이야기는 2011년 〈줄의 스시 Sushi in Suhl〉라는 영화로 만들어졌다. 동베를린의 학생들과 예술가들의 구역인 프렌츨라우어베르크에서 코노프케 Konopke 일가가 운영하던 소시지 가판대는 보다 실용적이었다. 이 가족은 1960년대에 육류 품귀현상이 일어나자 일시적으로 메뉴를 생선으로 바꾸기도 했다. 바르네뮌데에 소재한 야심찬 호텔 넵튠 Neptun은 책임자가 식품과 휴가용 숙박권을 물물교환할 수 있도록 한 것이 도움이 되었다. 1978년 이 호텔에 다섯 개의 민족식당이 문을 열었는데 동독 전체에서 가장 비싼 식당들이었다고 전한다. 그 식당들은 국내 수산물뿐 아니라 쿠바, 헝가리, 러시아, 스칸디나비아 요리도 선보였다. 1971년에 문을 연 넵튠 호텔은 스웨덴 회사가 설립한 다른 최고급 호텔들처럼 최고의 국제기준을 따랐다. 모두 757개의 침대를 갖춘 이 호텔은 1989년 베를린장벽이 무너질 때까지 예약이 꽉 차 있었다. 또한 동독 화폐로 계산하는 동독인들(80퍼센트)과 암시장 환율에 맞춘 '호텔 돈'으로 자국 화폐를 환전해야 하는 외국인들(20퍼센트) 모두 만족해하는 극히 이례적인 장소였다.[17]

1965년 즈음 휴가여행은 많은 동독인들이 가장 원하는 일에 속했지만 대부분의 사람들은 국경을 넘어설 수 없었다. 일반적인 인

당대의 식탁

베를린 프렌츨라우어베르크의 코노프케 소시지 판매대

1901년 콧부스에서 농부의 아들로 태어난 막스 코노프케Max Konnopke는 1920년대 후반 베를린으로 이주했다. 건설 현장에서 일용 잡역부로 일한 후 1930년에 막스와 그의 아내는 소시지 가판 사업 부어스트막세Wurstmaxe로 자신들의 운을 시험했다. 그들은 매일 밤(낮 동안의 판매는 심한 규제를 받았기 때문이다) 위험을 무릅쓰고 밖으로 나갔다. 뜨거운 물에 갖가지 소시지가 담긴 금속제 냄비Wurstkessel를 놓고 접이식 테이블 위에 우산을 펴 비바람을 막았다. 프렌츨라우어 구역의 밤문화는 장사하기에 좋았다. 1930년대 말 육류가 귀해지자 소시지 대신 감자로 만든 팬케이크 카르토펠푸퍼Kartoffel-puffer를 팔았다. 1947년에는 목재 헛간 두 채로 자리를 옮겼다가 곧 다시 이동식 손수레로 바꿨다. 훗날 사위가 사업에 합류해 매주 서는 각종 야

가판대에서 소시지를 팔던 모습, 1930년경

외 시장과 크리스마스 시장으로 사업 영역을 넓혔다. 1960년 아들이 서베를린의 도축업자와 함께 교육을 받던 중 그때까지는 동독에 알려지지 않았던(최소한 코노프케 웹사이트에는 그렇게 나와 있다) 커리부어스트를 접하게 되었다. 항상 기회를 찾아내는 데 남달랐던 코노프케 일가는 자신들만의 고유한 토마토케첩도 만들었다. 이 새로운 요리는 공장 노동자, 수공업자, 밤새 일하는 사람들과 기존 코노프케 고객들에게 엄청난 인기를 끌었으며, 이따금 인도 요리로 불리기도 했다. 막스는 1976년까지 일했고, 사업을 물려받은 딸 발트라우트는 1983년 새로운 판매대를 오픈했다. 현재 이 매점은 에베르스발터 가 전철역 바로 옆에 있으며 발트라우트의 아들 마리오 부부가 운영하고 있다. 베를린장벽이 무너진 후 도시의 풍경은 점차 변했다. 주 고객도 노동자들에서 학생들과 관광객들로 바뀌었다. 영업시간은 오전 10시부터 오후 8시까지이며, 일요일에는 문을 닫는다. 열성팬들을 거느리게 된 코노프케의 소시지는 여전히 껍질이 없는 것을 사용하며 동베를린의 별미로 자리 잡았다(www.konnopke-imbiss.de).

2011년 새롭게 단장한 코노프케. 2012년 촬영.

식과는 달리 모든 여행을 정부에서 주선했던 것은 아니지만, 긴 대기명단이 일상적이었고 이웃 사회주의 국가로 가는 여행이 특히 그랬다. 젊은이들은 위험을 무릅쓰고 히치하이킹을 감행하는 일이 잦았고 캠핑이 아주 인기가 있었다. 해외여행은 요리책에서 훨씬 쉬워 보였다. 《우리의 좋은 요리 Wir kochen gut》와 함께 동독에서 가장 중요한 요리책이었던 《코헨 Kochen》은 1983년 발행된 제6판에서 장 하나를 통째로 휴가철 해외여행에 기반한 외국 요리들로 채웠다. 불가리아의 차가운 오이수프 타라토르 Tarator, 체코의 양곱창 수프 쿠텔플레크주페 Kuttelflecksuppe, 헝가리의 팬케이크 팔라트쉥켄 Palatschinken, 코카서스식 필라프 플로우 Plow, 폴란드의 오이수프 구어켄주페 Gurkensuppe, 루마니아식으로 그릴에 구운 다진 소고기 롤 미티테이 Mititei가 모두 서문에서 멋지게 언급되었다. 이어지는 레서피들은 대부분 러시아와 중부 및 동부 유럽에서 온 것들이지만, 양파수프 릴레트 Rillettes와 부야베스 같은 프랑스 전통요리나 인도의 호박스튜, 감자와 스파게티로 만든 이탈리아의 미네스트라 Minestra도 수록되었다. '호기심 많은 사람들을 위한 외국의 특선 요리'라는 제목을 단 특별한 장에서는 새콤달콤한 돼지고기 탕수육 Süß-saures Schweinefleisch과 헝가리의 세게드식 굴라시로 시작해 푸른 콩에 당근, 베이컨, 명시되지 않은 레드와인을 넣어 만드는 부르고뉴식 콩요리 Burgunder Bohnen와 볶음국수 바미 Bami, 돼지고기나 해물을 넣은 스페인의 파에야 Paella, 속을 채운 포도잎, 흰 양배추와 사과를 넣은 갈비 찜, 저민 소고기를 넣은 페이스트리, 이탈리아 만두 라비올리

피자와 스파게티. 이탈리아 음식의 매력은 독일에서도 통했다. 동독의 인기 있는 요리책 《코헨》에서.

동독식 우스터소스와 케첩, 《코헨》.

Ravioli, 러시아 만두 펠메니Pelmeni, 꿀과 겨자와 커리가루를 입혀 구운 통닭 호니히브로일러Honigbroiler로 이어지며 애플파이, 자우어크라우트 위에 얹은 러시아식 잉어요리와 채소를 곁들인 생선Fisch mit Gemüse도 실려 있었다. 상상 속 진기한 요리와 완벽하게 일상적인 음식이 혼합된 전 세계 대표 음식의 집합이었다. 같은 시대의 서독 레서피들과 마찬가지로 외국의 식재료들은 국내에서 생산되거나 구할 수 있는 다른 것들로 대체되었다. 간장 대신 국내의 에르바Erwa나 비노Bino 같은 식용 조미료를 쓰라는 식이다. 그렇지만 구하기가 특히 힘들었던 바나나가 포함된 레서피가 여덟 개나 실려 있는 것은 가학적인 수준에 다다른 듯 보인다.

이 요리들 중 일부는 셰프 쿠르트 드루머Kurt Drummer의 동독 텔레비전에서 격주로 방영된 30분짜리 시리즈 〈텔레비전 주방장 추천Der Fernsehkoch empfiehlt〉에서도 다루었다. 동료 진행자인 루돌프 크로보트와는 달리, 드루머는 수많은 인터호텔의 대규모 주방을 장악한 전문가였다. 텔레비전 쇼에서 시청자들이 구할 수 있는 재료를 가르쳐주고 그에 따라 자신의 요리를 맞춰가는 것도 그의 임무에 속했던 것 같다. 그렇지만 TV시리즈와 병행해서 출간된 요리책들은 전혀 이상할 것도 없이 이탈리아와 오스트리아 음식을 쿠바와 소련 음식과 나란히 실었다.[18]

특히 1980년대에 자우어크라우트와 감자샐러드를 넘어서는 요리에 대한 영감이 점점 국내 가까이 모여들 수 있었다. 동독은 비록 단일 문화를 가진 나라로 인식되고 있었지만, 사회주의 국가들에서

들어온 난민, 유학생, 노동자들이 외국의 영향을 전했다. 1987년부터는 베트남인이 외국인 중에서 가장 큰 민족집단을 형성했다. 동독 정권은 베트남전쟁과 뒤따른 사회·경제위기 이후 경제적 지원이 다급하게 필요했던 동료 사회주의 국가들과의 연대를 선언했다. 동독 관료들은 국내의 후추와 커피 생산에 투자함으로써 중앙집권적인 계획경제의 비효율성으로 인한 노동력부족 현상을 해결할 기회를 찾았다. 이론적으로 외국인 노동자들은 일상의 모든 분야에서 완전히 분리되어 있었다. 현실에서는 상황에 따라 좀 더 느슨하거나 좀 더 엄격한 것으로 드러났지만, 그들이 음식에 미친 영향은 극히 미미했다. 예를 들어 동독의 하청 노동자들에 관한 자료들에는 공장 구내식당에서 특별식을 제공했다는 언급이 없다. 국민들도 각각의 하청 노동자들이 국가의 적자 감소에 도움이 된다는 말을 들어보지 못했다. 다만 당국이 베트남 노동자들이 쌀, 돼지고기, 설탕, 가금류 등을 사들이는 것에 대한 계획을 세우지 않았고, 그 때문에 상점의 공급 물량이 더욱더 불안정해진 데 대한 비난을 그들에게 돌렸다는 사실만 알게 되었다.[19]

　1989년 10월 7일 동독의 건국 40주년 기념일 저녁, '공화국궁전'에서 공산당 정치국 간부들은 루마니아의 차우셰스쿠 Nicolae Ceaușescu 대통령, 팔레스타인의 아라파트 Yasser Arafat 의장, 소련의 고르바초프 Mikhail Gorbachyov 서기장 등 국빈들과 함께 멋진 만찬을 가졌다. 파괴된 제국 시대 궁전 터에 건설되어 1976년에 문을 연 공화국궁전은 동독의 가장 야심차고 값비싼 건설 프로젝트였다. 청동 색을 입

동독의 독일통일사회당(SED) 전당대회 당시 라이프치히 첸트랄 카페의 진열장, 1987년.

흰 반사유리 뒤에는 의회뿐만 아니라 두 개의 대형 연주회장, 극장, 화랑들, 볼링장, 디스코텍이 자리 잡고 있었다. 두말할 필요도 없이, 흰색의 평평한 지붕 아래 들어선 열세 곳의 식당 역시 식재료 공급에 전혀 문제가 없었다. 이 식당들은 플랑베flambee*나 테이블 옆에

* 음식에 브랜디를 붓고 불을 붙여 향이 배게 하는 행위.

서 즉석 육회 타타르 스테이크를 만드는 것 같은 연극적인 퍼포먼스 전문이었다. 그날 저녁식사 메뉴는 깊은 인상을 남길 생각으로 준비되었다. 애피타이저로 크림소스 옥수수를 곁들인 메추라기 가슴살, 이어서 딜소스와 송어 알을 곁들인 송어 롤, 그다음엔 피스타치오경단이 들어간 칠면조수프, 토마토 로얄*이 이어졌는데, 모든 요리에 국내산 스파클링와인 '로트캡첸Rotkäppchen'이 곁들여졌다. 이어서 메인 코스로 '필레 앙상블 트리아농Filet-Ensemble Trianon'이 나왔다. 이 요리는 햄 뒥셀duxelles**을 곁들인 송아지 살코기, 채소 부케를 곁들인 소고기 살코기, 복숭아 반쪽을 곁들인 닭고기 메다용medaillons***으로 구성되어 있었다. 디저트는 아이스크림 장식을 얹은 초콜릿 마르치판 스펀지케이크였는데 적절하게도 '서프라이즈Surprise'라는 이름이 붙어 있었다. 그런데 그 무렵, 주로 젊은 시위자들이 주축이 된 3,000명에 달하는 군중이 댄스음악이 흐르며 기념축제가 열리고 있던 인근 알렉산더 광장에 나와 행진하면서 "자유, 우리가 인민이다Freiheit, Wir sind das Volk"라고 외쳤다. 이로부터 불과 5주 후 베를린장벽이 무너졌으며, 서베를린 시민들은 과거의 동포였으며 미래의 동포가 될 그들을 스파클링와인과 바나나로 반겼다.

1950년대의 서독은 종종 '탐식의 물결Fresswelle'이라는 꼬리표가 붙었지만, 좀 더 자세히 들여다보면 이 어휘는 지나친 단순화였음

* 각종 양념을 넣어 오븐에 구운 토마토.
** 버섯, 샬롯, 파슬리 등을 잘게 다져 버터에 볶은 페이스트로 속을 채운 햄.
*** 고기 따위를 메달 모양처럼 얇게 원형으로 자른 것.

이 드러난다. 많은 사람들에게 배가 부를 때까지 먹는 것이 전쟁 직후의 굶주림에 따라오는 최우선 순위임은 인정해야 한다. 한 여성은 1949년 4월, 새 화폐 도이치마르크가 도입된 이후를 다음과 같이 기억했다.

> 갑자기 상점들에 버터가 산처럼 쌓이고 달걀이 엄청나게 많아졌어요. 이 유제품가게에서 크림을 살 수 있게 되었어요. 액상크림 말이에요. 그리고 하얀 밀가루, 하얀 밀가루, 아, 얼마나 좋았던지. 그리고 무엇보다 지방 그리고 약간의 커피가 있었죠, 진짜 원두요.[20]

1949년 5월 독일연방공화국의 수립 후, 서독은 즉각 자유시장경제를 채택하고 식품 가격에 대한 규제를 풀었다. 그럼에도 식품 가격은 독일 농부들을 보호하기 위한 농산물시장 국가 규제에 의해 간접적인 영향(훗날의 EU 기준 수준)을 받았다. 소비자들은 빠르게 늘어나는 선택의 자유라는 가치를 중요하게 생각했으며, 셀프서비스 상점과 슈퍼마켓이 도입되어 급속히 성공하면서 선택의 폭은 더 확대되었다. 처음에는 그런 상점들의 숫자가 극히 적고 드물어 1951년 서독 전역에서 39개에 불과했다. 그렇지만 미국의 식품회사들은 독일 시장을 정복하기 위해 그 시장을 바꾸는 데 열을 올렸다. 정치적 측면에서도 생활수준 향상이 공산주의의 위협에 맞서는 데 필수적인 방법이 될 것으로 생각했다. 1953년 이 주제와 관련해 미국의 전시회가 독일 전역을 순회하며 열렸지만 결정적인 전환점은 1957

년 쾰른에서 처음 열린 '아누가Anuga' 식품박람회에서 찾아왔다. 40개의 현대식 셀프서비스 상점이 참여한 특별 박람회였다. 이때부터 이런 형태의 상점의 매출액과 함께 점포 수도 급증했다. 1955년 326개에서 1965년에는 무려 5만 3,125개가 되었다. 식품 소매시장에서 이들의 매출액이 차지하는 비중은 1956년 4.4퍼센트에서 1960년 34.8퍼센트로, 1964년에는 62퍼센트로 늘었다. 기존의 상점을 리모델링하는 데 필요한 투자비용이 상당했기 때문에 독립적인 상점들은 1953년 설립된 '스파Spar' 같은 체인을 형성하는 경향을 보였다. 장기적으로는 독립 빵집이나 정육점 숫자는 상당히 줄어들었다.[21]

그때까지만 해도 구매자가 보는 앞에서 모든 것의 무게를 개별적으로 달아야 했으며 대부분은 고객들이 직접 가져온 그릇과 병과 같은 용기에 담아주어야 했기 때문에 20~30분씩 걸리는 경우가 다반사였다. 그래서 식품을 커다란 자루나 백, 나무통이나 상자에 담아 운송하는 대신 균등하게 미리 포장해두는 것이 필요해졌다. 사람들은 예전에 가게에서 잡담을 나누던 것을 그리워하기도 했지만, 시간 절약과 여유를 가지고 자유롭게 선택할 수 있다는 데 가치를 부여했다. 가능한 선택지가 많아지면서 품목의 통칭이 점차 브랜드명으로 대체되었다. 마가린, 초콜릿, 코코아가루, 농축우유, 베이킹파우더 같은 새로운 식품들이 이러한 추세의 선두주자였다. 각 브랜드는 인쇄된 식품설명서를 제공해 예전에 판매를 위해 말로 하던 설명을 대체했으며, 믿을 만한 품질을 약속했다. 이런 연유로 포장

마기 사 상품 광고 이미지.

이 중요한 역할을 하게 되어 셀로판 같은 합성물질이 늘어났고 황금색이 가장 성공적인 색이 되었다. 커스터드가루, 푸딩가루, 마기 수프 양념, 팩에 든 수프, 통조림 라비올리(1957년 처음 선보임) 등 공장에서 생산된 간편식품들이 점점 더 인기를 끌게 되었다.

1948년 화폐개혁은 표준화된 '일반 소비자'의 종말을 알렸고, 1950년대는 단지 탐식이라기보다는 다양성의 시대였다. 제한된 예산으로 살림을 꾸려가던 노동자 가정들도 좀 더 특별하고 세련된 것을 원했다. 검소함이 여전히 필수 덕목이었으며 가정주부들은 계속해서 책임 있는 행동과 저축을 권고받았다. 여성이 그 일에 천부적으로 적합하다고 보는 데는 변함이 없었다. 그들은 가족의 행복은 물론 (제철에 나는 국내 농산물을 구입함으로써) 경제번영에 장애가

되는 공급부족을 피하고 농부들에게 성공을 안겨줄 책임이 있으며, 난민들의 통합과 그 밖의 많은 것들을 책임져야 할 존재로 그려졌다. 초기에는 대부분의 소비가 여전히 제한적이었지만 단조롭지는 않았다. 예를 들면 크리스마스나 부활절에는 일요일처럼 육류와 단 것이 포함된 특별한 식사를 했는데, 아침에는 흰 롤빵, 디저트로는 초콜릿푸딩을 먹었다. 종종 인용되던 이른바 '~물결Welle'은 (탐식의 물결에 이어 일반적으로 집과 가정이 강조되었고, 그다음에는 여행이, 마지막으로는 건강이 최우선순위가 되는) 개인적인 경험에 기원을 뒀을 수 있다. 사람들은 점차 살 수 있는 것이 많아졌다고 기억했다. 처음에는 일요일의 구이 요리, 그다음은 저녁에 곁들이는 와인, 다음이 냉장고, 그리고 여름의 짧은 휴가여행이었다. 서서히 미국 소비자들을 따라잡고 있던 반면, 꿈꾸던 진미를 당연한 것으로 생각하지는 않았다. 크리스마스 때 먹은 최초의 구운 거위처럼, 사람들은 최초의 것들은 뭔가 특별했다고 분명히 기억하기 마련이었다. 식품에 지출하는 비용은 서서히 증가했지만 임금도 따라서 올랐기 때문에 가처분소득 중 식비가 차지하는 비중은 점점 줄어들었다. 1950년 평균 46.4퍼센트에서 1960년 36.2퍼센트로 감소했다. 또한 노동자가 버터 1킬로그램을 사기 위해 1950년에는 네 시간을 일해야 했지만(미국 노동자는 한 시간만 일하면 되었던 데 비해) 1960년에는 약 두 시간으로, 1970년에는 한 시간으로 줄어들었다.[22]

1950년대에는 대부분의 서독인들에게 육류는 특별했으며 매일 살 수 있는 것이 아니었다. 1950년과 1960년 사이에 1인당 연간 돼지고기 소비는 50퍼센트 늘었으며, 가금류는 세 배로 늘었다. 1950년대 중반부터 대량생산이 시작되면서 가격이 떨어졌기 때문이었다. 흰 빵이 아닌 빵은 훨씬 덜 먹게 되었지만, 호밀빵은 지배적인 상태로 남아 있었다. 적어도 노동자 계층의 가정에서는 그랬다. 1950년 4인 가족을 기준으로 한 달 평균 23.2킬로그램의 잡곡빵과 5킬로그램 미만의 흰 빵을 소비했다. 흰 빵의 소비는 1960년대 초반까지 다소 일정했던 반면 잡곡빵은 꾸준히 줄어들어 14.9킬로그램까지 떨어졌다.[23]

1950년대 중반까지도 농촌 지역에서는 여전히 곡물을 방앗간에 보내서 가루로 만들어 제빵사에게 보냈다. 제빵사들은 수수료를 받고 빵을 만들어주기도 하고 집에서 커다란 빵 반죽을 만들어 가져가면 그것을 구워주기도 했다. 그렇지만 점차 집에서 굽는 경우가 드물어지고 빵집에서 사 먹는 경우가 많아지면서, 밀가루 구입량은 절반으로 줄어든 반면 빵값 지출은 두 배로 늘었다. 그중에는 주중에도 살 수 있는 작은 덴마크식 페이스트리 타일헨Teilchen도 포함되었다. 이는 일요일과 주중의 차이가 덜 엄격해졌다는 신호이기도 했다. 그런데 가정주부들은 여전히 자신들의 솜씨를 보여주어야만 했다. 옵스토르테Obsttorte는 기본 빵에 신선한 과일이나 통조림 또는 쪄낸 과일을 얹고 글레이즈를 바른 것으로, 다들 좋아했다. 손쉽게 빨리 만들 수 있지만 맛있고 건강한 식품으로 간주되었다. 그동안 베이킹파우더 생산의 선두였던 닥터 외트커 사는 1950년 베이킹파우더와 비슷하게 포장된 젤리글레이즈 가루를 개발해 판매 손

실을 만회했다. 이 제품은 즉시 히트를 쳤다.[24]

　서독은 신선한 과일과 채소의 주요 수입국이 되었다. 무르고 상하기 쉬운 식품의 수송 체계가 상당 부분 개선되자 시에서 대여하는 시민농장은 일상 식품 공급선으로서의 중요성을 잃게 되었다. 여성들은 여전히 과일과 채소를 저장했지만, 젊은 세대는 그러지 않는 경향이 있었으며 대개는 돈을 절약하기 위해서였다. 네덜란드가 주된 공급선이었던 수입 채소 중 80퍼센트 이상이 다섯 가지에 국한되어 있었다. 제철 채소의 빈틈을 메워주면서 장식용으로도 매우 훌륭하다고 여겨져 인기가 급증한 토마토, 콜리플라워, 양파, 오이, 상추가 해당 품목이었다. 이와 동시에 콩과 함께 감자의 소비가 감소했다. 특히 도시 지역에서 감자는 경단을 만드는 데 쓰는 말린 감자와 퓌레 같은 간편식품 형태로 소비되었다. 1950년대 말 포장째 끓이면 되는 찐 쌀 형태가 처음 나오면서 점차 쌀이 감자와 콩을 대체하게 되었다. 1958년부터는 훨씬 많은 양의 신선한 과일을 먹었다. 전통적인 사과와 배 이외에 대부분은 '쥐드프뤼흐트 Südfrüchte'(감귤류와 열대과일)였다. 1950년대 중반부터 통조림 과일과 채소 가격이 보다 널리 구매할 수 있는 수준이 되어 빠르게 대중적 인기를 누리게 되었다. 채소 통조림은 편리하고 맛이 좋으며 시간을 절약해주었는데(완두콩, 당근과 녹색 콩이 가장 많이 소비되었다) 그에 비해 과일 통조림은 일요일의 디저트나 손님 접대용으로, 파인애플이 모든 사회계층에게 가장 인기가 있었다.

　마가린은 주로 노동자 계층의 가정에서 가장 많이 소비되는 지방으로 자리 잡고 있었지만 1950년대 중반 이후 (다른 식물성 지방이나 소기름, 특히 라드와 마찬가지로) 버터의 인기에 밀려 소비량이 격감했다. 펴 바를 수 있는 소프트치즈 슈멜츠케제Schmelzkäse가 등장해 인기를 끌면서 전지치즈 소비량도 치솟았다. 재미있는 사실은 크바르크 소비도 급증한 점인데 거의 세 배로 뛰었다. 1952년, 크림 판매금지 조치가 공식적으로 폐지되자 신선한 액상크림 소비는 소폭 증가하는 데 그쳤던 반면, 깡통에 든 농축우유는 엄청난 인기를 끌었다.

많은 사람들에게 진짜 커피는 여전히 특별해 1955년에 와서야 모조커피 소비량을 앞지르게 되었다. 커피, 차, 와인, 맥주, 증류주, 담배 등 이른바 기호식품Genussmittel의 지출은 절대량과 비중 면에서 모두 상당히 늘었지만, 담배와 궐련은 순위가 떨어지고 그 자리를 맥주와 증류주가 차지했다. 특히 맥주 소비가 급증했는데, 대부분 병맥주 형태로 집에서 마셨다. 억눌렸던 소비를 만회하려는 비슷한 충동은 초콜릿의 소비량이 네 배로 급증하는 결과를 낳았으며 가장 좋아하는 맛은 밀크초콜릿, 그다음이 밀크와 너트, 커피와 크림 순이었다.[25]

현대식 빌트인 부엌인 '프랑크푸르트 부엌'은 1950년대와 1960년대에 미국과 스웨덴에서 현대화되고 보다 유연한 형태로 재등장해 많은 신규주택건설 프로젝트에 적용되었다. 포마이카 같은 현대적 소재들이 인기를 끌면서 '실용적이고 깨끗하며 관리하기 쉬운praktisch, sauber und pflegeleicht' 것이 당시의 슬로건이 되었으며 얼마 후에는 닦아낼 수 있는 비닐 테이블보도 등장했다. 붙박이 설비를 갖춘 부엌과 함께 가전제품도 고소득층 가정에서 저소득층 가정으로 확산되기 시작했다. 주방용 가전제품은 결혼 선물의 필수 품목이었다. 그러나 많은 주방 가전이 조립하고 청소하는 데 시간이 걸리는데다 소소한 일을 하기에 너무 거창하다는 생각 때문에 전기 믹서 같은 소형 가전이 더 흔히 사용되었다. 더욱 현대적으로 개발된 주방 가전들은 힘이 덜 들었을 뿐만 아니라 조리 과정의 특정 단계에도 변화를 가져왔다. 가령 전동거품기는 재료를 오랫동안 젓거나 거품을 내는 일을 직접 하거나 남의 손을 빌릴 필요 없이 스위

현대 기술이 도입되면서 과거에는 외부에 위탁했던 일들이 가정주부들의 새로운 일이 되었다. 1950년대 피콜로Piccolo의 채칼 겸용 믹서기는 진공청소나 광을 내는, 또는 페인트를 분사하는 용도로도 쓸 수 있었다.

치만 켜면 되었다. 사람들의 구매희망 품목 1순위는 냉장고였지만 (그다음이 진공청소기와 세탁기), 당시에는 값이 무척 비쌌다. 한 설문 조사에 따르면, 1955년 두 가구 중 하나가 냉장고를 갖고 싶어 했지만 전체의 10퍼센트만이 소유하고 있었으며, 1960년대 초에야 실제로 두 가구 중 하나가 갖게 되었다. 이는 여성들이 더 이상 하루에도 몇 번씩 장을 볼 필요가 없으며 더 싼값으로 많은 양의 식품을 사다 둘 수 있다는 것을 의미했다. 종종 집에서 직접 아이스크림을 만들어 먹겠다는 생각에서 대부분이 냉동칸을 고집했지만 사실상 다른 냉동식품과 함께 사 온 아이스크림을 보관하는 데 썼다. 냉동식품은 1955년 쾰른에서 열린 '아누가' 식품박람회에서 공식적으로 소개되면서 처음 선보였다. 식품점과 개별 가정에서 냉장고를 갖추기 시작하자 냉동식품소비량도 급격하게 늘어나 1956년 연간 1인당 150그램에 불과하던 것이 1959년에는 400그램으로, 1963년에는 2.7킬로그램으로 증가했다. 튀김용 냉동 생선스틱인 '피쉬슈탭첸Fischstäbchen'은 1960년대 초에 처음 선을 보인 후 장기적인 성공을 거두었다.

이처럼 현대기술이 도입되었다 해도 가정주부들에게 개인적인 여가시간이 생긴 것은 아니었다. 기대수준 역시 변했기 때문이다. 이를테면 세탁이 쉬워지고 빨라지자 모든 사람들이 예전보다 훨씬 자주 깨끗한 옷을 원했다. 전에는 외부에 위탁하던 가사노동의 많은 부분이 이제는 여성들이 해야 할 일 목록으로 돌아왔다. 언제나 따뜻한 점심식사가 테이블 위에 차려질 수 있을 것으로 기대되었으며, 일요일이나 특별한 휴일 식사는 종종 수프와 디저트까지 포함된 거창한 것이어야 했다. 1949년에 에데카Edeka 사는(독일에서 가장 유서 깊은 식품 소매회사로 1898년에 창립되었다) 《영리한 가정주부Kluge Hausfrau》라는 고객용 무료 잡지를 처음에는 격주로, 얼마 후부터는 매주 발행해 널리 배포하기 시작했다.[26] 초기에 게재되었던 레서피들은 여전히 소박해서 육류와 지방은 거의 들어가지 않고 공급부족에 대한 언급도 자주 실렸다. 다음은 1950년 여름 점심식사로 제안한 메뉴다.

월요일: 별 모양의 면을 곁들인 콜리플라워수프, 과일주스를 곁들인 메밀죽

화요일: 삶은 감자로 속을 채운 사보이양배추, 우유에 끓인 세몰리나를 곁들인 체리수프

수요일: 베샤멜소스에 졸인 감자를 곁들인 버섯완자튀김, 양상추

목요일: 누에콩과 뿌리, 네모나게 썬 베이컨과 으깬 감자

금요일: 케이퍼소스를 뿌린 찐 고등어, 삶은 감자, 설탕에 절인 베리류

토요일: 신맛이 나는 아스픽Aspic*과 으깬 감자, 밀크아이스크림에 붉은 베리류를 곁들인 디저트 로트 그뤼츠Rote Grütze

일요일: 컵에 담은 맑은 수프, 밥 한가운데 소 콩팥과 심장을 넣어 만든 라구를 얹은 요리, 각종 채소, 살구 디저트

* 고기, 생선, 조개, 토마토주스 따위를 젤리로 뭉쳐 만든 프랑스식 냉요리.

1950년 크리스마스에는 이미 버터가 거위나 송아지 구이와 함께 크리스마스용 빵을 만드는 데 당연히 들어가는 것으로 여겨졌다. 새해 전야에는 찬요리로 구성된 뷔페식 식사와 번잡한 실행 계획(남편의 책상을 싹 치워 커다란 흰색 천을 씌운다는)까지 구체적으로 설명되었다. 이러한 것은 앞으로 닥칠 일에 대한 전주곡에 불과했다. 대부분의 요리들에는 토마토, 파슬리, 양상추 등을 이용해 밝은 색 가니시를 정교하게 얹어야 했다. 그렇지만 모든 것을 너무나 쉽고 빠르게 준비할 수 있기 때문에 가정주부들은 음식에 얹은 장식처럼 자신도 생생해 보이도록 꾸밀 시간이 충분했다.

　1950년 새해 전야의 뷔페에 올릴 이탈리안 샐러드는 새로운 국제주의를 선언했다. 최소한 게재된 레서피의 이름에서는 요리의 지평이 넓어졌다. 밀라노식Mailander Art / alla milanese이라는 용어는 돼지고기 필레, 송아지요리, 소시지, 아스파라거스 등에 자주 언급되었는데 대부분 토마토퓌레나 곱게 간 치즈(1958년부터 보다 일반적인 어휘인 라이버케제Reibekäse 대신 파르메산Parmesan이나 파르메지아노Parmeggiano를 자주 사용했다)를 사용한 요리를 가리켰다. 1951년 부활절 요리로 가짜거북수프*가 재유행했고 와인크림Weincreme이라는 프랑스식 철자법을 써서 우아한 분위기를 더했다. 또한 프랑스식 닭고기가 쌀·완두콩·버터·파르메산 치즈로 만든 베네치아의 특별 요리인 리지피지Risipisi와 함께 나왔는데, 이 닭요리가 프랑스식임을 보증하는

＊　거북이 대신 송아지 머릿고기를 써서 거북수프와 비슷한 맛을 낸 것.

것은 단지 코냑을 사용한다는 사실뿐이었다. 리지피지의 끓인 쌀에 작은 완두콩 통조림 한 통을(여전히 비싸지만 아주 현대적인 것으로 생각되던) 더하면 더욱 특별한 행사임을 알리는 표지였다. 그 후로 몇 년 동안 프랑스풍이라 함은 코냑, 마늘, 레드와인의 다양한 조합을 의미했다(사실 당시에 이러한 프랑스식 요리는 단지 야심찬 도전으로만 생각되었을 뿐이며 진짜 유행한 것은 1960년대였다).

《영리한 가정주부》 구독자들은 1953년 극히 자유롭게 변형된 나시고랭(실제로는 인도네시아식 볶음밥)을 통해 중국 음식에 관해 처음 접하게 되었다. 이 잡지는 1961년에 많은 종류의 새콤달콤한 음식 레서피를 실었다. 1955년에는 하와이토스트Toast Hawaii가 처음 소개되었으며, 같은 해 최초의 서독 텔레비전 쇼에 출연한 주방장 클레멘스 빌멘로트Clemens Wilmenrod가 삶은 햄, 파인애플 통조림, 토마토 퓌레 한 스푼을 모두 흰 빵에 얹어 그라탱과 비슷한 혼합요리를 발명했다. 이는 곧 대세가 될 유사 세계요리 스타일의 징후였다. 1958년 《영리한 가정주부》는 독자들을 요리로 떠나는 세계여행에 초대했다. 이탈리아는 밀라노식 대구, 포르투갈은 시금치 룰라드*, 프랑스는 파리지앵 오믈렛이 대표한 반면, 네덜란드 대표 요리는 소의 골을 넣고 끓인 수프였고, 단 하나 수록된 아프리카 요리로는 바나나샐러드를 소개했다. 이 마지막 요리만 보아도 이러한 레서피들이 얼마나 엉망이었는지가 분명해지는데, 이는 진위의 문제라기보다

---

*   소를 채운 뒤 둥글게 말아 조리한 다양한 음식의 명칭.

1960년대 초 파티를 위한 하와이토스트와 다른 요리들.

는 고정관념의 문제였다고 할 수 있다. 《영리한 가정주부》에서 조리법의 세계화가 진행되면서, 독일 고유의 요리들은 모두 '가정요리 Hausmacherart' 범주로 들어갔다.

노동시간이 점차 감소하고 자동차를 구입하는 가구들이 늘어나면서 휴가가 엄청난 유행을 타게 되었다. 1969년에 2,500만 명의 서독인들이 여름철 휴가여행을 떠났으며 그들 중 절반 이상이 해외로 나갔다.[27] 독일의 관광객들이 이탈리아 해변에 몰려들게 되자, 해안선을 따라 소시지와 양배추 wurstel con kraut에 대한 수요가 높아졌으며 궁극적으로 독일 내에서도 이탈리아 음식의 인기가 되살아나기 시작해 오늘날까지도 여전히 우세하다. 19세기 말부터 주로 이탈리아

독일에서 가장 오래된 피자점, 사바디 카프리 외관, 1952년.

북부 알프스 돌로미테 출신인 아이스크림 제조업자들이 하절기 몇 달 동안 모든 주요 도시에서 활동했는데, 1950년대와 1960년대부터 이들 중 상당수가 독일에 영구 이주했다. 오늘날까지도 많은 수의 아이스크림 상점이 이탈리아인 소유로 '돌로미티Dolomiti'라는 이름으로 알려져 있다. 독일의 첫 번째 피자점 '사비 디 카프리Sabbie di Capri'는 1952년 뷔르츠부르크에 문을 열었다. 이 상점은 뉘른베르크에 주둔한 미군 부대에서 일하던 아브루초 출신의 이탈리아인이 운영했다. 그는 자기 고향에서는 가난한 사람들의 음식이었던 이것을 미군이 좋아한다는 사실을 알게 되었고 고객층이 지역 주민들로 확대되었다.

텔레비전이 각 가정에 도입되기 전인 1950년대에는 저녁시간에 친구들을 불러 함께 술과 안주를 먹으며 음악에 맞춰 노래를 부르고 춤을 추는 것이 일상적이었다. 펀치와 볼레Bowle*가 매우 인기를 끌었으나 1950년대 중반부터는 위스키와 브랜디도 인기가 높았다. 이때 애용하던 찬음식 뷔페Kaltes Büffet에는 크림에 넣은 청어, 오일에 넣은 정어리나 참치, 안초비, 그리고 절인 햄, 삶은 햄, 얇게 썬 이탈리아 살라미를 담은 커다란 접시 등이 포함되었다.《영리한 가정주부》에서는 나무접시에 고르곤졸라 치즈를 덩어리째 내고, 공 모양의 버터를 담은 사발과 함께 얇게 썬 흰 빵, 검은 빵, 귀리빵, 거친 호밀가루로 만든 품퍼니켈 등을 담은 커다란 바구니를 내도록 했다. 디저트로는 뭉근하게 삶은 제철 과일이나 신선한 과일을 추천했다. 카드게임 도중에는 치즈비스킷, 치즈와 크바르크, 혹은 햄과 바나나 롤을 제공할 것을 권했다. '파티'라는 단어는 아주 트렌디한 영어 표현이 되었으며, 지하실 파티Partykeller가 도입되면서 사람들이 사는 집의 지하실이 마침내 어두컴컴한 대피소에서 삶의 밝은 면으로 전환되었다.

텔레비전은 사람들이 먹는 것뿐만 아니라 저녁시간을 보내는 방식도 바꿔놓았다. 1952년, 서독에 최초의 개인용 텔레비전 세트가 소개되었다. 이로부터 12년 후에는 전체 가구 중에서 절반 이상이 최소한 한 대의 텔레비전을 갖게 되었다(1980년에는 100퍼센트가 되었다). 사람들이 소형 화면 앞에서 마시고 먹기 시작하면서 영화는 급속히 인기가 하락했다. 특히 남성들은 긴 저녁시간을 많은 맛있는

---

* 와인에 과일과 향료, 샴페인, 얼음 등을 섞어 만든 찬 음료.

음식과 함께 보내는 것을 환영하는 듯 보였는데, 이때 즐기는 음식의 형태는 주로 문자 그대로 'TV용 군것질'이라는 의미인 페른제헤프헨Fernsehhäppchen과 조그마한 오픈샌드위치 슈니첸Schnittchen 등이었다. 짭짤한 막대 모양 스낵인 솔트스틱, 바삭바삭한 감자칩, 구운 땅콩 같은 마른 안줏거리 크나베라이엔Knabbereien은 엄청난 인기를 끌었다. 1959년에는 독일 시장을 겨냥한 독일산 감자칩이 생산되기 시작했다. 1957년 텔레비전을 통해 처음 광고를 시작한 식품은 스파클링와인, 초콜릿, 커피, 와인 등이었다.[28] 서독 최초로 텔레비전에 등장한 주방장 클레멘스 빌멘로트는 훈련받은 배우였다. 그는 1953년부터 1964년까지 두 달에 한 번씩(훗날에는 한 달에 한 번씩) 10~15분 정도 생방송으로 쇼를 진행했다. 이 쇼에서 그는 아무런 제한 없이 간편한 제품을 사용해 한 끼 식사를 만들어내면서 상상력을 마음껏 발휘해 이름을 붙이거나 의미를 암시했다. 얼마 지나지 않아 식품회사들뿐만 아니라 가전제품회사들도 이 말 많은 연예인이 한 번 언급해주는 것이 얼마나 효과적인지 알게 되었다. 그는 각종 브랜드를 거침없이 섭렵하면서, 제품에 대한 직접 언급이나 간접광고 문제로 인해 방송국과 심각한 논쟁에 휘말리게 되었다.[29]

 1950년대 말에 이르자, 요리책이나 잡지에 게재되는 레서피들이 점차 복잡해져 과도해지기까지 했다. 저녁식사용 찬 요리로 단순히 냉육을 곁들인 버터 바른 빵이 아니라, 받침용 빵이나 토마토 아스픽에 올린 햄을 곁들인 바나나를 추천했다. 슈니첸에는 엄청나게 호사스러운 가니시를 얹어 그 음식의 이름에도 식도락가, 미식가, 진미, 별미 같은 수식어들이 들어갔는데, 당시 서독인들이 심각하게 탐닉했던 것들이다. 음식의 화려한 장식을 위해서라면 상상할 수 있는 모든 것이 활용되었다. 완숙 달걀과 토마토 반쪽에 마요네즈를 점점이 박아 만든 빨간 갓을 쓴 '버섯', 오이 피클의 반을 갈라 속을 파내 고기샐러드를 채우고 이쑤시개에 끼운 양파로 '돛'을 단 '배'들로 이루어진 함대에 이르기까지 다양했다.

1960년대에는 이에 반대하는 경향이 자리 잡았다. 건강을 의식한 조언은 날씬한 몸매를 만들고 체중을 줄이라고 호소했다. 설탕, 지방과 과도하게 조리된 음식은 자연스러운 건강과 날씬함의 반대 개념으로 제시되었다. 1950년에 이미 한 잡지 기사에서 날씬한 몸매를 유지하는 법에 대해 조언했다.

> 휘핑크림, 햄롤, 초콜릿, 훈제 장어와 함께 자신의 몸매에 대한 우려가 다시 돌아왔다. 이 우려는 풍요로운 삶, 좋은 것들이 다시 찾아온 데 대한 기쁨에 들떠 그 기쁨을 지나치게 누렸다는 것에 대한 양심의 가책으로 인한 한숨과는 다르다. 그렇지만 아직도 코트는 너무 조이고 재킷의 단추를 채울 수 없으며… 뮐러 씨는 튀어나온 배 때문에 아래를 내려다볼 수 없어 어린 아들에게 자신의 구두가 더러운지 물어보아야만 하는 지경이 되었다. 한 가지 분명한 사실은 우리가 최근 들어 너무 많이 먹고 있거나 얼마간 잘못된 방식으로 먹고 있다는 것이다… 날씬해지고 날씬함을 유지하고 싶다면 제대로 골고루 먹는 분별 있는 생활방식이 필요하다. 이 말은 육식보다는 채소(밀가루 없이 조

리된 것이나 생것을 먹는 것이 더 좋다), 샐러드(오일이나 베이컨은 넣지 않고 허브를 많이 넣어서), 과일과 과일주스를 먹는 채식주의를 선택하는 것이다. 우리는 지방이 많은 육류나 기름에 튀긴 육류, 구운 생선이나 장어와 같이 지방이 많은 생선을 피하고 한동안은 달콤한 페이스트리, 토르테, 초콜릿, 다른 단 음식에 용기 있게 작별을 고해야만 한다. 크바르크와 우유, 삶은 생선과 삶은 달걀이 우리의 메뉴를 풍성하게 할 것이다. 맥주 대신에 모젤와인 한 잔을 마시는 것이 좋지만, 무엇보다도 식사 중에는 술을 마시지 않고, 식전이나 식후에 마시되 너무 많이 마시지 않는 것을 일반적인 규칙으로 삼아야 한다.[30]

1958년 루프트한자는 일등석 서비스 '제나터Senator'를 도입했다. 승무원 셰프가 고객들의 식사 관련 요구사항을 처리했다.

정부는 이미 행동에 착수한 터였다. 1950년대 초반 서독 정부의 대표단이 영양학 연구를 위해 미국에 파견되었다. 이후 그들은 인쇄물을 발행해 신선한 우유와 신선한 과일과 함께 과일주스의 높은 소비를 권장했으며, 모든 단계에서 영양학 교육을 실시하도록 설득했다. 영양 관련 조언자들은 과학과 연계해야 했으며, 과거에 했던 영양학적 분석도 재검토해야 했다. 그렇지만 이들은 독일에서는 어떠한 개혁이든 민간기구들로부터 시작되어야 한다는 점 역시 지적했는데, 이는 당국에서 무엇을 먹어야 할지 말해주는 것에 독일 국민들이 신물이 났다는 사실 때문이었다. 1953년 '독일 영양협회 Deutsche Gesellschaft für Ernährung'는 그렇게 해서 결성되었다.[31]

이에 주목한 육류 생산자들은 어린 가축에서 지방이 적은 육류를 공급하기 시작했다. 특히 돼지는 교배와 먹이 주는 프로그램을 조정해 지방을 감소시켜야 했다. 소고기의 경우 수송아지를 선호하게 되어 황소와 황소의 마블링이 된 고기는 거의 사라졌다. 동시에 육류의 가격이 더 저렴해졌다, 1950년에는 노동자 한 사람이 1킬로그램의 돼지 갈빗살을 사기 위해서 평균 3시간 이상(198분) 노동을 해야만 했지만 1984년에는 한 시간 이하(58.7분)로 감소했다. 그렇지만 지방의 감소와 함께 육류의 질도 저하되었으며, 힘든 육체노동이 주로 앉아서 일하는 사무직으로 대체되는 경향에 따라 서독인들은 지속적으로 필요한 양 이상을 먹게 되었다. 1981년에 1인당 하루에 평균 3,500칼로리를 섭취했으며 지방의 섭취량은 1950년대 초반 이후 세 배로 늘었다.[32]

이전 몇십 년 동안과 마찬가지로, 가정주부들은 자주 죄인으로 지목되었다. 1979년 발표된 '풍요의 시대의 영양학적으로 부적절한 행동'이라는 연구에서는 가정주부들이 정기적으로 아침을 생략하고 점심식사에 지나치게 중점을 둠으로써 적절하지 않은 시간에 가족들에게 너무 많은 음식을 먹인다고 비난했다. 또한 식사계획이 '현저하게 단조롭다'고 지적했다. 수프는 비만을 유발한다고 비난했으며, 싱싱한 생선과 신선한 생채소는 너무 적게 먹는다고 지적했다. 서독의 어린이가 다섯 명에 한 명꼴로 비만 상태에 이르렀기 때문에 비만은 가장 시급한 위협으로 선언되었으며, 이 또한 엄마들 탓으로 돌렸다. 이 시점에서 신경성 거식증이나 신경성 폭식증이 언급되지 않았던 사실이 놀라울 따름이다.[33]

이 연구에서 공개적으로 간편식품을 권장하고 있다는 점을 주목할 가치가 있다. 독일 가정에 냉장고와 냉동식품이 완전히 자리 잡았으며, 1978년 전체 가정의 절반 이상이 냉동고나 냉장고의 냉동칸을 보유하게 되었다. 1970년에는 튀김용 냉동 생선스틱에 이어 최초로 냉동 피자가 등장해 대성공을 거두었다. 같은 해 서독인들은 일 년 동안 평균 10킬로그램의 냉동식품을 소비했는데, 그중에서 으뜸이 아이스크림이었다. 그로부터 40년 동안 이 수치는 네 배로 뛰었다. 현대식 간편식품은 통조림 라비올리로부터 시작되었다. 1961년 서독에서 출시되어 엄청난 인기를 누린 크라프트Kraft 사의 미라콜리Miracoli 반조리식품 팩에는 스파게티, 파우치에 넣은 토마토소스, 잘게 간 치즈와 허브향신료 믹스 등이 들어 있었다. 이러한 간편식은 전자레인지가 등장하면서 더욱 탄탄하게 자리 잡았는데, 1989년에는 독일 가정 셋 중 하나가 전자레인지를 보유했으며(이때는 실질적으로 모든 가정이 냉동식품을 보관할 수 있게 된 시기이기도 하다) 그로부터 30년 동안 이 수치는 두 배가 되었다.[34]

장보기와 요리는 여전히 여성의 일로 여겨졌다. 1964년 연구 결과에 따르면 대부분의 서독 기혼남성은 아내가 직장에 다니는 것을 달가워하지 않았다. 경제적인 압박으로 인해, 14세 이하의 아이들을 양육하고 있는 여성의 3분의 1 이상이 직장에 다니고 있었음에도 그랬다. 남편들의 3분의 1 정도가 자기 아내가 무엇보다도 요리와 가사에 능숙하길 원했다. 1976년 발표된 연구 결과에 따르면, 보통의 전형적인 가정주부는 21세에 결혼해 35세가 된 여성으로 묘사되었다. 학교에 다니는 자녀가 두 명 있는데 모두 계획하에 출산했다. 남편은 여섯 살 위이며 혼자 직장에 다니지만, 아내는 아이들이 학교에서 돌아오기 전까지 보수가 낮은 부업을 했다. 고등교육을 받지 못했으며, 주중 오전 6시 30분에서 오후 10시 30분까지 이어지는 가정주부의 일에 만족했다. 누구의 도움도 없이 네 개의 방을 청소하고 장을 보고 하루에 세 끼 식사를 준비하며 아이들의 학교 숙제를 봐주었다. 자신을 위해 주어진 몇 시간도 머리를 하거나 바느질을 하거나 벽지를 다시 바르거나 과일과 채소를 씻고 다듬고 보존하는 등의 가사 관련 일에 사용했다. 주말에는 주중보다는 여유가 있었다.[35]

그렇지만 변화의 바람이 불고 있었다. 공유 아파트Wohngemeinschaften, 공동체Kommunen, 동거Ehen ohne Trauschein 같은 대안적인 생활양식이 가부장적인 가족구조를 대체하게 되자 식사 역시 한 그릇 요리나 파스타를 즐겨 먹게 되었다. 부엌은 다시 한번 변화를 겪게 되는데, 순수하게 기능적인 좁은 공간에서 커다란 식탁이 놓이고 많은 사회적 상호작용이 이루어지는 보다 다기능적인 공간으로 환원되었다. 때맞춰 급속한 경제성장도 취약점을 드러내기 시작했다. 산업화와 물질주의에 대한 비판적 여론이 점차 대두했고, 약 한 세기 전의 생활개혁운동 레벤스레포름에 입각한 사고방식이 재현되어 또다시 자연으로 돌아가자고 부르짖는 시대가 된 듯했다. 실제로 통밀빵도 부활했다. 전쟁 후 생긴 베를린 최초의 통밀빵집 바이하르트Weichhardt가 1977년에 문을 열었다. 이곳은 루돌프 슈타이너의 인지학적 원리를 엄격하게 따라 내부에 설치된 세 대의 석제 방아로 유기농 인증을 받은 곡물들만 빻아서 빵을 만들었다. 당시 급성장하고 있던 녹색운동은 환경적 명분과 핵군축을 위한 투쟁 이외에 여성해방을 위해서도 싸웠다. 그렇지만 서독의 영양학자들을 설득하기는 쉽지 않았다. 일가족이 함께하는 점심 식사는 여전히 가족의 통합, 육체적·정신적 건강, 경제적 안정 및 물질적인 행복을 상징하는 것이었다.

    1960년대에는 기존 체제와 문화에 대한 정치적 저항과 더불어 요식업에도 다양한 변화가 몰려왔다. 영국의 버거 체인인 윔피Wimpy의 최초 독일 매장이 1964년 보훔 중앙역에 문을 열었지만 호기심의 대상, 그 이상은 아니었다. 서독인들은 그때까지도 닭고기

유기농 곡물로만 만들어낸 바이하르트의 통밀빵들.

에 관심이 더 많았기 때문이다. 1955년 뮌헨에서 시작한 구운 닭고기 전문 패밀리레스토랑 체인점 비너발트는 열광적으로 받아들여졌다. "오늘 우리 집 부엌이 문을 달았으니, 우리는 비너발트로 간다Heute bleibt die Küche kalt, wir gehen in den Wienerwald"는 그들의 슬로건은 대중의 환호를 받았다. 1971년은 맥도날드McDonald 사가 처음 뮌헨에 들어선 해이며, 오스트리아 출신 주방장 에카르트 비치히만

Eckart Witzigmann이 뮌헨에 탄트리스Tantris 식당을 개업한 해이기도 하다. 1979년 비치히만은 역시 뮌헨에 차린 자신의 식당 오베르진 Aubergine을 통해 미슐랭 별 세 개를 받은 독일 최초의 주방장이 되었다.

1960년대 중반 미슐랭 평가단이 독일의 식당들을 테스트하기 시작했을 때 전반적인 평가는 정확히 긍정적이라고 할 수는 없었지만 외교적인 수사를 동원했다. "독일의 식문화는 요리 기술의 세련미가 눈에 띈다기보다는 요리의 구성이 뛰어나고 호화롭다." 독일 최초의 미슐랭 스타는 1969년 프랑스요리를 기반으로 한 식당 슈바르처 아들러Schwarzer Adler에 돌아갔다. 켈러Keller 일가가 프라이부르크 인근 카이저슈툴에서 자신 있게 운영하던 식당이었다. 젊은 비치히만과 프란츠 켈러 주니어Franz Keller Junior는 페르낭 푸앵Fernand Point의 제자였던 프랑스인 셰프 폴 보퀴즈Paul Bocuse와 함께 수련했다. 독일의 서남부는 프랑스 기준에 부합하는 식당들의 온상이었다. 과거에 로마에 속했기도 하지만 프랑스 식당과의 지리적 근접성과 국경 너머 프랑스에서의 쇼핑 기회도 의심할 여지 없는 이유다. 그렇지만 심지어 이곳에서도 미슐랭 스타 메뉴에 약간 구식으로 들리는 이상한 요리들이 있었는데, '퐁파두르 닭가슴살', '생트로페 송아지 간', '삼총사 새끼오리' 따위였다.

보퀴즈의 베스트셀러 《퀴진 뒤마르쉐Cusine du Marché》가 이러한 것들을 많이 바꾸어놓았다. 1976년에 이 책이 발행되고 이듬해에 독일어 번역판이 엄청난 호평 속에 출간되었고 독일어 출간에 맞춰 저자가 직접 프랑크푸르트를 방문하기도 했다. 독일어 제목은 《새로운 요리 Die Neue Küche》로 옮겨졌다. 프랑스에서 새로운 요리 즉 누벨퀴진 Nouvelle Cuisine'이라고 하면 프랑스 요리사 미셸 게라르 Michel Guerard와 그가 개발한 저칼로리 요리인 퀴진 맹쇠르 Cuisine Minceur로 거슬러 올라가는데, 이 모두가 독일 요리에서는 하나로 받아들여졌다. 누벨퀴진은 양이 적고 장식이 많아서 일본 요리에 빗대어 이케바나 요리 Ikebana-Küche라고 빈정대는 사람들이 일부 있었지만 독일에서 큰 성공을 거두었다. 보퀴즈와 그의 영리한 사업 자문역들은 프랑스의 생활방식과 식품, 요리가 가치 있는 수출품이 될 수 있다는 사실을 알고 있었다. 프랑스는 일찌감치 1959년부터 독일에서 프랑스 와인에 대한 대대적인 광고 캠페인을 시작한 바 있으며, 1975년 보퀴즈와 그의 동료 제빵사 가스통 레노트르 Gaston Lenôtre가 함께 베를린 카데베 백화점에 식당을 열었다. 보퀴즈의 예산절약형 요리는 과거 프랑스식 고급 요리 오트퀴진 haute cuisine처럼 힘들거나 그만큼 복잡하지도 않았지만, 프랑스식 요리는 본질적으로 우수하다고 간주되었다. 보퀴즈의 프랑스어 원작은 가정주부들을 대상 독자로 삼았던 반면, 독일어판은 남성미식가들이나 음식 비전문가들을 겨냥했다.

    그들 중 누구도 독일에서는 적절한 품질의, 적절한 식재료의 음식을 기대하지는 않았다. 북해 실트섬에서 생산되는 굴 같은 지역 특산물은 상업화 초창기였으며 1980년대 중반에야 상업적으로 이용할 만한 수준에 이르렀다. 앞서 살펴본 바와 같이, 서독의 농업정책은 프랑스의 외진 시골이나 인구가 적은 지역에서 여전히 찾아볼 수 있는 개별적 품질보다는 효율성과 전통적인 중앙집중식 유통체계에 중점을 두고 있었다. 본에서 활동하던 야심찬 식당 경영인 카를하인츠 볼프Karl-Heinz Wolf는 일주일에 한 번씩 차를 몰고 파리 인근 렁지스에 있는 도매시장에 가서 생선, 가금류, 생크림Crème fraîche 등을 사 오곤 했다. 얼마 지나지 않아 그는 동료들의 주문을 받기 시작했을 뿐만 아니라 1978년에는 회사 렁지스익스프레스Rungis-Express를 설립해 프랑스산 식품을 상업적인 규모로 수입하기 시작하면서 큰 성공을 거두었다. 1980년대 말까지 대부분의 잘나가는 독일 식당의 메뉴는 일주일에 두 번씩 렁지스익스프레스 트럭이 배달해주는 것에 의해 결정되었다.

 이때쯤 되자 일부 독일 셰프들은 자신들의 식당이 실제로 프랑스에 자리 잡고 있지 않다는 사실을 점차 자각하기 시작했다. 원점으로 돌아오는 과정은 고통이 따르기 마련이었다. 1986년 말부터 게르하르트 가르트너Gerhard Gartner가 아헨에 소재한 별 두 개짜리 자신의 식당 갈라Gala에서 독일산 식재료를 사용하고 영감을 얻기 위해 어머니의 레서피를 참조하기 시작하자, 동료들이나 식당 평가자들은 그를 지나친 국수주의자이자 식단의 파시스트라고 비난했다. 그들은 프랑스산 바다농어 대신 독일산 민물농어, 송로버섯 대신 산새버섯을 써서 독일 요리에 새로운 자극을 불어넣을 수 있다는 데 동의했지만, 대부분은 독일산 치즈를 제공하고 독일산 아스파라거스나 딸기를 먹기 위해 기다리게 하다가는 고객들을 잃어버릴까 봐 두려워했다. 돌이켜보면 가르트너가 새로운 독일 요리에서 가장 훌륭한 예언자 중 한 명이었다. 셰프들은 점차 새로운 국내 생산자들을 찾아 그들에게 힘을 실어주었을 뿐만 아니라 자신의 요리에 지역적 레서피를 통합하기 시작했다. 〈새로운 독일요리Neue Deutsche Küch〉라는 텔레비전 시리즈가 시작되고,《독일에서 신처럼 먹기Essen wie Gott in Deutschland》라는 책까지 나오기에 이르렀다. 독일의 속담 '프랑스에서 신처럼 살기Leben wie Gott in Frankreich'를 패러디한 이 책은 호사스러운 식사와 삶의 방식을 표현했다. 셰프가 매력적인 직업이 되면서, 신뢰할 수 없는 술주정뱅이라는 전형적인 이미지가 스타 예술가로 바뀌었다. 새로운 기술이 적용된 기구들 덕분에 주방일에 육체적 힘이 덜 들게 되자 1980년대부터 거의 남성의 전유물이던 직업이 서서히 여성에게도 개방되기 시작했지만, 여전히 여성 요리사는 소수에 지나지 않았다.

고급 식당의 요리들이 요리책이나 요리잡지에도 소개되는 추세 속에서 레서피와 완성된 요리의 사진은 점차 장식적인 요소가 줄어들어 '깔끔해졌다'. 이와 함께 다이어트에 대한 관심이 늘어나면서 앳킨스 다이어트[*], 헤이 다이어트[**], 사우스비치 다이어트[***] 등 세계적으로 칭송받는 모든 방식의 다이어트가 독일에도 유입되었다. 이른바 '가벼운' 제품, 지방 및 설탕과 지방함유물을 줄인 다이어트 식

---

[*] 고단백만을 섭취하고 탄수화물 섭취를 피하는 일명 황제 다이어트.
[**] 탄수화물과 다른 음식을 같은 시간에 먹지 않는 원칙만 지키는 다이어트.
[***] 좋은 탄수화물과 좋은 지방만 선택적으로 섭취하는 다이어트.

품이 식품산업에서 매우 성공적인 새 시장으로 떠올랐다. '당신은 해도 좋아요Du darfst'라는 첫 번째 브랜드가 1973년 유니레버Unilever 사에 의해 도입되어 저지방 마가린이 처음 나왔고 이어서 치즈, 잼, 그리고 2년 후에는 발라 먹는 소시지까지 나왔다. 주로 여성을 겨냥한 이 제품들은 체중감량이 아니라 살이 찌지 않도록 도와준다고 광고했다. 체중감량 제품 시장보다 더 큰 시장이 틀림없었다. 다른 브랜드들이 그 뒤를 이었고 곧 즉석식품을 포함한 모든 대량생산 식품에 설탕을 인공감미료로 대체하고 지방 성분을 줄인 제품이 등장했다.

 식당 주방에 도입된 새로운 에너지는 곧바로 새로운 유형의 음식 저널리즘이라는 결과를 낳았다. 독일에서 가장 성공한 음식 저널리스트를 뽑으라고 한다면 단연코 볼프람 지베크Wolfram Siebeck일 것이다. 그는 독일의 미술감독 빌리 플렉하우스Willy Fleckhaus가 1959년 창간한 청소년잡지 《트벤Twen》의 칼럼니스트로 경력을 시작했다. 플렉하우스가 의뢰한 첫 번째 식당 리뷰를 위해 지베크는 자신이 롤모델로 삼은 미국 작가 조지프 웩스버그Joseph Wechsberg의 발자취를 따라 파리 소재의 식당 막심Maxim's으로 갔다. 그 후 그는 함부르크에 본사를 둔 야레스차이텐 페를라크Jahreszeiten Verlag 사가 1975년부터 발행한 음식 전문지 《데어 파인슈메커Der Feinschmecker》로 자리를 옮겼다. 그가 쓴 요리책들은 베스트셀러가 되었다. 독일의 식당 요리를 프랑스 수준으로 끌어올렸지만 자신만의 스타일은 만들지 못했던 대부분의 셰프들처럼(최소한 초기에는), 지베크의 세계에서도 프랑스의 식문화만이 유일한 길잡이였다. 그는 독일인들의 미각과 정신적 무지함에 대해 조바심, 심지어 절망감까지 드러냈다. 그의 동료 게르트 폰 팍첸스키Gert von Paczensky는 해외특파원으로 경력을 시작했지만, 함부르크의 출판기업 그루너운트야르Gruner & Jahr가 1972년부터 발행하던 잡지 《에센 운트 트링켄Essen und Trinken》에 식당 리뷰를 계속 실었다. 서독의 텔레비전에서는 배우인 빌멘로트가 셰프 한스 카를 아담Hans Karl Adam(1915~2000년)과 함께 프로그램을 진행한 데 이어 저널리스트 호르스트 샤르펜베르크Horst Scharfenberg(1919~2006년), 셰프 막스 인징어Max Inzinger(1945년~), 저널리스트 울리히 클레베Ulrich Klever(1919~2002년) 등이 요리 프로그램 진행자로 나섰다. 1980년대 후반까지 음식 저널리즘과 이에 관련된 모든 것은 식품의 생산과 환경 문제에 대한 더 큰 그림을 비판적으로 분석하기보다는 음식과 관련한 무해하고 기분 좋은 측면에 초점을 맞췄다.

2차대전 이후 서독 농업정책의 확실한 목표는 생산성 향상이었다. 정부는 대규모 농장을 보다 효율적으로 경작하기 위한 광범위한 토지 재구획 사업에 후한 보조금을 지급했으며, 좁은 계곡지대에 사는 일부 주민은 미개발 지역에 지은 신축 건물로 이주시켰다. 트랙터의 숫자는 10년 만에 여섯 배가 되었고, 1950년 실험 수준이라 보기 드물었던 콤바인 수확은 1960년에는 모든 곡물 추수의 3분의 1을 담당했으며, 우유 짜는 기계가 보편화되었다.[36] 유럽 공동체 전체와 마찬가지로, 서독의 생산량도 곧 시장이 수용할 수 있는 수준 이상이 되었다. 씨앗의 품질 개선, 비료 농약과 혼합사료의 괄목할 만한 증가, 가축 교배방식과 수의학 체계의 발전, 천연사료 보관용 사일로의 증가, 절삭과 선삭 기계의 사용 증대 같은 모든 요인이 결합해 생산량이 유례없는 수준에 도달했다. 낙농 암소의 경우, 숫자는 아주 약간 늘었을 뿐이지만 암소 한 마리당 생산량이 눈에 띄게 증가했다. 우유와 버터의 가격은 꾸준히 논쟁의 대상이 되었는데, 소비자는 지나치게 비싸다고 여겨 1950년대에 이미 국내 버터 생산량이 국내 수요량을 넘어섰는데도 수입품인 마가린을 선택했다. 그뿐 아니라 인접국들은 서독 시장에 자국 농산물 구매를 강요하며 이를 제한할 경우 독일 공산품 구매를 중단하겠다고 위협했다. 프랑스만이 독일 시장을 노린 유일한 존재가 아니었다. 1961년부터 유사 네덜란드산 버터와 치즈가 유통되었다. 독일의 한 광고사는 '안체 아가씨Frau Antje'라는 (마치 네덜란드를 연상시키는) 여성 캐릭터를 내세워 마케팅을 진행했다. 이에 네덜란드는 '카롤리네Karoline'라는 빨강과 하양 체크무늬의 젖소 캐릭터로 맞불을 놓았다.

　한편 강도 높은 기계화와 기타 투자로 농부들의 부채가 증가했다. 1960년대 중반 이들의 임금은 비슷한 산업노동자의 임금에 비해 4분의 1 정도 낮았다. '농민협회Bauernverband'는 회원들의 경제적 여건을 개선시키기 위해 늘 투쟁하느라 바빴다. 이 협회는 단일 집단으로서 농민을 대변하고자 애썼지만, 회원들 사이의 소득격차는 어마어마했다. 1965년 협회 소속의 총 150만 개 농민 사업장은 거대한 농장에서 부업 형태의 소규모 작업장까지 다양했다. 그중 14

체크무늬 젖소 카롤리네(좌)와 안체 아가씨(우) 광고 사진.

만 3,000개 사업장이 20헥타르 이상의 토지를 소유했고, 30만 개는 가족이 경영하는 10~20헥타르 규모였으며, 나머지 110만 개는 이보다도 규모가 작았다. 아동노동은 놀라울 정도로 보편화되어 있었다. 보통 시골에서 일곱 살이 넘은 아이들은 여름 동안 농사일을 도와야만 했다. 열세 살이나 열네 살에 이르면 부모들은 집에서 더욱 쓸모가 있다고 생각했기 때문에 더 이상 학교에 보내기를 꺼렸다. 농사를 짓지 않는 부모여도 살림이 빠듯하면 아이들을 농장에 보내 일을 시켰다. 정부는 농촌 지역의 전통적인 사회구조를 지키는 데 힘을 쏟았지만 현대화로 인해 농지를 경작하는 사람들의 숫자가 크게 줄어든 것은 놀라운 일이 아니다. 이들이 서독 전체 노동력에서 차지하는 비율은 1949년 거의 4분의 1 수준에서 1960년에는 13.3퍼센트로, 1975년에는 6.5퍼센트로 감소했다.[37]

농촌 지형도 계속 변화했다. 1980년부터 1990년 사이 농장의 숫자는 다시 5분의 1이 줄어들었던 반면, 전체 농업 생산량은 14퍼센트 증가했는데, 주로 밀, 사탕무, 우유, 달걀이 성장을 주도했다.[38] 농촌 행정구역에서는 산업체를 유치하기 위한 노력이 이어졌다. 생계를 유지하기 위해 농부들은 도심으로 출퇴근하며 부업활동까지 했는데, 이는 시골과 도심의 생활방식과 생활수준이 잘 섞이게 하는 데 기여했다. 1970년대에는 산업도시에서 통근 거리 안에 위치하지 않은 농촌 소도시와 마을들은 곧 사라질 것으로 여겼지만, 1980년대 중반에 이르자 전체 인구의 3퍼센트만이 전업 농부임에도 국민의 절반 정도가 여전히 농촌에 살고 있었다. 그렇지만 슈퍼마켓이 소매 거래를 지배하게 되면서 마을의 구조도 변화했는데, 자동차 보급량 증가와 함께 슈퍼마켓은 종종 도시 외곽에 자리 잡고 있었다.

음식을 도구로 활용하는 예술가들은 대부분 동시대의 음식 저널리스트들에 비해 정치적 성향이 더욱 강하고 비판적이었다. 그들 중 가장 유명한 요제프 보이스Joseph Beuys는 종종 동물의 지방덩어리와 펠트 천을 조각 작품에 끼워 넣고, 버터, 초콜릿, 과일을 활용했으며, 1969년 〈자우어크라우트 현악 악보Partitur der Sauerkrautfäden〉

에서는 자우어크라우트를 실제로 사용하기도 했다. 그는 같은 해에 아르헨티나 출신의 작곡가 마우리치오 카겔Mauricio Kagel이 만든 영화 〈루트비히 판Ludvig van〉을 위해 〈베토벤의 부엌Beethovens Küche〉이라는 작품을 만들었다. 그는 라인가우의 독일 국유지에서 생산된 와인 마시기를 거부하기도 했으며(1974년작 〈나는 국가가 생산한 와인을 마시지 않는다Ich trinke keinen Staatswein!〉) 1977년에는 행위예술의 일환으로 베를린 미술관 앞에 감자를 심기도 했다. 그의 동료이자 화가 겸 사진작가 지크마르 폴케Sigmar Polke가 1960년대에 그의 조각을 위한 감자와 아이디어들을 '제공해주었다'고 한다. 독일어권 스위스 예술가 다니엘 스포에리Daniel Spoerri의 가장 유명한 작품 〈팔렌빌더Fallenbilder〉 속에는 긴 저녁식사가 끝난 후의 잔해들이 고스란히 보존되어 있다. 1968년 보이스는 뒤셀도르프에서 바 겸 식당 겸 화랑을 열었는데 그곳에 구운 청어 뼈들을 벽에 핀으로 꽂아놓고 '금요일의 오브제'라는 이름을 붙였다. 이트 아트Eat Art를 대표하는 또 다른 인물인 독일계 스위스인 디터 로트Dieter Roth는 자신의 조각이나 회화에 가장 즐겨 사용하는 소재인 초콜릿을 사용해 녹아내리는 과정을 기록했다. 빈 출신의 페터 쿠벨카Peter Kubelka는 실험적 영화 제작과 요리를 독특하게 결합했으며, 1978년부터 2000년까지 프랑크푸르트의 미술대학 슈테델슐레에서 이 두 가지를 가르쳤다. 그는 요리가 모든 예술의 어머니가 되어야 한다고 주장했다. 독일 출신의 마르틴 키펜베르거Martin Kippenberger도 1990년대에 슈테델슐레에서 강의를 했으며, 1980년대 그의 활발한 작품활동 중에는 요제프 보이스의 1976년 작품으로 보이스의 서명이 들어간 동독 포장 식품들을 진열해놓은 설치미술 〈경제적 가치Wirtschaftswerte〉가 자주 등장한다.

당시를 대표하는 음식이라고 하면 한스페터 보다르츠Hans-Peter Wodarz가 창안한 '과일의 대화Dialog der Früchte'였다. 1970년 중반 비스바덴에 소재한 엔테 폼 레헬Ente Vom Lehel 식당에서 선보인 이 음식은, 전하는 이야기에 따르면 원래는 앤디 워홀Andy Warhol을 위한 것이었다고 한다. 세 종류의 과일퓌레가 소용돌이무늬를 이룬 이 음식은 고도로 장식적인 모습으로 커다란 수프 접시에 담겨 나온다. 주로 전채와 주요리 사이에 나오는 셔벗을 대체한 이 음식이 보여주는 신선한 솔직함은 건강에 대한 새로운 인식을 상징했다. 1970년 독일 스포츠협회는 건강한 몸을 만들기 위한 트림디히 운동Trim-Dich-Bewegung을 시작했다. 운전 시 혈중 알코올농도에 대한 법적 제한은 1973년에 도입되어 처음에는 혈액 1그램당 알코올 0.8밀리그램으로 규정했지만 1998년에 0.5밀리그램으로 낮춰졌다. 1960년대의 전후 경제회복기 동안 양쪽 독일의 알코올 소비는 증가했다. 처음에는 처벌 대상인 범죄행위로 인식되던 알코올중독은 점차 개인적인 정신질환으로 취급되어 중독자는 폐쇄시설에 수용시켰다. 수용시설에서 자주 접하게 되는 끔찍한 상태는 저널리스트 귄터 발라프Günter Wallraff의 위장 잠입 취재로 세상에 알려졌다. 그러나 술꾼이라는 국가적 고정관념은, 옥토버페스트 같은 독일 축제와 연결시킴으로써, 이따금 여가를 활용해 술을 즐기는 근면하고 신뢰할

과일의 대화. 과일퓌레의 소용돌이는 1980년대 첨단 유행의 최고급 식당에서 전통적인 셔벗을 대체했다. 이 고유한 요리를 만든 한스페터 보다르츠는 독일의 미슐랭 스타를 받은 식당에서 새로운 요리를 개발하는 데 중요한 역할을 한 인물이었다. 당시의 다른 요리들처럼, 이 요리는 음식 전문 사진작가 요한 빌스베르거Johann Willsberger가 촬영해 큰 영향력을 미치던 음식 전문지 《구르메*Gourmet*》에 실렸다.

수 있는 독일인 이미지로 전환되었다. 실제로 알코올 소비 추세는 1980년부터 낮아지기 시작해 2010년에는 연간 1인당 순수 알코올 소비량이 10리터 아래로 떨어졌다.[39]

권터 발라프가 1980년대에 잠입 취재한 또 다른 대상은 이주 노동자들로 이루어진 대규모 '최하층계급'이었다. 터키인으로 위장해 맥도날드 점포와 강철공장에서 일했고 임상실험에도 참가했던 그는 그 경험을 바탕으로 시리즈 기사를 쓰고 베스트셀러 저서들까지 출판했다.[40] 동독과 마찬가지로, 이주노동자들은 경제호황의 정점에서 극심한 노동력부족에 대한 대책으로 국가기관을 통해 모집되었다. 대부분 젊은 남성이었던 이들은 1955년 이탈리아에서 처음 들어왔다. 그러나 이 프로그램은 곧 어느 정도 산업화된 지중해 주변의 여러 나라로 확대되어 스페인(1960년), 그리스(1960년), 터키(1961년), 포르투갈(1964년), 유고슬라비아(1968년) 등이 대상이 되었다. 산업계에서 보다 숙련된 노동력을 필요로 하게 되자 그들 중 다수가 정착했으며 곧 가족들까지 합류했다. 이주노동자들은 모두 고유의 식문화 흔적을 남겼다. 1970년대의 경제위기로 인해 공장 일자리를 잃게 된 이주노동자들은 대안이 될 일거리를 찾아야만 했는데, 한 가지 선택지는 식품점이나 식품 가판대 또는 식당을 여는 것이었다(실제로 1978년 뉘른베르크 전체 식당의 5분의 1이 그리스, 이탈리아, 유고슬라비아, 터키 식당이었다).[41] 유고슬라비아 내전이 일어날 때까지 널리 퍼져 있던 유고슬라비아 식당은 현재의 독일인들에게 장작 석쇠 구이라는 새로운 미식 개념을 소개했다. 내란 이후 그들 중 일부는 '발칸 요리Balkanküche', 시간이 좀 더 지난 다음에는 크로아티아 요리 등으로 이름을 다시 짓거나 새로 만들어내기도 했다.

터키 요리가 가장 강력한 영향력을 미친 것은 1970년대 초반 최초의 '되너케밥 가판대Dönerbuden'가 베를린에 문을 열면서 시작되었다. 되너는 곧바로 독일에서 가장 널리 소비되는 패스트푸드 자리를 놓고 커리부어스트의 가장 강력한 경쟁자로 떠올랐다. 되너는 터키에서도 인기 있는 음식이고, 독일 내에서 판매되는 되너는 소수의 예외를 제외하면 모두 터키 이민자들이 만드는데도, 독일식 되너는 원래의 것과 상당히 다르다. 사실 이것은 양고기를 회전 꼬치에 꿰어 구워내는 유서 깊은 페르시아의 요리와도 공통점이 없고, 현재 터키에서 같은 이름으로 메인요리로 나오는 것과도 같지 않다. 이 요리는 꼬치에 꿰어 구운 고기를 납작한 피데 빵Pide Fladem 위에 올리고 녹인 버터를 더한 다음 뜨거운 화덕에 넣고 재빨리 바삭하게 구워낸다. 독일에서는 고기를 소금, 향신료, 양파, 우유나 요거트 등에 재어놓았다가 층층이 꼬치에 꿰는데, 최종적으로 만들어져 나오는 것은 적어도 60퍼센트 이상의 간 고기가 들어 있다. 원래는 양고기로 만들었지만, 요즘은 종종 소고기를 섞는데, 현대적으로 변형된 것은 닭이나 칠면조를 사용하기도 한다. 대부분의 되너 덩어리는(법률적으로는 간 고기로 간주된다) 전문가들이 만들고, 독일에서 하루에 300톤 가까이 생산되고 있다. 납작한 터키식 피데 빵의 4분의 1조각의 가운데를 갈라 주머니 모양을 만들어 고기를 넣는데, 최근에는 뒤륌되너Dürüm Döner처럼 유프카Yufka라고 부르는 얇은 빵으로 고기를 싸기도 한다. 보통은 상추, 토마토, 양파, 적양배추를 모두 가늘게 채썰어 요거트소스와 함께 자유롭게 추가하며, 추가로 매운 칠리 조각을 넣기도 한다.

요약하자면, 나라가 둘로 쪼개져 서로 대립하는 정치체제하에서 40년의 실험을 거치는 동안, 서독은 더 이상 사회적 계층과 엄격하게 일치하지 않는 수많은 생활방식과 생활습관이 만들어낸 복잡한 형태를 띤 입맛의 엄청난 다원화를 겪었다. 실제든 아니면 단순한 인식의 문제든, 20세기 전반부 박탈과 희생, 역경을 겪은 후 그것을 만회하는 동안 서독은 일부는 수정된 형태이긴 했으나 외부에서 들어온 수많은 새로운 요소를 처음에는 이론상으로, 그다음에는 요리를 통해 열성적으로 받아들였다. 이러한 욕구의 근원은 또한 독일인들 사이에 널리 퍼져 있었던, 자신의 정체성을 직면하는 데 대한 거부감일 수도 있었다. 가까운 역사에서 공포와 죄책감의 흔적으로 인식되었던 국내의 제품이나 전통을 인정하는 데 대한 거부감 말이다. 모차렐라치즈와 피자, 되너케밥, 햄버거는 모든 측면에서 가벼워 보였다. 그러나 베를린장벽이 무너지면서 서독인들은 자신들의 나라가 지중해 국가도 아니고 미합중국의 일부분도 아니라는 사실에 직면하게 되었다. 동독인들이 캐서롤, 겨자소스를 곁들인 삶은 달걀, 감자경단에 갖는 애정이 자신들에 비해 구식으로 보였을 수도 있지만, 사실 그것은 다음에 따라올 주요한 추세인 지역성을 가리키고 있었다.

— 12장 —

스파게티와 룰라드
세계화 속의 지역성, 통일 독일 1990년 이후

독일인들을 완벽하게 상이한 문화적 공간에 밀어 넣었던 거대한 실험은 독일의 식문화에 또 하나의 층위를 더했다. 기존의 복잡성에 결합되기까지 상당한 시간이 걸리기는 했지만 말이다. 1961년 베를린장벽이 세워진 이후 동독과 서독은 점차 멀어져갔다. 동독의 한 저널리스트는 2010년에 한 인터뷰에서 1988년 서베를린에서 열린 베를린영화제에 당국의 허락을 받아 참석했을 때 모스크바영화제에 비해 너무나 인간미가 없고 형식적이었다고 기억했다. 서독 화폐도 없고 그 어떤 공식 파티에도 초대를 받지 못했던 그녀는 식권을 얻기 위해 언론 담당 부서에 티 나지 않게 구걸을 하다시피 해야만 했으며 심하게 배제되는 느낌을 받았다고 했다. "서베를린은 완전히 이국 도시였어요."[1]

독일의 절반이 새로운 것을 찾아 전속력으로 한 방향을 향해 달려갔던 반면, 다른 쪽 절반은 최소한 공식적으로는 반대 방향을 바라보며 고국을 크게 벗어나지 않도록 강요받았으며 그 결과 전통적인 방식을 지켜나갔다. 이 양쪽이 마침내 다시 한번 서로에게 친숙해지고, 크게 갈라졌던 시각의 격차에서 벗어나 새로이 하나가 되었다는 데 익숙해졌다. 그 경험들이 합쳐져서 그들은 '생각은 세계적으로, 행동은 지역적으로Global denken, lokal handeln'라는 21세기의 추세, 즉 자신의 정체성은 온전히 지키면서 새로운 것들에 마음을 여는 철학에 놀랍도록 잘 대비할 수 있었다.

그때부터 전 세계에서 수입되는 식품들을 받아들임과 동시에 지역 음식과 식단에 대한 관심이 커지기 시작했다. 이를 새로운 균형이라고 할 수도 있으며 독단에서 벗어났다고 할 수도 있다. 빵이 좋은 사례였다. 모든 과정을 사람 손으로 직접 하는 무거운 검은 빵은 거의 사치품으로 바뀐 반면, 대량생산되는 가벼운 밀가루 빵은 어디에서나 구할 수 있게 되었다. 그렇지만 영어권 나라들과는 달리 독일에서는 여전히 사워도우를 당연하게 여긴다. 신세대 장인 제빵사들은 빵을 만드는 데 있어서 어떠한 정치적·철학적 사명감으로부터도 완벽하게 벗어나 전 세계의 전통을 다문화적인 방식으로 익히고 있다. 1970년대 후반 바이하르트가 통밀빵의 부활에 앞장섰던 것처럼, 2000년대 초반부터는 페터 클란Peter Klann이 독일 빵의 역사에서 선구적 역할을 했다. 베를린 크로이츠베르크 구역에 있는 그의 빵집 졸루나Soluna의 (2013년 별세한 클란의 뒤를 이어 현재는 졸루나의

졸루나 빵집, 2012년 여름.

수석 제빵사였던 미하엘 호프만Michael Hoffmann이 그의 부인과 함께 운영하고 있다). 선반에는 룬들링Rundling이라고 불리는 시골풍의 둥근 호밀빵 바로 옆에 소금과 캐러웨이 씨앗을 넣은, 스펠트밀로 만든 크고 기다란 빵인 슈바벤식 딩켈질렌Dinkelseelen이 있으며, 그 옆에 영국식 스콘과 프로방스산 월계수 이파리가 들어간 정체불명의 작은 빵들petits pain obscures도 놓여 있다. 어떠한 영감이나 맛이라도 받아들일 준비가 되어 있는 신세대 제빵사들이지만 지역의 고객들에 집중하고 있다.

이와 유사하게 EU의 입법은, 소속 국가 국민들의 음식에 획일성을 높이고 있다는 비난을 종종 받는 반면, 지리적 표시라는 전체 틀 안에서 지역 식품을 보호하기 위한 관료적 체계를 제시하고 있다. 대개 지리적 표시 보호규정Protected Geographical Indication(PGI)의 형식을 취하는데, 전통적인 레서피에 따라 제조 과정을 규정하지만 원재료의 산지까지 규정하지는 않는다. 현재까지 드레스덴의 크리스마스 슈톨렌Dresdner Christstollen, 할버슈타트의 작은 소시지Halberstädter Würstchen, 슈바벤의 슈페츨러Swabian Spätzle, 홀슈타인의 카텐숑켄Holsteiner Katenschinken, 슈프레발트구어케, 뤼베크의 마르치판Lübecker Marzipan, 뉘른베르크의 레브쿠헨Nürnberger Lebkuchen 등과 몇 종류의 맥주를 비롯한 기타 많은 생산품이 이 인증을 받았다. 또한 모든 종류의 천연 미네랄워터와 네 종류의 치즈(알고이의 에멘탈 치즈Allgäuer Emmentaler, 알고이의 베르크 치즈Allgäuer Bergkäse, 알텐부르크의 염소젖 치즈Altenburger Ziegenkäse, 오덴벨트의 아침 치즈Odenwälder Frühstückskäse)가 무어랜드 양 두 품종과 함께 원산지 보호규정PDO의 인증을 얻었는데,

이 제품들은 모든 재료와 처리 과정이 특정 장소와 전통적인 방식에 묶여 있다.² 앞서 살펴본 바와 같이 이런 식품 중 일부는 뉘른베르크의 레브쿠헨이나 뤼베크의 마르치판처럼 수 세기 동안 특정 장소와 결부되어 있다. 그 밖에 더 넓은, 심지어 국제적 맥락과 대조를 이루어 지역성이 부각된 음식도 있다. 어떤 경우에는 엄선된 소수의 식품을 기반으로 지역 전체가 재발견되기도 했다. 본디 지역성은 정확하게 꼬집어서 정의할 수 없는 것으로 악명이 높다. 대부분의 경우는 지속가능성과 연관되어 있으며, 그저 시골이 원산지임을 암시하거나(시골우유Landmilch나 시골정육Landmetzgerei처럼) 생산자와 소비자 사이의 거리가 가깝다는 것을 의미하기도 한다. 그렇지만 일관되게 정의를 내리는 일은 극히 드물며, 대개는 구매자의 욕구를 이용하고 경제적·사회문화적·생태학적 요인들이 조화와 편안함, 소속감과 정체성에 대한 갈망을 활용할 뿐이다.³

 통일 후 얼마 지나지 않아서, 동독인들 사이에 과거 동독에 대한 향수가 자리 잡았는데 이를 오스탈기Ostalgie로 표현했다. 동독 출신들은 동독 그 체제가 다시 현실로 돌아오는 것을 그리워한다기보다 고국의 친숙한 형태, 외양, 맛 같은 것을 그리워하는 것이다. 상표 몇 개가 사라지는 것은 온 세상을 잃어버리는 것을 상징하게 되었고, 동독 요리라고 구체적으로 명시한 레서피 전용 요리책들이 요리책의 한 범주를 차지했다. 2003년 개봉한 영화 〈굿바이 레닌Goodbye Lenin〉은 베를린장벽이 무너지던 시기에 동베를린 카를마르크스 거리의 소형 아파트에 살던 한 가족의 이야기를 그린 대단히 독창적인 작품으로, 바로 이런 딜레마에 초점을 맞추었다. 무엇보다도 베를린 남서부 슈프레발트 지역에서 생산되는 오이피클 슈프레발트구어케와 모카픽스 골드Mocca-Fix Gold 커피 등 포장음식들이 영화 속에 등장한다.

1989년에 동독의 식품산업은 국내 시장의 갑작스러운 붕괴뿐 아니라 그 못지않게 느닷없는 사회주의 국가의 수출시장 손실에도 직면했다. 1990년 7월 결정타를 날린 화폐통합을 계기로 동독 회사들은 서방 세계 식품산업과의 경쟁에 내몰렸다. 많은 동독 회사들이 폐업하거나, 매각되거나, 제품을 서구화했다. 오늘날에도 일부 동독인들은 향수 때문에, 또 일부는 동부 지역의 경제적 안정에 기여하기 위해 동독 식품을 찾지만, 대다수는 동독 음식이 지역에서 난 것이니 좀 더 믿을 만하다는 인식을 가지고 있다. 경우에 따라 상품이 소생하기도 했고 일부는 살아남아 진정한 성공을 누렸지만(로트캡첸 스파클링와인이나 할레/잘레 지역에 있는 독일에서 가장 오래된 초콜릿 공장 가운데 한 곳에서 생산되는 과자 할로렌쿠겔른Hallorenkugeln처럼), 여전히 지역 특산품으로만 지속되는 경우도 있다(작센주 바우첸의 겨자처럼). 긴 역사를 지닌 동독의 식품 소매 그룹 콘숨 사는 드레스덴에서 부활해 변신을 꾀했으며 2008년에는 예전의 국경선을 넘어 뉘른베르크와 에어랑엔까지 진출했다.

독일 전역에서 지역 요리는 가정과 식당 주방에서 새롭게 해석되었다. 2009년 실시된 한 설문조사에서 응답자의 4분의 3이 지역 요리 스타일이 중요하다고 답했는데 이는 2003년 같은 조사의

3분의 2보다 늘어난 수치다. 두 집 중 한 집꼴로 적어도 일주일에 한 번은 전통요리를 먹는다고 강조했다. 주로 슈페츨러, 빵으로 만든 완자 세멜크뇌델Semmelknödel, 슈니첼, 아인토프 스튜, 랍스카우스Labskaus(소금에 절인 고기, 감자, 비트 뿌리, 절인 청어를 기반으로 만드는 독일 북부 요리) 등이었다. 그런데 응답자의 13퍼센트는 좀 더 이국적인 레서피도 실험해보았다고 응답했다.[4] 태국 식당이든 일본 스시집이든, 각 민족 전통식당과 전 세계에서 온 외국 음식들도 진정한 호황을 맞았다. 1987년에는 물, 홉, 이스트, 몰트만을 사용하도록 엄격히 규정한 독일의 맥주순수령을 따르지 않은 맥주라 하더라도 외국산 맥주에 시장을 개방하라는 EU의 압력에 많은 국내 맥주 제조업자들이 위협을 느꼈다. 하지만 요즘에는 전 세계에서 온 맥주들이 소규모 지역 생산자가 만든 유기농 맥주나 거대 브랜드 맥주와 함께 아무런 문제 없이 한 판매대에 사이좋게 섞여 있다. 이러한 포괄적인 개방성이 현대 독일 식문화의 특성이다. 치즈 장인들은 로마 타키투스 시대의 농축우유 '라크 콘크레툼' 형태를 넘어 고형 우유의 형태에 영향을 미치는 자연환경에 대한 개념을 점차 탐구해나가는 한편, 낙농산업의 거물들은 그 어느 때보다도 많은 양의 치즈를 러시아와 일본에 수출하고 있다(하지만 독일 낙농산업의 최대 수출시장은 이탈리아이며, 네덜란드와 프랑스가 그 뒤를 잇고 있다).

새로운 아들론 호텔의 메뉴에서 직접 확인할 수 있듯이 메뉴에 쓰인 언어 역시 호기심과 차분한 자신감을 드러낸다. 로렌츠 아들론의 걸작인 아들론 호텔은 1940~1945년 연합군의 폭격을 모면하고 살아남았지만 1945년 5월 의문의 화재로 전소되었다. 이 화재에서도 살아남은 별관은 호텔 영업을 계속하다가, 1970년대에는 견습생들을 위한 기숙사로 활용되었고 1984년에 완전히 철거되었다. 로렌츠 아들론의 사후에 호텔을 맡아 경영하던 그의 아들 루이스 아들론Louis Adlon도 세상을 떠나자 루이스의 두 번째 부인인 헤다 아들론Hedda Adlon은 호텔 선매매 권리와 상호 사용권을 켐핀스키 호텔 그룹에 팔았다. 독일 통일 이후 이 호텔은 본래의 자리에 처음 모습 그대로 재건되었다. 한 층을 더 올리긴 했지만 말이다. 1997년 개장했을 때 이곳은 원래 호텔 그대로의 호화로운 면모를 보였다. 현재 로렌츠 아들론 식당의 메뉴는 제품의 원산지를 표시하는 것으로 주목을 받고 있다. 요리들에 대한 묘사는 한 세기 전보다 훨씬 더 상세하다. 때때로 프랑스 용어가 사용되며('물고기와 갑각류'를 'Crustaces et Poissons'로 표기) 메뉴명은 일반적으로 두 나라 언어를 함께 쓴다. 조림은 'confiert', 바다농어는 'loup de mer', 프랑스식 작은 완두콩 요리는 'petits pois à la francaise' 등으로 적혀 있는데, 아들론 호텔 경험이 없는 손님들에게는 수수께끼로 남는다. 이것은 오귀스트 에스코피에의 전설에 대한 헌사일 수도 있는데, 아들론의 과거는 열정으로 가득 찬 주방에서 프랑스인들이 최고의 지위를 누리던 시절에 뿌리를 내리고 있기 때문이다.

1903년으로 거슬러 올라가서, 첫 번째 아들론 호텔이 문을 열기 직전 몇 해 동안, 에른스트 뢰스니처는《식단과 요리에 대한 독일어화 사전》에서 독일어 음식 용어 사용에 반대하는 이들에 비판의 날을 세웠다. 당시에는 프랑스어 표현이 더 우수하다고 생각했다. 무엇보다 더 높은 차원의 요리기술은 항상 프랑스식이었으며(자세히 들여다보면 물론 터무니없는 믿음이라는 사실이 드러나지만) 따라서 기술적 용어는 프랑스어여야만 했기 때문이다. 뢰스니처는 외국어의 독일어화를 찬성하는 입장의 논거들을 열거했다. 독일 국민들은 훌륭한 독일인이라는 느낌을 갖기 시작했으며 모든 분야에서 자신들의 언어를 '정화'해야 한다고 썼다. 또한 온갖 종류의 언어를 혼용하는 것은 천박할 뿐만 아니라 이해력까지 저해시킨다며, 메뉴는 전문가들이 아니라 손님들을 위해 쓰는 것이라고 강조했다.

사실 오늘날까지도 메뉴에 쓰는 프랑스어나 다른 외국어 어휘들은 대개 셰프의 전문성을 과시하기 위해서이며, 전문용어Fachsprache를 써서 보통 사람들을 배제하고 불안감을 조장한다. 뢰스니처의 말을 인용하자면, 콩소메Consommé가 대표적인 사례였다. 그렇지만 그가 불만스러워하며 자국의 언어로 번역하고자 했던 단어들 중 다수가 확실하게 독일어로 편입되어 자리 잡고 있었다(향Aroma, 봉봉사탕Bonbon, 버섯Champignons, 사철쑥Estragon, 소스Sauce 등). 실제로 독일어로 대체된 단어들도 있다. 예를 들면 '양념하다'라는 의미였던 'assaisonnieren'은 대체되어 사라졌다(하지만 '살짝 굽다'라는 의미인 'gratinieren'은 이에 해당하는 독일어 단어 'überbacken'과 함께 운 좋게 남아 있다)*. 그렇지만 전체적으로 봤을 때, 비록 한 세기 이상 전에 일어난

---

* 'assaisonnieren'과 'gratinieren'은 프랑스어 'assaisonner'과 'gratiner'에 독일어의 동사형 어미를 붙인 조어.

독일어화 운동이 많은 경우 과장되었고 파시스트의 사고방식을 꽃피우는 데 간접적으로나마 분명한 역할을 했지만, 나치가 했던 선전과 포괄적이고 종합적인 독재 체제로 대안적 현실을 건설하려고 시도한 것은 분명 아니었다. 오늘날 메뉴에 사용된 독일어는 정반대의 효과를 낸다. 손님들에게 더 많은 선택권을 줌으로써 우수한 독일 음식이라는 요리문화의 실체를 지속적으로 탐구할 기초를 마련해주는 셈이다. 셰프들은 과거의 레서피들을 새로운 식재료나 새로운 조리법으로 해석하거나 그 반대 방식 또한 시도할 준비가 되어 있으며, 독일인들은 새로운 용어에 적응할 준비가 되어 있다. 다행히도 상식이 근본주의를 이긴 것이다.

2009년 법원은 독일 농산물에 대한 판매촉진을 담당했던 독립기관 '독일 농산물마케팅중앙회Centrale Marketinggesellschaft der Deutschen Agrarwirtschaft(CMA)'의 해산을 명령했다. 생산자들로부터 출연금을 강제 모금하여 재정을 확보했던 것이 유럽 법규상 불법으로 판결이 났다. 생산자들 역시 이 기관의 비효율성에 대해 불만이 있었다. 한편 비슷한 방식으로 조직된 독일 와인기구 역시 법원 심의의 대상이 되었지만 살아남았으며 성공적으로 재탄생해 지금은 번창하고 있다. 포도밭은 독일의 농업지역 전체의 1퍼센트 미만에 불과하지만 그 비율을 완전히 넘어서는 문화적 영향력을 행사하고 있다. 독일 와인은 2000년 이래 품질과 명성에서 진정한 혁명을 이루었다. 독일산이라는 낙인을 극복했을 뿐 아니라 예전 1960년대 화이트와인 립프라우밀히Liebfraumilch의 산업화처럼 성공을 거두었다. 전문적인 훈련을 받은 신세대 와인 생산자들은 전 세계의 와인업계와 긴밀히 연결되어 테루아, 즉 와인이 생산된 포도밭에 초점을 맞출 수 있게 되었으며 대부분 유기농 방식으로 전환했다.

  농업 전반에서도 비슷한 추세가 나타나고 있다. 낮은 산맥, 가파른 계곡, 산의 목초지처럼 농사가 어려운 지역에서는 농업이 위축되는 경향이 있는데, 독일 역시 집중을 추구하는 일반적인 추세에서 예외가 아닌지라 현재 1,700만 헥타르 경지 면적도 꾸준하게 줄어들고 있다. 농장 경영을 전업으로 하는 농가보다 부업으로 하는 농가가 약간 많음에도 부업 농가의 경작 면적은 전체 경작지의 4분의 1 정도다. 가장 큰 성공을 거둔 농가들은 생산, 가공 및 유통까지 함께 하며 자신들이 생산한 빵, 치즈, 육류 등의 상품을 농장 부속 상점이나 농민 직거래 시장에서 판매하거나 '농장에서의 휴일Urlaub auf dem Bauernhof' 프로그램을 통해 휴가객을 유치하기도 한다. 전체 농업지역의 3분의 1 정도가 초지이며 이 중에서 아주 작은 면적이 과수원(대부분이 사과이고 이어서 체리 종류, 자두, 배의 순서로 많이 재배된다)과 포도원이다. 그렇지만 대규모 경작은 밭에서 이루어진다. 이렇게 경작되는 곡물 중 밀이 압도적으로 많아 전체 생산량의 절반 이상을 차지하며, 그 뒤를 보리, 호밀, 귀리가 잇고 있다. 그 밖에 옥수수, 평지 씨앗, 사탕무, 감자 등이 생산된다. 사과의 뒤를 이어 두 번째로 중요한 과일인 딸기의 생산은 1990년과 2005년 사이에 3분의 2 이상 늘었으며, 한 시장조사 결과에 따르면 일 년 내내 수입됨에도 내수 소비는 여전히 계절의 영향을 받고 있다. 그와 마찬가지로 국내에서 재배한 채소류의 중요성과 다양성이 지속적으로 커지고 있다. 모든 종류의 채소 중 양배추가 가장 많이 생산되며, 그 뒤를 아스파라거스(1995년과 2005년 사이에 경작 면적이 두 배로 늘었다), 양상추, 당근, 양파의 순으로 잇고 있으며, 녹색 완두콩, 녹색 콩, 시금치, 래디시의 생산량은 그보다 적다. 거래의 구조 역시 변화하고 있다. 오늘날 과일과 채소의 도매시장은 식당이나 병원, 소형 소매상만을 대상으로 하며(베를린을 예로 들면 전체 인구의 15퍼센트 정도) 대형 할인매장이나 슈퍼마켓은 모두 생산자로부터 직접 구매한다.[5]

독일의 육류 생산은 돼지(EU 회원국 중 1위)와 소(EU 회원국 중 프랑스에 이어 2위)에 집중되어 있으며, 가금류는 증가 추세에 있긴 하지

독일의 한 매장에 진열된 과일과 채소.

만 2004년의 경우 도축된 모든 육류 물량의 15퍼센트를 약간 상회한다. 전체 돼지 중 절반 이상이 저지대 작센과 라인강 북부 베스트팔렌의 농가에서 사육된다. 이런 경향은 한 세기 전부터 시작된 것으로 라인강 유역과 루르 지역에 시장이 있을 뿐 아니라 사료 수입과 육류 수출을 위한 선적항이 인접한 데 기인한다. 사육과 관련된 문제점은(배설물에 의한 오염이나 가축 질병의 위험성 증가) 산업형 대량생산 가금류 농장이 같은 지역에 위치하는 경향이 있어 가중된다. 낙농업은 이보다는 집중도가 덜해 대부분 다른 작물의 재배에 한계가 있는 지역인 북부의 습지, 발트해, 알프스의 낮은 산맥과 고원지대에 분산되어 있다. EU의 우유 수출입 할당제도(2015년에 폐지됨)가 낙농 농가의 성장을 저해했다. 젖소의 수는 1995년과 2005년 사이에 5분의 1 이상 줄었지만 마리당 생산량은 눈에 띄게 늘어나, 젖소 한 마리당 연평균 우유 생산량이 1995년 5,320리터에서 2009년 6,840리터로 증가했다. 1970년 정부의 우유 유통지역 규제가 철폐되자 전 세계적인 추세가 반영되어 낙농의 집중화 현상이 나타났다. 우유의 수송거리는 사상 최대로 늘어난 반면, 서독에서만 1960년 2,758개에 달하던 낙농장의 수는 2009년 196개로 줄었다. 2009년 가장 규모가 큰 낙농장에서 처리한 우유는 1996년의 전체의 4분의 1 미만에서 크게 늘어 전체의 절반 가까이를 차지했다.[6]

　이러한 발전의 숨은 동기유발 요인 중 하나는 주요 식품 소매상들이었다. 1998년 다섯 개 선두주자의 매출이 독일 내 모든 식품 판매액의 64퍼센트를 차지했다(이러한 추세는 더욱 초국가적 집중 현상을 보이고 있다.). 이들은 품질이 보장된 신뢰할 수 있는 수준의 표준화된 상품을 가능한 한 낮은 가격으로 구매하기를 원했다. 그러나 품질에 대한 소매상들의 관점과 소비자들의 생각이 일치하지 않는다는 게 그리 놀랄 일은 아닐 것이다. 대표적인 사례가 우유의 유통기간 연장Extended Shelf Life(ESL) 정책이었다. 2008년 독일의 상점에 도입된 이 정책은 순간고온살균 방식Ultra-high Temperature Processing(UHT)* 우유와 비슷한 맛이 나도록 처리하며 특히 유통기한이 거의 끝나가는 제품이 대상이었다. 이런 우유를 신선한 우유로 유통하는 데는 아무런 법적 하자가 없으며 단지 '장기보존länger haltbar'이라는 표시만 하면 된다. 이와는 반대로 파스퇴르의 저온살균 방식에 따른 우유에는 이제 '전통방식 생산traditionell hergestellt'이라는 라벨을 붙인다. 저온살균 우유는 할인점 판매대에서 거의 모습을 감췄다.

이전 세기들과 마찬가지로, 식품 안전성에 대한 우려는 독일인들의 쇼핑과 식습관에 여전히 큰 영향을 미치고 있다. 식품은 대중매체를 통해 자주 공포와 스캔들의 형태로 나타난다. 살모넬라균, 캄필로박터균, 대장균, 리스테리아균 등은 모두 관련 당국에 보고되어야만 한다. 다른 산업화된 국가들과 마찬가지로 대규모 생산시설의 잠재적 오염 가능성, 엄청나게 늘어난 식품의 수송거리, 최대로 연장된 유통기한 등의 요인은 여태까지 알려지지 않았던 규모의 위험성을 내포하고 있다. 그렇지만 이성적인 관점으로 보다 넓

---

* 우유에 135도 이상 되는 고온의 증기를 몇 초간 직접 주입해 살균하는 방식으로 우리나라의 우유는 대부분 이 방식을 사용한다.

은 시각에서 볼 때, 실제 사망자는 극소수이거나 아예 없었다는 사실을 감안한다면 대부분의 공포나 스캔들은 약간은 과장된 듯싶다. 1981년 스페인에서 발생한 치명적인 식용유 스캔들이나 1986년 이탈리아에서 벌어진 메틸알코올이 들어간 레드와인 사태처럼 많은 사망자를 낸 사건이 독일에서는 없었는데도, 식품과 관련된 스캔들은 소비자들에게 공포심과 혐오감을 널리 퍼뜨려 거의 미신적인 수준에까지 이르곤 했다. 대개 구매 양상의 변화는 단기간에 그치거나, 다른 문제가 터질 때까지만 지속된다. 의례적인 감정적 반응의 패턴을 보인다.

물론 예외도 있다. 과거 광우병 발발은 독일에서 실질적인 농업의 위기로 이어졌고 환경운동이 상당히 강화되는 계기가 되었다. 영국에서 발생한 광우병에 대해 독일이 처음 접한 것은 1987년 11월이었다. 1990년 독일의 한 위생검사관이 독일에서 이 질병의 징후를 우연히 발견했지만, 그 사실을 대중에게 알렸다는 이유로 해고되었다. 1997년 선제적 도살이 시행되었으며 정부 관료들은 독일은 광우병으로부터 안전한 지역이며 위험성은 전혀 없다고 발표했다. 그렇지만 2000년 11월 독일 정부는 자국 내에서 첫 번째 광우병 사례가 나타났다는 사실을 공식 인정해야만 했다. 이어서 육분(肉粉)이나 골분(骨粉)을 가축 사료의 재료로 사용하는 것이 전면 금지되었으며 24개월 미만에 도축되는 가축들에 대한 전국적 검사가 시행되었다. 이때 모든 독일인의 3분의 1이 소고기 소비를 현저하게 줄였으며 4분의 1은 아예 먹지 않았다.[7] 2007년에는 모두 네 건의 광우병 사례가 공식적으로 확인되었는데 이는 2001년의 125건보다 대폭 줄어든 것이었다. 영국에서는 모두 176명의 희생자가 보고된 반면 독일에서는 현재까지 단 한 명의 사망자도 발생하지 않았다.[8]

광우병 위기는 농업정책과 소비자 보호에 대한 근본적인 재고 및 구조 조정의 계기가 되었으며, 여기에는 농업의 투명성과 유기농을 밀어붙인 녹색당의 정책도 한몫했다. 유기농 식품점, 농장 상점, 슈퍼마켓 등이 번성하면서 한층 더 주류에 편입되었다. 2010년 독일인 다섯 명 중 한 명은 유기농 식품을 샀는데, 남성보다는 여성이 자주 구입했다. 2011년 유기농 제품은 소매로 판매된 전체 식품의 3.7퍼센트를 차지했으며 유기농으로 농사를 짓는 면적은 1996년 전체의 2.1퍼센트에서 2011년 6.1퍼센트로 거의 세 배나 증가해 100만 헥타르를 넘어섰다. 그러나 이 수치는 녹색당이 2002년에 세운 목표인 20퍼센트에는 턱없이 못 미쳤다. 오늘날 전체 농가 중 7.5퍼센트가 유기농법의 원리에 따라 농사를 짓고 있다. 이 농장들의 평균 수확량은 종래의 농장보다는 훨씬 적지만 값을 상당히 높게 책정할 수 있기 때문에 수익성은 거의 비슷하다. 독일인들의 3분의 2는 EU의 친환경규정에 따라 생산된 식품에 부착하는 표시인 비오지겔Bio-Siegel에 친숙하다. 2010년 1인당 73.60유로를 유기농 식품 구입에 지출한 독일은 EU 내에서 (스위스, 덴마크, 룩셈부르크, 오스트리아, 리히텐슈타인, 스웨덴 다음인) 일곱 번째로 많이 소비했다. EU 평균은 32.20유로였으며 미국은 64.30유로였다.[9] 농산물 직판장, 농장 상점, 유기농 식품점은 모두 소득수준이 평균 이상인 가정에서 주로 이용한다.

독일인들이 식품을 가장 많이 사는 장소는 슈퍼마켓이며 그다음이 할인점과 식료품점이다. 식품 할인점의 매출은 최근 몇 년간 정체되었지만 지난 10년간의 실적을 종합해보면 대단한 성공을 거두었다. 식품 할인매장의 역사는 1960년대 초까지 거슬러 올라간다. 카를Karl Albrecht과 테오 알브레히트Theo Albrecht 형제가 에센에 있는 가족 소유의 작은 식품점을 헐고 새롭게 디자인해 지은 식품 할인점 체인이 마침내 전 세계를 무대로 사업을 벌이고 있는 현재의 회사로 성장한 것이다. 그들은 매장의 취급 품목을 줄여 빨리 팔리는 상품만 취급했으며, 기본적인 네온 불빛만 남기고 모든 장식을 없앤 매장에서 상품은 화물운반대 위에 올려놓은 채 팔았다. 덕분에 일반 슈퍼마켓보다 저가로 공급할 수 있었으며, 소비자들에게 가능한 한 최저가를 제안할 수 있었다. 이 전략이 거의 마법의 방정식으로 작용해 그들의 알디ALDI 체인점은 곧 독일 전역을 뒤덮게 되었다. 그들의 방식은 오늘날까지도 거의 그대로 남아 있으며 경쟁자들이 광범위하게 모방하고 있다. 1980년대까지만 해도 주 고객층은 장바구니 예산이 적은 사람들이었지만 이제는 훨씬 다양한 사회계층으로 확대되었고, 신선한 음식과 유기 농산물까지로 품목을 확장했다(이는 인기를 끌고 있는 새로운 유기농 슈퍼마켓에게 시장 점유율을 잠식당하지 않기 위한 시도였다).

일반적으로 독일인들이 식품을 구매할 때 가장 자주 따지는 기준은 맛이고(약 75퍼센트), 그다음이 신선도, 유통기간, 건강, 계절적 특성 등이다. 가격의 중요도는 중간 정도이고 그 뒤를 유기농 인증이 바짝 따르고 있다.[10] 고기를 먹지 않거나 밀가루나 유제품을 먹지 않는 선택적 식단 혹은 제한적 식단이 점차 강화되는 추세인데, 대부분 생리적인 이유 때문이지만, 소매점 진열대에 놓인 식품들의 종류가 너무나 압도적이고 혼란스러운 데 대한 반작용이라고 심리적 측면으로도 해석할 수 있다. 한편 유기농 식품과 농법이 자연에 대한 유토피아적이고 낭만적인 이상을 좇는다며, 과거 생활개혁운동이 산업화를 거부했던 것과 동일하다고 지적하는 비판적인 의견이 꾸준히 제기되었다. 실제로는 존재한 적 없는 '원래의' 혹은 '자연적인' 식단으로의 회귀에 대한 갈망을 공유한다는 것이다. 비평가들은 오늘날의 식품에 대한 품질 관리가 현대적인 대량생산에 의해 가능해졌다는 사실을 지적하고, 자연적이라고 생각하는 달걀, 우유, 곡물 같은 식품의 대부분이 실제로는 인간이 자연에 개입하여 만들어졌으며, 본디 이 모두는 인간을 먹이기 위한 것이라기보다 자연 속에서 다른 목적에 쓰이기 위한 것이라고 강조한다. 그러나 한편으로 그들은 화학비료나 농약의 사용이 장기적으로 환경에 미치는 영향과 산업화된 대규모 가축사육이 건강에 미치는 영향에 대해 경시하는 경향이 있다. 정부의 공식적인 정책은 농부들의 장기적인 생존을 보장하기 위해 환경적·사회적·경제적 이해관계를 통합하는 것이다.

    2008년부터는 판매되는 모든 식품에 대한 투명성을 높이기 위해 '소비자정보법Verbraucherinformationsgesetz'이 발효되고 있다. 독일에서 유전자변형 식품은 많은 논의의 대상이었고 가장 첨예하게 대립되는 주제이며, 최근에야 최초의 실험적 재배가 허용되었다. 그렇지만 대부분 미국에서 수입하는 유전자변형 대두로 만드는 첨가물을 모든 종류의 식품에 사용하고 있기 때문에 라벨에 굳이 이 사실을 명시할 필요가 없다. 독일인 두 명 중 한 명은 (특히 교육을 많이 받은 계층은) 유전자가 조작되거나 방사선을 쬔 식품이 그렇지 않은 식품보다 더 위험하다고 생각한다.[11] 독일의 시민농장은 폴란드에 이어 유럽에서 두 번째로 많은데(2008년에 124만 개였는데, 영국의 8만 개, 프랑스의 15만 개에 비교할 때 엄청난 수치다) 식품 생산 측면에서도 다시 한번 예전의 인기를 누리고 있다. 특히 도시의 젊은 전문직 종사자들 사이에서 인기가 높다.[12]

    이제 이 책의 맨 처음에 제기한 질문에 대해서 답할 시점이 되었다. "독일인들의 식문화와 관련해서 독일적이란 어떤 의미이며, 그들은 무엇을 먹고 왜 먹는가?" 이에 대해 대답하기에 앞서 오늘날 그들이 실제로 무엇은 먹고 사는지 살펴보기로 하자. 최근의 통계에 따르면, 남성이 여성보다 많은 양을 먹으며(과일은 예외), 남성보다 여성이 건강을 챙기는 선택을 하는 경향이 있다. 빵이 가장 중요한 주식이며 유제품과 함께 가장 필수적인 에너지원이다. 거의 모든 사람이 매일 채소와 과일을 섭취하는데 여성이 조금 더 많은 양을 먹고 나이가 많을수록 또 사회적 지위가 높을수록 먹는 양이 많아진다. 놀랍게도, 신선한 과일은 대부분 겨울에 먹는다. 감자 소비 촉진에 앞장섰던 프리드리히 대왕은 여전히 중요한 역사적 인물로 남았지만, 현재의 독일인들은 하루에 100그램 미만의 감자를 먹는데(그나마 대부분은 프렌치프라이 같은 가공된 형태), 나이 든 사람들이 더 많이 먹는다. 빵에 발라 먹는 것으로는 마가린보다는 버터를 선호하며, 마가린과 버터를 통해 섭취하는 지방의 양은 나이가 들수록 늘어나지만 사회계층이 높아질수록 전반적으로 줄어든다. 오늘날 유제품의 실질적인 소비량 중 5분의 1 정도를 크바르크와 치즈가 차지하고 있으며 하루 소비량은 40그램을 약간 웃돈다. 나이가 들면 전반적인 식사량은 감소하지만 크바르크와 치즈 섭취량은 늘어난다. 독일인들이 아침 출근 전에 달걀을 먹지 않는 건 분명하다. 독일인의 하루 평균 달걀 소비량은 한 개에 훨씬 못 미치기 때문이다. 육류와 육가공품의 경우, 예상대로 남성이 여성에 비해 두 배를 먹지만(하루 평균 160그램 대 80그램), 통계상 사회적 지위가 높을수록 소시지나 햄버거 등 육류 가공식품을 적게 먹는다. 육류에 비해 전반적으로 인기가 없는 편인 생선은 사회적 지위가 높을수록 먹는 빈도가 늘어나지만, 독일인 다섯 명 중 한 명 정도는 전혀 먹지 않는다. 또한 전체 인구의 절반 이상이 내장은 꺼린다. 수프와 스튜는 나이가 들면 더 많이 먹는 반면 케첩과 다른 조미료, 그리고 단 음식은 선호하지 않는다. 다만 잼만은 예외여서 나이 든 사람들이 젊은 이들보다 많이 먹는데, 젊은이들은 칩이나 팝콘 같은 짭짤한 음식을 훨씬 더 많이 먹는다.

음료의 경우, 커피가 뜨거운 음료 중 단연코 가장 큰 인기를 누리고 있지만 전체 인구 중 5분의 1 가까이는 전혀 마시지 않는다.

대부분의 독일인은 하루 평균 한 잔 이하 혹은 두 잔 이상을 마시며, 40대 남성이 최고의 소비자들로 하루에 500밀리리터 이상 마신다. 여성은 남성에 비해 허브차를 상당히 많이 마시는 반면, 남성은 청량음료를 선호한다(청량음료는 사회적 계층이 높을수록 소비량이 줄어든다). 남성은 여성에 비해 평균 네 배 가까운 알코올을 섭취하며, 맥주 선호가 현저한 반면, 여성은 이와 관련해서는 유동적이다. 증류주의 비중은 미미하며 대부분 하층계급 남성이 소비한다. 남성은 젊었을 때 음주량이 가장 많은 반면(특히 만 14~18세 남성은 하루 평균 한 잔 알코올음료를 마시는데, 대부분 주말에 폭음을 한다), 여성은 50세가 넘어서 정점에 달한다. 남성과 여성 모두에게 와인과 스파클링와인은 나이를 먹을수록 더욱 많이 찾는 음료인 반면, 알코올이 들어간 청량음료 알코팝alcopop이나 칵테일은 거의 25세 이하에서만 소비된다. 사회적 지위가 높을수록 여성은 더 많은 양의 알코올을 (와인의 형태로) 섭취하는 반면, 남성은 변화가 거의 없지만 맥주의 소비량은 줄어든다. 흡연과 알코올 소비는 종종 밀접하게 연관된다.[13]

 1980년대 중반 실시된 조사와 비교하면 지방과 알코올의 소비는 전반적으로 감소했다. 그럼에도 정부는 아직 국민들의 영양 상태에 전적으로 만족하지는 않지만(과연 그들이 만족할 때가 올까?) 독일인들이 한 세대 이전보다 가볍고 건강한 식사를 하는 경향은 분명하다. 독일에 진출한 미국의 패스트푸드 체인들은 원래 미국에서 그랬던 것처럼 가격이 적당한 패밀리레스토랑이자 부르주아적 식사 의례의 대안으로 자신들의 식당을 선보였다. 그렇지만 1990년대에는 점차 생태학적·영양학적·문화적으로 건강하지 않은 것으로 여겨졌으며, 심지어 형편없다는 평가를 받았다. 최근 들어 많은 변화를 시도했는데, 좀 더 건강한 메뉴를 제공하거나 매장의 디자인을 개선하는 등 대중의 평판과 인식을 바꾸기 위해 노력해 꽤 성공을 거두었다. 이와는 정반대 선상에 있는 슬로푸드 운동의 독일 지부는 2012년 20주년을 기념했다. 이들은 엘리트주의적인 미식 클럽이라는 이미지를 탈피하고 슬로푸드 운동이 정치적 책임감을 지닌 보다 포괄적이며 적극적인 활동임을 드러내기 위해 진지하게 노력해 왔다.

음식에 대한 설문조사를 할 때는 통상적으로 나이가 아주 어린 아이들이나 아주 많은 노인들, 독일어를 모국어로 하지 않는 사람들과 노숙자들은 포함하지 않는다. 이들이 너무 주변부 집단이어서인지 아니면 그들을 배제하는 다른 원인 때문인지는 판단하기가 어렵다. 사실 평균수명이 늘어나면서 가정이나 병원에서 고령 세대에 대한 식사 공급이 점차 어려운 문제로 떠오르고 있다. 이들의 식사는 종종 단조롭거나 적절하지 않다는 지적을 받는다. 같은 맥락에서, 독일에서 모든 음식의 5분의 1 정도가 버려지고 있다고(영국 같은 고도의 산업화 국가와 비슷한 수준) 추정되지만, 단지 이 수치만으로 모든 사람들이 잘 먹는다고, 충분히 먹고 있다고 단정할 수는 없다. 2012년 독일 정부가 실시한 조사에 따르면 음식쓰레기의 3분의 2가 개별 가정에서 버려지고 있는 반면, 음식을 필요로 하는 사람들에게 도움을 주고자 하는 푸드뱅크는 17퍼센트에 불과한 식품 소매점이나 음식 공급업체에서 버려지는 것에만 관심을 집중한다. 뉴욕

시의 자선구호 기구인 '뉴요커 시티 하비스트New Yorker City Harvest'를 모델로 한 '베를린 타펠Berliner Tafel'이 1993년 설립되었다. 전국적인 규모로 펼쳐졌던 이 자선 프로젝트는 소매점, 식당 등으로부터 거의 660톤에 달하는 잉여분이나 폐기될 식품을 수거해 이를 필요로 하는 노숙자나 실업자, 독거노인, 저소득가정, 한부모가정 및 다른 심각한 문제로 도움이 필요한 이들에게 분배했다.

평균적으로 독일인들이 소비하는 식품의 총량은 실질적인 필요량을 초과한다. 모든 성인 중 5퍼센트 정도가 체중감량을 위한 다이어트를 하고 있다. 2008년 전국적으로 실시된 식생활 조사 결과에 따르면, 남성의 3분의 2와 여성 절반이 과체중이나 비만 상태인데, 교육수준과 소득수준이 높을수록 비만의 확률은 줄어들지만, 이와 별개로 나이가 많을수록 체중이 늘어나는 경향이 있다. 어린이의 4분의 3 이상이 정상체중이며 과체중은 5분의 1 미만이지만, 14~17세 여성 청소년의 10분의 1 가까이가 저체중 상태이며 심각한 섭식장애를 암시하고 있다. 또한 국가적으로 실시한 시간 사용 연구에 따르면, 10~14세 여자아이들은 남자아이들보다 집안일에 15분 정도를 더 할애하며, 15~20세 연령에서는 성별에 따른 격차가 30분으로 늘어난다. 여전히 집안일을 여성의 책임으로 여기는 경향이 있지만, 10년 전에 비해 음식 준비에 쓰는 시간이 19분 줄어든 반면, 남성은 10년 전에 비해 요리나 장보기 같은 집안일에 매일 14분을 더 투자한다. 그런데 이러한 변화는 전반적인 성향을 나타내는 것이 아니라 가사노동에 더 많은 시간을 쓰는 소규모 집단에 기인한 것이다. 부부 모두 풀타임으로 일을 해도 여성이 가사에 더 많은 시간을 투자한다. 아버지 세 명 중 한 명은 가족들과 더 많은 시간을 갖고 싶다고 말하지만, 현실적으로는 첫아이가 태어나면 전통적인 성별에 따른 가사노동 형태의 구분이 다시 두드러지며, 가족 내에 아이들의 숫자가 늘어날수록 남성의 노동시간이 길어지는 경향이 있다.[14]

독일인은 오직 생존을 위해서만 먹는다든지, 이웃인 프랑스와는 달리 음식을 진정으로 음미하지 못한다든지 하는 진부한 생각과는 달리 2004년 실시된 설문조사의 지출희망 항목에서 먹는 데 돈을 쓰겠다는 사람들이 가장 많았다(그다음이 집, 여행, 옷 순이었다).[15] 2008년 독일인들은 가처분소득 중 12.4퍼센트를 음식과 비알코올 음료를 사는 데 사용했는데(이 수치는 프랑스보다는 약간 낮지만 미국의 약 두 배에 달한다), 이를 액수로 환산하면 한 가구당 월평균 214유로 정도다. 여기에 외식비로 한 달에 가구당 85유로를 추가로 쓰며, 그중 57유로가 식당이나 카페 등에서 지출된다.[16] 또한 통계에 따르면, 통일 이후 10년 동안 실질적인 식사시간이 1시간 22분에서 1시간 43분으로 늘었는데, 늘어난 시간 중 집에서의 식사시간 비중이 가장 컸다.

피상적으로 보면 일상생활에서 전통적인 기독교 문화의 영향력은 저물고 있다고 생각할 수도 있다. 교회는 텅텅 비어가고, 크리스마스는 고도로 상업화되었으며, 요가 학교의 성공에서도 볼 수 있듯이 동양 철학의 인기도 급상승 중이다. 또한 독일 인구의 60퍼센트 미만만 기독교 신자로 등록되어 있다. 그렇지만 오랜 세월에 걸쳐 확립된 기독교적 생활 형태는 계속 유지되고 있는데, 여기에는 널리 받아들여지는 알코올 음료와 공동식사라는 이상뿐만 아니라 오랜 시간 공들여 만든 식사와 함께 조용히 휴식을 취하는 날이라는 일요일의 특별한 위상 역시 포함된다. 주말에 독일인들은 하루 평균 두 시간 이상을 식사에 쓰고 있다. 전통적인 식사 형태도 계속되어 3분의 2 정도가 6시에서 9시 사이에 아침을 먹고, 정오에서 2시 사이에 점심을 먹으며, 저녁식사는 6시에서 8시 사이에 한다. 부모가 모두 직장에 다니는 가정에서는 주된 식사가 저녁으로 옮겨졌으며, 직장이나 학교의 구내식당에서 점심을 먹는 사람은 5분의 1도 되지 않는다.

독일인들은 특히 개인적인 재정 상태가 빠듯할 때 간편식품이나 미리 조리된 음식을 사지 않고 직접 요리하는 경향이 있다. 전체 여성의 3분의 2와 전체 남성의 3분의 1 가까이가 자신의 요리 솜씨가 매우 좋거나 좋다고 응답했다. 여성은 요리 실력을 주로 어머니들로부터 전수받는 반면 남성은 대부분 독학으로 습득한다. 양쪽 모두 요리책을 세 번째로 꼽았으며, 텔레비전과 잡지 등 다른 매체는 여성에게는 여섯 번째, 남성에게는 다섯 번째 순위였다.[17] 1990년대 중반부터 인기를 끈 텔레비전 요리 쇼는 분명히 민중의 행복을 유지하기 위한 고대 로마의 공식인 '빵과 오락panem et circenses'의 완벽한 부활로 볼 수도 있다. 〈레디, 스테디, 쿡Ready, Steady, Cook / Kochduell〉이나 〈헬스 키친Hell's Kitchen / TeufelsKüche〉은 포맷을 영국에서 수입했고(다양한 유형의 텔레비전 쇼에서 흔한 방식이다) 독일에서 개발한 것들도 있다. 일부 유명 텔레비전 진행자들은 게스트를 소개하거나 인터뷰할 때 요리를 배경으로 활용하기도 했다. 1990년대부터 셰프들의 사회적 지위가 현저히 재정립되었는데, 야망 있는 셰프들에게 성공적인 마케팅이란 당연히 요리책이나 텔레비전 쇼를 포함하는 것으로 보인다.

이 모든 것이 실제로 접시에 담긴 음식에는 어떻게 표현될까? 2007년 14세 이상 60세 이하를 대상으로 실시된 조사에서 독일인들이 먹는 가장 인기 있는 음식의 목록은 다음과 같다. 뒤로 갈수록 순위가 낮다.[18]

볼로네제 스파게티
토마토소스 스파게티
슈니첼
피자
룰라덴(비프 룰라드)
아스파라거스
자우어브라텐
라자냐
스테이크
누델라우프라우프Nudelauflauf*
콜룰라덴Kohlrouladen**

* 마카로니에 치즈를 얹은 파스타 스타일의 캐서롤.
** 간 고기로 속을 채운 삶은 양배추 룰라드.

생선

카슬러브라텐Kasslerbraten*

시금치

쾨니히스베르거 클롭스Königsberger Klopse**

고기와 감자를 곁들인 오그라기양배추Grünkohl

마침내 이 책의 맨 앞에서 제기했던 논점으로 돌아오게 되었다. 오늘날의 독일 음식은 지금까지 살펴본 바와 같이 역사 속의 수많은 영향이 지극히 잘 반영된 결과물이다. 채소와 육류가 거의 균등하게 대표하는 독일 음식에는 지역과 세계, 소박함과 우아함, 전통과 현대가 뒤섞여 있다. 오랫동안 지속된 로마와 이탈리아 요리와의 연계성은 프랑스의 영향력이 남긴 유산만큼이나 확연하다. 달고도 신맛이 나는 자우어브라텐은 중세를 대표한다. 돼지고기에 대한 뿌리 깊은 사랑도 계속되고 있지만 독일 식단에 정기적으로 등장하는 미국식 스테이크는 2차대전 이후 서독의 미국화 경향을 반영한다. 과거의 종교적 전통은 채소와 생선 목록에 반영되어 있다. 카슬러브라텐은 켈트인이 즐기던 소금에 절인 돼지고기를 연상시키지만 최근 동독인들이 선호하던 음식이기도 하다. 주요리라기보다는 디저트로 간주되기 때문에 앞의 목록에서는 빠져 있지만 우리가 시간여행을 시작하면서 살펴보았던 신석기시대의 죽 역시 현대적 형

* 소금에 절여 훈제한 돼지고기 구이.
** 레몬, 케이퍼, 청어나 안초비를 곁들인 화이트소스를 얹은 미트볼.

태로 나타나고 있는데, 쌀 푸딩 밀히라이스Milchreis나 세몰리나 푸딩인 그리스푸딩Griesspudding도 독일인을 기분좋게 하는 음식이다. 이러한 음식들은 대부분의 독일인에게 어린 시절의 기억을 떠올리게 하겠지만, 이보다 한참 역사를 거슬러 올라가 이 책에서 쌓아온 음식의 역사에서 가장 초기의 층에 연결되기도 한다. 주목할 만한 점은 최소한 음식이라는 측면에서 본다면 어느 한 시대도 특별히 두드러지지 않는다는 사실인데 독일인들은 놀라운 균형을 이룬 셈이다. 어쩌면 그것을 평정이라고 말할 수도 있을 것이다.

더 나아가 독일의 지역별로 선호하는 음식이 있다면 독일 식문화의 또 다른 중요한 특성이 좀 더 선명하게 나타날 텐데, 그 점이 아쉽다. 독일에는 국가를 대표하는 요리나 식단이라는 것이 존재하지 않기 때문이다. 앞에서 다루었듯이 모든 종류의 영향력에 대한 개방성이 지방 분산형의 정치적·경제적 구조와 맞물려 엄청난 다양성으로 귀결되었다. 독일인들은 소시지를 좋아하지만 여러 지방에서 만드는 다양한 종류의 소시지가 엄청나게 많고, 생산 지역에 따라 계속 이름이 붙여지고 있다. 오늘날 이러한 다양성에 대한 일반적인 이해는 한편으로 호기심과 감수성을 강화해주겠지만, 다른 한편으로는 특정 지역이 선택한 음식에 관한 인식을 한층 높여준다.

최근 한 역사학자가 각각의 독일인 한 사람 안에 다섯 사람이 들어 있다고 묘사했는데, 이 방식은 독일의 식문화를 설명하는 데도 그대로 적용될 수 있을 것 같다.[19] 그들은 모두 특정 마을이나 도시 출신이다. 예를 들어 뉘른베르크 출신이면 뉘른베르크 로스트브라트부어스트 같은 지역음식으로 자신의 정체성을 말할 것이다. 그다음 단계는 주에 따른 구분인데, 이 경우 뉘른베르크시 사람은 바이에른주 사람이 된다. 이 단계에서 약간의 논란이 있을 수 있는 데 뉘른베르크는 원래 프랑켄에 속했기 때문이다. 이를테면 약간 순한 맛의 자우어크라우트를 좋아할 것이고 구운 소시지에 캐러웨이 씨앗을 뿌려 먹겠지만, 이들은 이제 바이에른주 사람들이다. 따라서 날씨가 허락하면 야외 맥줏집에서 커다란 머그잔에 라거 맥주를 가득 채우고 다른 북부 지역의 맥주보다 쓴맛이 덜한 그들의 맥주 맛을 즐길 것이다. 이 뉘른베르크 사람이 외국을 여행하면 대개는 곧바로 호밀이 들어간 사워도우 빵을 그리워하는 독일인이 될 것이다. 하지만 그다음 단계에서는 자신을 유럽인으로 인식하게 되는데, 가령 인도에 갔다면 모닝커피나 우유를 넣은 차, 또는 버터 바른 빵을 그리워할 것이다. 마지막 단계로 대부분의 독일인은 자신을 세계시민으로 인식하고 있다. 고향의 맛을 느낄 수 있는 익숙한 음식을 갈망한다고 해서 터키의 미트볼 쾨프테$_{kofte}$, 베트남의 쌀국수 포$_{pho}$나 다른 음식들을 즐기지 않는 것은 아니므로 이러한 음식들을 고국의 이국적인 식당에서건 그 음식의 원산지에서건 즐길 수 있다. 이러한 정체성 인식의 모든 단계가 쌓이고 서로 연결되어 있기 때문에, 외부에서 볼 때는 한 요소가 다른 요소와 충돌하는 것처럼 보인다고 해도 실제로는 그러한 모순을 전혀 느끼지 않는다. 이런 측면은 최근 녹색당에 대한 사회적 인식에서도 나타나는데, 현대의 독일인들은 과거 생활개혁운동 같은 대항운동으로 보는 것이 아니라 독일 정치의 현실로 받아들이고 있다.

이제 독일의 음식이 어디로 나아갈 것인가 하는 질문이 남아 있다. 현재의 식문화 위에 얹어질 다음 층위는 과연 무엇일까? 징후는 여러 방향으로 나타나고 있다. 먼저 스시 말고도 아시아 음식이 크게 부상한다는 점이다. 예를 들면 되너케밥 정도가 아니라 터키의 고급 요리에 대한 관심이 높아지고 있다. 다른 차원에서는 가격이 적당하고 건강에 유익하고 지속가능한 또 다른 단계로 국내 재배와 먼 외국에서의 수입을 결합하는 것이 있는데, 아직은 또 다른 유토피아적인 개념으로 들린다. 그렇지만 실제로 이러한 요소들을 중요하게 생각하는 독일의 소비자들이 늘어나고 있으며, 이 기준을 적극적으로 적용하여 식품을 선택하고 있다. 어쩌면 지나치게 합리적이고 냉철한 듯해도, 독일의 지난 역사를 관통하면서 이루어진 식단의 대장정을 통해서 배운 것은 한 가지 요소가 다른 요소를 배제하지 않는다는 사실이다. 앞에서 예로 들었던 뉘른베르크 사람은 오늘은 자우어크라우트를 먹고 내일은 스시를 먹을 수도 있으며, 어느 날은 건강에 좋은 유기농법으로 재배한 샐러드를 먹고 그다음 날에는 싸구려 프렌치프라이와 함께 지방이 잔뜩 낀 돼지 정강이 구이 '학세Haxe'를 먹을 수도 있다. 이것이 바로 오늘날의 독일이다.

마르크트할레노인Markthalle Neun 프로젝트에 따라 예전의 지붕 덮인 시장이 놀랍게 변신해 부활했다. 매주 금요일과 토요일에는 농민 직거래 시장이 열리고, 목요일에는 길거리음식 시장이 열리며, 일요일에는 추가로 특별한 주제의 시장이 열린다.

주

1장

1. Oliver E. Craig et al., 'Ancient Lipids Reveal Continuity in Culinary Practices across the Transition to Agriculture in Northern Europe', *Proceedings of the National Academy of Sciences of the United States of America*, published online before print 24 October 2011, www.pnas.org.
2. Colin Tudge, *Neanderthals, Bandits and Farmers: How Agriculture Really Began* (New Haven, ct, 1998), p. 4.
3. W. Tegel et al., 'Early Neolithic Water Wells Reveal the World's Oldest Wood Architecture', *plos one*, vii/12 (2012).
4. Ruth Bollongino, 'Boeuf oriental: Die Herkunft unserer Hausrinder aus genetischer Sicht', *Journal Culinaire: Kultur und Wissenschaft des Essens*, 14 (2012), pp. 100–103.
5. Museum für Vor- und Frühgeschichte, Berlin.
6. M. Salque et al., 'Earliest Evidence for Cheese Making in the Sixth Millennium bc in Northern Europe', *Nature*, xdxciii/522–45 (2012), www.nature.com

2장

1. Cornelius Tacitus, *Agricola and Germania*, trans. Anthony R. Birley (Oxford, 1999), p. 49.
2. L. Annaeus Seneca, *De Providentia*, iv 14, 번역은 필자.

3장

1 Jan Keupp, '"Der Tisch hat manche Herrlichkeit": Tafelfreuden im Mittelalter', *Mitteilungen der Deutschen Gesellschaft für Archäologie im Mittelalter und der Neuzeit*, 19 (2007), pp. 51–52.
2 Ekkehard iv, *St Galler Klostergeschichten*, trans. Hans F. Haefele, 4th edn (Darmstadt, 2002), p. 45.
3 Gerd Althoff, 'Der frieden-, bündnis- und gemeinschaftsstiftende Charakter des Mahles im frühen Mittelalter', in *Essen und Trinken in Mittelalter und Neuzeit*, ed. Irmgard Bitsch, Trude Ehlert and Xenja von Ertzdorff (Sigmaringen, 1987), pp. 13–25.
4 Edith Ennen, *Frauen im Mittelalter*, 2nd edn (München, 1985), pp. 85–89, Diedrich Saalfeld, 'Wandlungen der bäuerlichen Konsumgewohnheiten vom Mittelalter zur Neuzeit', in *Essen und Trinken in Mittelalter und Neuzeit*, ed. Bitsch, Ehlert and von Ertzdorff, p. 66.
5 C. M. Woolgar, 'Feasting and Fasting: Food and Taste in Europe in the Middle Ages', in *Food: The History of Taste*, ed. Paul Freedman (London, 2007), p. 165.
6 Léon Levillain, *Examen critique des chartes mérovingiennes et carolingiennes de l'abbaye de Corbie* (Paris, 1902), p. 198, http://ia600302.us.archive.org.
7 Johanna Maria van Winter, 'Kochen und Essen im Mittelalter', in *Mensch und Umwelt im Mittelalter*, 3rd edn, ed. Bernd Herrmann (Stuttgart, 1987), pp. 88–100.
8 André Miquel, 'L'Europe occidentale dans la relation arabe d'Ibrahim b. Ya'qub(xe siècle)', *Annales. Economies, Sociétés, Civilisations*, 5 (1966), pp. 1048–1064, www.persee.fr.
9 Jacques Le Goff, *Kultur des europäischen Mittelalters* (München, 1970), p. 351.
10 Karl-Ernst Behre, 'Die Ernährung im Mittelalter', in *Mensch und Umwelt*

im Mittelalter, ed. Hermann, pp. 75 – 87.
11 'Carolingian Culture at Reichenau and St Gall', www.stgallplan.org, accessed 24 August 2012; Walter Janssen, "Mittelalterliche Gartenkultur. Nahrung und Rekreation", *Mensch und Umwelt im Mittelalter*, ed. Hermann, pp. 224 – 243.
12 Ekkehard iv, *St Galler Klostergeschichten*, pp. 171 – 173.
13 Ennen, *Frauen im Mittelalter*, p. 85.
14 Harry Kühnel, ed., *Alltag im Spätmittelalter*, 3rd edn (Graz, 1986), pp. 200 – 201.
15 Jörg Jarnut, 'Konsumvorschriften im Früh- und Hochmittelalter', in *Haushalt und Familie in Mittelalter und früher Neuzeit. Vorträge eines interdisziplinären Symposions vom 6.–9. Juni 1990 an der Rheinischen Friedrich-Wilhelms-Universität Bonn*, ed. Trude Ehlert (Sigmaringen, 1991), pp. 120 – 122.
16 Ekkehard iv, *St Galler Klostergeschichten*, pp. 209 – 215.

4장

1 'Tannhäuser – Tischzucht', *Höfische Tischzuchten*, ed. Thomas Perry Thornton (Berlin, 1957), p. 43.
2 Otto Borst, *Alltagsleben im Mittelalter* (Frankfurt am Main, 1983), p. 326.
3 Hermann Boettcher, *Neue Halberstädter Chronik von der Gründung des Bistums i.J. 804 bis zur Gegenwart* (Halberstadt, 1913), p. 78, 번역은 필자.
4 Hugo von Trimberg, *Der Renner*, ed. Gustav Ehrismann (Tübingen, 1909, repr. Berlin, 1970), p. 31.
5 Jan Keupp, '"Der Tisch hat manche Herrlichkeit": Tafelfreuden im Mittel alter', *Mitteilungen der Deutschen Gesellschaft für Archäologie im Mittelalter und der Neuzeit*, 19 (2007), p. 53.
6 Joachim Bumke, *Höfische Kultur: Literatur und Gesellschaft im hohen*

Mittelalter, 5th edn (München, 2005), p. 261.
7   Joachim Bumke, ed., *Parzival/Wolfram von Eschenbach: Auf Grundlage der Handschrift D* (Tübingen, 2008), p. 259.
8   Wolfgang Spiewok, 'Wolfram von Eschenbach, Maître Queux aus Visages de Janus ou Faim et Abondance dans le Parzival de Wolfram von Eschenbach', in *Banquets et Manières de Table au Moyen Âge*, ed. Centre Universitaire d'Etudes et de Recherches Médiévales d'Aix, 38 (1996), pp. 481–492.
9   Sieglinde Hartmann, 'Vom 'vrâz' zum Parnass: Ein mentalitätsgeschichtlicher Versuch über die Bedeutung der Kochkunst in Mittelalter und früher Neuzeit', in *Essen und Trinken in Mittelalter und Neuzeit*, ed. Irmgard Bitsch, Trude Ehlert and Xenja von Ertzdorff (Sigmaringen, 1987), pp. 117–125.
10 'Tannhäuser – Tischzucht', pp. 38–45.
11 Bartholomäus Anglicus, *On the Properties of Things*, trans. John Trevisa (Oxford, 1975), i, pp. 330–331.
12 Bartholomäus Anglicus, in *Handbuch der europäischen Wirtschafts- und Sozialgeschichte*, ed. Hermann Kellenbenz, ii (Stuttgart, 1980), p. 549.
13 *Prümer Urbar*, in Siegfried Epperlein, *Bäuerliches Leben im Mittelalter: Schriftquellen und Bildzeugnisse* (Köln, 2003), p. 34.
14 Richard Hoffmann, 'Environmental Change and the Culture of Common Carp in Medieval Europe', *Guelph Ichthyology: Reviews, North America*, 3 (2005), pp. 57–85, http://journal.lib.uoguelph.ca.
15 Jacques Le Goff, *Kultur des europäischen Mittelalters* (München, 1970), p. 411; David R. Montgomery, *Dirt: The Erosion of Civilizations* (Chicago, il, 2007), p. 91.
16 *Bremisches Urkundenbuch*, in Epperlein, *Bäuerliches Leben im Mittelalter: Schriftquellen und Bildzeugnisse*, p. 32.
17 *Annales Pegavienses*, in Epperlein, *Bäuerliches Leben im Mittelalter*, p. 32.

18 Ken Albala, *Eating Right in the Renaissance* (Berkeley, ca, 2002), p. 281.
19 Ulf Dirlmeier, 'Zu den Lebensbedingungen in der mittelalterlichen Stadt: Trinkwasserversorgung und Abfallbeseitigung', in *Mensch und Umwelt im Mittelalter*, 3rd edn, ed. Bernd Herrmann (Stuttgart, 1987), pp. 150 – 159.
20 Felix Grüttner, *Geschichte der Fleischversorgung in Deutschland* (Braunschweig, 1938), p. 22.
21 Augustinus Nentewitz, *Warhafftige Beschreibung der langen Bratwurst als auch der acht grossen Strützel* (Königsberg, 1650).
22 Joh. Gottlieb von Eckhard, *Vollständige Esperimental Oekonomie* (1754), in Grüttner, *Geschichte der Fleischversorgung*, p. 101.
23 Dietrich Denecke, 'Strasse und Weg im Mittelalter als Lebensraum und Vermittler zwischen entfernten Orten', in *Mensch und Umwelt im Mittelalter*, ed. Hermann, pp. 207 – 223.
24 Godfrey of Bouillon's letter to Pope Paschal ii on the first crusade, in *Fighting Words: Competing Voices from the Crusades*, ed. Andrew Holt and James Muldoon (Oxford, 2008), p. 211.
25 Melitta Weiss-Adamson, 'Baby-food in the Middle Ages', in *Nurture: Proceedings of the Oxford Symposium on Food and Cookery 2003*, ed. Richard Hosking (Bristol, 2004), pp. 1 – 11.
26 Melitta Weiss-Amer, 'Die "Physica" Hildegards von Bingen als Quelle für das "Kochbuch Meister Eberhards"', *Sudhoffs Archiv*, lxxvi/1 (Stuttgart, 1992), pp. 87 – 96.
27 Melitta Weiss Adamson, ed., *Regional Cuisines of Medieval Europe: A Book of Essays* (New York, 2002), pp. 162 – 163.
28 Melitta Weiss Adamson, *Daz buoch von guoter spise (The Book of Good Food): A Study Edition, and English Translation of the Oldest German Cookbook* (Krems, 2000), p. 103.
29 Melitta Weiss Adamson, *Medieval Dietetics: Food and Drink in Regimen Sanitatis: Literature from 800 to 1400* (Frankfurt am Main, 1995), pp.

203-204; Johanna Maria van Winter, 'Interregional Influences in Medieval Cooking', in *Food in the Middle Ages: A Book of Essays*, ed. Adamson (New York, 1995), pp. 45-59; Constance B. Hieatt, 'Sorting through the Titles of Medieval Dishes: What Is, or Is Not, a "Blanc manger"', in *Food in the Middle Ages: A Book of Essays*, ed. Adamson, pp. 25-43; Rudolf Grewe and Constance B. Hieatt, eds., *Libellus de arte coquinaria: An Early Northern Cookery Book* (Tempe, az, 2001), pp. 3, 93, 104.

30 Ibid.

31 Hans Wiswe, 'Ein mittelniederdeutsches Kochbuch des 15. Jahrhunderts', *Braunschweigisches Jahrbuch*, 37 (Braunschweig, 1956), pp. 19-55.

32 Grewe and Hieatt, eds., *Libellus*, p. 43.

33 Annales Colmarienses maiores, in *Epperlein, Bäuerliches Leben im Mittelalter*, p. 110.

34 대기근에 대한 뛰어난 분석은 다음을 보라. William Chester Jordan, *The Great Famine: Northern Europe in the Early Fourteenth Century* (Princeton, nj, 1996), 이어지는 내용은 다음에서 인용했다. pp. 20, 25.

35 Siegrid Düll, ed., *Die Inschriften der Stadt Oppenheim* (Wiesbaden, 1984), p. 7.

5장

1 Ulf Dirlmeier and Gerhard Fouquet, 'Ernährung und Konsumgewohnheiten im spätmittelalterlichen Deutschland', in *Geschichte und Wissenschaft im Unterricht*, ed. H. Boockmann, J. Rohlfes and W. Schulze, 7 (1993), pp. 511, 516, 519; Günter Wiegelmann, 'Butterbrot und Butterkonservierung im Hanseraum', in *Nahrung und Tischkultur im Hanseraum*, ed. Günter Wiegelmann and Ruth-E. Mohrmann (Münster, 1996), pp. 463-499; Günter Wiegelmann, 'Introduction', in *Nahrung und Tischkultur im Hanseraum*, pp. 9-21.

2 Volker Henn, 'Der hansische Handel mit Nahrungsmitteln', in *Nahrung und*

Tischkultur im Hanseraum, ed. Wiegelmann and Mohrmann, pp. 23–48.

3   Detlev Ellmers, 'Die Verlagerung des Fernhandels vom öffentlichen Ufermarkt in die privaten Häuser der Kaufleute', *Lübecker Schriften zur Archäologie und Kulturgeschichte,* 20 (1990), pp. 101–118.

4   Bruno Kuske, 'Der Kölner Fischhandel vom 14.–17. Jahrhundert', in *Westdeutsche Zeitschrift für Geschichte und Kunst,* ed. H. Graeven and J. Hansen (Trier, 1905), pp. 227–313.

5   Philip de Souza, *Seafaring and Civilization: Maritime Perspectives on World History* (London, 2002), pp. 70–73.

6   Michel Balard, 'Epices et condiments dans quelques livres de cuisine allemands (xive–xvie siècles)', in *Du manuscrit à la table: Essais sur la cuisine au Moyen Age et répertoire des manuscrits médiévaux contenant des recettes culinaires,* ed. Carole Lambert (Montréal, 1992), pp. 193–201; Bruno Laurioux, 'De l'usage des épices dans l'alimentation médiévale', *Médiévales,* 5 (1983), pp. 15–31, www.persee.fr; Anna C. Johnson, *Peasant Life in Germany* (New York, 1858), p. 316.

7   Trude Ehlert, ed., *Maister Hannsen des von Wirtenberg Koch* (Frankfurt am Main, 1460, repr. 1996).

8   Luise Bardenhewer, *Der Safranhandel im Mittelalter,* diss. (Bonn, 1914); M. Kronfeld, *Geschichte des Safrans und seiner Cultur in Europa* (Vien, 1892).

9   Franz Irsigler, *Die wirtschaftliche Stellung der Stadt Köln im 14. und 15. Jahrhundert: Strukturanalyse einer spätmittelalterlichen Exportgewerbe- und Fernhandelstadt* (Wiesbaden, 1979); 'Ein grossbürgerlicher Kölner Haushalt am Ende des 14. Jahrhunderts', in *Festschrift Matthias Zender: Studien zu Volkskultur, Sprache und Landesgeschichte,* ed. Edith Ennen and Günter Wiegelmann, 2 (1972), pp. 635–668.

10   Dirlmeier and Fouquet, 'Ernährung und Konsumgewohnheiten im spätmittelalterlichen Deutschland', p. 520.

11   Gerhard Wahle, *Reineke Fuchs: Das mittelniederdeutsche Tierepos Reynke*

de Vos, Lübeck, 1498, nach der Ausgabe Prien/Leitzmann, Halle/Saale, 1960 ins Neuhochdeutsche übertragen (Stuttgart, 2000), p. 120, 번역은 필자.

12 Ludwig Haenselmann, ed., *Henning Brandis' Diarium: Hildesheimsche Geschichten aus den Jahren 1471–1528* (Hildesheim, 1896), pp. 136–137.

13 오늘날의 수치는 2006년 기준, www.destatis.de, accessed 16 June 2011.

14 Franz Irsigler, "'Ind machden alle lant beirs voll'": Zur Diffusion des Hopfenbierkonsums im westlichen Hanseraum', in *Nahrung und Tischkultur im Hanseraum*, ed. Wiegelmann and Mohrmann, pp. 377–397.

15 Helmut Müller, 'Weinbau und Weinkonsum in Westfalen', in *Nahrung und Tischkultur im Hanseraum*, ed. Wiegelmann and Mohrmann, pp. 399–428.

16 Fritz Schumann, 'Rebsorten und Weinarten im mittelalterlichen Deutschland', in *Weinwirtschaft im Mittelalter: Zur Verbreitung, Regionalisierung und wirtschaftlichen Nutzung einer Sonderkultur aus der Römerzeit*, ed. Christhard Schrenk and Hubert Weckbach (Heilbronn, 1997), pp. 221–254 (힐데가르트 폰 빙엔의 저작 재인용 포함); Hans Hartmeyer, *Der Weinhandel im Gebiete der Hanse im Mittelalter*, diss. (Jena, 1905); Wilhelm Loose, ed., *Anton Tuchers Haushaltbuch* (Stuttgart, 1877), pp. 203–204.

17 Siegfried Epperlein, *Bäuerliches Leben im Mittelalter: Schriftquellen und Bildzeugnisse* (Köln, 2003), pp. 107–108.

18 Henn, 'Der hansische Handel mit Nahrungsmitteln', pp. 40–44; Hartmeyer, *Der Weinhandel im Gebiete der Hanse im Mittelalter*.

19 Epperlein, *Bäuerliches Leben im Mittelalter*, p. 110.

20 Wilhelm Abel, *Einige Bemerkungen zum Land-Stadtproblem im Spätmittelalter* (Göttingen, 1976), p. 28; 자료 출처는 Bundesverband der deutschen Fleischwarenindustrie eV(National Association of German Meat Industry) www.bvdf.de, accessed 16 June 2011.

21 Wilhelm Abel, *Stufen der Ernährung: Eine historische Skizze* (Göttingen,

1981), p. 11.
22 Heinz Wiese, 'Die Fleischversorgung der nordwesteuropäischen Grossstädte vom xv. bis xix. Jahrhundert unter besonderer Berücksichtigung des interterritorialen Rinderhandels', *Jahrbücher für Nationalökonomik und Statistik*, ed. Friedrich Lütge and Erich Preiser, 179 (Stuttgart, 1966), pp. 125 – 139.
23 재인용. Bruno Laurioux, *Manger au Moyen Âge: Pratiques et discours alimentaires en Europe au xIVe et xVe siècle* (Paris, 2002), p. 17.
24 Craig R. Thompson, ed., *Collected Works of Erasmus,* vol. xxxix*: Colloquies* (Toronto, 1997), pp. 368 – 380.
25 Terence Scully, *Art of Cookery in the Middle Ages* (Woodbridge, 1995), p. 233.
26 Gerhard Schapper, *Die Hofordnung von 1470 und die Verwaltung am Berliner Hofe zur Zeit Kurfürst Albrechts, im historischen Zusammenhang betrachtet* (Leipzig, 1912), pp. 41 – 42.
27 Melitta Weiss-Adamson, ed., *Regional Cuisines of Medieval Europe: A Book of Essays* (New York, 2002), pp. 156 – 157.
28 Bruno Laurioux, *Une Histoire Culinaire du Moyen Âge* (Paris, 2005), pp. 57 – 68.

6장

1 Franz Irsigler, *Die wirtschaftliche Stellung der Stadt Köln im 14. und 15. Jahrhundert: Strukturanalyse einer spätmittelalterlichen Exportgewerbe-und Fernhandelstadt* (Wiesbaden, 1979), pp. 663 – 664.
2 Père Louis Thomassin, *Traité des jeûnes de l'Eglise,* 2nd edn (1693), p. 297. 켄 알발라Ken Albala와 데이비드 서튼David Sutton에게 감사를 전한다.
3 Jean-Louis Flandrin, 'Le goût et la nécessité: sur l'usage des graisses dans les cuisines d' Europe occidentale (xive – xviiie siècle)', *Annales. Économies,*

Sociétés, Civilisations, 2 (1983), p. 390.
4   Konrad Bedal, 'Alte Feuerstätten im Bauernhaus Nordbayerns', in *Mitteilungen der Deutschen Gesellschaft für Archäologie des Mittelalters und der Neuzeit*, ed. Matthias Untermann, Ulrich Klein and Michaela Jansen, 19 (2007), pp. 11-24.
5   Barbara Krug-Richter, 'Alltag und Fest: Nahrungsgewohnheiten im Magdalenenhospital in Münster 1558 bis 1635', in *Haushalt und Familie in Mittelalter und früher Neuzeit: Vorträge eines interdisziplinären Symposions vom 6.-9. Juni 1990 an der Rheinischen Friedrich-Wilhelms-Universität Bonn*, ed. Trude Ehlert (Sigmaringen, 1991), pp. 71-90.
6   Gerhard Fouquet, ed., *Goldene Speisen in den Maien – Das Kochbuch des Augsburger Zunftbürgermeisters Ulrich Schwarz* (St Katharinen, 2000)
7   Hugo Stopp, ed., *Das Kochbuch der Sabine Welserin* (Heidelberg, 1980), www.uni-giessen.de, recipes 43, 89.
8   Marx Rumpolt, *Ein new Kochbuch*, ed. Manfred Lemmer [1581] (facs., Leipzig, 1977), p. 41.
9   Ibid., p. cxliiiiv.
10 J. A. Massard, '300 Jahre Kartoffel in Luxemburg', in *Lëtzebuerger Journal* (2009), http://massard.info.
11 Constance B. Hieatt, 'Sorting through the Titles of Medieval Dishes: What Is, or Is Not, a "Blanc manger"', in *Food in the Middle Ages: A Book of Essays*, ed. Melitta Weiss-Adamson (New York, 1995), pp. 25-43.
12 Rudolf Grewe and Constance B. Hieatt, ed., *Libellus de arte coquinaria: An Early Northern Cookery Book* (Tempe, az, 2001), p. 71.
13 Sebastian Münster, *Cosmographia universa*. 1541년 바젤에서 초판이 발행된 이 책은 최초의 여행 안내서였다. 세바스티안 뮌스터는 이 책의 대표 저자다. 공동 저자들은 아주 많은 여행과 당대의 최신 과학 지식을 바탕으로 책을 썼다.
14 이러한 프랑스와 독일의 와인 음주 습관 차이는 계속해서 나타난다. 예를 들어 오노레 발자크Honoré de Balzac의 《사촌형 폰스*Le Cousin Pons*》에서 독일인은

"프랑스인의 떠들썩함 없이 스폰지나 모래 같은 흡수성을 지녔으나 조화롭다"고 묘사되었다.

7장

1. Adelheid Schleitz, 'Die Backerinnung und die Brotbank von Weida', in *Von Brotbänken, Erdäpfeln und Brauhäusern. Thüringer Hefte für Volkskunde*, ed. Gudrun Braune and Peter Fauser, 13 (2006), pp. 99–102.
2. Friederich Karl Freiher von Moser, *Fabeln* (Mannheim, 1786), p. 119, 번역은 필자.
3. 'Gewohnt, gethan' (1813), in *Gesamtwerke* i (1827), p. 126, 번역은 필자.
4. *Traité des Jardins*, 3rd edn (Paris, 1789).
5. Hans J. Teuteberg and Günter Wiegelmann, *Unsere tägliche Kost: Geschichte und regionale Prägung* (Münster, 1986), p. 341; Sidney W. Mintz, *Sweetness and Power: The Place of Sugar in Modern History* (New York, 1985), p. 143.
6. Karl-Peter Ellerbrock, *Geschichte der deutschen Nahrungs- und Genussmittelindustrie 1750–1914* (Stuttgart, 1993), pp. 199–204.
7. Amaranthes, ed., *Frauenzimmer-Lexicon* (Leipzig, 1715), pp. 483, 1979.
8. Johann Ernst Marbach, *Beschreibung des... Städtleins Schöneck*, I (Schneeberg, 1761), pp. 17–18.
9. Carl Wilhelm Ernst Putsche, *Versuch einer Monographie oder ausführliche Beschreibung der Kartoffeln...* (Weimar, 1819).
10. Sylk Schneider, 'Die Geschichte der Kartoffel und des Klosses in Thüringen, insbesondere im Herzogtum Sachsen-Weimar', in *Von Brotbänken, Erdäpfeln und Brauhäusern*, ed. Braune and Fauser, pp. 82–93.
11. Walter Achilles, *Deutsche Agrargeschichte im Zeitalter der Reformen und der Industrialisierung* (Stuttgart, 1993), p. 77.

12 Ibid., p. 69.
13 Hans J. Teuteberg and Günter Wiegelmann, *Der Wandel der Nahrungsgewohnheiten unter dem Einfluss der Industrialisierung* (Göttingen, 1972), p. 266.
14 Ellerbrock, *Geschichte der deutschen Nahrungs- und Genussmittelindustrie 1750–1914*, pp. 139–147.
15 Ellerbrock, *Geschichte der deutschen Nahrungs- und Genussmittelindustrie 1750–1914*, pp. 60–85.
16 Karl Friedrich von Rumohr, *Geist der Kochkunst* (Heidelberg, 1994), p. 221.
17 Teuteberg and Wiegelmann, *Wandel*, pp. 243–245, 254–256.

8장

1 Hans J. Teuteberg and Günter Wiegelmann, *Unsere tägliche Kost: Geschichte und regionale Prägung* (Münster, 1986), p. 118.
2 Jürgen Kuczynski, *Darstellung der Lage der Arbeiter in Deutschland von 1789 bis 1849* (Berlin, 1961), pp. 308–321.
3 Anna C. Johnson, *Peasant Life in Germany* (New York, 1858), p. 249.
4 Michael Grüttner, 'Alkoholkonsum in der Arbeiterschaft 1871–1939', in *Haushalt und Verbrauch in historischer Perspektive: Zum Wandel des privaten Verbrauchs in Deutschland im 19. und 20. Jahrhundert*, ed. Toni Pierenkemper (St Katharinen, 1987), pp. 229–273; Ulla Heise, *Kaffee und Kaffeehaus: Eine Bohne macht Geschichte* (Leipzig, 1996), pp. 128–129.
5 Werner K. Blessing, '"Theuerungsexcesse" im vorrevolutionären Kontext – Getreidetumult und Bierkrawall im späten Vormärz', in *Arbeiterexistenz im 19. Jahrhundert*, ed. Werner Conze (Stuttgart, 1981), pp. 356–384.
6 *Neue Lausizische Monatsschrift* (Görlitz, 1805), pp. 193–211.
7 Walter F. Willcox, *International Migrations*, i (New York, 1929), pp. 114–

122, 178; Heike Paul, 'Tasting America: Food, Race, and Anti-American Sentiments in Nineteenth-century German-American Writing', in *Eating Culture: The Poetics and Politics of Food*, ed. Tobias Döring, Markus Heide and Susanne Mühleisen (Heidelberg, 2003), pp. 109-132; Johnson, *Peasant Life in Germany*, pp. 389-390.

8 Rupert Busche, *Beiträge zur Schiffshygiene* (Eisfeld i. Thür., 1939).

9 Jane Ziegelman, *97 Orchard: An Edible History of Five Immigrant Families in One New York Tenement* (New York, 2010), pp. 1-45.

10 Carl Voit, ed., *Untersuchung der Kost in einigen öffentlichen Anstalten für Aerzte und Verwaltungsbeamte* (München, 1877), pp. 142-152.

11 Ulrike Thoms, *Anstaltskost im Rationalisierungsprozess: Die Ernährung in Krankenhäusern und Gefängnissen im 18. und 19. Jahrhundert* (Stuttgart, 2005); Wilhelm Schumburg, *Hygiene der Einzelernährung und Massenernährung* (Leipzig, 1913), pp. 405-473.

12 Werner Friedrich Kümmel, 'Tafelmusik aus medizin- und musikhistorischer Sicht', in *Ernährung und Ernährungslehre im 19. Jahrhundert*, ed. Edith Heischkel-Artelt (Göttingen, 1976), pp. 386-407.

13 *Pickled Herring and Pumpkin Pie: A Nineteenth-century Cookbook for German Immigrants to America* [1897] (Madison, wi, 2003).

14 Rudolf Weinhold, 'Speisemeidung als Mittel soziokultureller Identifikation: das Exempel Pferdefleisch', in *Essen und kulturelle Identität*, ed. Hans J. Teuteberg, Gerhard Neumann and Alois Wierlacher (Berlin, 1997), pp. 403-414.

9장

1 Nikolaus Mani, 'Die wissenschaftliche Ernährungslehre im 19. Jahrhundert', in *Ernährung und Ernährungslehre im 19. Jahrhundert*, ed. Edith Heischke-Artelt (Göttingen, 1976), pp. 22-75.

2 Günther Klaus Judel, 'Die Geschichte von Liebigs Fleischextrakt: Zur populärsten Erfindung des berühmten Chemikers', *Spiegel der Forschung*, 20(2003), pp. 6–17; Hans Jürgen Teuteberg, Karl-Peter Ellerbrock, Uwe Spiekermann, Ulrike Thoms and Angela Zatsch, *Die Rolle des Fleischextraktsfür die Ernährungswissenschaften und den Aufstieg der Suppenindustrie* (Stuttgart, 1990).

3 Bernward Selter, 'Der "satte" Verbraucher: Idole des Ernährungsverhaltens zwischen Hunger und Überfluss 1890–1970', in *Bilderwelt des Alltags: Werbung in der Konsumgesellschaft des 19. und 20. Jahrhunderts*, ed. Peter Borscheid and Clemens Wischermann (Stuttgart, 1995), pp. 190–221.

4 Paul Degener, *Zur Frage der Jam- und Marmelade-Industrie, sowie des Zuckerverbrauchs in England* (Berlin, 1899).

5 Sibylle Meyer, *Das Theater mit der Hausarbeit: Bürgerliche Repräsentation in der Familie der wilhelminischen Zeit* (Frankfurt, 1982), pp. 139–140, and *Die Salicylsäure als Conservirmittel für Consumartikel*, ed. Chemische Fabrik von Heyden (Radebeul-Dresden, 1896).

6 Hans Jürgen Teuteberg, 'Anfänge des modernen Milchzeitalters', in Hans J. Teuteberg and Günter Wiegelmann, *Unsere tägliche Kost: Geschichte und regionale Prägung* (Münster, 1986), pp. 163–184.

7 Wilhelm Schumburg, *Hygiene der Einzelernährung und Massenernährung* (Leipzig, 1913).

8 Hans Jürgen Teuteberg, 'Wie ernährten sich Arbeiter im Kaiserreich?', in *Arbeiterexistenz im 19. Jahrhundert*, ed. Werner Conze (Stuttgart, 1981), pp. 57–73.

9 Reinhard Spree, 'Zu den Veränderungen der Volksgesundheit zwischen 1870 und 1913 und ihren Determinanten in Deutschland (vor allem in Preussen)', in *Arbeiterexistenz im 19. Jahrhundert*, ed. Conze, pp. 235–273; Klaus Tenfelde, 'Klassenspezifische Konsummuster im Deutschen

Kaiserreich', in *Europäische Konsumgeschichte: Zur Gesellschafts- und Kulturgeschichte des Konsums* (18. bis 20. Jahrhundert), ed. Hannes Siegrist, Hartmut Kaelble and Jürgen Kocka (Frankfurt, 1997), pp. 245 – 266.

10 Alfred Grotjahn, *Über Wandlungen in der Volksernährung* (Leipzig, 1902).

11 Meyer, *Das Theater mit der Hausarbeit*, pp. 131 – 133.

12 Karl-Peter Ellerbrock, 'Lebensmittelqualitat vor dem Ersten Weltkrieg: Industrielle Produktion und staatliche Gesundheitpolitik', in *Durchbruch zum modernen Massenkonsum: Lebensmittelmärkte und Lebensmittelqualität im Städtewachstum des Industriezeitalters*, ed. Hans J. Teuteberg (Munster, 1987), pp. 127–188; Degener, *Zur Frage der Jam- und Marmelade-Industrie*, p. 15.

13 Adelheid von Saldern, *Häuserleben: Zur Geschichte städtischen Arbeiterwohnens vom Kaiserreich bis heute* (Bonn, 1995), p. 42.

14 *Berlin und seine Bauten*, ii, publ. Architekten-Verein zu Berlin (Berlin, 1896), pp. 563 – 577; Peter Lummel, 'Berlins nimmersatter "Riesenbauch": Ausbau der Lebensmittelversorgung einer werdenden Millionenmetropole', in *Die Revolution am Esstisch: Neue Studien zur Nahrungskultur im 19./20. Jahrhundert*, ed. Hans J. Teuteberg (Stuttgart, 2004), pp. 84 – 100.

15 Sabine Dittler, 'Milch für Berlin – Die Versorgung einer Metropole', in *Die Milch: Geschichte und Zukunft eines Lebensmittels*, ed. Helmut Ottenjann (Cloppenburg, 1996), pp. 243 – 251.

16 Maria von Treskow, *Berliner Kochbuch: aus alten Familienrezepten* (Weingarten, 1987), p. 21.

17 David R. Montgomery, *Dirt: The Erosion of Civilizations* (Chicago, il, 2007), p. 110.

18 Joachim Drews, *Die Nazi-Bohne* (Münster, 2004).

19 Christiane Lamberty, *Reklame in Deutschland 1890–1914* (Berlin, 2000),

pp. 50 – 51, 153 – 154; Dirk Reinhardt 'Beten oder Bummeln? Der Kampf um die Schaufensterfreiheit', in *Bilderwelt des Alltags*, ed. Borscheid and Wischermann, pp. 116 – 125.

20 William Medlicott, *The Congress of Berlin and After* (London, 1938), pp. 115 – 116.

21 Renate Petras, *Das Café Bauer in Berlin* (Berlin, 1994), pp. 33 – 62.

22 Jürgen Weisser, *Zwischen Lustgarten und Lunapark: Der Volksgarten in Nymphenburg (1890–1916) und die Entwicklung der kommerziellen Belustigungsgärten* (München, 1998), pp. 188 – 198.

23 Sussan Milantchi Ameri, 'Die deutschnationale Sprachbewegung im Wilhelminischen Reich', in *German Life and Civilization*, 5 (New York, 1991), p. 4.

24 'Phases of Foreign Life', *New York Times*, 11 May 1884. 이에 대해 키스 아버Keith Arbour에게 감사를 표한다.

25 Kirsten Schlegel-Matthies, *'Im Haus und am Herd': Der Wandel des Hausfrauenbildes und der Hausarbeit 1880–1930* (Stuttgart, 1995).

26 Gunilla-Friederike Budde, 'Des Haushalts "schönster Schmuck": Die Hausfrau als Konsumexpertin des deutschen und englischen Bürgertums im 19. und frühen 20. Jahrhunderts', in *Europäische Konsumgeschichte*, ed. Siegrist, Kaelble and Kocka, pp. 411 – 440.

27 Oscar Stillich, *Die Lage der weiblichen Dienstboten in Berlin* (Berlin, 1902).

28 Hiltraud Schmidt-Waldherr, 'Rationalisierung der Hausarbeit in den zwanziger Jahren', in *Arbeitsplatz Haushalt*, ed. Gerda Tornieporth (Berlin, 1988), pp. 32 – 52.

29 Fritz Kalle, *Ueber Volksernährung und Haushaltungsschulen als Mittel zur Verbesserung derselben* (Wiesbaden, 1891), p. 29.

30 Michael Klein, Aschinger-Konzern (Landesarchiv Berlin A Rep. 225 Findbuch), www.landesarchiv-berlin.de, accessed 18 December 2011;

Keith R. Allen, *Hungrige Metropole: Essen, Wohlfahrt und Kommerz in Berlin* (Hamburg, 2002), pp. 95 –113.

31 Paul Göhre, *Drei Monate Fabrikarbeiter und Handwerksbursche* (Leipzig, 1891).

32 Anton Delbrück, *Hygiene des Alkoholismus* (Leipzig, 1913), pp. 479 –569; James S. Roberts, 'Drink and Working Class Living Standards in Late 19th Century Germany', in *Arbeiterexistenz im 19. Jahrhundert*, ed. Conze, pp. 74 –91; Elisabeth Meyer-Renschhausen (with Albert Wirz), *Der Streit um den heissen Brei: Zu Ökologie und Geschlecht einer Kulturanthropologie der Ernährung* (Herbolzheim, 2002), pp. 63 –89; Michael Grüttner, 'Alkoholkonsum in der Arbeiterschaft 1871 –1939', in *Haushalt und Verbrauch in historischer Perspektive: Zum Wandel des privaten Verbrauchs in Deutschland im 19. und 20. Jahrhundert*, ed. Toni Pierenkemper (St Katharinen, 1987), pp. 229 –281.

33 Ulrike Thoms, 'Essen in der Arbeitswelt: Das betriebliche Kantinenwesen seit seiner Entstehung um 1850', in *Die Revolution am Esstisch*, ed. Teuteberg, pp. 203 –218.

34 Lothar Machtan and René Ott, '"Batzebier!" Überlegungen zur sozialen Protestbewegung in den Jahren nach der Reichsgründung am Beispiel der süddeutschen Bierkrawalle vom Frühjahr 1873', in *Sozialer Protest: Studien zu traditioneller Resistenz und kollektiver Gewalt in Deutschland vom Vormärz bis zur Reichsgründung*, ed. Heinrich Volkmann and Jürgen Bergmann (Opladen, 1984), pp. 128 –166; Thomas Lindenberger, 'Die Fleischrevolte am Wedding. Lebensmittelversorgung und Politik in Berlin am Vorabend des Ersten Weltkriegs' and Christoph Nonn, 'Fleischteuerungsprotest und Parteipolitik im Rheinland und im Reich 1905 –1914', both in *Der Kampf um das tägliche Brot: Nahrungsmangel, Versorgungspolitik und Protest 1770–1990*, ed. Manfred Gailus and Heinrich Volkmann (Opladen, 1994), pp. 282 –304, 305 –315.

35 Cornelia Kemp, 'Vom Schokoladenverkäufer zum Bajazzo – Die Anfänge der Münzautomaten-Herstellung in Deutschland', in *Wenn der Groschen fällt... Münzautomaten – gestern und heute*, ed. Cornelia Kemp and Ulrike Gierlinger (München, 1988), pp. 10 – 24.
36 Heinrich Tappe, 'Der Genuss, die Wirkung und ihr Bild: Werte, Konventionen und Motive gesellschaftlichen Alkoholgebrauchs im Spiegel der Werbung', in *Bilderwelt des Alltags*, ed. Borscheid and Wischermann, pp. 222 – 241.
37 Sabine Merta, '"Weg mit dem Fett": Wege und Irrwege zur "schlanken Linie": Der Kampf gegen die Korpulenz als Phänomen der Moderne', in *Die Revolution am Esstisch*, ed. Teuteberg, pp. 263 – 281.
38 Agathe Haggenmiller, *Die Wörishofer Küche* (Wörishofen, 1897).

10장

1 Horace Cornelius Peterson, *Propaganda for War: The Campaign Against American Neutrality, 1914–1917* (Port Washington, ny, 1968), p. 83.
2 Frank Trentmann, 'Coping with Shortage: The Problem of Food Security and Global Visions of Coordination, c. 1890s – 1950', in *Food and Conflict in Europe in the Age of the Two World Wars*, ed. Frank Trentmann and Flemming Just (Houndmills, 2006), p. 15.
3 August Skalweit, *Die deutsche Kriegsernährungswirtschaft* (Stuttgart, 1927), p. 32.
4 이에 대해 분명하게 설명해준 렌 피셔Len Fisher에게 감사를 표한다.
5 Wilhelm Schumburg, *Hygiene der Einzelernährung und Massenernährung* (Leipzig, 1913), p. 426.
6 Anne Roerkohl, *Hungerblockade und Heimatfront: Die kommunale Lebensmittelversorgung in Westfalen während des Ersten Weltkriegs* (Stuttgart, 1991), p. 126.

7   Bernward Selter, 'Der "satte" Verbraucher: Idole des Ernährungsverhaltens zwischen Hunger und Überfluss 1890 – 1970', in *Bilderwelt des Alltags: Werbung in der Konsumgesellschaft des 19. und 20. Jahrhunderts*, ed. Peter Borscheid and Clemens Wischermann (Stuttgart, 1995), pp. 190 – 221.
8   Ute Daniel, *Arbeiterfrauen in der Kriegsgesellschaft: Beruf, Familie und Politik im Ersten Weltkrieg* (Göttingen, 1989), p. 214; Roerkohl, *Hungerblockade und Heimatfront*, p. 320.
9   Skalweit, *Die deutsche Kriegsernährungswirtschaft*, pp. 120 – 133; Roerkohl, *Hungerblockade und Heimatfront*, p. 262.
10 Daniel, *Arbeiterfrauen in der Kriegsgesellschaft*, p. 224; Roerkohl, *Hungerblockade und Heimatfront*, p. 315
11 Paul C. Vincent, *The Politics of Hunger: The Allied Blockade of Germany, 1915–1919* (Athens, oh, 1985), pp. 9 – 12.
12 Ibid., p. 168.
13 Ibid., pp. 150, 156, 160 – 165.
14 Keith R. Allen, *Hungrige Metropole: Essen, Wohlfahrt und Kommerz in Berlin* (Hamburg, 2002), pp. 83 – 94.
15 Vincent, *The Politics of Hunger*, p. 136.
16 Andrea Lefèvre, 'Lebensmittelunruhen in Berlin 1920 – 1923', in *Der Kampf um das tägliche Brot: Nahrungsmangel, Versorgungspolitik und Protest 1770–1990*, ed. Manfred Gailus and Heinrich Volkmann (Opladen, 1994), pp. 346 – 360.
17 Café Reimann in Hans-Christian Täubrich, *Zu Gast im alten Berlin*, 2nd edn (München, 1990), p. 201.
18 이는 켐핀스키가 '하우스 파터란트' 10주년을 맞아 펴낸 브로셔에 기반한 것이다. 1913년의 다른 출처에는 2,500석으로 언급되어 있다. 또한 다음을 보라. Elfi Pracht, *M. Kempinski & Co* (Berlin, 1994), pp. 72 – 79.
19 Mary Nolan, *Visions of Modernity: American Business and the*

Modernization of Germany (New York, 1994), p. 213.
20 Jan Grossarth in *Frankfurter Allgemeine Zeitung*, 36, 8 September 2013, p. 10.
21 Hans Dittmer, *Deutschland erweitert seinen Nahrungsraum durch Landeskulturmassnahmen* (Berlin, 1941).
22 Fritz Blaich, *Wirtschaft und Rüstung im 'Dritten Reich'* (Düsseldorf, 1987), pp. 30–32.
23 Uwe Spiekermann, 'Vollkorn für die Führer', in *Zeitschrift für Sozialgeschichte des 20. und 21. Jahrhunderts*, ed. Angelika Ebbinghaus, I (2001), pp. 91–128; 'Brown Bread for Victory: German and British Wholemeal Politics in the Inter-war Period', in *Food and Conflict in Europe in the Age of the Two World Wars*, ed. Trentmann and Just, pp. 143–171.
24 *Deutsche Kriegsfibel* (1936–40), 번역은 필자.
25 Arnulf Huegel, *Kriegsernährungswirtschaft Deutschlands während des Ersten und Zweiten Weltkriegs im Vergleich* (Konstanz, 2003), p. 287.
26 Hartmut Berghoff, 'Enticement and Deprivation: The Regulation of Consumption on Pre-War Nazi Germany', in *the Politics of Consumption: Material Culture and Citizenship in Europe and America*, ed. Martin Daunton and Matthew Hilton (Oxford, 2001), pp. 165–184; Blaich, *Wirtschaft und Rüstung im 'Dritten Reich'*; Henry Notaker, 'Cookery and Ideology in the Third Reich', *Food & History*, I (2008), pp. 67–82; Nancy R. Reagin, *Sweeping the German Nation: Domesticity and National Identity in Germany, 1870–1945* (Cambridge, 2007), p. 119.
27 *Die Kunst zu werben: Das Jahrhundert der Reklame*, ed. Susanne Bäumler (Köln, 1996), p. 363; Joachim Drews, *Die Nazi-Bohne* (Münster, 2004), p. 118; 'Verordnung über die Herstellung von Sahne', in *Deutscher Reichsanzeiger*, 250 (25 October 1938) (이 자료를 구해준 울프람 에버하르트Wolfram Eberhard의 도움에 감사를 표한다); Gustavo Corni and Horst Gies,

Brot, Butter, Kanonen: Die Ernährungswirtschaft in Deutschland unter der Diktatur Hitlers (Berlin, 1997), p. 482; Die Macht der Hausfrau: Eine ernährungswirtschaftliche Fibel für den Verbraucher, ed. Liane Haskarl (Kiel, 1952), p. 16; Richard Grunberger, *A Social History of the Third Reich* (London, 1971), p. 207.

28 Ibid., p. 210.

29 Grunberger, *A Social History of the Third Reich*, p. 211; Reagin, *Sweeping the German Nation*, pp. 144-145, 158, 175.

30 Ibid., p. 172.

31 Berghoff, 'Enticement and Deprivation', pp. 169-170; Grunberger, *A Social History of the Third Reich*, p. 208; Blaich, *Wirtschaft und Rüstung im 'Dritten Reich'*, pp. 96-97.

32 Margarete Adelung, *Der 'Kampf dem Verderb' im Haushalt mit sparsamen Mitteln*, diss. (München, 1940); Berghoff, 'Enticement and Deprivation', pp. 177-178; Margarete Dörr, *'Wer die Zeit nicht miterlebt hat...': Frauenerfahrungen im Zweiten Weltkrieg und in den Jahren danach*, II (Frankfurt, 1998), p. 24; Grunberger, *A Social History of the Third Reich*, pp. 203-205.

33 Peter von Polenz, 'Fremdwort und Lehnwort, sprachwissenschaftlich betrachtet', in *Fremdwort-Diskussion*, ed. Peter Braun (München, 1979), p. 11.

34 'Erlass des Reichsministers für Wissenschaft, Erziehung und Volksbildung', *Deutsche Wissenschaft, Erziehung und Volksbildung*, 6 (1940), p. 534.

35 Michael Townson, *Mother-tongue and Fatherland: Language and Politics in German* (Manchester, 1992), pp. 121, 145.

36 Lizzie Collingham, *The Taste of War: World War Two and the Battle for Food* (London, 2011), pp. 370-373; Roger Moorhouse, *Berlin at War: Life and Death in Hitler's Capital, 1939-45* (London, 2010), pp. 127, 233, 238.

37 Hubert Schmitz, *Die Bewirtschaftung der Nahrungsmittel und Verbrauchsgüter, 1939–1950* (Essen, 1956).
38 Dörr, 'Wer die Zeit nicht miterlebt hat…', p. 20; Götz Aly, *Hitlers Volksstaat: Raub, Rassenkrieg und nationaler Sozialismus* (Frankfurt, 2005), pp. 93–206; Heinrich Böll, *Briefe aus dem Krieg 1939–1945* (Köln, 2001).
39 Ulrich Kluge, *Agrarwirtschaft und ländliche Gesellschaft im 20. Jahrhundert* (München, 2005), p. 34.
40 Mogens R. Nissen, 'Danish Food Production in the German War Economy', in *Food and Conflict in Europe in the Age of the Two World Wars*, ed. Trentmann and Just, pp. 172–192.
41 Moorhouse, *Berlin at War*, p. 97.
42 Ibid., p. 99.
43 Herbert Obenaus, 'Hunger und Überleben in den nationalsozialistischen Konzentrationslagern (1938–1945)', in *Der Kampf um das tägliche Brot*, ed. Gailus and Volkmann, pp. 361–376; Primo Levi, *If is is a Man*, trans. Stuart Woolf (London, 1966), pp. 83–85.
44 Ulrich Kluge, 'Kriegs- und Mangelernährung im Nationalsozialismus', in *Beiträge zur historischen Sozialkunde*, 2 (1985), pp. 67–73, Dörr, 'Wer die Zeit nicht miterlebt hat…', p. 29.
45 Herbert Gierschke, *Zur Problematik der Nahrungsversorgung in Krisenzeiten*, diss. (Hohenheim, 1963). 저자는 위기 상황에서 식량 공급 문제를 검토하면서 1차대전을 미래를 위해 깨우침을 얻을 수 있는 부정적 모델로, 2차대전을 긍정적 모델로 꼽았다. 그의 분석적인 단어와 수치는 이른바 과학적 접근이 얼마나 끔찍할 수 있는지를 보여주는 예다.
46 Dörr, 'Wer die Zeit nicht miterlebt hat…', p. 37.
47 Ibid., pp. 39–40, 번역은 필자.
48 Alois Wierlacher, *Vom Essen in der deutschen Literatur* (Stuttgart, 1987), pp. 65–68.

49　Dörr, 'Wer die Zeit nicht miterlebt hat…', p. 30; Victor Gollancz, *In Darkest Germany* (London, 1947), pp. 27 – 29; Sibylle Meyer and Eva Schulze, *Wie wir das alles geschafft haben: Alleinstehende Frauen berichten über ihr Leben nach 1945* (München, 1988), p. 191.

50　Gollancz, *In Darkest Germany*, p. 13.

51　Dörr, 'Wer die Zeit nicht miterlebt hat…', p. 19; Arnold Sywottek, 'From Starvation to Excess? Trends in the Consumer Society from the 1940s to the 1970s', in *The Miracle Years: A Cultural History of West Germany, 1949–1968*, ed. Hanna Schissler (Princeton, nj, 2001), pp. 341 – 358.

52　ibid, p. 39.

53　Allen, *Hungrige Metropole*, pp. 95 – 113; Pracht, *M. Kempinski & Co.*, pp. 102 – 166.

54　Wolfgang Protzner, 'Vom Hungerwinter', in *Vom Hungerwinter zum Schlaraffenland: Aspekte einer Kulturgeschichte des Essens in der Bundesrepublik Deutschland*, ed. Wolfgang Protzner (Wiesbaden, 1987), pp. 11 – 30.

55　Meyer and Schulze, *Wie wir das alles geschafft haben*, p. 132.

56　Annette Kaminsky, 'Ungleichheit in der sbz/ddr am Beispiel des Konsums: Versandhandel, Intershop und Delikat', in *Soziale Ungleichheit in der DDR*, ed. Lothar Mertens (Berlin, 2002), pp. 57 – 79.

57　Ursula Neeb, *Wasserhäuschen: Eine Frankfurter Institution* (Frankfurt, 2005).

58　Uwe Timm, *The Invention of Curried Sausage*, trans. Leila Vennewitz (New York, 1995).

11장

1　Ina Merkel, *Utopie und Bedürfnis: Die Geschichte der Konsumkultur in der DDR* (Köln, 1999), pp. 172 – 175; Mary Fulbrook, *The People's State: East*

German Society from Hitler to Honecker (New Haven, CT, 2005), p. 282.
2 Jutta Voigt, *Der Geschmack des Ostens: Vom Essen, Trinken und Leben in der DDR* (Berlin, 2008), p. 29.
3 Philipp Heldmann, 'Negotiating Consumption in a Dictatorship: Consumption Politics in the GDR in the 1950s and 1960s', in *The Politics of Consumption: Material Culture and Citizenship in Europe and America*, ed. Martin Daunton and Matthew Hilton (Oxford, 2001), pp. 185–202; Merkel, *Utopie und Bedürfnis*, pp. 48–65, 270–277; Voigt, *Der Geschmack des Ostens*, p. 198.
4 Heldmann, 'Negotiating Consumption in a Dictatorship', p. 201. 1979년부터 동독인들이 인터숍에서 직접 서독 마르크화로 지불하는 것은 허용되지 않았으며 동독 국립은행에서 발행한 포룸셰크로 환전해 써야 했다.
5 Annette Kaminsky, 'Ungleichheit in der SBZ/DDR am Beispiel des Konsums: Versandhandel, Intershop und Delikat', in *Soziale Ungleichheit in der DDR: Zu einem tabuisierten Strukturmerkmal der SED-Diktatur*, ed. Lothar Mertens (Berlin, 2002), pp. 57–79.
6 Voigt, *Der Geschmack des Ostens*, p. 43.
7 Kaminsky, 'Ungleichheit in der SBZ/DDR am Beispiel des Konsums', p. 74.
8 Christoph Klessmann and Georg Wagner, ed., *Das gespaltene Land: Leben in Deutschland 1945–1990: Texte und Dokumente zur Sozialgeschichte* (München, 1993), pp. 378–379; Voigt, *Der Geschmack des Ostens*, p. 197.
9 Ulf Dirlmeier et al., *Kleine deutsche Geschichte* (Stuttgart, 2006), p. 451.
10 Fulbrook, *The People's State*, p. 42; Voigt, *Der Geschmack des Ostens*, p. 101; Heinrich-Karl Gräfe, *Richtige Ernährung – gesunde Menschen: Nahrungsbedarf, Ernährungsweise und Kostpläne unter verschiedenen Lebens- und Arbeitsbedingungen* (Leipzig, 1967).
11 Fulbrook, *The People's State*, p. 159; Klessmann and Wagner, ed., *Das gespaltene Land*, pp. 459–460.
12 Patrice G. Poutrus, *Die Erfindung des Goldbroilers: Über den*

Zusammenhang zwischen Herrschaftssicherung und Konsumentwicklung in der DDR (Köln, 2002).

[13] Ursula Winnington, *Ein Leib- und Magenbuch: Kulinarische Notizen* (Berlin, 1981).

[14] 'Bienen vom Grill', *Der Spiegel*, 47 (1982), pp. 270–273.

[15] Manfred Otto, *Gastronomische Entdeckungen* (Berlin, 1984).

[16] Merkel, *Utopie und Bedürfnis*, p. 171.

[17] Hans-Hermann Hertle and Stefan Wolle, *Damals in der DDR: Der Alltag im Arbeiter- und Bauernstaat* (München, 2004), pp. 163–166.

[18] Kurt Drummer, *Kochkunst aus dem Fernsehstudio* (Leipzig, n.d. [1968]), pp. 178–210.

[19] Karin Weiss and Mike Dennis, eds., *Erfolg in der Nische? Die Vietnamesen in der DDR und in Ostdeutschland* (Münster, 2005).

[20] Michael Wildt, *Am Beginn der 'Konsumgesellschaft'* (Hamburg, 1994), p. 33.

[21] Michael Wildt, 'Abschied von der "Fresswelle" oder: die Pluralisierung des Geschmacks: Essen in der Bundesrepublik Deutschland der fünfziger Jahre', in *Kulturthema Essen*, ed. Alois Wierlacher, Gerhard Neumann and Hans Jürgen Teuteberg (Berlin, 1993), p. 224.

[22] Harald Winkel, 'Vom Gourmand zum Gourmet', in *Vom Hungerwinter zum Schlaraffenland: Aspekte einer Kulturgeschichte des Essens in der Bundesrepublik Deutschland*, ed. Wolfgang Protzner (Wiesbaden, 1987), p. 35.

[23] Ursula Heinzelmann, *Food Culture in Germany* (Westport, ct, 2008), p. 36; Wildt, *Am Beginn der 'Konsumgesellschaft'*, p. 381.

[24] Ibid., pp. 79–81.

[25] Ibid., p. 67.

[26] Ibid., pp. 214–239.

[27] Klessmann and Wagner, ed., *Das gespaltene Land*, p. 337.

[28] Wildt, *Am Beginn der 'Konsumgesellschaft'*, pp. 121, 182.

29 Silvia Becker, *Kochsendungen in der Bundesrepublik Deutschland und in der DDR: Clemens Wilmenrods 'Bitte in zehn Minuten zu Tisch' und Kurt Drummers 'Der Fernsehkoch empfiehlt'* im Vergleich (Hamburg, 2010).
30 Klessmann and Wagner, ed., *Das gespaltene Land*, p. 186, 번역은 필자.
31 H. Kraut and W. Wirths, ed., *Mehr Wissen um Ernährung* (Frankfurt am Main, 1955), pp. 89–93.
32 Irmgard Schön, 'Wandlungen in den Verzehrsgewohnheiten bei Fleisch von 1945 bis zur Gegenwart', in *Vom Hungerwinter zum Schlaraffenland*, ed. Protzner, p. 109.
33 Otto Neuloh and Hans-Jürgen Teuteberg, *Ernährungsfehlverhalten im Wohlstand: Ergebnisse einer empirisch-soziologischen Untersuchung in heutigen Familienhaushalten* (Paderborn, 1979), pp. 115, 140, 196, 208.
34 *Statistisches Jahrbuch der Bundesrepublik Deutschland 1979* (1980), p. 435, www.tiefkuehlkost.de; *Statistisches Jahrbuch der Bundesrepublik Deutschland 1990* (1991), p. 488.
35 Klessmann and Wagner, ed., *Das gespaltene Land*, p. 278; Helge Pross, *Die Wirklichkeit der Hausfrau* (Reinbek, 1976), pp. 107–108.
36 Frank Grube and Gerhard Richter, *Das Wirtschaftswunder: Unser Weg in den Wohlstand* (Hamburg, 1983), p. 102.
37 Klessmann and Wagner, ed., *Das gespaltene Land*, pp. 194, 250–252, 183.
38 Ulrich Kluge, *Agrarwirtschaft und ländliche Gesellschaft im 20. Jahrhundert* (München, 2005), p. 45.
39 Günter Wallraff, *13 unerwünschte Reportagen* (Köln, 1969), pp. 18–36, http://de.statista.com, accessed 30 July 2012.
40 Günter Wallraff, *Ganz unten* (Köln, 1986), trans. *Lowest of the Low* (London, 1988).
41 Hartmut Heller, '"Kritik an Vorstellungen von der 'frühen bodenständigen Hausmannskos"': Alte und junge Globalisierungstendenzen in der Nahrungslandschaft Franken', in *Ernährung und Raum: Regionale und*

ethnische Ernährungsweisen in Deutschland, ed. Kurt Gedrich and Ulrich Oltersdorf (Karlsruhe, 2002), p. 193

12장
1 유타 포크트의 인터뷰를 인용했다. *Tagesspiegel*, no. 20523 (2010), p. s4.
2 최근 목록은 다음을 보라. 'Agriculture and Rural Development: door', http://ec.europa.eu, accessed 12 August 2012.
3 Ulrich Ermann, 'Regional essen? Wert und Authentizität der Regionalität von Nahrungsmitteln', in *Ernährung und Raum: Regionale und ethnische Ernährungsweisen in Deutschland,* ed. Kurt Gedrich and Ulrich Oltersdorf (Karlsruhe, 2002), pp. 121 – 140.
4 Christine Brombach, 'Essen und Trinken im Familienalltag – eine qualitative Studie: Essen hessische Familien hessische Kost?', in *Ernährung und Raum*, ed. Gedrich and Oltersdorf, pp. 87 – 99.
5 Statistisches Bundesamt, 'Erzeugung und Verbrauch von Lebensmitteln, Presseexemplar', *Frankfurter Allgemeine Sonntagszeitung*, 11 (2006), p. 44.
6 Werner Klohn, 'Konzentrationsprozesse in der deutschen Ernährungswirtschaft: Ursachen, Verlauf, Auswirkungen', in *Ernährung und Raum*, ed. Gedrich and Oltersdorf, pp. 197 – 212.
7 Hans J. Teuteberg, *Die Revolution am Esstisch: Neue Studien zur Nahrungskultur im 19./20. Jahrhundert* (Stuttgart, 2004), p. 13
8 www.cjd.ed.ac.uk, accessed 22 August 2012.
9 *Frankfurter Allgemeine Sonntagszeitung* 4 (2010), 'Ökolandbau in Zahlen', www.oekolandbau.de; Bund Ökolögische Lebensmittelwirtschaft, 'Die Bio-Branche 2012', www.boelw.de, both accessed 5 August 2012.
10 Nationale Verzehrsstudie ii (Karlsruhe, 2008).
11 Ibid.
12 Anne-Marie Pailhès, 'From the 'Niche Society' to a Retreat from

Society: East German Allotments as the Continuation of a Tradition?', in *Remembering the German Democratic Republic: Divided Memory in a United Germany*, ed. David Clarke and Ute Wölfel (Basingtoke, 2011), pp. 131–143.

13 Gert Mensink, *Was essen wir heute? Ernährungsverhalten in Deutschland* (Berlin, 2002); Nationale Verzehrsstudie ii, Karlsruhe: Max-RubnerInstitut, Bundesforschungsinstitut für Ernährung und Lebensmittel (2008), www.was-esse-ich.de. 독일 여성의 28퍼센트, 남성의 37퍼센트가 흡연할 권리가 있다고 생각한다. 2007년 이후 흡연은 대중교통수단이나 택시를 포함해서 모든 공공장소에서 금지되었다. 하지만 식당이나 출장 서비스 관련 법규는 개별 주 관할에 속한다. 다수의 식당과 술집 소유주들은 고객을 잃게 될까 봐 전체적인 금지에 반대하는 로비를 벌이고 있다. 따라서 주에 따라 다른 법을 적용하는 미국의 주류 관련 법과 유사하게 상이한 법규로 이루어진 조각보 형태를 띠게 될 것으로 보인다.

14 Claudia Pinl, 'Wo bleibt die Zeit? Die Zeitbudgeterhebung 2001/02 des Statistischen Bundesamts', in *Aus Politik und Zeitgeschichte*, 31–2 (2004), pp. 19–25.

15 *Frankfurter Allgemeine Sonntagszeitung* 29 (2004).

16 다음을 보라. www.destatis.de, accessed 5 August 2012.

17 Uta Meier, Christine Küster and Uta Zander, 'Alles wie gehabt? – Geschlechtsspezifische Arbeitsteilung und Mahlzeitenmuster im Zeitvergleich', in *Alltag in Deutschland: Forum der Bundesstatistik*, Statistisches Bundesamt 43 (2004), pp. 114–130, Forsa survey 2010; Nationale Verzehrsstudie.

18 Podomedi, 'Was essen di Deutschen am liebsten?: Die Hitliste der Lebensgerichte', www.podomedi.com, accessed 13 August 2012.

19 Steven Ozment, *A Mighty Fortress: A New History of the German People* (New York, 2005), p. 316.

참고문헌

Abel, Wilhelm, *Einige Bemerkungen zum Land-Stadtproblem im Spätmittelalter* (Göttingen, 1976)
____, *Stufen der Ernährung: Eine historische Skizze* (Göttingen, 1981)
Achilles, Walter, *Deutsche Agrargeschichte im Zeitalter der Reformen und der Industrialisierung* (Stuttgart, 1993)
Adamson, Melitta Weiss, *Medieval Dietetics: Food and Drink in Regimen Sanitatis: Literature from 800 to 1400* (Frankfurt, 1995)
____, ed., *Regional Cuisines of Medieval Europe: A Book of Essays* (New York, 2002)
____, ed., *Food in the Middle Ages: A Book of Essays* (New York, 1995)
____, *Daz buoch von guoter spise (The Book of Good Food): A Study, Edition, and English Translation of the Oldest German Cookbook* (Krems, 2000)
Albala, Ken, *Eating Right in the Renaissance* (Berkeley, CA, 2002)
Allen, Keith R., *Hungrige Metropole: Essen, Wohlfahrt und Kommerz in Berlin* (Hamburg, 2002)
Aly, Götz, *Hitlers Volksstaat: Raub, Rassenkrieg und nationaler Sozialismus* (Frankfurt, 2005)
Amaranthes, *Nutzbares, galantes und curiöses Frauenzimmer-Lexicon···* [1715], ed. Manfred Lemmer (Leipzig, 1980)
Bäumler, Susanne, ed., *Die Kunst zu werben: Das Jahrhundert der Reklame* (Köln, 1996)
Bardenhewer, Luise, *Der Safranhandel im Mittelalter*, diss. (Bonn, 1914)
Barlösius, Eva, *Naturgemässe Lebensführung: Zur Geschichte der Lebensreform*

um die Jahrhundertwende (Frankfurt, 1997)

Becker, Silvia, *Kochsendungen in der Bundesrepublik Deutschland und in der DDR: Clemens Wilmenrods 'Bitte in zehn Minuten zu Tisch' und Kurt Drummers 'Der Fernsehkoch empfiehlt' im Vergleich* (Hamburg, 2010)

Bekmann, Johann Christoph, *Historische Beschreibung der Chur und Mark Brandenburg* (Berlin, 1751)

Berg-Ehlers, Luise, and Gotthard Erler, eds., *'Ich bin nicht für halbe Portionen': Essen und Trinken mit Theodor Fontane* (Berlin, 1995)

Berghoff, Hartmut, ed., *Konsumpolitik: Die Regulierung des privaten Verbrauchs im 20. Jahrhundert* (Göttingen, 1999)

Bickel, Walter, *Deutsche Landesküchen* (Leipzig, n.d. [1949])

Bircher, Alice, *Speisezettel und Kochrezepte für diätetische Ernährung*, 2nd edn (Berlin, 1908)

Bitsch, Irmgard, Trude Ehlert und Xenja von Ertzdorff, eds., *Essen und Trinken in Mittelalter und Neuzeit* (Sigmaringen, 1987)

Blaich, Fritz, *Wirtschaft und Rüstung im 'Dritten Reich'* (Düsseldorf, 1987)

Borscheid, Peter, and Clemens Wischermann, eds., *Bilderwelt des Alltags: Werbung in der Konsumgesellschaft des 19. und 20. Jahrhunderts* (Stuttgart, 1995)

Borst, Otto, *Alltagsleben im Mittelalter* (Frankfurt, 1983)

Braune, Gudrun, and Peter Fauser, eds., *Von Brotbänken, Erdäpfeln und Brauhäusern, üringer Hefte für Volkskunde*, 13 (2006)

Bumke, Joachim, *Höfische Kultur: Literatur und Gesellschaft im hohen Mittelalter*, 5th edn (München, 2005)

Clarke, David and Ute Wölfel, eds., *Remembering the German Democratic Republic: Divided Memory in a United Germany* (Basingtoke, 2011)

Collingham, Lizzie, *The Taste of War: World War Two and the Battle for Food* (London, 2011)

Conze, Werner, ed., *Arbeiterexistenz im 19. Jahrhundert* (Stuttgart, 1981)

Corni, Gustavo, and Horst Gies, *Brot, Butter, Kanonen: Die Ernährungswirtschaft in Deutschland unter der Diktatur Hitlers* (Berlin, 1997)

Craig, Gordon A., *The Germans* (New York, 1982, 1991)

Curschmann, Fritz, *Hungersnöte im Mittelalter: Ein Beitrag zur deutschen Wirtschaftsgeschichte des 8. bis 13. Jahrhunderts* (Leipzig, 1900)

Daniel, Ute, *Arbeiterfrauen in der Kriegsgesellschaft: Beruf, Familie und Politik im Ersten Weltkrieg* (Göttingen, 1989)

Dapper, Alexandra, *Zu Tisch bei Martin Luther* (Halle, 2008)

Daunton, Martin and Matthew Hilton, eds., *The Politics of Consumption: Material Culture and Citizenship in Europe and America* (Oxford, 2001)

Degener, Paul, *Zur Frage der Jam- und Marmelade-Industrie, sowie des Zuckerverbrauchs in England* (Berlin, 1899)

Delbrück, Anton, *Hygiene des Alkoholismus* (Leipzig, 1913)

Döring, Tobias, Markus Heide and Susanne Mühleisen, eds., *Eating Culture: The Poetics and Politics of Food* (Heidelberg, 2003)

Dörr, Margarete, *'Wer die Zeit nicht miterlebt hat...': Frauenerfahrungen im Zweiten Weltkrieg und in den Jahren danach*, II (Frankfurt, 1998)

Drews, Joachim, *Die Nazi-Bohne* (Münster, 2004)

Drummer, Kurt, *Kochkunst aus dem Fernsehstudio* (Leipzig, n.d. [1968])

Dunger, Hermann, ed., *Verdeutschungsbücher des Allgemeinen Deutschen Sprachvereins*, I *Deutsche Speisekarte* (Braunschweig, 1888)

Ekkehard IV, *St Galler Klostergeschichten*, trans. Hans. F. Haefele, 4th edn (Darmstadt, 2002)

Ehlert, Trude, ed., *Haushalt und Familie in Mittelalter und früher Neuzeit: Vorträge eines interdisziplinären Symposions vom 6.–9. Juni 1990 an der Rheinischen Friedrich-Wilhelms-Universität Bonn* (Sigmaringen, 1991)

Ellerbrock, Karl-Peter, *Geschichte der deutschen Nahrungs- und Genussmittelindustrie* 1750–1914 (Stuttgart, 1993)

Elsas, M. J., *Umriss einer Geschichte der Preise und Löhne in Deutschland*

(Leiden, 1949)

Ennen, Edith, *Frauen im Mittelalter*, 2nd edn (München, 1985)

Epperlein, Siegfried, *Bäuerliches Leben im Mittelalter: Schriftquellen und Bildzeugnisse* (Köln, 2003)

Freedman, Paul, ed., *Food: The History of Taste* (London, 2007)

Fulbrook, Mary, *A Concise History of Germany*, 2nd edn (Cambridge, 2004)

———, *The People's State: East German Society from Hitler to Honecker* (New Haven, CT, 2005)

Gailus, Manfred, and Heinrich Volkmann, eds., *Der Kampf um das tägliche Brot: Nahrungsmangel, Versorgungspolitik und Protest 1770–1990* (Opladen, 1994)

Gedrich, Kurt, and Ulrich Oltersdorf, eds., *Ernährung und Raum: Regionale und ethnische Ernährungsweisen in Deutschland* (Karlsruhe, 2002)

Göhre, Paul, *Drei Monate Fabrikarbeiter und Handwerksbursche* (Leipzig, 1891)

Gollancz, Victor, *In Darkest Germany* (London, 1947)

Gräfe, Heinrich-Karl, *Richtige Ernährung – gesunde Menschen: Nahrungsbedarf, Ernährungsweise und Kostpläne unter verschiedenen Lebens- und Arbeits- bedingungen* (Leipzig, 1967)

Grotjahn, Alfred, *Über Wandlungen in der Volksernährung* (Leipzig, 1902)

Grunberger, Richard, *A Social History of the Third Reich* (London, 1971)

Grüttner, Felix, *Geschichte der Fleischversorgung in Deutschland* (Braunschweig, 1938)

Haberlandt, Friedrich, *Die Sojabohne* (Wien, 1878)

Habs, Robert, and Leopold Rosner, eds., *Appetit-Lexikon* (Wien, 1894)

Haskarl, Liane, ed., *Die Macht der Hausfrau: Eine ernährungswirtschaftliche Fibel für den Verbraucher* (Kiel, 1952)

Heinzelmann, Ursula, *Food Culture in Germany* (Westport, CT, 2008)

Heischkel-Artelt, Edith, ed., *Ernährung und Ernährungslehre im 19.*

Jahrhundert (Göttingen, 1976)

Heise, Ulla, *Kaffee und Kaffeehaus* (Leipzig, 1996)

Henning, Friedrich-Wilhelm, *Deutsche Agrargeschichte des Mittelalters: 9. bis 15. Jahrhundert* (Stuttgart, 1994)

Herrmann, Bernd, ed., *Mensch und Umwelt im Mittelalter*, 3rd edn (Stuttgart, 1987)

Hertle, Hans-Hermann, and Stefan Wolle, *Damals in der DDR: Der Alltag im Arbeiter- und Bauernstaat* (München, 2004)

Huegel, Arnulf, *Kriegsernährungswirtschaft Deutschlands während des Ersten und Zweiten Weltkriegs im Vergleich* (Konstanz, 2003)

Irsigler, Franz, *Die wirtschaftliche Stellung der Stadt Köln im 14. und 15. Jahrhundert: Strukturanalyse einer spätmittelalterlichen Exportgewerbe- und Fernhandelstadt* (Wiesbaden, 1979)

Johnson, Anna C., *Peasant Life in Germany* (New York, 1858)

Jordan, William Chester, *The Great Famine: Northern Europe in the Early Fourteenth Century* (Princeton, NJ, 1996)

Kellenbenz, Hermann, ed., *Handbuch der europäischen Wirtschafts- und Sozialgeschichte* (Stuttgart, 1980)

Kippenberger, Susanne, *Am Tisch: Die kulinarische Bohème oder Die Entdeckung der Lebenslust* (Berlin, 2009)

Kleßmann, Christoph and Georg Wagner, eds., *Das gespaltene Land: Leben in Deutschland 1945-1990: Texte und Dokumente zur Sozialgeschichte* (München, 1993)

Kluge, Ulrich, *Agrarwirtschaft und ländliche Gesellschaft im 20. Jahrhundert* (München, 2005)

Kraut, H. and W. Wirths, eds., *Mehr Wissen um Ernährung* (Frankfurt am Main, 1955)

Kronfeld, M. *Geschichte des Safrans und seiner Cultur in Europa* (Wien, 1892)

Kuczynski, Jürgen, *Darstellung der Lage der Arbeiter in Deutschland von 1789 bis 1849* (Berlin, 1961)

Kühnel, Harry, ed., *Alltag im Spätmittelalter*, 3rd edn (Graz, 1986)

Lamberty, Christiane, *Reklame in Deutschland 1890–1914* (Berlin, 2000)

Laurioux, Bruno, *Une Histoire Culinaire du Moyen Âge* (Paris, 2005)

——, *Manger au Moyen Âge: Pratiques et discours alimentaires en Europe au XIVe et XVe siècle* (Paris, 2002)

Levi, Primo, *If This is a Man*, trans. Stuart Woolf (London, 1966)

Lössnitzer, Ernst, *Verdeutschungs-Wörterbuch der Fachsprache der Kochkunst und Küche*, 2nd edn (Dresden, 1903)

Lüning, Jens, Albrecht Jockenhövel, Helmut Bender and Torsten Capelle, *Deutsche Agrargeschichte Vor- und Frühgeschichte* (Stuttgart, 1997)

MacDonogh, Giles, *Berlin* (London, 1997)

Marperger, Paul Jacob, *Vollständiges Küch- und Keller-Dictionarium* (Hamburg, 1716)

Mensink, Gert, *Was essen wir heute? Ernährungsverhalten in Deutschland* (Berlin, 2002)

Merkel, Ina, *Utopie und Bedürfnis: Die Geschichte der Konsumkultur in der DDR* (Köln, 1999)

Meyer, Sibylle, *Das Theater mit der Hausarbeit: Bürgerliche Repräsentation in der Familie der wilhelminischen Zeit* (Frankfurt, 1982)

——, and Eva Schulze, *Wie wir das alles geschafft haben: Alleinstehende Frauen berichten über ihr Leben nach 1945* (München, 1988)

Meyer-Renschhausen, Elisabeth (with Albert Wirz), *Der Streit um den heissen Brei: Zu Ökologie und Geschlecht einer Kulturanthropologie der Ernährung* (Herbolzheim, 2002)

Moorhouse, Roger, *Berlin at War: Life and Death in Hitler's Capital, 1939–45* (London, 2010)

Nolan, Mary, *Visions of Modernity: American Business and the Modernization of Germany* (New York, 1994)

Otto, Manfred, *Gastronomische Entdeckungen* (Berlin, 1984)

Ozment, Steven, *A Mighty Fortress: A New History of the German People* (New York, 2005)

Petras, Renate, *Das Café Bauer in Berlin* (Berlin, 1994)

Pierenkemper, Toni, ed., *Haushalt und Verbrauch in historischer Perspektive: Zum Wandel des privaten Verbrauchs in Deutschland im 19. und 20. Jahrhundert* (St Katharinen, 1987)

Poutrus, Patrice G., *Die Erfindung des Goldbroilers: Über den Zusammenhang zwischen Herrschaftssicherung und Konsumentwicklung in der DDR* (Köln, 2002)

Pracht, Elfi, *M. Kempinski & Co* (Berlin, 1994)

Pross, Helge, *Die Wirklichkeit der Hausfrau* (Reinbek, 1976)

Protzner, Wolfgang, ed., *Vom Hungerwinter zum Schlaraffenland: Aspekte einer Kulturgeschichte des Essens in der Bundesrepublik Deutschland* (Wiesbaden, 1987)

Putsche, Carl Wilhelm Ernst, *Versuch einer Monographie oder ausführliche Beschreibung der Kartoffeln…* (Weimar, 1819)

Reagin, Nancy R., *Sweeping the German Nation: Domesticity and National Identity in Germany, 1870–1945* (Cambridge, 2007)

Roerkohl, Anne, *Hungerblockade und Heimatfront: Die kommunale Lebensmittel versorgung in Westfalen während des Ersten Weltkriegs* (Stuttgart, 1991)

Saldern, Adelheid von, *Häuserleben: Zur Geschichte städtischen Arbeiterwohnens vom Kaiserreich bis heute* (Bonn, 1995)

Schissler, Hanna, ed., *The Miracle Years: A Cultural History of West Germany, 1949–1968* (Princeton, NJ, 2001)

Schlegel-Matthies, Kirsten, *'Im Haus und am Herd': Der Wandel des Hausfrauenbildes und der Hausarbeit 1880–1930* (Stuttgart, 1995)

Schönfeldt, Sybil Gräfin, *Sonderappell* (München, 2002)

Schumburg, Wilhelm, *Hygiene der Einzelernährung und Massenernährung* (Leipzig, 1913)

Scully, Terence, *Art of Cookery in the Middle Ages* (Woodbridge, 1995)

Siegrist, Hannes, Hartmut Kaelble and Jürgen Kocka, eds., *Europäische Konsum geschichte: Zur Gesellschafts- und Kulturgeschichte des Konsum (18. bis 20. Jahr hundert)* (Frankfurt, 1997)

Skalweit, August, *Die deutsche Kriegsernährungswirtschaft* (Stuttgart, 1927)

Stillich, Oscar, *Die Lage der weiblichen Dienstboten in Berlin* (Berlin, 1902)

Tacitus, Cornelius, *Agricola and Germania*, trans. Anthony R. Birley (Oxford, 1999)

Täubrich, Hans-Christian, *Zu Gast im alten Berlin*, 2nd edn (München, 1990)

Teuteberg, Hans Jürgen, ed., *Durchbruch zum modernen Massenkonsum: Lebensmittelmärkte und Lebensmittelqualität im Städtewachstum des Industriezeitalters* (Münster, 1987)

____, *Die Revolution am Esstisch: Neue Studien zur Nahrungskultur im 19./20. Jahrhundert* (Stuttgart, 2004)

Teuteberg, Hans Jürgen, Gerhard Neumann and Alois Wierlacher, eds., *Essen und kulturelle Identität* (Berlin, 1997)

Teuteberg, Hans J., and Günter Wiegelmann, *Der Wandel der Nahrungs gewohn- heiten unter dem Einfluß der Industrialisierung* (Göttingen, 1972)

____, Unsere tägliche Kost: Geschichte und regionale Prägung (Münster, 1986)

Thoms, Ulrike, *Anstaltskost im Rationalisierungsprozeß: Die Ernährung in Krankenhäusern und Gefängnissen im 18. und 19. Jahrhundert* (Stuttgart, 2005)

Townson, Michael, *Mother-tongue and Fatherland: Language and Politics in German* (Manchester, 1992)

Trentmann, Frank, and Flemming Just, eds., *Food and Conflict in Europe in the Age of the Two World Wars* (Houndsmills, 2006)
von Treskow, Maria, *Berliner Kochbuch: aus alten Familienrezepten* (Weingarten, 1987)
Tudge, Colin, *Neanderthals, Bandits and Farmers: How Agriculture Really Began* (New Haven, CT, 1998)
Vincent, C. Paul, *The Politics of Hunger: The Allied Blockade of Germany, 1915-1919* (Athens, OH, 1985)
Voigt, Jutta, *Der Geschmack des Ostens: Vom Essen, Trinken und Leben in der DDR* (Berlin, 2008)
Voit, Carl, ed., *Untersuchung der Kost in einigen öffentlichen Anstalten für Aerzte und Verwaltungsbeamte* (München, 1877)
Volkmann, Heinrich and Jürgen Bergmann, eds., *Sozialer Protest: Studien zu traditioneller Resistenz und kollektiver Gewalt in Deutschland vom Vormärz bis zur Reichsgründung* (Opladen, 1984)
Wallraff, Günter, *13 unerwünschte Reportagen* (Köln, 1969)
Weiss, Karin and Mike Dennis, eds., *Erfolg in der Nische? Die Vietnamesen in der DDR und in Ostdeutschland* (Münster, 2005)
Weisser, Jürgen, *Zwischen Lustgarten und Lunapark: Der Volksgarten in Nymphenburg (1890-1916) und die Entwicklung der kommerziellen Belustigungsgärten* (München, 1998)
Wiegelmann, Günter, ed., *Nord-Süd-Unterschiede in der städtischen und ländlichen Kultur Mitteleuropas* (Münster, 1985)
_____, *Wandel der Alltagskultur seit dem Mittelalter: Phasen - Epochen - Zäsuren* (Münster, 1987)
_____, and Ruth-E. Mohrmann, eds., *Nahrung und Tischkultur im Hanseraum* (Münster, 1996)
Wierlacher, *Alois, Vom Essen in der deutschen Literatur* (Stuttgart, 1987)
_____, Gerhard Neumann und Hans Jürgen Teuteberg, eds., *Kulturthema*

Essen (Berlin, 1993)

Wildt, Michael, *Am Beginn der 'Konsumgesellschaft'* (Hamburg, 1994)

Willcox, Walter F., *International Migrations*, I (New York, 1929)

Ziegelman, Jane, *97 Orchard: An Edible History of Five Immigrant Families in One New York Tenement* (New York, 2010)

도판출처

ⓒ Stefan Abtmeyer 308, 503, 556쪽
ⓒ Dr. Oetker, Backbuch (c. 1960s) 198, 400쪽
ⓒ Konrad Bedal 202쪽
ⓒ Ullstein Bild 314쪽
ⓒ Botanisches Museum Berlin 246쪽
ⓒ Bröhan Museum Berlin 398쪽
ⓒ Bundesarchiv 187쪽(photo Brodde), 442쪽(photo Seiler), 463쪽 (Designer Grunwald), 473쪽(designer Max Eschle), 506쪽(photo Hans Lachmann), 530쪽(photo Helmut Schaar)
ⓒ Leonhart Fuchs, Kreutterbuch (Basel, 1543) 157쪽
ⓒ Victor Gollancz 505쪽
ⓒ Hanns Hubmann 499, 512쪽
ⓒ Sigrid Jacobeit, Illustrierte Alltagsgeschichte des deutschen Volkes Bd 1 (Berlin: Urania, 1985) 95, 110, 133, 206, 208, 272, 286, 288, 337, 343, 345~346, 382, 391, 396, 407, 434쪽
ⓒ Katalog, 2000 Jahre Weinkultur an Mosel-Saar-Ruwer (Rheinisches Landesmuseum Trier, 1987) 40~41, 46쪽
ⓒ courtesy of Juliusspital 182쪽
ⓒ SMBPK Kunstbibliothek Berlin 253쪽
ⓒ Bruno Laurioux, Tafelfreuden im Mittelalter (Paris: Adam Biró, 1989) 55, 72쪽
ⓒ Foto Jens Rötzsch 547쪽
ⓒ Fritz Ruf, Hrsg., Löffelspeise (Velbert-Neviges: BeRing, 1989) 19, 273, 303쪽

ⓒ LH-Bildarchiv 566쪽
ⓒ Nationalgalerie Berlin 389, 409쪽
ⓒ Niederegger GmbH 147쪽
ⓒ Markthalle Neun 618~619쪽
ⓒ www.stgallplan.org 68쪽
ⓒ photo Achim Tsutsui 138쪽
ⓒ Hildegard von Bingen, *Book of Divine Works Part One, Vision Four: Symmetries: World, Body and Soul* (1165), Bibliotheca Statale, Lucca (Werner Forman Archive) 114쪽

독일의 음식문화사

초판 1쇄 발행 2021년 11월 25일

지은이 우어줄라 하인첼만
옮긴이 김후
펴낸이 이혜경

펴낸곳 니케북스
출판등록 2014년 4월 7일 제300-2014-102호
주소 서울시 종로구 새문안로 92 광화문 오피시아 1717호
전화 (02) 735-9515
팩스 (02) 6499-9518
전자우편 nikebooks@naver.com
블로그 nikebooks.co.kr
페이스북 www.facebook.com/nikebooks
인스타그램 www.instagram.com/nike_books

한국어판출판권 ⓒ 니케북스, 2021

ISBN 979-11-89722-49-4 (03900)

책값은 뒤표지에 있습니다.
잘못된 책은 구입한 서점에서 바꿔 드립니다.